À Pierrette,
Christine,
Bruno et
Charles

LES ORGANISMES AUTONOMES ET CENTRAUX

LES ORGANISMES AUTONOMES ET CENTRAUX DE L'ADMINISTRATION QUÉBÉCOISE

par

André Gélinas

1975
LES PRESSES DE L'UNIVERSITÉ DU QUÉBEC
C. P. 250, Succursale N, Montréal, H2X 3M4
Canada

La conception graphique de la couverture et les dessins sont de MAURICE MACOT

ISBN 0-7770-0112-8

Dépôt légal — 1er trimestre 1975
Bibliothèque nationale du Québec

PLAN DE L'OUVRAGE

CHAPITRE II

CHAPITRE III

CONCLUSION

AVANT-PROPOS

À tort, on s'étonne fréquemment de l'importance accordée aux structures dans l'administration publique. En effet, il faut reconnaître que les institutions administratives sont nombreuses, variées et compiexes. L'analyse nous permet de distinguer à l'intérieur d'un même palier de gouvernement au moins sept éléments principaux d'organisation. De façon plus précise on peut identifier deux genres d'organisme décentralisé fonctionnellement, deux genres d'organisme décentralisé territorialement, deux genres d'organisme déconcentré et un noyau central. Nous présenterons dans la première partie une description sommaire de chacun de ces éléments, toutefois l'ouvrage dans son ensemble ne portera que sur deux d'entre eux: les organismes autonomes et les organismes centraux.

Ce choix nous a été dicté à la fois par l'ampleur qu'ont pris au cours des récentes années les organismes autonomes et par l'impossibilité de dissocier ces derniers des organismes centraux. On ne peut assurément ignorer le fait que l'administration québécoise compte actuellement plus d'une centaine d'organismes autonomes. Depuis quelques années, à chaque session de la législature, nous prenons connaissance de la création de nouveaux offices, tribunaux administratifs, conseils ou de nouvelles sociétés, régies et commissions d'examen, d'enquête, d'arbitrage. Or, ce phénomène, déjà observé dans d'autres administrations publiques, risque, si certaines règles ne sont pas suivies, de démembrer, de désintégrer l'appareil administratif, de rendre inopérants les organismes centraux et ultimement de réduire considérablement la maîtrise du pouvoir politique sur l'administration. Sans minimiser l'importance des autres genres d'institution nous devons reconnaître que l'examen des rapports entres les organismes autonomes et les organismes centraux soulève non seulement des questions de technique mais également de philosophie administrative.

Enfin, ce sujet nous est particulièrement cher puisqu'il constitua, il y a une dizaine d'années, le sujet de notre premier enseignement à l'université.

Ce n'est qu'il y a deux ans cependant que nous avons été en mesure d'entreprendre la rédaction définitive de notre ouvrage. Des subventions de quelques ministères et du programme *formation de chercheurs et action* concertée du ministère de l'Éducation nous permirent d'en réunir les données nécessaires. Malheureusement, comme toute étude empirique celle-ci est menacée de vieillissement rapide. Déjà la toute récente législation a commencé de modifier certaines de ces données mais nous ne pouvons évidemment arrêter le dynamisme des institutions.

Au cours de notre recherche nous avons bénéficié des commentaires judicieux de fonctionnaires tels que MM. Roch Bolduc, Michel Bélanger, Arthur Tremblay, Julien Chouinard, Daniel Perlstein. Nous les en remercions ainsi que Mlle Louise Beaudoin qui durant plus d'un an compila les données, conduisit la plupart des entrevues et des vérifications et révisa les nombreuses versions du manuscrit, et ainsi que Mlle Berthe Grégoire qui fut chargée des nombreuses copies du texte. Enfin, ma femme, pour l'encouragement qu'elle m'a prodigué, partage assurément les mérites de cet ouvrage.

Puisse cette étude contribuer à accroître notre connaissance de la gestion de l'État.

PREMIÈRE PARTIE

LA DÉCENTRALISATION OU L'AUTONOMIE FONCTIONNELLE. PROBLÉMATIQUE

INTRODUCTION

Cet ouvrage porte sur deux types d'institution administrative québécoise, les « organismes autonomes » et les « organismes administratifs centraux ».

Il s'agit essentiellement d'une étude empirique d'une forme de décentralisation, la décentralisation administrative fonctionnelle à vocation nationale accompagnée d'un examen des organismes à l'égard desquels s'exerce l'autonomie.

Il y a sans doute diverses façons d'aborder cette question. Un long exposé théorique des concepts de base et une discussion élaborée des problèmes de sémantique composent généralement l'introduction à ce type d'étude.

Nous avons choisi de traiter sommairement de ces questions et de les situer dans le cadre général des institutions administratives québécoises. Plus particulièrement, nous avons cru bon non seulement de catégoriser les diverses institutions mais encore de soulever quelques problèmes fondamentaux reliés au fonctionnement actuel de chacune d'elles à partir d'un diagnostic personnel. À la suite de ce bref survol du cadre général, nous devrions être mieux en mesure d'apprécier l'étendue et la portée forcément limitées de cette étude.

L'image d'ensemble des institutions administratives québécoises

La présentation d'une telle image implique, bien sûr, la mise au point de concepts et de catégories analytiques de même que le recours *à un vocabulaire approprié.* Or, il faut bien admettre qu'à cet égard les spécialistes de la question adoptent rarement une même terminologie et utilisent fréquemment les mêmes concepts avec des connotations différentes. Nous ne pouvons prétendre que notre terminologie fera davantage l'unanimité.

À première vue, cette confusion est difficilement acceptable puisque, à toutes fins pratiques, il n'y a que trois concepts fondamentaux sous-jacents à toutes les typologies, c'est-à-dire celui du *noyau central,* celui de la *décon-*

centration et celui de la *décentralisation*[1]. Toutefois, ces deux dernières notions, en particulier, sont tellement générales que l'on semble parfois justifié de les considérer comme synonymes. Bien plus, on serait porté à croire que les praticiens de l'organisation, ceux qui créent les organismes, se font un malin plaisir de défier toutes les catégorisations déjà établies. Le meilleur exemple est sans doute celui de la préfecture française qui est à la fois une déconcentration sous certains aspects et une décentralisation sous certains autres. On peut également songer à la Commission des écoles catholiques de Montréal et à celle de Québec qui durant bon nombre d'années étaient dirigées par des personnes nommées tout en disposant d'un pouvoir fiscal ce qui était en contradiction avec l'ensemble du régime scolaire et de la décentralisation territoriale. Un dernier exemple, enfin, celui de l'Office de planification et de développement du Québec (OPDQ) constitué en corporation et dont le conseil d'administration était récemment encore composé de personnes représentatives du milieu local alors que cet organisme exerce une fonction de coordination centrale de l'État[2].

Nous pourrions multiplier les exemples d'organismes qui dérogent aux règles classiques, mais tel n'est pas notre propos. Nous préférons plutôt présenter notre propre typologie fondée sur les concepts de base auxquels nous avons fait allusion.

Palier de gouvernement et noyau central

Il convient au départ de se situer à l'intérieur d'un palier de gouvernement. Au Canada, nous avons par la constitution deux paliers de gouvernement, l'État fédéral ou central et l'État provincial[3]. À l'intérieur du palier provincial de l'État au Québec, *nous devons d'abord identifier le noyau central.* Celui-ci est composé du Conseil des ministres ou dans sa forme légale — le lieutenant-gouverneur en conseil ou de façon plus restreinte le Conseil exécutif[4] — ses comités, appuyé par le secrétariat du ministère du Conseil

1. Les antonymes sont évidemment la concentration et la centralisation. On utilise le terme cumul pour indiquer une expansion des services intégrés par rapport à toute expansion sous les formes de la décentralisation. (Voir G. Langrod, « Contribution à l'étude de la terminologie administrative », *Revue internationale des Sciences administratives,* 1953, p. 286.)
2. Les distorsions sont sans doute attribuables au fait que chacun classifie et constitue sa typologie pour ses propres fins en faisant abstraction du cadre général des institutions administratives.
3. Il y a donc déjà à ce niveau un phénomène de décentralisation que nous qualifierons de « politique » pour la distinguer de la décentralisation « administrative » qui, elle, va caractériser la plupart des autres formes de la décentralisation. (Voir A. Gélinas, « Trois modes d'approche à la détermination de l'opportunité de la décentralisation de l'organisation politique principalement en système fédéral », *Administration publique du Canada,* 1966, vol. 4, n° 1, p. 1.)
4. Signalons qu'aujourd'hui encore, la législation ne fait pas référence à l'approbation du Conseil exécutif mais à celle du lieutenant-gouverneur en conseil.

exécutif et le Conseil du Trésor[5]. La coordination centrale est également assurée par les « ministères horizontaux » (Affaires intergouvernementales, Affaires municipales, Finances, Justice) et par des organismes administratifs centraux (la Commission de la fonction publique, l'OPDQ, etc.). La principale distinction entre les « ministères horizontaux » et les organismes administratifs centraux peut se formuler ainsi : dans le premier cas, il s'agit principalement de coordination de politique externe (touchant directement la population ou d'autres gouvernements), alors que dans le second cas, il peut s'agir de contrôle[6] de direction, de vérification, de service domestique central reliés à la gestion interne (touchant immédiatement l'ensemble de la structure administrative).

Il reste à préciser le statut des « ministères verticaux ». D'une part, chaque ministère a une existence légale distincte et pourrait être considéré comme une entité décentralisée ; d'autre part, chaque ministère est également soumis aux directives du Conseil des ministres et doit se plier aux procédures imposées par les « ministères horizontaux » (lorsque de telles procédures existent) ainsi qu'aux règles et pratiques appliquées par les divers organismes administratifs centraux. Conséquemment, on pourrait dire également que les ministères sont des entités déconcentrées. Il est clair que cette ambiguïté du statut des « ministères verticaux » peut soulever à l'occasion des problèmes assez délicats. On peut se demander par exemple dans quelle mesure un ministère est lié par les règles des organismes centraux et des « ministères horizontaux » ou inversement dans quelle mesure le Conseil des ministres et les organismes centraux sont liés par une décision d'un « ministère vertical »[7].

Cela dit et malgré cette ambiguïté, nous croyons qu'il y a lieu de situer les « ministères verticaux » à l'intérieur du noyau central.

---

5. Le Conseil du Trésor a un statut assez particulier puisqu'il est en fait un comité du Conseil des ministres tout en ayant une existence légale particulière reconnue par une législation. Dans un récent ouvrage, *Droit public fondamental* (Québec, Les Presses de l'Université Laval, 1972), les professeurs H. Brun et G. Tremblay soulignent, à la page 405, que le Conseil exécutif étant d'origine législative, il ne peut déléguer le pouvoir de décision finale d'un de ses comités (tel le Comité spécial du Cabinet fédéral qui est d'origine conventionnelle). Et pourtant, la loi de l'administration financière en créant le Conseil du Trésor qui est en fait un comité du Conseil exécutif lui a délégué de tels pouvoirs dans certaines matières. Les fictions juridiques se valent.
6. Il n'est pas utile d'entrer immédiatement dans l'analyse détaillée du noyau central puisque la troisième partie de cet ouvrage portera sur cette question. Précisons toutefois que dans le contexte actuel, le Conseil du Trésor est en passe de devenir le seul organisme de contrôle.
7. La personnalité du ministre et la conjoncture politique sont des éléments extrêmement importants dans de telles controverses. Il est certain que la responsabilité ministérielle peut parfois mettre à rude épreuve la solidarité gouvernementale tout comme celle-ci peut imposer à celle-là des contraintes sévères.

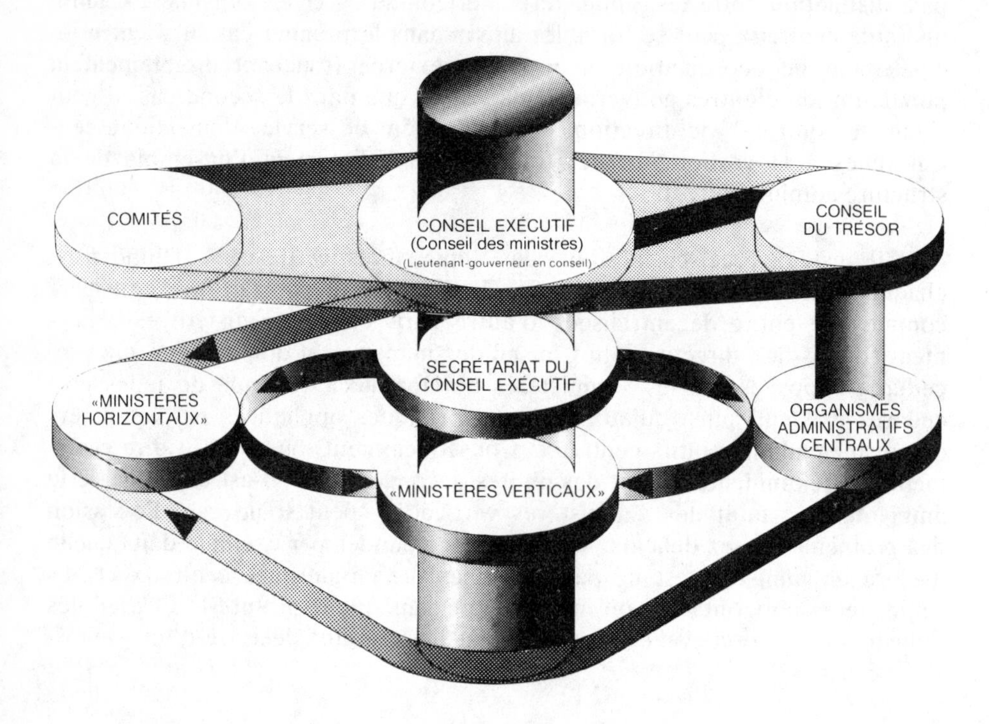

FIGURE 1. Le noyau central

Cet organigramme est extrêmement simplifié et n'illustre pas toutes les interrelations qui peuvent s'établir entre les diverses unités du noyau central. En pratique, il faudrait assurément tenir compte en plus du Bureau du Premier ministre, bien que sa vocation le relie davantage à la vie politique (relations avec les membres du parti, les agents politiques, etc.) qu'à l'administration publique proprement dite. Soulignons encore que le Premier ministre en tant que président du Conseil exécutif a un accès privilégié aux divers travaux du secrétariat du ministère.

Il est nécessaire de bien cerner ce noyau central puisque c'est à partir de lui et par rapport à lui, que l'on pourra par la suite identifier les organismes décentralisés et déconcentrés. En d'autres termes, par définition, le noyau central n'est ni centralisé ni décentralisé, il est tout simplement central. Tous les autres organismes publics seront rangés dans la catégorie «décentralisation» ou dans la catégorie «déconcentration» selon le type de rapports qu'ils entretiennent avec le noyau central et plus spécifiquement avec les «ministères verticaux».

Précisons, à cet égard, que ni la décentralisation, ni la déconcentration n'impliquent l'indépendance complète. Il y a nécessairement une interdépendance et des relations de subordination plus ou moins étendues[8] à l'intérieur d'un système déconcentré ou décentralisé. Bien entendu, l'autonomie, la possibilité d'innovation, la marge de manœuvre sont beaucoup plus étendues dans le cadre d'une décentralisation que dans celui d'une déconcentration.

Les organismes déconcentrés

Examinons en premier lieu les organismes *déconcentrés*. Il s'agit de la catégorie la plus simple. La déconcentration est de deux types: la déconcentration fonctionnelle et la déconcentration territoriale.

La *déconcentration,* contrairement à la *décentralisation,* n'implique pas la rupture du lien hiérarchique ni la constitution d'une entité légale distincte. Elle consiste en une délégation d'autorité mais non en un partage de responsabilité à l'égard des tiers ou si l'on préfère des administrés. Comme telle la déconcentration se produit à l'intérieur de tout organisme responsable, décentralisé. Toutefois pour ne pas compliquer inutilement la présentation nous avons choisi de ne traiter et de n'illustrer (comme dans la figure 2) que la déconcentration qui se produit à l'intérieur des ministères.

1. La déconcentration fonctionnelle

La déconcentration fonctionnelle est essentiellement la subdivision de l'autorité et des tâches en diverses unités administratives (directions générales, services, etc.) à l'intérieur d'un ministère, d'un organisme ayant une responsabilité externe.

8. Cette interdépendance et cette subordination existent même entre paliers de gouvernement dans un système fédéral (ex.: le veto du gouverneur général sur les lois provinciales fait partie du système formel même si l'exercice de ce pouvoir est aujourd'hui tombé en désuétude). On reconnaît, cependant, que cette subordination est beaucoup moins poussée que celle qui peut exister entre les organismes d'un même palier de gouvernement.

2. La déconcentration territoriale

La déconcentration territoriale est la même subdivision de l'autorité et des tâches en diverses unités administratives dispersées sur le territoire: les services ou bureaux régionaux ou locaux des ministères, des organismes.

Dans les deux cas, la responsabilité demeure celle du ministre et du sous-ministre et l'autorité déléguée n'engage pas le ministère sauf dans le cadre strict d'un mandat spécifique *explicite* (délégation de signature).

Les organismes décentralisés

En second lieu, il y a des organismes décentralisés. Cette catégorie est plus complexe que la précédente. En effet, on peut distinguer:

1. Les organismes *décentralisés fonctionnellement,* eux-mêmes subdivisés en organismes:
   a) à vocation nationale (les régies, les offices, les tribunaux administratifs, les sociétés, les conseils, les bureaux)
   b) à vocation locale ou régionale (les régies, les offices... et les établissements publics)

2. Les organismes *décentralisés territorialement,* eux-mêmes subdivisés en organismes:
   a) unifonctionnels (les commissions scolaires)
   b) multifonctionnels (les collectivités locales)
   (il ne s'agit pas vraiment d'« organismes »)

Par la déconcentration et la décentralisation *fonctionnelle,* on cherche d'abord (selon des degrés divers) à accroître la spécialisation dans un secteur d'activités déterminé et à rejoindre les intérêts sectoriels, alors que par la déconcentration et la décentralisation *territoriale,* on désire plutôt accroître l'adaptation d'une activité, l'accessibilité d'un service aux besoins d'un territoire géographique déterminé, et à rejoindre des intérêts distribués sur le territoire.

1. *Les organismes décentralisés fonctionnellement*

Les organismes décentralisés fonctionnellement sont les « organismes autonomes » auxquels renvoie le titre de cet ouvrage. Ces organismes sont soumis à la « tutelle » des ministères mais également à certains contrôles, règles et pratiques des organismes administratifs centraux. Ils ont une personnalité juridique distincte et ils sont dirigés par des personnes nommées. Généralement, ils n'ont pas de pouvoir fiscal, mais certains d'entre eux (les offices et les sociétés) peuvent percevoir des revenus[9]. Il arrive même que certains organismes centraux, les bureaux, jouissent d'une certaine autonomie.

Dans le cas des deux types de décentralisation fonctionnelle (à vocation nationale ou locale), il s'agit d'organismes unifonctionnels relevant d'un même palier de gouvernement soumis à la tutelle des ministères. Contrairement aux apparences, il est logique que les organismes administratifs centraux puissent exercer des contrôles même sur les organismes à vocation locale ou régionale (ex.: la Société des traversiers Québec-Lévis). En effet, dans ce dernier cas, on peut penser que l'intervention de l'État est circonstancielle et provisoire. Normalement, l'État est toujours en mesure soit de transférer sa tutelle à un palier inférieur de gouvernement, plus spécifiquement aux collectivités locales ou régionales (si elles existent), soit de mettre un terme aux activités de ce type d'organisme. Toute la question est de savoir, bien sûr, si des considérations d'intérêt national sont assez fortes ou si tout simplement le manque de ressources financières locales est suffisamment important pour empêcher un tel transfert ou une telle cessation des activités en pratique.

Cela se produit, croyons-nous, dans le cas des CEGEPS et des organismes établis par la loi de 1971 sur les services de santé et les services sociaux, c'est-à-dire les centres hospitaliers (CH), les centres locaux de services communautaires (CLSC), les centres de services sociaux (CSS) et les centres d'accueil (CA), dans la mesure, bien entendu, où il s'agit d'organismes qui sont la propriété de l'État[10].

Bien que nous n'ayons pas l'intention d'examiner en détail l'ensemble de ces organismes, nous pouvons indiquer que ces considérations ont justifié la mise au point d'une tutelle spécifique exercée par le ministre de tutelle et le lieutenant-gouverneur en conseil, mais à l'exclusion des autres organismes administratifs centraux. Il serait judicieux, à notre avis, que l'on attribue une appellation spéciale à ce type d'organisme, celle «d'établissement public», qu'il faudra distinguer, bien sûr, des établissements (privés) d'intérêt public[11]. Fondamentalement, il est assez peu probable que le gouvernement

---

9. Les régies peuvent réclamer des «frais», «tarifs» et «droits».
10. Il faut sans doute préciser que ces réorganisations ont été inspirées par le souci d'uniformiser la qualité des services sur l'ensemble du territoire. Il était clair que l'insuffisance des ressources économiques de différentes régions exigeait une intervention provinciale et écartait l'hypothèse d'un recours à une fiscalité locale et même régionale.
11. Ces établissements d'intérêt public demeurent propriété privée. En principe, l'État peut ainsi susciter des innovations et garder des bases de comparaisons. En pratique, cependant, il peut arriver qu'un pouvoir politique fortement influencé par des intérêts locaux ne puisse résister à la pratique du «saupoudrage» et augmente les subventions au point où le caractère privé devient fictif et ne fait que couvrir des avantages particuliers accordés à des groupes sociaux déjà privilégiés. Quoi qu'il en soit, cette notion d'établissement public ou d'intérêt public convient assez bien aux diverses institutions d'éducation, de santé, de bien-être, de recherches. Il s'agit, en fait, d'un sous-type d'offices tout comme les bureaux.

puisse abolir du jour au lendemain des organismes établis systématiquement sur le territoire et faisant partie intégrante d'un réseau institutionnel sectoriel. Pour ces raisons, il est clair que les établissements publics sont beaucoup moins provisoires que les autres organismes décentralisés fonctionnels à vocation locale ou régionale [12].

2. *Les organismes décentralisés territorialement* sont dirigés par des personnes élues. Ils disposent d'un pouvoir fiscal et ont une personnalité juridique distincte. Ils sont également soumis à la tutelle d'un ministère qui exerce celle-ci de façon pratiquement exclusive, en l'occurrence, le ministère de l'Éducation, le ministère des Affaires sociales et le ministère des Affaires municipales.

Il est clair que l'on ne peut assimiler les organismes décentralisés territorialement (les commissions scolaires et les municipalités) aux organismes décentralisés fonctionnellement à vocation locale ou régionale, ni confondre, il va sans dire, les deux types de décentralisation territoriale. Le pouvoir fiscal et «la couverture systématique du territoire» confèrent une importance considérable aux premiers. La diversité des fonctions, et le renforcement mutuel qui en découle, a pour effet de situer les municipalités sur un plan politique supérieur à celui des commissions scolaires [13].

Toutes ces distinctions recouvrent des réalités bien spécifiques, des degrés particuliers d'autonomie fondés sur des caractéristiques, des *attributs particuliers*.

Ainsi, on admet généralement que l'élection (par opposition à la nomination) et le droit de prélever des impôts ou de produire des revenus propres [14] (par opposition à un financement par un fonds consolidé ou à un financement d'un autre palier de gouvernement) sont des gages d'autonomie. Il est également reconnu que l'exercice d'un pouvoir de tutelle (par opposition à la subordination hiérarchique) et l'existence d'une entité formellement distincte (par rapport à un service entièrement intégré) sont aussi garants d'autonomie. Bien entendu, dépendant de la nature (a posteriori ou a priori) et de l'étendue de la tutelle (plus précisément des contrôles), l'autonomie sera plus ou moins grande.

---

12. La notion d'établissement public est utilisée ici dans un sens beaucoup plus restreint qu'elle ne l'est généralement en France où elle englobe tous les types d'organisme autonome, y compris les sociétés.
13. Les municipalités ne sont pas des organismes mais des «collectivités». Plusieurs sont réticents à utiliser le terme «palier de gouvernement» dans leur cas. Les constitutionnalistes ont qualifié cette décentralisation «d'administrative» pour bien la distinguer de la décentralisation «politique» des gouvernements provinciaux. Pour éviter toute confusion, on devrait réserver aux municipalités l'appellation «collectivités locales».
14. Par transactions ou par emprunts.

Précisons enfin que le degré de formalisation des règles (dispositions constitutionnelles par rapport à une loi et par rapport à un arrêté en conseil) et le contrepoids exercé par d'autres institutions (l'Assemblée nationale, les cours de justice) constituent des fondements formels d'autonomie. La présence de groupes d'intérêts puissants et l'idéologie démocratique dominante dans un système (par rapport à l'inexistence de ces phénomènes) sont quelques-uns des fondements informels. Les fondements formels comme les fondements informels permettent à l'autonomie de durer. Pour ces raisons, on doit inévitablement admettre que la décentralisation est une notion relative. En terminant, on peut suggérer au lecteur de placer par ordre décroissant d'autonomie les divers organismes que nous venons de mentionner. C'est là un exercice qui devrait faciliter la compréhension de ce problème complexe.

La figure 2 schématise l'ensemble des institutions administratives québécoises.

Les problèmes généraux relatifs aux divers organismes

Nous avons identifié quatre problèmes généraux qui, à notre avis, sont fondamentaux et dont l'examen sommaire devrait contribuer à dégager une perspective d'ensemble. Ces problèmes sont l'ampleur de la décentralisation et de la déconcentration, l'exercice de la responsabilité ministérielle, l'aménagement des contrôles et services centraux, l'opportunité et les modalités de l'intervention de l'État.

1. *L'ampleur de la décentralisation et de la déconcentration*

L'ampleur de la décentralisation et de la déconcentration peut constituer en soi un problème. En effet, la décentralisation poussée à l'extrême signifie une telle dispersion des pouvoirs de l'État, que celui-ci n'est plus en mesure d'agir de façon cohérente. La déconcentration peut également occasionner un tel fractionnement des unités administratives que la coordination ne peut être acquise qu'au prix d'un allongement démesuré de la ligne d'autorité ou de lourds mécanismes collégiaux (les nombreux comités) dans lesquels se dilue la responsabilité.

Malheureusement, il n'y a pas d'étude démontrant indubitablement qu'il existe un seuil qu'il ne faut pas franchir. Chacun sait, par exemple, que la France a un système beaucoup plus centralisé et déconcentré que celui des États-Unis ou du Canada et beaucoup moins sans doute que celui de la plupart des pays socialistes. La difficulté est que l'on peut aisément mettre en relief à l'aide de ces exemples l'inefficacité pouvant découler tant d'une centralisation que d'une décentralisation excessive, d'une concentration que d'une déconcentration exagérée.

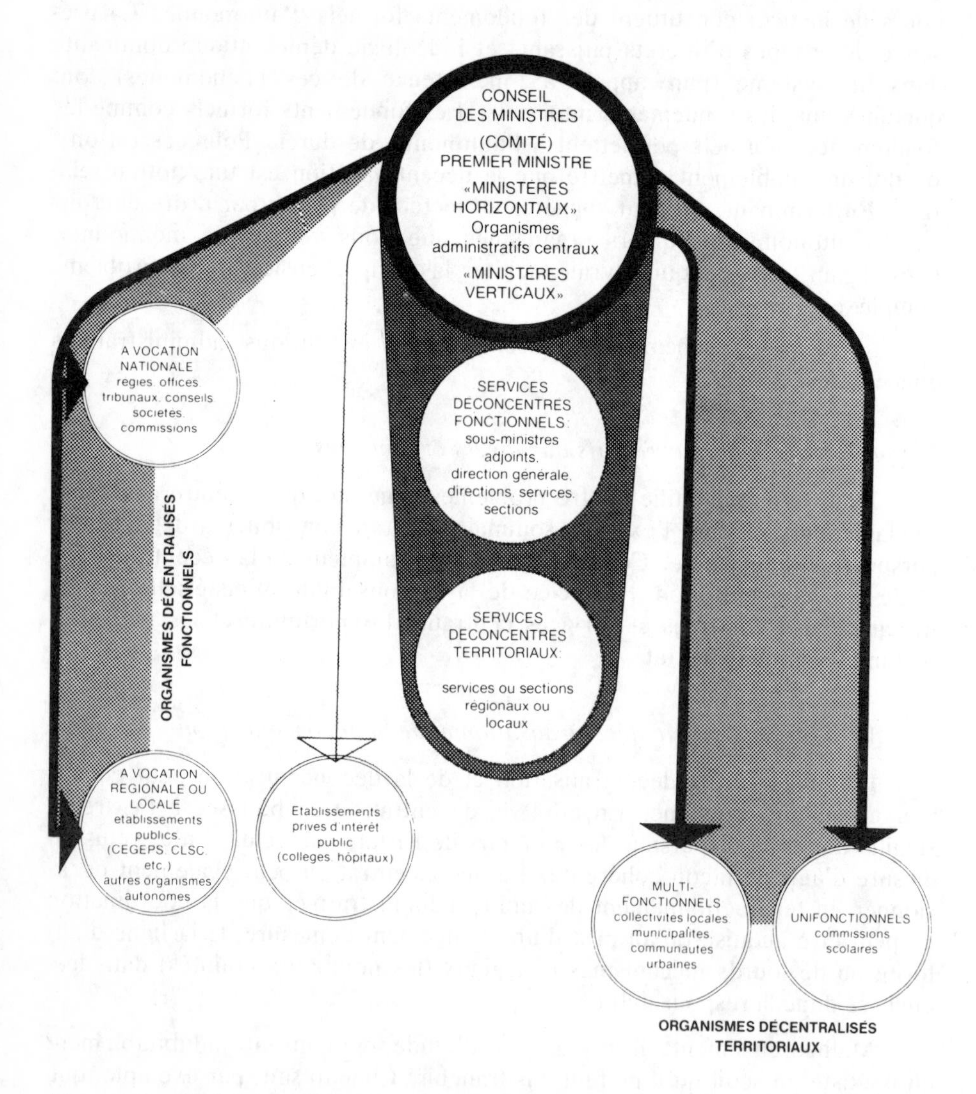

FIGURE 2. Schéma d'ensemble des institutions administratives québécoises

En pratique, nous devons retenir que l'idéologie dominante ainsi que l'organisation du secteur public dans le milieu ambiant qu'est l'Amérique du Nord[15] sont deux facteurs qui jouent en faveur du maintien d'un système décentralisé au Québec. Nous croyons également que les Québécois ont développé une culture politique qui s'accommoderait assez mal d'une centralisation excessive par le gouvernement provincial ou par le gouvernement fédéral[16]. En d'autres termes, nous devons accepter a priori que tous les types de décentralisation fonctionnelle ou territoriale soient maintenus.

Il en va sans doute de même des divers types de déconcentration. En effet, on peut difficilement imaginer, surtout avec la tendance actuelle vers les super-ministères, que l'on ne soit pas forcé de favoriser la déconcentration fonctionnelle et territoriale.

Il n'en reste pas moins vrai que l'acceptation d'un principe n'entraîne pas automatiquement l'acceptation de ses diverses modalités d'application. En fait, chacun de ces types de décentralisation et de déconcentration a déjà fait ou fait l'objet d'un réexamen. Il est symptomatique qu'à l'origine de ce réexamen, il y a eu généralement le constat que le phénomène avait pris une ampleur démesurée.

Quelques amorces de solutions aux problèmes soulevés:

a) *La décentralisation territoriale multifonctionnelle*. Les quelque 1500 municipalités dispersées sur le territoire et disposant de ressources humaines et naturelles limitées, ne semblent pas, en raison de leur dispersion, être en mesure d'assumer les tâches qui leur reviennent, principalement en milieu urbain. Le regroupement amorcé par les communautés urbaines a atteint aujourd'hui un point mort[17]. Par ailleurs, le gouvernement fédéral paraît très intéressé à valoriser ce «palier de gouvernement» même au point de court-circuiter, ce faisant, le palier de gouvernement provincial, suivant en cela l'exemple américain. Le gouvernement provincial, après s'être progressivement approprié des fonctions exercées auparavant par les municipalités (bien-être social, voirie, sécurité publique) dans le dessein d'uniformiser les services, ne peut plus s'en dessaisir sans remettre en cause le partage des sources fiscales et du même coup amoindrir sa présence auprès des administrés au moment même où le gouvernement fédéral désire justement accroître la sienne.

---

15. Le libéralisme qui limite l'intervention de l'État, conditionne l'attribution des tâches aux institutions administratives, accorde également aux divers groupes d'intérêts une influence sur les structures et le fonctionnement de ces dernières.
16. Il suffit de rappeler les nombreux débats portant sur l'autonomie et l'indépendance du Québec, l'autonomie municipale, de même que sur le danger d'un interventionnisme accru de l'État.
17. On s'interroge encore pour savoir s'il est politiquement plus rentable de ne pas déplaire à certains conseillers municipaux ou de maintenir des municipalités de 30 000 habitants alors que les villes d'un million d'habitants sont des petites villes aux États-Unis et dans la plupart des pays. (Voir J. Meynaud et J. Léveillée, *la Régionalisation municipale au Québec*, Montréal, Nouvelle Frontière, 1973.)

b) *La décentralisation territoriale unifonctionnelle* en éducation a déjà fait l'objet d'une réforme tendant à consolider les diverses unités (les 96 commissions scolaires régionales dont 58 du seul niveau secondaire), ce qui a permis sans conteste une certaine uniformisation et une amélioration du service[18].

Cette consolidation fut suivie d'une certaine centralisation de l'administration (transport, taxes) à ce niveau régional, laissant les commissions scolaires locales un peu plus démunies. L'addition de comités de parents aux deux niveaux a atténué la représentativité des commissaires tout en suscitant l'hypothèse d'une direction bicéphale en fait, sinon, en droit. Enfin, la création d'un exécutif au sein de ces mêmes commissions scolaires quoique sans doute très justifiée, ne manquera pas de confirmer cette tendance à la hiérarchisation et à «l'administration scolaire».

Bien plus, il est clair que ces structures demeurent extrêmement dépendantes de la tutelle du ministère et que l'organisation syndicale les déborde largement comme les CEGEPS, d'ailleurs. Si l'on ajoute à cela le fait que le champ de l'impôt foncier est déjà pleinement occupé par les municipalités et qu'à toutes fins pratiques mêmes les dépenses inadmissibles doivent être autorisées par le ministère, on peut se demander si dans un tel contexte la décentralisation n'est pas devenue une pure fiction en matière d'éducation[19]. L'introduction récente d'un budget global devrait atténuer, cependant, la rigueur de ces contraintes.

À la suite de cette succession de transformations, on peut même douter de l'opportunité de réformes additionnelles, ne fût-ce qu'en matière pédagogique, car la réforme a un effet cumulatif. Le maintien d'un secteur privé parallèle peut difficilement être considéré comme une mesure étalon puisqu'il recrute ses «clients» dans la couche la plus aisée de la population. En somme, il n'apparaît pas qu'il faille s'inquiéter d'une décentralisation excessive, au contraire.

c) *La décentralisation fonctionnelle à vocation nationale* n'a pris une certaine envergure que depuis 1960. Près de 140 conseils[20], régies, offices, tribunaux administratifs et sociétés composent actuellement ce secteur «paraministériel[21]» avec des dépenses totales de près d'un milliard trois cents

---

18. En 1971, il y avait 900 commissions scolaires et 5 000 commissaires: en 1972, 189 commissions scolaires et 2 228 commissaires.
19. En 1973, le gouvernement québécois amorçait un dégagement de l'impôt foncier en faveur des municipalités en abaissant le taux de $1,40 à $1,25 sur une période de quelques années.
20. Notons que les organismes consultatifs forment la moitié de ce nombre tout en ne coûtant qu'un million de dollars.
21. On pourrait ajouter à cette liste une quinzaine de commissions d'examen, d'enquête et d'arbitrage bien qu'ils ne présentent pas les caractéristiques habituelles des organismes autonomes.

mille dollars[22] et des effectifs de 30 000 employés; ce «secteur» n'est donc plus négligeable et il est devenu impérieux d'y accorder une attention particulière. Effectivement, le Conseil exécutif est saisi de cette question depuis quelque temps déjà et il pourrait prochainement conclure à la nécessité d'une clarification de la terminologie et, ce qui est plus important encore, à une limitation ainsi qu'à une réglementation plus uniforme de ces types d'organisme qui pourraient en se multipliant indûment démembrer l'administration.

Les législateurs successifs ont créé ces divers types d'organisme sans schème de référence et ont établi de tels organismes parfois avec une certaine précipitation. Cependant, il faut bien avouer à leur décharge que la situation n'est pas tellement différente ailleurs. La France compte près de 4 700 organismes consultatifs, 23 tribunaux administratifs, 396 entreprises nationales (dont 323 filiales), 238 sociétés d'économie mixte (dont 194 filiales) et de nombreux établissements publics. L'Angleterre compte près de 2 000 tribunaux administratifs, 500 organismes consultatifs, une quinzaine d'entreprises publiques dont certaines sont, en fait, des industries nationales. Le gouvernement fédéral, avec ses 52 entreprises publiques et une cinquantaine d'offices et de régies[23], et le gouvernement américain[24], avec une quarantaine d'entreprises publiques et une douzaine de régies, n'échappent pas non plus à la règle.

Il est apparent que les pressions exercées sur la direction politique pour amener l'État à intervenir — c'est une tendance manifeste dans la plupart des sociétés occidentales — ont occasionné une telle prolifération d'organismes. Il semble aussi que par opposition au cumul (le développement des services internes à un ministère), la décentralisation fonctionnelle offre l'avantage d'une certaine souplesse du moins en apparence.

d) *La décentralisation fonctionnelle à vocation locale ou régionale* est assez limitée dans certains domaines (ex.: les conseils régionaux de développement, la Société des traversiers Québec-Lévis, les conseils régionaux de la santé et des services sociaux). D'ailleurs, il ne serait pas désirable que le gouvernement québécois intervienne ponctuellement sur le territoire pour assumer des tâches qui peuvent être exercées par des organismes locaux ou

---

22. Les sociétés à elles seules totalisaient en 1972 des dépenses d'un milliard cent cinquante-cinq mille dollars et des effectifs de 24 000 mille employés.
23. Voir A. G. Irvine, «The delegation of authority to Crown corporations», *Administration publique du Canada*, 1971, vol. 14, n° 4, p. 556. L'auteur indique que $2 162 millions ont été requis en 1969-1970 pour financer ces entreprises publiques.
24. Il est amusant d'entendre les défenseurs de l'entreprise privée dénoncer la création d'entreprises publiques alors que le temple du libéralisme a reconnu leur utilité. Il faut bien avouer que les entreprises publiques américaines sont surtout de caractère financier et qu'elles peuvent ainsi favoriser l'essor des entreprises privées. Il n'en reste pas moins que l'on ne voit pas de contradiction idéologique quand on en tire avantage.

régionaux. Toutefois, dans le domaine de l'éducation[25], de la santé et du bien-être social[26], la situation est tout autre. Il faut tenir compte d'un grand nombre d'institutions publiques et d'institutions privées. Il est apparent que le projet de loi 65 est d'abord un effort de rationalisation administrative de ces institutions privées analogue à celui qu'ont connu auparavant les collèges classiques et les commissions scolaires. Il n'échappe à personne que les établissements publics dépensent effectivement une très forte partie des sommes qui sont allouées aux missions éducative, sociale et culturelle.

On peut soulever ici deux problèmes particuliers. D'abord celui du contrôle politique exercé sur des organismes provinciaux à vocation régionale. Certains ont déploré qu'il soit envahissant, d'autres qu'il soit nul. En fait, ce phénomène joint au mouvement de déconcentration fonctionnelle territoriale[27] a permis à certains de proposer la mise sur pied d'un véritable palier de gouvernement régional qui s'ajouterait aux trois qui existent déjà.

Le deuxième problème consiste essentiellement dans la détermination du mode de contrôle ou de tutelle administrative des établissements publics[28]. Si l'on écarte l'hypothèse d'accorder un pouvoir fiscal à de tels organismes[29] et que par ailleurs l'action des syndicats s'étend à toute la province, il est nécessaire d'apprécier l'ampleur et la profondeur de la tutelle exercée par le ministère, et par la même occasion l'autonomie de ces établissements. Ici aussi, l'introduction d'un budget global a permis d'amoindrir la rigueur de la tutelle ministérielle sans pour autant mettre en péril la politique générale du gouvernement dans ce domaine.

e) *La déconcentration fonctionnelle* est peut-être le sujet le plus délicat. On a assurément valorisé la structure hiérarchique des 24 ministères en baptisant d'anciens services du titre de direction générale et en coiffant celles-ci de sous-ministres adjoints. On peut se demander si cette valorisa-

25. Il y a actuellement 37 CEGEPS publics, 28 CEGEPS privés (dont 24 subventionnés à 80 % et 2 à 60 %, qui sont financés par les accords franco-québécois); 8 autres institutions relevant des ministères décernent des diplômes de niveau collégial, soit un total de 73 institutions.

26. On compte actuellement 389 hôpitaux privés et publics. La diversité est particulièrement grande dans le secteur du bien-être social: 210 foyers pour vieillards, 174 foyers subventionnés, 179 foyers privés, 326 centres pour les enfants, 20 organismes de soins à domicile, 51 agences et centres psychosociaux et 61 autres organismes subventionnés pour un total de 700 institutions.

27. La déconcentration fonctionnelle territoriale s'est manifestée principalement par la mise sur pied de conférences administratives régionales, c'est-à-dire d'organismes de coordination intersectorielle.

28. Il va sans dire que l'existence de ce type d'organisme renforce la position des adeptes du gouvernement régional.

29. Cette hypothèse contredirait le désir avoué d'uniformiser les services sur l'ensemble du territoire.

tion[30] tient à un cumul véritable (ce que semble indiquer l'augmentation des effectifs de la fonction publique de 40 000 à 55 000 de 1960 à 1972[31]) ou si elle ne correspond pas seulement à une inflation verbale justifiée par l'inflation générale des traitements. Cette question serait une méchanceté gratuite si parallèlement il y avait une indication qu'il y a eu effectivement délégation d'autorité et prise en charge de la direction des unités administratives. Or, sans qu'il y ait faute des responsables eux-mêmes, il est douteux que cela puisse être le cas, d'abord parce que la responsabilité ministérielle impose une assez forte centralisation, ensuite, parce qu'il y a encore peu de programmes qui coïncident parfaitement avec la structure administrative, et enfin parce que les organismes administratifs centraux décident encore d'une foule de questions qui allègent les ministères des tâches de gestion mais qui du même coup les dégagent du poids de la responsabilité.

f) *La déconcentration territoriale* a atteint une assez grande dimension[32], mais il y a lieu de se demander si elle a jamais dépassé le stade de la simple dispersion physique d'unités administratives sur le territoire. Certaines incitations données centralement (ex.: la délimitation de 10 régions administratives, la valorisation des postes de direction des bureaux régionaux, la création de conférences administratives et de missions régionales à la suite de l'expérience de l'Office de développement de l'Est du Québec), il y a déjà quelques années, ne semblent pas avoir procuré les résultats attendus[33].

Nous avons le sentiment que dans l'ensemble, les ministères n'ont pas fait un inventaire rigoureux des matières sujettes à la déconcentration, et qu'ils n'ont pas mis au point des mécanismes de coordination systématiques entre les unités régionales comme telles et le siège social[34].

30. À signaler que cette valorisation des titres et des occupations jointe à la syndicalisation a permis le fractionnement des tâches et la dilution des responsabilités. On a créé des rangs de techniciens et de superviseurs dans les domaines de la santé et de l'éducation... en croyant améliorer le service.
31. Le chiffre englobe les effectifs des organismes autonomes. En excluant les effectifs des sociétés et des établissements publics qui généralement ne font pas partie de la fonction publique, nous obtenons pour les autres organismes autonomes un total d'environ 7 000 fonctionnaires, soit le huitième de la fonction publique.
32. G. Julien, de l'ENAP, dans une étude non encore publiée, a recensé 75 services déconcentrés et il a établi que 60 % des effectifs globaux des ministères (organismes non inclus) étaient déconcentrés. (Voir A. Lajoie, *les Structures administratives régionales*, Montréal, Les Presses de l'Université de Montréal, 1968.)
33. En fait, l'étude de G. Julien indique que très peu de ministères ont respecté le cadre de 10 régions administratives.
34. Le modèle le plus répandu paraît être celui d'un service central «administratif» dont la compétence ne s'étend pas aux matières techniques qui, elles, sont du ressort des directions spécialisées. (Voir F. C. Thayer, «Regional administration: the failure of traditional theory in the United States and Canada», *Administration publique du Canada*, 1972, vol. 15, n° 3, p. 449.)

Cela dit, avant de songer à recomposer les unités territoriales déconcentrées, on peut se demander s'il ne serait pas plus sage d'attendre l'implantation des programmes ainsi qu'un élargissement de la possibilité des autorisations de dépenses au siège social même, et peut-être aussi un regroupement plus définitif des collectivités locales. C'est alors seulement que celles-ci pourraient être chargées de l'*application* de certaines tranches de ces programmes. Il y aurait alors un cadre beaucoup plus clair qui permettrait une véritable délégation d'autorité.

2. *L'exercice de la responsabilité ministérielle*

La responsabilité ministérielle constitue la pierre angulaire du système parlementaire du type britannique. Malgré les inconvénients qu'elle occasionne et malgré le caractère fictif qu'elle peut parfois revêtir, nous croyons qu'elle constitue un moyen nécessaire permettant de relier la politique à l'administration, la détermination d'objectifs à l'application de mesures concrètes.

Or, il faut constater que le partage formel de responsabilités établi par la décentralisation n'est jamais parfaitement satisfaisant et il est certain que l'ampleur de la décentralisation peut rendre la situation très difficile. Pressés par les critiques de l'opposition et par les attentes des groupes d'intérêt et de l'opinion publique qui ne s'embarrassent pas de distinctions subtiles, les ministres sont invités tantôt à intervenir et tantôt à s'abstenir lorsque se présente un problème spécifique (ex.: la détermination d'un tarif par une régie, l'achat d'un produit par une société, la mise en tutelle d'une commission scolaire, etc.). Dans le contexte québécois, cette proposition, valable d'une certaine façon, prête à confusion puisque c'est le lieutenant-gouverneur (et non le ministre) qui légalement est le principal dépositaire du pouvoir de tutelle dans la très forte majorité de cas de décentralisation fonctionnelle.

Quoi qu'il en soit, la décentralisation est dans tous les systèmes une solution de moyen terme entre l'indépendance totale et la subordination hiérarchique. Son fonctionnement est en conséquence beaucoup plus imprécis. La décentralisation peut être une simple façade si le ministre exerce secrètement des pressions sur la direction de l'organisme, elle peut donner lieu à une évasion de responsabilités si le ministre se contente d'une tutelle superficielle.

Il est sans doute opportun d'opter pour une formalisation accrue dans les matières importantes et d'ajuster les rapports informels à la philosophie qui se dégage des règles formelles; par exemple, la non-intervention du gouvernement dans des matières de gestion quotidienne ou courante compensée par la prise en charge de l'orientation de la politique générale. Toutefois la pratique exigera toujours un certain jugement.

3. *L'aménagement des contrôles et services centraux*

L'augmentation remarquable du nombre et de la diversité des organismes autonomes, l'accroissement des tâches dévolues aux ministères, l'addition successive d'organismes administratifs centraux (en particulier le Conseil du Trésor) et l'introduction de nouveaux processus administratifs (plus spécifiquement la programmation budgétaire) sont autant de transformations qui justifieraient un réexamen de l'aménagement des contrôles et services centraux.

Il est difficile de ne pas englober le Conseil des ministres dans cette revision, car il constitue le principal organisme de coordination politique et de cohérence administrative. Notons que dans un contexte à peu près similaire, le gouvernement fédéral et celui de l'Ontario ont déjà mis sur pied des comités au sein du Conseil des ministres afin d'affirmer la maîtrise du politique sur l'administratif.

Par ailleurs, la création du Conseil du Trésor a forcé une réorientation de divers autres organismes centraux dont les vocations différentes (le contrôle, la direction, le service domestique, la vérification) ne sauraient tarder à être reconnues. On pourra encore s'interroger sur l'opportunité de maintenir le système actuel selon lequel les contrôles centraux s'exercent directement ou par le truchement d'agents déconcentrés des organismes centraux. En effet, ce système ne s'applique pas aux organismes décentralisés territorialement, puisque c'est le ministère de tutelle qui exerce exclusivement les contrôles. Toutefois, on ne pourra éviter en aucun cas le dilemme suivant: plus la présence des organismes centraux se fait envahissante, moins les ministères de tutelle sont en mesure d'imprimer une orientation proprement sectorielle aux organismes qui lui sont rattachés; inversement, plus les ministères de tutelle sont puissants, moins il devient possible de soutenir l'intégration de l'administration et d'éviter les incohérences entre ses diverses parties.

4. *L'opportunité et les modalités de l'intervention de l'État*

Le problème de fond demeure évidemment celui de l'opportunité de l'intervention initiale de l'État dans un domaine réservé antérieurement au secteur privé. Bien sûr, il est facile d'invoquer ici la tendance observée dans presque toutes les sociétés occidentales développées industriellement et urbanisées, qui fait qu'aujourd'hui près de 36 % du produit national brut est absorbé par le secteur public. On peut encore faire état des entreprises privées multinationales qui exercent une surenchère sur les gouvernements et sont pratiquement dégagées de tout contrôle étatique, en particulier, dans les pays où ne sont établies que des filiales.

Cependant, on peut se demander si la solution consiste dans un accroissement considérable des services collectifs universels sans référence à un marché mais à des besoins (réels ou imaginaires) inventoriés par des intérêts particuliers et dans une multiplication des entreprises publiques, grandes consommatrices de capital. Ce sont là des formes extrêmes de l'intervention de l'État que généralement l'on voudra faire accompagner d'une planification «omnisciente». Nous ne contestons pas qu'il revient d'abord à l'État moderne d'assumer la responsabilité du mieux-être de la société. La retour au libéralisme pur et impensable dans le contexte actuel, particulièrement au Québec. Cependant, il y a d'autres façons d'orienter le développement économique et social, notamment la régulation économique et technique, l'aide financière et technique, la politique économique, la société d'économie mixte et une information sectorielle particulièrement bien développée[35]. Évidemment, il faudrait encore que l'État québécois puisse disposer des pouvoirs d'un État souverain pour qu'un tel choix puisse se poser de façon réaliste à la société.

À plus court terme, il est symptomatique qu'après avoir vaincu, croyait-on, la peur de l'État, on doive faire face à une contestation de la charge fiscale qui, peut-on prévoir, sera de plus en plus pesante au cours des années à venir ainsi que des imbroglios administratifs occasionnés par le dédoublement des structures, lequel s'étend maintenant aux deux paliers de gouvernement et aux municipalités[36]. La remise en cause de l'efficacité des services rendus sera d'autant plus susceptible de se produire que certains problèmes de fond (le chômage, l'inflation, la mainmise étrangère) ne seront pas résolus.

En terminant, nous aimerions rappeler que nous n'étudierons que certains des organismes administratifs que nous venons de présenter.

Plus spécifiquement, dans une première partie, nous traiterons de la décentralisation fonctionnelle, dans une deuxième partie, des organismes autonomes de l'administration québécoise, c'est-à-dire des organismes décentralisés fonctionnels à vocation nationale ou locale et régionale (à l'exclusion des établissements publics), et dans une troisième partie, des organismes administratifs centraux.

Nous espérons que cette étude empirique constituera effectivement une contribution à la connaissance des institutions administratives québécoises et que les suggestions de réforme que nous avancerons, auront suffisamment de réalisme et d'avantages pour justifier leur mise en application.

---

35. Nous n'excluons pas pour autant la création d'entreprises publiques qui pourraient encadrer le talent «entreprenarial» qui ne se manifeste pas de façon évidente. Toutefois, il convient de faire des choix sélectifs à cet égard. La recherche de la complémentarité paraît s'imposer face à la faiblesse des ressources disponibles.

36. Il est permis de croire que la recherche d'une plus grande indépendance du gouvernement québécois à l'intérieur du système fédéral et la réaction contraire du gouvernement central se sont soldées par une espèce de concurrence institutionnelle dont les contribuables doivent faire les frais à plusieurs points de vue.

CHAPITRE PREMIER

LES CAUSES DE LA DÉCENTRALISATION FONCTIONNELLE

Une des meilleures façons de découvrir la nature même d'un phénomène est d'en rechercher les causes et d'en déterminer les effets.

Les causes de la décentralisation fonctionnelle se répartissent en deux catégories: les causes générales qui s'appliquent indifféremment à tous les organismes autonomes en tant que partie d'une administration, et les causes particulières qui s'appliquent à un ou plusieurs types d'organisme autonome.

1. *Les causes générales de la décentralisation fonctionnelle*

Les causes générales de l'accroissement du rôle de l'État — l'industrialisation, l'urbanisation et la popularité accrue de l'idéologie socialiste — sont également à l'origine de l'augmentation du nombre de ministères et d'organismes autonomes, avec cette précision supplémentaire que la multiplication de tels organismes semble être une caractéristique des administrations qui se développent rapidement. Ces causes générales n'expliquent pas toutefois pourquoi on a opté tantôt pour une organisation décentralisée fonctionnelle et tantôt pour une organisation ministérielle[1]. Il est donc nécessaire d'identifier également des causes particulières d'autonomie fonctionnelle. Les causes particulières que nous analyserons plus loin ne sont pas les objectifs propres à chacun des organismes effectivement créés par le gouvernement québécois. Nous ne raisonnons ici qu'en termes génériques sur les types d'organisme. Bien plus, nous supposons que tous les organismes existant ont leur raison d'être, car pour savoir si l'existence de tel organisme en particulier est justifiée, il aurait fallu faire une démarche différente, c'est-à-dire un examen du statut factuel, une analyse du chevauchement des responsabi-

1. Il n'apparaît pas opportun de faire ici un examen détaillé des causes de nationalisation ou d'étatisation. Nous prenons pour acquis que la décision a déjà été prise quant à l'opportunité de l'intervention de l'État et qu'il ne reste plus qu'à déterminer la forme organisationnelle qu'il convient de lui donner.

lités, une évaluation des possibilités et avantages d'une intégration, et plus fondamentalement encore de l'opportunité de l'intervention même de l'État. En conséquence, nous nous contenterons d'identifier les raisons qui conduisent habituellement à la création de tel ou de tel type d'organisme.

2. *Les causes particulières de la décentralisation fonctionnelle*

On doit donc identifier des causes particulières d'autonomie fonctionnelle qui justifient l'existence d'un type d'organisme distinct des ministères ou des cours de justice, les deux appareils exécutifs de l'État. Nous croyons pouvoir regrouper en six catégories les raisons habituellement invoquées à cet égard, soit:

1. *l'inhabileté des structures existantes à permettre l'exercice de certaines fonctions spéciales;*
2. *l'inhabileté des structures existantes à satisfaire certaines exigences démocratiques;*
3. *la théorie de la séparation des pouvoirs;*
4. *la crainte du patronage;*
5. *le désir d'échapper aux contrôles exercés par les organismes centraux domestiques, de contrôle et de direction;*
6. *le désir de mettre en évidence une activité déterminée.*

L'examen détaillé de ces propositions nous éclairera sur les «principes» qui président à l'organisation gouvernementale dans son sens large. Précisons que dans cette première partie, nous ne présentons que le cadre théorique de l'autonomie fonctionnelle. Nous compléterons cette analyse, dans une deuxième partie, par un examen des dispositions législatives régissant actuellement les organismes autonomes de l'administration québécoise. Il va sans dire que cet examen de la réalité est susceptible de modifier certains éléments de la première partie.

1. *L'inhabileté des structures existantes à permettre l'exercice de certaines fonctions spéciales*

Dans un système de type britannique, et même plus généralement dans les administrations modernes, l'administration exerce un ensemble de fonctions qui traditionnellement ressortissaient de l'Assemblée, des cours de justice du gouvernement et, à coup sûr, de l'entreprise privée. Or, plusieurs de ces fonctions ont été par nécessité déléguées à l'administration ou assumées par elle. Le besoin d'une plus grande continuité pour faire contrepoids aux changements fréquents de la direction politique et le désir d'assurer une plus grande efficacité et spécialisation aux mesures touchant un nombre de plus en plus grand de personnes, ont justifié un certain glissement des institutions politiques vers les institutions administratives. Toutefois, ce glissement s'est généralement effectué avec la garantie de conditions spéciales d'organisation permettant notamment l'identification de personnes responsables et compétentes dans un domaine particulier (d'où la décentralisation fonctionnelle) et sur preuve du caractère spécial des fonctions attribuées.

L'inhabileté des structures existantes proviendra dans un tel contexte d'un diagnostic porté non plus seulement sur les institutions politiques mais également sur le fonctionnement des institutions administratives puisque celles-ci exercent ces fonctions par délégation.

Un mode d'approche logique de ce problème consiste à faire l'examen de la nature des fonctions généralement exercées par les organismes autonomes afin de déterminer dans quelle mesure leur exercice justifie un certain degré d'autonomie. Pour ce faire, nous retenons *huit types de fonction* :

a) la fonction judiciaire
b) la fonction législative
c) la fonction de régulation économique et technique
d) la fonction de gestion commerciale, industrielle et financière, ou globalement la fonction de « gestion économique »
e) la fonction consultative
f) la fonction de « gestion non économique »
g) la fonction d'examen, d'enquête, de conciliation, d'arbitrage, de vérification
h) la fonction de gestion centrale

On peut penser que cette première cause d'autonomie fonctionnelle est fondamentale et que les autres causes ne viennent que la renforcer dans des cas particuliers. Il devient donc nécessaire d'examiner séparément chacune de ces fonctions spéciales afin de découvrir en quoi leur exercice est lié à l'autonomie fonctionnelle.

a) L'attribution d'une fonction judiciaire

L'analyse de l'origine des tribunaux administratifs dans les systèmes de type britannique illustre assez bien la signification qu'il faut accorder au caractère spécial de la fonction judiciaire exercée par ces tribunaux.

W. A. Robson[2] a exposé un ensemble de raisons pour lesquelles on devrait créer des *tribunaux administratifs*. Selon lui, on devrait y recourir lorsque l'on veut mettre en application une nouvelle politique sociale[3]. On

---

2. Voir W.A. Robson, *Justice and Administrative Law*, Londres, Stevens and Sons, 1951. Dans les pays anglo-saxons, les auteurs se sont beaucoup inspirés de cet ouvrage, en oubliant parfois de le mentionner comme source de référence.
3. On ne devrait pas, comme on le fait trop souvent, associer à cette application de politique sociale, les interventions de l'État prenant la forme de réglementation de tarifs ou d'attribution de permis, où les considérations d'ordre économique sont dominantes. Il s'agit d'une régulation économique et technique, laquelle constitue une fonction spéciale. Il est vrai que l'exercice d'une telle fonction nécessite parfois le recours à un processus qui s'apparente au processus judiciaire. Comme nous le verrons postérieurement, dans ces cas, il ne peut cependant être question de *droits* individuels ni même de *justice* collective.

devrait encore créer des tribunaux administratifs parce que les cours sont trop encombrées, formalistes et procédurières; parce que certaines matières requièrent des connaissances techniques qui leur manquent ou encore parce que la plupart des citoyens ne peuvent supporter les frais exorbitants liés à l'exercice de la justice. Les tribunaux administratifs seraient également désirables parce que les cours « ordinaires » n'ont pas un pouvoir de préenquête et parce qu'il est parfois préférable de procéder par réglementation générale plutôt que par décision individuelle, et enfin parce que les cours ont suffisamment de travail avec les conflits entre les citoyens pour ne pas se mêler des conflits entre les citoyens et l'État.

Pour résumer la pensée de Robson, on peut dire que le premier argument en faveur de la création des tribunaux administratifs est l'inaptitude des cours de justice à exercer leur *fonction judiciaire de façon suffisamment spécialisée*[4]. Car, pour le reste, Robson s'attaque à des lacunes susceptibles d'être corrigées par le législateur, l'université ou par les cours elles-mêmes[5], ou encore il cherche à établir une fusion ou un aménagement particulier, dans un même organisme, des fonctions judiciaire, législative et administrative. Dans ce dernier cas, il suggère, en fait, la création soit d'une régie[6], soit d'un Bureau d'ombudsman[7], deux organismes qui sont passablement différents d'un tribunal.

4. Nous écartons également l'hypothèse suivant laquelle il faudrait créer un tribunal administratif dès qu'il s'agit de mettre en œuvre une nouvelle politique sociale. Ce serait trop facile. Toutefois, il est clair qu'il existe des cas de « droit nouveau » et plus spécifiquement des domaines où les droits individuels sont très imprécis et où il s'agit bien plus de limiter un pouvoir discrétionnaire que d'articuler des droits et des obligations. Dans ces cas, il est souhaitable que l'on ait recours à un tribunal administratif plutôt qu'à une cour de justice afin de rendre judiciaire le processus décisionnel. Le pouvoir discrétionnaire confine parfois à l'arbitraire. Plus concrètement, cette spécialisation tire fréquemment son origine de législations mettant en rapport l'État et les « administrés ». Cette justice administrative est en fait une justice civile spéciale et elle est généralement distincte de la justice pénale. (Voir *les Tribunaux administratifs au Québec*, Québec, ministère de la Justice, 1970.) Précisons enfin qu'il ne s'agit pas pour autant d'une régulation économique et technique.
5. Au Québec, on a simplifié les procédures civiles dans un nouveau code, on a créé certaines sections spécialisées de la cour supérieure (divorce — il ne s'agit pas encore de tribunaux de la famille) et plus récemment de la cour provinciale (tribunal du travail). On a encore réduit les frais liés à l'exercice de la justice en facilitant d'une certaine façon l'assistance judiciaire (entendons le paiement des honoraires des avocats). De son côté, l'université a élargi la formation des avocats en y ajoutant des notions de sciences sociales.
6. Encore une fois, il s'agit alors d'une autre sorte d'organisme et nous verrons plus loin qu'il y a des objections à une telle confusion des « pouvoirs ». Pour cette raison, on peut mettre en doute l'exactitude du nombre de tribunaux administratif en Angleterre (2000) mentionné par Pollard. Sa définition serait trop englobante puisqu'elle incorporerait les régies.
7. L'ombudsman possède effectivement un pouvoir d'enquête qu'il peut exercer de sa propre initiative sans qu'il y ait eu dépôt formel d'une plainte. Par contre, un tribunal administratif devrait pouvoir, comme le modèle français le suggère, intervenir devant le silence d'une administration après l'expiration d'un délai fixé. Dans un tel contexte, l'avantage relatif de la formule de l'ombudsman est passablement réduit. On peut craindre que les rigidités éventuelles du Bureau de l'ombudsman, donnent naissance à une autre institution tout comme les rigidités des tribunaux administratifs ont nécessité la création du Bureau de l'ombudsman.

En résumé, les cours ordinaires ne seraient pas aptes à rendre une justice spécialisée. C'est effectivement ce raisonnement qui est à l'origine des « clauses privatives » par lesquelles on a voulu empêcher, par exemple, que les cours revisent les décisions de plusieurs commissions, régies et tribunaux administratifs. Si la cour est inapte à entendre l'affaire en première instance, elle devrait l'être doublement en appel, d'où, s'il y a vraiment nécessité d'un appel, la création d'un tribunal administratif supérieur et par voie de conséquence la création d'une double structure d'organismes judiciaires. Dans les systèmes de type britannique, on a généralement refusé de pousser le raisonnement à cette conclusion logique. On a préféré une solution de compromis selon laquelle on évite les conflits de juridiction entre deux structures de « cours de justice » et conserve « l'intégrité du droit » en préservant le pouvoir de revision par les cours ordinaires des décisions des tribunaux, mais seulement sur les questions de droit et de juridiction. De toute façon, au Canada, d'après l'interprétation par la Cour suprême du texte constitutionnel, il serait même défendu aux provinces de constituer des tribunaux ou cours de justice supérieures provinciales puisque le pouvoir de nomination des juges de ces cours appartient exclusivement au gouvernement fédéral[8].

Nous contesterons par la suite ces deux solutions; il suffit pour le moment de retenir que c'est le manque de spécialisation des cours ordinaires qui fait qu'elles ne pourraient se prononcer en toute justice dans un contentieux spécialisé[9].

Nous devons prolonger l'analyse et nous demander pour quelle raison un ministère, bien qu'étant spécialisé, ne peut exercer une telle fonction. Ici intervient une autre cause de l'autonomie fonctionnelle: la théorie de la séparation des pouvoirs qui arrive au troisième rang dans l'ordre que nous avons établi, mais que nous devons traiter tout de suite par commodité. Selon cette théorie, la confusion dans un même organisme de la fonction judiciaire (c'est-à-dire la reconnaissance péremptoire des droits et obligations dans un conflit entre deux parties) et de la fonction gouvernementale ou ad-

---

8. Il est apparent que cette prohibition a empêché une rationalisation de l'appareil judiciaire provincial dans les domaines de sa propre compétence. On a assurément multiplié les régies et confondu les pouvoirs pour éviter justement ce contrôle fédéral. (Voir la note 13 de ce chapitre.)

9. Citons par exemple, au Québec, le tribunal des mines. Précisons bien, qu'à notre avis, la création d'un tribunal (même administratif) doit être précédée d'une décision quant à l'opportunité d'une contestation par les citoyens entre eux ou à l'égard d'une décision gouvernementale ou administrative, ainsi que la définition des diverses modalités (procédures) par lesquelles les *droits* et *obligations* seront reconnus. Répétons que ce manque de spécialisation des cours peut être imputable au fait qu'il peut s'agir d'un droit embryonnaire, d'un processus de décision à peine judiciaire (ex: le tribunal des loyers, le tribunal des transports, la commission de revision). Chose certaine, on se sent toujours inconfortable lorsque l'on qualifie certains de ces organismes de véritables tribunaux. Il faut pratiquement procéder par élimination des autres catégories d'organismes (ce n'est pas une régie, un office, etc.) et tenir compte de l'apparence judiciaire qu'a voulu leur donner le législateur.

ministrative (c'est-à-dire le pouvoir d'impérativité, de discrétion, d'application) ne peut qu'aller à l'encontre du maintien de la liberté individuelle et de la justice véritable[10]. Fondamentalement, la justice implique la neutralité et l'impartialité de la part de ceux qui la rendent. Ces qualités personnelles ont besoin à leur tour d'être renforcées par une indépendance de l'organisme lui-même car l'apparence de la justice est pour la population aussi importante que les qualités individuelles de ceux qui rendent la justice. Il ne serait donc pas désirable qu'un ministère soit à la fois juge et partie et il convient d'isoler la fonction judiciaire de la fonction ministérielle. *Ce raisonnement nous conduit à la conclusion que les tribunaux administratifs doivent être à la fois indépendants des ministères* [11] *et distincts des cours ordinaires* [12].

En somme, le tribunal administratif est un organisme qui est trop spécialisé pour être une cour ordinaire et trop judiciaire pour être un ministère[13].

b) *L'attribution d'une fonction législative et, plus spécifiquement, réglementaire*

De la même façon, on a longtemps jugé que la confusion dans un même organisme de la fonction législative et de la fonction gouvernementale ou

---

10. On imagine mal un gouvernement dit démocratique qui par un même organisme légiférerait, ferait enquête, jugerait, exécuterait la sentence, déterminerait une nouvelle politique, etc. Une telle confusion des pouvoirs est depuis toujours considérée comme caractéristique du despotisme.
11. Il est vrai que les cours de justice ont parfois jugé que même des ministres s'étaient vus attribuer des pouvoirs judiciaires. Il faut bien comprendre que cette caractérisation n'avait pour but la plupart du temps que de permettre aux cours de corriger un abus de pouvoir selon des règles d'équité. Bien entendu, ce résultat bénéfique a été obtenu au prix d'une confusion totale des concepts. (Voir la note 8 de ce chapitre.)
12. Nous ne traiterons pas en détail des obstacles constitutionnels érigés contre la création de tribunaux administratifs par les provinces au Canada. Disons seulement que dans l'état actuel de la jurisprudence, de tels tribunaux pourraient être jugés inconstitutionnels. (Voir G. Pépin, *les Tribunaux administratifs et la constitution*, Montréal, Les Presses de l'Université de Montréal, 1969.) On peut penser incidemment que cette interprétation abusive de la constitution par la Cour suprême a forcé les provinces à créer des régies, organismes qualifiés de quasi judiciaires par les cours elles-mêmes. Par ailleurs, sans mettre en cause l'indépendance des cours de justice ordinaires, nous ne pouvons nous empêcher de constater que le gouvernement conserve un pouvoir exclusif de nomination des juges ce qui rend cette indépendance tout de même relative. En fait, on peut dire que dans un système de type britannique, l'indépendance du pouvoir judiciaire est d'autant plus nécessaire que le gouvernement en pratique (même en cas de coalition) dirige le pouvoir législatif. Le gouvernement doit donc se contenter d'assurer «le service judiciaire» puisqu'il peut toujours reprendre une législation et réorienter en conséquence les décisions judiciaires.
13. Il n'en demeure pas moins très difficile de cerner la nature de la fonction judiciaire et d'identifier un véritable tribunal administratif. Ainsi, le groupe de travail du ministère de la Justice qui a rédigé en 1970 un rapport intitulé *les Tribunaux administratifs au Québec*, a cherché à identifier toutes les fonctions judiciaires exercées par l'Administration. Ce faisant, son optique était légèrement faussée et il pouvait perdre la perspective d'ensemble. Nous avons préféré une autre méthode qui consistait essentiellement à identifier une fonction dominante de type judiciaire.

administrative était contraire à la notion même de la démocratie parlementaire. L'histoire «de la conquête de la suprématie du parlement» a été sans conteste associée à la naissance de la démocratie moderne et elle a consisté essentiellement à séparer la fonction législative (confiée à l'Assemblée) de la fonction exécutive (confiée à la Couronne, au gouvernement)[14]. Aux États-Unis, cette séparation a été fermement établie dans la constitution[15]. Il n'en va pas de même, cependant, bien au contraire, dans le système britannique, car la confusion des fonctions législative et exécutive dans une même institution (le gouvernement) est la règle puisque c'est le gouvernement qui est chargé de proposer le programme législatif à l'Assemblée[16] et qui demeure responsable devant celle-ci.

Par ailleurs, très tôt, le gouvernement a dû déléguer le pouvoir réglementaire aux ministères. On a constaté que les parlementaires ne disposaient pas du temps suffisant ni des compétences requises pour discuter des réglementations spécialisées qui, de plus en plus, venaient compléter les législations principales[17]. Conséquemment, en invoquant la séparation des pouvoirs pour justifier la création d'un organisme autonome exerçant une fonction de nature législative et plus précisément réglementaire[18], nous empruntons à la philosophie constitutionnelle américaine. Cet emprunt est discutable puisque le parallélisme est impossible à établir. Toutefois nous arrivons au même résultat: le déssaisissement de l'Assemblée à l'égard de la réglementation pour des raisons de commodité.

---

14. Logiquement «suprématie» implique subordination. Effectivement, en Angleterre, le pouvoir législatif a subordonné dans une large mesure le pouvoir exécutif (la Couronne). Toutefois, on doit bien noter que cette subordination ne fut jamais complète, le gouvernement conservant certaines prérogatives. De plus, l'introduction de partis politiques «disciplinés» au XIXe siècle, a eu pour effet de remettre l'entière initiative du processus législatif au gouvernement et de la retirer à l'Assemblée.
15. Cependant, même aux États-Unis, la séparation demeure relative. (Voir G. E. Reedy, *The twilight of the Presidency*, New York, New American Library, 1971.)
16. En théorie, chaque député peut présenter un projet de loi. En pratique, un tel projet n'a aucune chance de recevoir la sanction officielle s'il ne reçoit pas l'appui gouvernemental.
17. Voir lord Hewart, *The New Despotism*, Londres, Benn, 1929. Il ne faudrait pas confondre ce qui est du ressort des prérogatives — un pouvoir réglementaire propre à l'exécutif — et ce qui est complémentaire d'une législation principale (une législation secondaire ou subordonnée). Au Québec, on semble même avoir légiféré là où le pouvoir réglementaire aurait été suffisant. Il est évident que le volume de la législation déléguée doit être moins considérable dans un système fédéral que dans un système unitaire puisque dans le premier cas, deux paliers de gouvernement se partagent les compétences assumées dans l'autre cas par un seul gouvernement.
18. Cela n'empêche pas que l'on attribue une fonction réglementaire à un organisme autonome mais à la condition que le ministre responsable soit toujours en mesure d'approuver la réglementation et qu'il puisse même prendre l'initiative d'une telle réglementation s'il le juge à propos. La faiblesse du contrôle actuel du gouvernement et de l'Assemblée sur la réglementation faite par ces organismes, n'est certainement pas compensée par un accroissement du contrôle de la population.

En effet, l'État a effectivement attribué la fonction réglementaire non seulement aux ministères mais aussi à des régies et aux ordres professionnels[19]. Il est apparent qu'à cet égard, au Québec, les ministères ont fait peu d'efforts dans le passé pour assurer le respect de certaines modalités essentielles à tout processus législatif. Ainsi, les ministères ont rarement consulté les intérêts concernés par les projets de réglementation, l'Assemblée ne s'est jamais ressaisie comme en Angleterre des règlements les plus importants, par le moyen de «motions positives ou négatives[20]». Ce n'est que tout récemment (en 1971), qu'un service[21] chargé de vérifier l'observance de certaines règles élémentaires propres à toute réglementation ou «législation déléguée» a été mis sur pied[22]. Il n'est pas étonnant, dans ce contexte, que les régies en exerçant leur pouvoir réglementaire se soient contentées de donner suite à certaines exigences minimales de publicité.

En résumé, on peut penser qu'il n'est pas opportun que les ministères soient tenus à l'écart de l'exercice du pouvoir réglementaire par les régies étant donné qu'une telle autonomie n'est pas conforme au schème constitutionnel britannique. On peut même se demander si, en pratique, il est opportun d'établir des mécanismes rigoureux visant à compenser l'élimination de tout contrôle parlementaire et à assurer dans une large mesure le contrôle de l'opinion publique avant d'avoir clairement établi le principe de la responsabilité ministérielle.

---

19. Notons incidemment que les «professions» au Québec se sont longtemps autoréglementées alors que l'État réglementait lui-même les «métiers». Par le *Code des professions* adopté en 1972 et 1973, l'État interviendra davantage dans la réglementation de ces dernières. Étant donné l'ampleur des études spécifiques qui ont précédé cette législation, nous n'avons pas jugé bon d'en traiter ici. (Voir R. Dussault, «la Réforme des professions au Québec», à paraître en mai 1974, dans *la Revue du barreau du Québec.)*
20. J. E. Kersell, *Parliamentary supervision of delegated legislation,* Londres, Stevens, 1960; P. Boucher, *le Pouvoir réglementaire au Québec,* thèse de maîtrise, Québec, Université Laval, 1969. Précisons bien que ce dépôt obligatoire de règlements à l'Assemblée n'est applicable qu'aux règlements importants.
21. Le Bureau de la législation déléguée du secrétariat général du Conseil exécutif a un mandat analogue à celui d'un «comité permanent» de la Chambre des communes britannique: le texte réglementaire doit être autorisé par une législation habilitante; il ne doit pas faire un usage inusité ou imprévu des pouvoirs conférés; il ne doit pas enfreindre indûment les droits et libertés des individus; il ne doit pas avoir d'effet rétroactif; il doit être clair; il ne doit pas édicter un impôt; il doit être conforme aux normes établies dans sa forme et son libellé». Le bureau vérifie également la publication du texte. Il doit s'interroger sur les pénalités prévues par le texte et sur les pouvoirs discrétionnaires qu'il confère. Nous avons suivi en cela l'exemple du gouvernement canadien qui a attribué à l'exécutif le contrôle de la législation déléguée.
22. À Québec comme à Ottawa, toute législation doit en principe être publiée dans *la Gazette officielle.* Tout contrôle additionnel peut prendre la forme soit d'un dépôt en assemblée avec motion négative ou positive, soit d'un examen par une commission parlementaire spéciale. Nous préférons actuellement la première solution.

c) *L'attribution d'une fonction de régulation économique et technique*

Les juristes ont, la plupart du temps, abordé cette fonction par le biais de la théorie de la séparation des pouvoirs puisque l'organisme ordinairement chargé de cette fonction — la régie — semblait contredire cette théorie en exerçant à la fois un pouvoir judiciaire, réglementaire et administratif[23]. Certains ont même tiré, de ce fait, la conclusion étonnante que la contradiction de la théorie devait produire le même effet que l'observance de la théorie, c'est-à-dire l'autonomie fonctionnelle. D'autres ont jugé nécessaire d'accoler l'étiquette quasi judiciaire à de tels organismes, et de parler de quasi-juges (les régisseurs) et de quasi-décisions.

Nous pensons que ce mode d'approche est erroné et repose sur une identification fautive des fonctions exercées par les régies. Si l'on doit absolument raisonner à l'intérieur du schéma des trois pouvoirs, il serait préférable de ranger la régulation économique et technique avec le pouvoir exécutif. Cela semble d'ailleurs être confirmé par le fait que de nombreux ministères exercent une telle fonction. Concrètement, *la régulation économique et technique implique l'exercice d'un pouvoir réglementaire, d'un pouvoir de décision individuelle et impérative (décision rendue à la suite d'une audition des parties concernées) ainsi que d'un pouvoir d'enquête et d'inspection.* Il peut même arriver qu'une régie soit habilitée à faire des transactions commerciales non pour assurer sa propre rentabilité mais pour régulariser le

23. À cet effet, certains se sont même demandés si, étant donné la nécessité pratique pour l'administration moderne de confondre les trois pouvoirs dans l'exercice de ses responsabilités, il n'était pas devenu moins important que l'organisme jouisse d'une autonomie par rapport au gouvernement et si l'on ne devait pas plutôt insister pour que les personnes exerçant des fonctions législatives ou judiciaires soient obligées de respecter certaines procédures particulières. Selon cette dernière hypothèse, il n'y aurait plus de différence entre les ministères et les régies et, plus généralement, les organismes autonomes. Il suffirait d'identifier les décisions de « nature judiciaire », de même que les activités de nature législative ou réglementaire, et de les soumettre à des procédures particulières, c'est-à-dire à l'obligation d'entendre toutes les parties concernées et de soumettre les projets de règlements à des délibérations publiques. Cette conception n'est pas dénuée de sens bien qu'à toutes fins pratiques, elle soit une atténuation considérable de la théorie de la séparation des pouvoirs. En effet, on peut noter qu'aux États-Unis et en Angleterre, on a choisi d'imposer un code de « procédure administrative » à tous les organismes publics exerçant une fonction de nature judiciaire au lieu de créer une double structure de cours de justice et de tribunaux administratifs comme en France. L'*Administrative Procedure Act* américain a fortement influencé les Britanniques lorsqu'ils ont étendu la juridiction de leur Council on Tribunals à plusieurs organismes administratifs. *Pour appuyer cette conception, on pourrait ajouter que très fréquemment, c'est l'administration qui va elle-même déterminer l'existence d'un « pouvoir judiciaire », soit en accordant un droit de contestation aux citoyens* (exemple en matière d'immigration), soit tout simplement en établissant un mécanisme « d'enquête publique » sous la responsabilité du ministre comme en Angleterre. (Voir Université McGill, *Eleven Lectures on Administrative Boards and Commissions*, Montréal, Wilson et Lafleur, 1961; J. Willis, *Canadian Boards at Work*, Toronto, Macmillan, 1942.)

marché d'un produit donné[24]. Fondamentalement, toutefois, c'est le pouvoir de rendre des décisions individuelles impératives qui constitue l'assise de l'autonomie de la régie. Or, le malentendu provient sans doute du fait que l'exercice de ce dernier pouvoir est généralement soumis à l'observance de certaines procédures qui s'apparentent à celles des cours, en particulier, l'audition des parties concernées par la décision[25]. Cependant, il est clair que ce pouvoir de transiger ne fait pas de la régie une société commerciale pas plus que le pouvoir d'audition ne fait de la régie un tribunal.

La décision individuelle de régulation n'est pas une décision judiciaire et la régie ne rend pas de jugement, elle ne rend pas des décisions de justice. L'attribution et même le retrait de permis[26] d'exploitation d'un service ou d'une industrie, tout comme la détermination de «tarifs raisonnables», ne procèdent pas fondamentalement d'une articulation de droits et d'obligations individuels mais bien de considérations d'ordre économique, technique et social dont l'objet est le développement harmonieux d'un secteur industriel ou commercial. Les procédures d'audition des intérêts concernés et de divulgation des décisions en vigueur dans les régies n'ont pas pour but de conduire à l'affirmation de droits, mais d'abord de favoriser la prise de la meilleure décision possible de politique économique, technique et sociale dans des circonstances données, et en second lieu de rassurer le gouvernement et la population quant à l'exercice d'un pouvoir délégué à un organisme qui n'est pas directement responsable devant l'Assemblée nationale. On peut donc juger non avenue toute intervention des cours de justice dans un tel processus sans

---

24. Notons cependant qu'au Québec, ce n'est pas la Régie des marchés agricoles qui transige, mais les offices de producteurs. Curieusement la régie peut conférer par délégation une personnalité juridique aux offices.
25. Ce sont là assurément des mécanismes d'ajustement, «d'ouverture» de l'administration, des soupapes très utiles. Il faut aussi ajouter qu'aux États-Unis, comme en Angleterre, on a dû concéder l'indépendance à des fonctionnaires appelés *hearing examiners*, ce qui pour les administrateurs est peut-être un compromis plus acceptable que l'autonomie de tout l'organisme. Il n'est pas certain, cependant, que cette conception soit partagée par la population qui peut très bien ne pas avoir une grande confiance dans l'impartialité d'un fonctionnaire qui ne «paraît pas différent des autres». Nous croyons, pour notre part, que l'autonomie fonctionnelle demeure nécessaire dans le cas de l'attribution d'une fonction judiciaire. Ni l'impartialité des individus, ni l'observance de procédures particulières ne peuvent compenser l'absence d'une structure organisationnelle distincte. Toute la question est de savoir si dans chaque cas particulier nous avons affaire à une véritable fonction judiciaire ou seulement à un emprunt de procédures de nature judiciaire. (Voir les études récentes de G. B. Doern, «The concept of regulation and regulatory reform», Toronto, Institut d'administration publique du Canada, 25e congrès annuel, septembre 1973; Conseil canadien de la consommation, *Rapport sur l'intérêt des consommateurs dans les offices et organismes de réglementation*, Ottawa, juin 1973.)
26. Beaucoup de jugements de cour font état de droits acquis des détenteurs de permis au moment du retrait de ce dernier. Or, il est fort concevable que même l'observance rigoureuse des conditions imposées par la loi oblige une régie à retirer le permis dans l'hypothèse, par exemple, de la contraction d'un marché. Cela dit, la régie doit s'efforcer d'éliminer toute mesure arbitraire.

compter, que par le biais de la hiérarchie des cours, le gouvernement central est en mesure de contrecarrer toute politique du gouvernement provincial dans la sphère de sa compétence[27]. En donnant un caractère judiciaire au processus de régulation économique et technique, on change de régulateur, et il n'est pas évident que le second soit plus compétent en la matière que le premier. À la limite, les juges pourraient se prononcer sur la politique forestière, industrielle, etc.

Par ailleurs, il est aisément concevable que la fonction réglementaire ne soit pas exercée par la régie elle-même puisqu'elle n'est pas essentiellement à l'origine de l'autonomie fonctionnelle.

Enfin, disons que ce débat, qui peut paraître fort théorique à certains, cache des considérations extrêmement pratiques[28]. En effet, il est apparu que le besoin de décentraliser un processus de régulation économique et technique était fondé d'abord sur le désir de ne pas impliquer directement le ministre dans des décisions individuelles qui pouvaient être politiquement dommageables à cause de la nature des intérêts en cause. Plus concrètement, cela se produit surtout lorsqu'il y a soit une concurrence oligopolistique, c'est-à-dire lorsqu'il y a un nombre restreint de producteurs, soit une concurrence atomistique, c'est-à-dire lorsqu'il y a de très nombreux concurrents, ce qui implique l'existence d'un fort volume de décisions. Il est encore apparu que ces considérations ne jouaient pas nécessairement à l'égard du pouvoir réglementaire et, qu'au contraire, le besoin de cohérence de la politique intrasectorielle pouvait facilement justifier l'intervention du ministre à ce niveau. La crainte de doubler inutilement des effectifs spécialisés incitait par contre à attribuer une initiative à la régie en cette matière. En résumé, l'autonomie de la régie est d'abord une question de commodité. Lorsqu'elle est accordée, elle doit être compensée par des garanties d'impartialité (audition de toutes les parties concernées) et des garanties de publicité (audiences publiques)[29]. La fonction de régulation économique et technique exercée par une régie est spéciale plus à cause des modalités particulières d'exercice imposées et des circonstances particulières de l'inter-

---

27. Il est clair que cette subordination ne peut que rendre incohérente l'organisation administrative et judiciaire du gouvernement provincial puisque ce dernier ne peut pas non plus créer de « cours supérieures ». On peut comprendre l'importance de ce problème si l'on songe que, d'après l'étude de Doern, déjà citée, 40 % des fonctionnaires du gouvernement de l'Ontario sont engagés dans des activités de régulation économique et technique.
28. Le système suédois a érigé en principe constitutionnel la séparation du pouvoir exécutif et du pouvoir administratif, ce qui explique la prolifération des régies. En système britannique et français, cette théorie n'a pas prévalu. Notons, toutefois, que même en système suédois, la politique générale est du ressort du ministère, non de la régie.
29. Certains se sont mépris sur l'objectif recherché par l'établissement de ces garanties. Nous doutons qu'à l'origine on ait voulu faire participer la population à l'exercice de la régulation autrement que par la transmission d'informations permettant d'éviter des erreurs de fait.

vention de l'État, qu'à cause de la nature même de la fonction. Le sens que l'on doit attribuer au terme «fonction spéciale» n'est pas tellement différent de celui que l'on retient pour justifier la création de tribunaux administratifs.

Bien entendu, les tribunaux administratifs et les régies n'épuisent pas le problème des fonctions spéciales. La «gestion économique» est une autre fonction spéciale.

d) *L'attribution d'une fonction de «gestion économique»*

On a aussi invoqué, pour justifier l'autonomie des entreprises publiques, le caractère spécial des fonctions ou activités de gestion financière, commerciale, industrielle, en somme la «gestion économique» à des fins de rentabilité. On affirme que les ministères sont incapables d'exercer une telle fonction avec efficacité[30]. Cette gestion, pour être vraiment efficace, dit-on, doit être plongée en milieu concurrentiel, celui du secteur privé, plus précisément, «en plein marché» ou, à tout le moins, elle doit être sortie du cadre ministériel car celui-ci est caractérisé par des règles axées sur la régularité des dépenses et non la production de revenus et l'autofinancement. Comme par ailleurs, on aura précédemment décidé de nationaliser l'activité en question ou tout simplement de confier à l'État l'exercice de cette activité, il ne reste plus pour concilier les deux exigences qu'à créer une entreprise publique autonome[31].

En conséquence, on considère que l'exercice d'un contrôle par le ministère de tutelle sur la gestion de la production même de l'entreprise ne pourrait qu'occasionner des lourdeurs de fonctionnement et un dédoublement coûteux et inutile des ressources humaines compétentes.

Cette justification est complétée par deux raisons plus spécifiques. D'abord, un doute sérieux quant aux aptitudes des fonctionnaires moyens qui, par définition, recherchent la sécurité et qui, par expérience antérieure,

30. Dans le passé, l'État a effectivement exercé directement par ses ministères des activités commerciales, industrielles, financières. Cette gestion étatisée fut jugée inefficace dans la mesure où ces activités touchaient directement la population. Il reste encore quelques exemples aujourd'hui — notamment le ministère des Postes — que l'on projette justement de transformer en entreprise publique. (Voir L. Julliot de la Morandière, *les Nationalisations en France et à l'étranger,* Paris, Librairie du Recueil Sirey, 1948; M. Ventenat, *l'Expérience des nationalisations,* Paris, Librairie de Médicis, 1947; P. Mendès-France; *la Science économique et l'action,* Paris, Julliard 1954; P. Maillet-Chassagne, *l'Influence des nationalisations sur la gestion des entreprises publiques,* Paris, Sedes, 1956; R. Guibert, *Service public et productivité,* Paris, Sedes, 1964; W. G. Shepherd, *Economic performance under public ownership,* Yale University Press, 1965; C.E.E.P., *les Entreprises publiques dans la communauté économique européenne,* Paris, Dunod, 1967. Enfin, voir la note 42, du chapitre II de la deuxième partie.)

31. Dans le jargon habituel, on fait une distinction entre étatisation et nationalisation. L'étatisation est la gestion directe par un ministère, la nationalisation est la gestion par une entreprise publique autonome. Une autre solution est la création d'une société d'économie mixte.

n'ont jamais géré « une affaire » ni eu à diriger de façon dynamique une activité financière, commerciale ou industrielle[32]. L'autonomie serait donc tout simplement une concession faite à des administrateurs de talent du secteur privé (les seuls aptes à administrer) qui ne sauraient œuvrer que dans le cadre d'une entreprise. Ensuite l'impossibilité, même pour des fonctionnaires doués d'opérer une gestion efficace à l'intérieur d'un ministère à cause des contrôles exercés par les organismes centraux. Ces contrôles sont orientés vers la régularité des dépenses et non vers la production de revenus[33] et la rentabilité financière[34]. Bref, l'exercice d'une fonction de « gestion économique » paraît justifier une large autonomie de l'entreprise publique.

L'absence de mobilité au Québec entre la haute gérance privée et publique, à cause de l'étanchéité des groupes culturels, consolide a priori la proposition[35]. Pourtant, lorsque l'occasion se présente comme à la Caisse des dépôts et dans quelques autres entreprises publiques récentes, la fonction publique paraît pouvoir fournir au moins certaines des compétences requises[36]. Par conséquent, il nous paraît difficile de préjuger de l'aptitude des fonctionnaires comme groupe lorsqu'il y a très peu d'occasions d'en vérifier la qualité. Chose certaine, en France et en Angleterre, le passage de la fonction publique aux entreprises publiques est depuis longtemps considéré

32. On postule, bien entendu, que l'entreprise est nécessairement une affaire de risque et que le gestionnaire privé ne fait pas faillite. Cependant, l'incertitude est sûrement moins grande et les faillites moins fréquentes dans les grandes entreprises.

33. Signalons, cependant, que l'introduction de la programmation budgétaire et de l'analyse coûts-bénéfices devrait atténuer sensiblement ce postulat. Cependant, fondamentalement, l'administration ministérielle n'est pas « une affaire » et elle ne doit pas être jugée par les revenus qu'elle procure.

34. Il faudra revenir plus loin sur cette question. La notion de rentabilité donne lieu à diverses interprétations. S'agit-il de couvrir seulement les dépenses ou s'agit-il de chercher à produire et conserver un surplus illimité ou un surplus destiné à couvrir les seuls coûts de fonctionnement par opposition à ceux de développement ?

35. Voir J. Porter, *The Vertical Mosaic* (Toronto, University of Toronto Press, 1965), et les nombreuses études publiées depuis par la Commission d'enquête sur le bilinguisme et le biculturalisme. Dans notre esprit, cette frontière culturelle n'est pas limitée au seul palier supérieur. Dans un inventaire récent du Conseil d'expansion économique *(Répertoire des entreprises canadiennes-françaises,* Montréal, La Prospérité, 1973) on signale que les francophones maîtrisent 20 % des industries québécoises. Et pourtant l'on sait très bien qu'il s'établit un passage entre la petite gérance privée et l'administration publique ainsi qu'entre la fonction publique et l'entreprise publique. Comme dans la plupart des pays européens ce circuit est mieux intégré que celui de l'entreprise privée et de l'administration publique. Donc, même à moyen terme, on voit mal comment les francophones pourraient « apprivoiser » les sociétés multi-nationales eux qui sont absents des entreprises canadiennes et québécoises, et qui ne peuvent compter sur un circuit entre les secteurs publics et privés.

36. Évidemment, on pourrait toujours arguer que leur présence est justifiée aux seules fins de coordination interministérielle et que le talent de gestionnaire n'est pas un préalable indispensable. Il n'y a évidemment pas de limite au masochisme national.

comme normal. Aux États-Unis, le gouvernement n'étant « qu'une autre grosse entreprise », on ne semble pas s'être posé la question[37].

Poser le problème en des termes aussi globaux nous semble être une erreur, car certains ministères à vocation technique et économique se prêtent mieux à cette mobilité que les ministères à vocation sociale, par exemple. Enfin, nous croyons qu'il est injuste de juger des aptitudes individuelles d'administrateurs selon les seuls critères de l'entreprise privée alors que la gestion de l'entreprise publique exige des qualités qui voisinent avec celles que l'on attend d'un administrateur de ministère, notamment la sensibilité au phénomène politique.

Bref, jusqu'à plus ample analyse, nous ne retiendront que la deuxième raison invoquée, laquelle sera examinée plus en détail lorsque nous traiterons de la sixième cause de l'autonomie fonctionnelle: le désir d'échapper aux contrôles exercés par les organismes centraux. Le cadre en gestion ministérielle est suffisamment différent a priori de celui de l'entreprise pour que nous attachions à ce facteur une valeur déterminante.

Toutefois, nous devons souligner, en terminant, que l'on a déformé la proposition initiale en voulant l'appliquer à beaucoup d'autres cas où le caractère commercial, financier ou industriel de l'activité n'était pas prépondérant, ou encore où l'objectivité de rentabilité n'était pas présent, c'est-à-dire à des organismes que nous rangeons dans la catégorie des offices. En effet, après avoir découvert les avantages de la formule de « l'incorporation » — valable pour les entreprises publiques — on a choisi de l'appliquer à des activités qui n'étaient pas fondamentalement commerciales, financières ou industrielles.

Cet engouement pour une formule organisationnelle n'est pas fondé sur l'exercice d'une fonction véritablement différente de celle qu'exercent les ministères et ne convient pas ici. En d'autres termes, on ne doit pas inverser le raisonnement et conclure que parce qu'une formule d'autonomie organisationnelle est commode, il doit y avoir autonomie fonctionnelle. On devrait d'abord énoncer qu'une fonction doit être exercée de façon autonome et ensuite trouver la formule organisationnelle qui convient. Nous admettons cependant, que l'incorporation est commode et nécessaire pour consacrer une responsabilité légale, spécifique, et qu'elle constitue un mode de gestion

37. Certains affirment que l'on aurait sans doute dû se poser davantage cette question et qu'en fait, une telle conception ne correspond pas à la réalité puisque la carrière publique est aujourd'hui aussi importante aux États-Unis que dans les autres gouvernements. À notre avis, il est assurément erroné d'assimiler l'administration ministérielle à l'administration d'une affaire; il s'agit de deux mondes distincts et nous ne voyons pas l'avantage d'une mobilité érigée en principe. Nous préférerions de beaucoup une approche plus sélective fondée sur l'examen des aptitudes individuelles dans des cas déterminés.

approprié dans le cas de certains organismes de «gestion non économique» à vocation locale ou régionale, plus précisément, les établissements publics[38].

Toutefois, il n'est pas du tout certain que ce raisonnement s'applique à tous les offices, en particulier à ceux qui ont une vocation nationale. On peut très bien observer que les ministères, sans être incorporés, exercent aussi de *façon accessoire* des activités de gestion financière, commerciale ou industrielle, sans avoir pour autant un objectif de rentabilité. On comprend que dans ces circonstances, la création d'un office et a fortiori son incorporation sont toujours difficiles à justifier[39].

e) *L'attribution d'une fonction consultative*

On a également prétendu que la fonction consultative n'était pas une fonction normalement exercée par l'administration ministérielle. Une telle proposition est évidemment trop globale et ne résiste pas à l'analyse puisque le pouvoir politique doit quotidiennement se référer aux avis de ses cadres supérieurs. En fait, on veut dire que l'administration par ses seuls services réguliers n'est pas capable de fournir tous les avis requis, ni de représenter toute la gamme des opinions que l'on trouve dans la société. L'administration ne peut effectivement, malgré sa grande compétence, remplacer les échanges directs entre la direction politique et les administrés (groupes ou individus). Or, comme l'administration peut faire toutes les consultations informelles, partisanes et temporaires, il faut déduire de la constitution d'un organisme formel et permanent de consultation, que l'administration était à la recherche d'une consultation d'un type différent et autonome. En effet, il est certain que la réunion dans un organisme indépendant[40] de représentants

38. À vrai dire, les établissements publics, plus spécifiquement les institutions d'enseignement de recherche et de services sociaux distribués sur le territoire, sont d'une nature tellement particulière qu'il est difficile de les assimiler aux offices même s'ils appartiennent très certainement à la catégorie de «gestion non économique». Pour ces types d'organisme, il vaudrait mieux constituer une sous-catégorie d'offices et leur donner une appellation bien spécifique: celle d'établissement public. Nous sommes conscient que de tels organismes peuvent avoir une vocation provinciale ou régionale. Nous croyons, cependant, que même lorsqu'il s'agit d'une vocation provinciale, on doit inévitablement dissocier ce type d'organisme des offices proprement dits.

39. En d'autres termes, il est vrai que l'incorporation est nécessaire et commode; toutefois, elle n'est pas la seule façon de conférer une personnalité juridique distincte. La loi créant un tel organisme produit le même résultat, tout comme elle le fait dans le cas des ministères.

40. Nous pensons, bien sûr, aux différents conseils supérieurs, mais aussi aux nombreux comités mis sur pied par ces ministères, et aux commissions d'enquête. (Voir J. Laliberté, *la Participation des étudiants aux comités gouvernementaux,* thèse de maîtrise, Québec, Université Laval, 1968; R. Drago, «l'Administration consultative en France», *Revue internationale des sciences administratives,* 1959, p. 57; Y. Weber, *l'Administration consultative,* Paris, Librairie générale de droit et de jurisprudence, 1968; L. Dion, *Société et politique, la vie des groupes,* Québec, Les Presses de l'Université Laval, 1971; G. Langrod, *la Consultation dans l'administration contemporaine,* Paris, Cujas, 1972.)

des groupes importants et d'individus de compétence reconnue, a l'avantage d'une part, de conférer une certaine impartialité aux avis techniques puisque les conseillers ne sont pas soumis au pouvoir hiérarchique politique[41], et d'autre part, de prolonger[42] la participation des citoyens[43] et des groupes à la vie politique entre les élections régulières. Bref, l'autonomie de la consultation se justifierait par l'étendue, la spécialisation, l'impartialité des conseils et la représentativité des conseillers.

Cette multiplication des organismes consultatifs a été critiquée par les parlementaires et les fonctionnaires. Les premiers y ont vu une nouvelle façon pour le gouvernement d'abaisser le prestige de l'Assemblée et de court-circuiter leur mandat de représentant en prenant séparément et de façon continue le pouls de l'opinion publique[44]. Ils ont pu souligner que dans plusieurs autres systèmes, en particulier le système américain, ce sont les parlementaires qui reçoivent les avis éclairés des experts et des groupes[45]. Quant aux fonctionnaires, ils ont beau jeu d'indiquer que parmi les nombreux conseillers, plusieurs ne font que plagier leurs propres recommandations dans leurs rapports, que leur ignorance de l'administration publique n'a d'égale que leur prétention de décider à la place du ministère, qu'en fin de compte, on retrouve partout les même individus dont la « carrière » est de

41. Pour les mêmes raisons, il faut écarter les mécanismes qui peuvent être entachés de favoritisme : les cabinets ministériels, les sondages d'opinion commandités et même les tournées ministérielles.

42. La principale lacune des commissions d'enquête est sans doute qu'elles ont un effet limité dans le temps. Il ne s'agit pas d'une participation continue. Avec la prétendue rapidité des changements sociaux, on pourrait aujourd'hui constituer des commissions d'enquête sur les mêmes sujets tous les dix ans.

43. L'intégration politique réalisée antérieurement par les partis politiques ne semble plus aussi complète aujourd'hui. La radicalisation des opinions et la sectorialisation des intérêts rendent nécessaire une consultation plus diversifiée.

44. À cet égard, il est symptomatique qu'en 1970, les conseils régionaux de développement de l'Est du Québec ont perdu beaucoup de popularité auprès des députés concernés une fois complétée la phase de l'inventaire et après le début de l'application concrète des programmes par l'ODEQ. Nous avons toutefois le sentiment, qu'au cours des récentes années, les commissions parlementaires ont acquis une importance qui dépasse largement celle des conseils, tout simplement parce qu'elles ont permis à la population, par les media d'information, d'assister aux débats. Il est clair que le caractère secret des délibérations des conseils a pour effet de reléguer ces derniers à l'arrière-plan.

45. Effectivement, les membres du système britannique envient leurs collègues américains alors que ces derniers, parmi les plus lucides, envient notamment la cohérence et la qualité des commissions royales d'enquête. Il n'est pas suffisant de recevoir des avis judicieux, il faut être en mesure de les apprécier et de savoir sur quoi la consultation doit porter. Il faut enfin que les nombreux conseils soient articulés de façon cohérente par un organisme capable de s'inscrire dans une évaluation, une continuité. Normalement, un conseil permanent devrait atteindre ce résultat encore plus sûrement qu'une commission d'enquête et même qu'une commission parlementaire. En 1972, au Québec, on a pu assister à plusieurs audiences hautes en couleurs des commissions parlementaires (notamment celles des transports et du travail). Il est évident que ces commissions sont toujours près de verser dans la partialité et qu'elles ne disposent pas des compétences techniques voulues.

«conseiller tout le monde». Évidemment, ils peuvent toujours se rassurer en songeant que même ces avis devront être interprétés par eux avant de recevoir une «certaine application[46]».

Malheureusement, ces critiques ne résolvent pas le problème posé par le besoin «d'avis hautement spécialisés et impartiaux» de «regards neufs» et «d'opinions représentatives» sur une base continue. Par ailleurs, il faudrait admettre que la participation de la population et des groupes ne peut aller au-delà de la transmission d'avis, car le gouvernement élu doit demeurer seul maître de la décision.

En résumé, ce n'est pas la nature spéciale de la fonction qui est en cause, mais plutôt certaines qualités particulières que l'administration ministérielle ne peut offrir en l'exerçant. Cette raison nous apparaît valable pour justifier une certaine autonomie de la consultation. Il conviendra, cependant, d'établir de plus amples distinctions puisque l'on doit tendre à éviter le plus possible le double emploi des ressources humaines et matérielles. On devrait ainsi éviter d'assimiler les conseils permanents et politiques aux groupes de travail techniques et temporaires.

f) *L'attribution d'une fonction de «gestion non économique»*

Essentiellement, une fonction de «gestion non économique» est une fonction où les activités commerciales, financières ou industrielles[47] ne sont pas prépondérantes, et où l'objectif à atteindre n'est pas la meilleure rentabilité possible mais plutôt le meilleur service à rendre compte tenu des moyens disponibles[48].

Si nous établissons au départ que cette fonction de «gestion non économique» est précisément celle qu'exercent normalement tous les ministères, il devient clair que la justification de l'autonomie fonctionnelle ne peut reposer que sur des défectuosités circonstancielles de fonctionnement.

Or, ces défectuosités, à notre avis, sont de deux ordres. On peut diagnostiquer une quasi-impossibilité de réformer une administration en fonction d'un exercice de responsabilités nouvelles ou encore une incapacité de l'organisation existante d'intégrer certaines activités.

46. Nous croyons pour notre part que le rôle de conseiller qu'assume les fonctionnaires supérieurs demeure essentiel malgré la présence de divers comités consultatifs, car eux seuls sont en mesure d'établir la continuité et l'adaptation de la politique existante aux nouveaux besoins exprimés. Ce rôle est également primordial, parce que, en pratique, les membres représentatifs des organismes consultatifs résistent difficilement à la tentation de faire de la politique lorsqu'ils croient qu'une telle stratégie est susceptible de faire avancer leur cause. Le retrait des groupes des organismes consultatifs relève de cette stratégie.

47. Accessoirement ou à l'occasion, ces organismes pourront faire des transactions commerciales ou financières.

48. Il peut arriver qu'il y ait un prix au service rendu et que le revenu puisse défrayer certaines des dépenses encourues. Cela ne devrait pas cependant modifier le caractère de l'organisme, pas plus d'ailleurs que le prélèvement d'une taxe.

l'organisation n'est pas susceptible d'être réformée

Pour porter ce diagnostic, on devra avoir conclu qu'il n'est pas désirable de confier une *fonction nouvelle* aux organismes existants parce que quelques individus en place sont prisonniers de la routine, parce qu'ils résistent à un élargissement de leurs activités, parce qu'ils ont des comportements tellement stéréotypés qu'ils sont incapables de faire preuve d'innovation et de dynamisme.

Effectivement, la *reconversion* et le *recyclage* sont des tâches très lourdes, longues et coûteuses, que beaucoup hésitent à entreprendre. Souvent, il est plus simple de créer une organisation nouvelle en dehors des structures existantes[49].

Évidemment, si l'on pousse ce raisonnement à la limite, le *cumul* (l'intégration hiérarchique de nouvelles unités administratives) par les ministères devient impossible et l'on aboutit à un fractionnement injustifié des responsabilités dans un même secteur. On perçoit le danger d'une situation où il suffirait d'invoquer le vieillissement des structures pour justifier la création d'un nouvel organisme chaque fois que se pose un problème nouveau. Chose certaine, en toute logique, on devrait tenir compte des jalousies et rivalités des fonctionnaires et des hommes politiques, qui faussent parfois le diagnostic. Malheureusement, il n'est pas évident que la logique fonctionnelle coïncide toujours avec les exigences de la structure du pouvoir dans des circonstances déterminées et dans un milieu donné. L'organisation ministérielle de l'administration publique québécoise a suffisamment démontré de souplesse dans le passé pour que nous puissions dire, qu'en principe, l'attribution d'une fonction nouvelle ne justifie pas la création d'un organisme autonome.

l'organisation n'a pas de capacité suffisante d'intégration

Ce problème se pose en pratique d'au moins quatre façons.

En effet, en premier lieu, il peut arriver que malgré une dispersion évidente d'activités dans un même secteur, il ne soit pas judicieux de chercher à les regrouper toutes dans un même ministère[50]. Les rivalités interministérielles et la difficulté de délimiter des secteurs complètement étanches militent parfois contre le regroupement hiérarchique dans un même ministère.

---

49. Il est permis de croire que la résistance des organismes à l'innovation n'est pas propre au secteur public puisque les entreprises privées recourent fréquemment à la création de filiales sans contrecarrer cette résistance. Toutefois, l'absence d'un marché, compensée en partie, il est vrai, par le suffrage électoral, rend sans doute l'adaptation plus difficile dans le secteur public.

50. Exemple: l'assainissement des eaux relève du ministère des Affaires municipales, le drainage agricole fait partie du ministère de l'Agriculture, mais on peut difficilement les rendre dépendants du ministère des Richesses naturelles, où l'on trouve les ressources hydrauliques, sans une perte d'efficacité.

En conséquence, on sera tenté d'opter pour un organisme indépendant et neutre[51]. Il serait pourtant plus judicieux, à notre avis, de rendre le principal ministère «maître d'œuvre» (coordonnateur) du secteur d'activités et les autres ministères «collaborateurs» à une programmation d'ensemble[52]. Dans ce sens, l'acceptation officielle de la notion de «programmation sectorielle» apporterait une solution élégante à ce problème épineux que connaissent toutes les administrations.

En second lieu, la capacité d'intégration des structures existantes est encore mise en cause lorsque l'intervention de l'État dans un nouveau secteur est limitée[53] et sans affinité avec les fonctions des organismes en place, c'est-à-dire lorsqu'elle constitue *une fonction «isolée»*. Ici aussi on se rend compte que cette cause risque d'être temporaire puisqu'il est assez rare aujourd'hui que l'État intervienne de façon ponctuelle. Par ailleurs, on peut croire que même lorsqu'il n'y a pas affinité, il serait préférable de créer une division ou une direction à l'intérieur d'un ministère existant plutôt qu'un organisme autonome. Autrement, on retire toute possibilité pour un ministère d'intégrer plusieurs secteurs comme l'ont déjà fait par exemple le ministère des Richesses naturelles (eau, mines, énergie, Nouveau-Québec) et le ministère fédéral des Mines[54]. En somme, on suscite la multiplication éventuelle des ministères. Dans tous les cas où nous avons affaire à une fonction isolée, il ne nous paraît pas suffisant de la caractériser comme telle pour justifier la création d'un organisme autonome. Il faut encore démontrer que la fonction en elle-même est d'une nature telle, qu'elle nécessite l'autonomie fonctionnelle pour être exercée efficacement.

La capacité d'intégration des structures existantes apparaît encore limitée lorsque, à l'intérieur du système fédéral, deux paliers de gouvernement (et non plus deux ministères) sont amenés à collaborer mais désirent conserver leur compétence propre dans un domaine particulier. Il va sans dire que le même problème peut se poser entre États souverains. On pourra alors choisir de créer un organisme autonome ayant une direction mixte, c'est-à-dire composée de représentants de deux administrations concernées. Dans le

---

51. Exemple: l'assainissement des eaux aurait pu être confié au ministère des Richesses naturelles ou à celui de la Santé malgré l'intérêt des municipalités pour cette question. Le fait de créer une régie a pu faciliter l'attribution de cette activité au ministère des Affaires municipales même si dans le cas présent une régie n'était pas l'organisme approprié et que de toute façon l'autonomie est relative.
52. Dans les circonstances, la création d'un ministère d'État ne fait qu'ajouter un échelon inutile.
53. Exemple: la Commission des allocations sociales fut longtemps rattachée au ministère du Travail parce qu'il n'existait pas un ministère du Bien-être social. Il n'apparaissait pas justifié de créer un tel ministère parce que les tâches à accomplir étaient trop restreintes.
54. Au gouvernement fédéral, les Forêts ont longtemps constitué une division du ministère des Mines. (Voir L. Sayn-Wittgenstein, «Forestry from a branch to a department», *Administration publique du Canada*, 1963, vol. 6, n° 4, p. 434.)

contexte canadien, il s'agit d'une solution bâtarde qui dilue les «juridictions ou compétences» constitutionnelles et n'est rendue possible que par l'utilisation abusive du pouvoir financier d'un des deux paliers de gouvernement[55]. Le dédoublement de l'appareil administratif est coûteux à tous les points de vue[56]. Il serait pourtant plus judicieux de confier l'entière responsabilité à un palier de gouvernement, quitte à obliger ce dernier à rendre des comptes périodiquement. Une comptabilité séparée devrait, comme en matière d'éducation et de santé, être suffisante pour assurer le contrôle des dépenses. La cause réelle de la création d'un organisme autonome s'avère donc être la représentation des administrations concernées (facteur d'une plus grande coordination), puisque l'administration ministérielle ne peut être représentative. Cette représentation administrative est plus vivement désirée lorsque deux États souverains décident de collaborer à une même activité. Il n'est pas évident toutefois qu'il faille consentir alors une très forte désintégration, car il existe de nombreuses ententes internationales qui n'ont pas donné lieu à la création d'organismes mixtes.

Bref, comme dans le cas précédent, la coordination intergouvernementale ne justifie pas à elle seule la mise sur pied d'un organisme autonome. Il faut encore démontrer qu'elle est de nature telle, qu'un exercice efficace rend nécessaire la représentation des administrations concernées qui à son tour justifie l'autonomie fonctionnelle.

Enfin, la capacité d'intégration des structures existantes est encore mise en cause lorsque l'État doit intervenir de *façon urgente ou temporaire*. Plus précisément, on met en doute l'opportunité de l'intégration aux structures existantes d'une activité devant produire rapidement des résultats ou ne devant durer qu'un temps. Par le fait même, on indique que ces structures sont incapables de souplesse et de fonctionnement rapide. La création d'un organisme autonome paraît être la solution, une administration intégrée étant évidemment soumise à des règles générales qui occasionnent un fonctionnement plus lourd.

Malheureusement, on sait aussi qu'en pratique, il y a des «états d'urgence» qui se prolongent indûment et des problèmes temporaires qui s'éternisent. On peut encore penser qu'il est parfois plus long de mettre sur pied un organisme nouveau que de confier une tâche à un organisme existant[57]. Bien plus, il arrive fréquemment que les groupes et intérêts qui réclament

55. On sait en effet qu'il n'y a que deux domaines de compétence mixte suivant la constitution canadienne: l'agriculture et l'immigration.

56. Voir M. Bellavance, *Étude de treize programmes conjoints dans trois ministères,* thèse de maîtrise, Québec, Université Laval, 1965. L'exemple le plus typique d'une organisation fort complexe et dédoublée est celui des structures mises en place pour le développement de la région du Bas du Fleuve et de la Gaspésie.

57. Rappelons qu'aux États-Unis, le contrôle des prix fut confié à un organisme existant.

l'intervention de l'État exagèrent l'urgence de la situation et minimisent les difficultés de la réintégration postérieure[58]. On peut sérieusement se demander s'il ne serait pas désirable, dans les circonstances, de créer un service ministériel exceptionnel en ce sens qu'il serait soumis non seulement à la responsabilité ministérielle (il ne peut de toute façon en aller autrement) mais également à des mesures de contrôle administratif plus légères. Enfin, sans nier que ces circonstances exceptionnelles se produisent réellement, nous croyons qu'elles ne peuvent constituer la cause fondamentale d'une création des organismes autonomes[59].

En résumé, nous avons analysé un ensemble de causes que nous pourrions qualifier de *circonstancielles* et d'*exceptionnelles*. Il nous est devenu évident que la capacité d'intégration des structures existantes est d'abord circonstancielle et qu'elle est susceptible de varier dans le temps. Nous verrons, lors de l'examen de la dernière cause d'autonomie fonctionnelle — le désir de singulariser une activité déterminée — que celle-ci a beaucoup de ressemblance avec celle que nous venons d'examiner. En fait, on pourrait dire que dans le cas présent, l'autonomie est pratiquement forcée par les circonstances, alors que dans l'autre cas, il s'agira d'un geste délibéré. Mais dans les deux cas, nous avons affaire au même type de fonction, la «gestion non économique».

g) *L'attribution d'une fonction d'examen, d'enquête, de conciliation, d'arbitrage, de vérification*[60]

Contrairement aux autres fonctions que nous venons d'analyser, celles-ci ne conduisent pas nécessairement à la mise sur pied d'un organisme autonome permanent. Bien plus, lorsque des organismes exerçant de telles fonctions sont autonomes, on peut penser que d'autres raisons ont milité en faveur de ce statut spécial.

---

58. Qu'arrive-t-il lorsque considérant l'état d'urgence ou le caractère temporaire du besoin, on ignore les échelles de traitement en vigueur et les procédures d'adjudication des contrats? Il n'y a plus de règles de régularité ni de critères d'efficacité. Pensons à l'expérience vécue à la Commission de l'Exposition internationale de Montréal: on a alors créé un marché en dehors du marché régulier. L'État, bien sûr, absorbe ensuite le déficit, et l'on peut croire que cela est normal, puisque, au départ, il s'agissait d'une activité non rentable. Il n'en reste pas moins vrai que la multiplication de telles exceptions aura fatalement pour effet de mettre en péril les règles existantes et de favoriser les frictions entre diverses parties de l'administration à cause des traitements préférentiels accordés à certaines d'entre elles.
59. On peut sans doute se contenter dans certaines circonstances de la création de «missions», groupes constitués à même les effectifs de services ministériels existants. Cela est possible quand le ministère possède déjà les pouvoirs nécessaires et que l'échéance ne dépasse guère une année. Très tôt, la nécessité d'un statut officiel se fait sentir dans l'administration publique. De même, le recours direct au fonds consolidé ne peut être permanent.
60. Cette fonction doit être comprise dans le sens de contrôle a posteriori et n'est pas limitée aux seules activités comptables.

Nous voulons dire par là qu'il est sans doute souhaitable que l'impartialité inhérente à l'exercice démocratique de telles fonctions incite le gouvernement à les confier à des personnes extérieures à la fonction publique lorsque la direction politique ou les services ministériels sont directement concernés. C'est ainsi que l'on créera des commissions d'enquête pour déterminer la responsabilité d'individus ou d'organismes impliqués dans certains cas de graves irrégularités ou tout simplement pour reviser la politique générale dans un secteur d'activité. De la même façon, on pourra choisir des arbitres et conciliateurs indépendants dans des conflits de travail mettant en relation l'État et ses employés. Toutefois, on observe que dans chacun de ces cas, il s'agit non pas d'organismes autonomes mais «d'individus autonomes» («officiers publics»), dont l'action et le terme d'office, forcément, sont limités dans le temps[61]. La seule exception à cet égard concerne effectivement certains organismes de vérification qui peuvent être permanents. Nous pensons au vérificateur des comptes et au protecteur du citoyen. On remarque qu'ici encore, on a individualisé, personnalisé les responsabilités et que les titulaires de ces postes relèvent de l'Assemblée nationale ce qui leur confère une large autonomie. En fait, c'est leur localisation dans la structure administrative qui fait que leur statut n'est pas comparable à celui des autres organismes autonomes. Il s'agit d'organismes centraux et non sectoriels et c'est là la véritable raison d'être de leur autonomie fonctionnelle.

Par ailleurs, il est clair que lorsque les services de l'État ne sont pas directement concernés, l'exercice de telles fonctions doit être confié à des services ministériels et qu'il n'y a pas là matière à décentralisation fonctionnelle[62]. Il existe effectivement de nombreux services ministériels permanents d'examen, d'enquête, de conciliation, d'arbitrage et de vérification dont l'action porte directement sur la population[63]. Il est vrai, toutefois, que

61. Il va sans dire que dans chacun des cas, le gouvernement pourra juger préférable de confier à ses services ministériels la responsabilité de ces activités. C'est ainsi qu'il pourra confier une enquête à la sûreté, négocier lui-même avec les centrales syndicales sans possibilité d'arbitrage et produire ses propres livres blancs. La pression de l'opinion publique pourra l'inciter à agir autrement et à éluder à l'occasion le poids de décisions impopulaires. Une telle décision sera fondée sans doute sur le degré de confiance et de crédibilité que le gouvernement croit avoir auprès de la population. Fondamentalement, cependant, l'impartialité souhaitée doit être considérée par rapport à des relations entre des intérêts privés et non par rapport à des relations entre l'État et les intérêts privés. En principe, l'État doit être suffisamment neutre à l'égard du premier type de conflit pour pouvoir confier l'exercice de telles fonctions à des services ministériels.

62. On pourra arguer que les corporations des ordres professionnels contredisent cette proposition. Il s'agit effectivement d'une exception historique en ce sens qu'en voulant accroître son rôle dans ce domaine, l'État a dû en revanche concéder une autonomie fonctionnelle. Il est cependant symptomatique qu'à l'égard des métiers, l'État se soit contenté de services ministériels d'examen, de certification, de discipline, etc. Les fonctions confiées aux ordres professionnels sont très voisines d'ailleurs de celles qui sont attribuées aux régies.

63. Il est à noter qu'il ne s'agit pas d'une fonction de surveillance ou de régulation économique et technique, mais de fonctions séparées d'examen, d'enquête, etc. (Voir la note précédente en ce qui concerne les ordres professionnels.)

dans plusieurs de ces cas, les services ministériels font appel à des personnes extérieures à la fonction publique, dont la compétence et l'intégrité sont reconnues et qui sont agrées par les groupes concernés. Cependant, on doit noter encore que les personnes qui exercent ces fonctions sont soumises à des obligations spécifiques[64], qu'elle doivent suivre des procédures bien établies et que leur mandat est d'une durée limitée. Ces garanties sont généralement considérées comme suffisantes et il n'est pas nécessaire de créer un organisme autonome.

Bref, sauf dans le cas d'organismes centraux permanents de vérification, le besoin de créer un organisme autonome pour exercer de telles fonctions ne s'impose pas, et, en conséquence, nous ne pouvons considérer qu'il s'agit là d'une cause de décentralisation fonctionnelle.

h) *L'attribution d'une fonction de gestion centrale*

Nous venons de signaler que l'exercice d'une fonction de vérification par un organisme central constituait une cause valable d'autonomie fonctionnelle. Cela se comprend aisément puisque le gouvernement qui se contrôlerait lui-même serait juge et partie dans sa propre cause. C'est pourquoi le vérificateur des comptes et le protecteur du citoyen[65] doivent relever de l'Assemblée nationale.

Il s'agit là de la principale exception à la règle générale selon laquelle toute fonction exercée centralement devrait être centralisée et concentrée. En effet, alors qu'il y a plusieurs raisons valables justifiant la décentralisation fonctionnelle dans l'administration sectorielle, on trouve au contraire plusieurs motifs sérieux de rejeter cette modalité organisationnelle dans la gestion centrale. La direction et le contrôle doivent de toute évidence dans ce dernier cas être reliés très intimement à la structure de coordination politique, le Conseil des ministres. Cela est tellement vrai que même lorsque l'État désire exercer centralement certaines fonctions de gestion financière, industrielle ou commerciale, il ne peut recourir au mécanisme des sociétés sans accroître de façon très sensible son contrôle sur ces organismes, comparativement aux sociétés sectorielles. En d'autres termes, la localisation de l'organisme dans la structure administrative constitue une exception aux règles générales de décentralisation fonctionnelle.

Étant donné que nous consacrerons une section complète de cet ouvrage aux organismes centraux, il ne nous paraît pas opportun de traiter ici de cette question de façon détaillée. Nous retenons donc pour le moment que l'exercice d'une fonction de surveillance centrale peut justifier la création d'un organisme autonome.

---

64. Notamment l'obligation de prêter serment et de respecter le caractère confidentiel de certains documents.
65. On devrait normalement ajouter à cette liste la Commission de la fonction publique pour l'exercice de ses tâches de vérification. À l'heure actuelle, toutefois, le statut de cette Commission confond un ensemble de responsabilités pour le moins incompatibles.

2. *L'inhabileté des structures existantes à satisfaire certaines exigences démocratiques*

Cette cause, comme la précédente, a été invoquée dans tous les cas d'organismes autonomes, à l'exception des tribunaux administratifs. Essentiellement, on aurait recours à des organismes autonomes parce que, selon le cas, l'Assemblée, l'administration et le gouvernement n'assureraient pas une représentation satisfaisante des intérêts spécifiques que l'on rencontre dans toute société moderne et, plus généralement, une participation continue (entre les périodes électorales) de la population au processus démocratique.

Ainsi, l'Assemblée et le gouvernement représentent des milieux géographiques (ce sont des députés) et non des intérêts sectoriels (groupes religieux, ethniques, et groupes de professions, d'intérêts). Les ministères ne sont pas formellement des organismes représentatifs même lorsqu'ils sont organisés sur la base des «clientèles» puisque tous leurs agents sont des fonctionnaires à qui l'on prohibe les conflits d'intérêts. Les cours de justice forcément ne peuvent être représentatives puisqu'elles doivent être désintéressées afin de rendre un jugement impartial.

Or, on a fréquemment proposé aux États-Unis et au Québec que les intérêts les plus directement concernés puissent justement avoir des représentants à la direction même d'une activité afin de rendre l'intervention étatique plus efficace. Cette argumentation a d'abord été utilisée dans le cas des régies. Cela se comprend aisément puisque la régulation économique et technique s'applique ordinairement à des groupes bien déterminés[66]. On a fait de même en France, dans le cas des entreprises publiques où l'on a effectivement adopté la formule de la cogestion. Suivant cette formule, les employés, les consommateurs et l'État sont représentés en nombre égal au conseil d'administration afin de «concrétiser» la «démocratie industrielle», c'est-à-dire favoriser la promotion sociale des travailleurs, assurer la protection des consommateurs et assumer la responsabilité collective. La présence et la participation de représentants de groupes à la direction d'organismes de «gestion non économique» (particulièrement ceux qui sont répartis sur le territoire) sont également apparues nécessaires pour assurer un certain contrôle de la qualité des services en l'absence des mécanismes de marché. Enfin, le besoin de représentativité a aussi été invoqué dans le cas des organismes consultatifs.

---

66. Exemple: les propriétaires de taxi ont à plusieurs reprises réclamé la création d'une Régie du taxi où ils seraient représentés. Aux États-Unis, certaines régies ont été constituées sur cette base. Au Québec, on ne semble pas avoir adopté cette conception tout simplement parce que l'on a confondu régies et tribunaux administratifs (le choix d'un juge comme président est significatif) ou encore parce que l'on a préféré une représentation politique comme aux États-Unis, d'ailleurs, où le bipartisme est cependant accepté officiellement. À notre avis, aucune de ces trois «interprétations» n'est supérieure à celle qui propose que les régisseurs doivent être tout simplement les meilleurs experts disponibles en la matière.

Il convient toutefois de souligner que ces propositions visant à étendre à l'appareil administratif certaines exigences des mécanismes démocratiques, ont rencontré plusieurs objections. Ainsi, on a indiqué qu'elles conduisaient dans le cas des régies à une autorégulation des parties concernées et, plus précisément, à une subordination de l'intérêt général à quelques groupes particuliers[67], sinon à quelques individus puissants. Plusieurs ont encore observé que les organismes consultatifs devenaient à la longue des porte-voix des ministères auxquels ils étaient rattachés et produisaient du même coup une nouvelle forme de manipulation de l'opinion publique. Certains, comme Delion, ont aussi souligné que la cogestion ne faisait qu'effectuer un déplacement du pouvoir de décision du conseil d'administration vers la direction générale permanente, le conseil divisé en lui-même ne pouvant atteindre l'homogénéité nécessaire à une direction efficace et dynamique[68]. Lorsque au contraire, il atteignait cette homogénéité, il se coupait par le fait même des parties représentées et était accusé d'être indifférent à l'égard «de la base».

En fait, on peut poser trois diagnostics sur les conséquences concrètes de cette «démocratisation» de l'administration. D'abord, pour certains, il semble que malgré la difficulté au plan politique de choisir (ou de créer) les groupes les plus représentatifs, le gouvernement, du seul fait des nominations qu'il doit faire pour combler les vacances dans tous ces collèges, soit en mesure de se renforcer au lieu de s'affaiblir[69]. Pour d'autres, il faudrait plutôt craindre que «cette extension de la démocratie» aux institutions administratives ait pour effet de subordonner l'intérêt général à des intérêts particuliers (les plus vigoureux), de multiplier les foyers possibles de contestation permanente et d'empêcher que se dégage une politique générale cohérente. Il s'agit là, en fait, de la critique classique du corporatisme qui valorise justement la remise du pouvoir étatique aux groupes. Enfin, certains seront

---

67. Ainsi les demandes répétées visant à créer une Régie du taxi indiquent clairement qu'il s'agit d'abord dans l'esprit des promoteurs d'un désir de s'autoréglementer. Les usagers et l'État paraissent absents du schéma. Leurs propositions stipulent qu'ils seront eux-mêmes les régisseurs. À remarquer que le même raisonnement du «jugement par les pairs» prévaut aussi dans le cas des ordres professionnels avec la possibilité de dénis de justice (conflits d'intérêts) pour les individus les moins forts et avec une exploitation possible des non-membres en l'occurrence les consommateurs.

68. Nombreux sont les exemples d'organismes qui ont connu des conflits où certains groupes cherchaient à occuper une position majoritaire soit isolément, soit par alliance avec d'autres groupes. Nous pensons notamment aux collèges d'enseignement général et professionnel. La seule raison valable dans ce cas est que les établissements publics n'étant pas soumis au marché, il convient d'associer le plus intimement possible à la direction de l'organisme les principaux producteurs et les consommateurs. L'expérience a prouvé que l'occupation de postes de direction n'est pas une sinécure lorsque chacune des parties ne se préoccupe que de ses intérêts particuliers. Les hôpitaux découvrent actuellement ce que les CEGEPS et les universités ont découvert il y a quelques années déjà, à savoir que la cogestion n'est pas un mode facile d'administration.

69. Political economic planning, *Government by appointment*, n° 26, 1960, Londres.

très sensibles au fait que cette démocratisation entraîne une baisse sensible de la compétence technique aux échelons supérieurs[70], une réduction de l'approche *problem solving*[71]. Il est indéniable que la représentativité lorsqu'elle est réellement vécue, a pour effet de localiser à un échelon inférieur le palier de la compétence technique et administrative, ce qui n'est pas le cas dans les entreprises privées. En d'autres termes, on alourdit le fonctionnement de l'administration d'une manière qui peut paraître superflue puisque les institutions étatiques sont déjà composées (l'Assemblée et le gouvernement) sur la base de la représentativité.

Le dilemme est réel. Il apparaît cependant qu'aujourd'hui cette «démocratisation» des institutions administratives est inévitable; le problème consiste à déterminer de façon précise son champ d'application. Cela ne veut pas dire que cette «démocratisation» doit nécessairement prendre la forme de la cogestion. Celle-ci nous semble impensable dans le cas des ministères[72] et des tribunaux, et elle n'est pas véritablement avantageuse dans le cas des entreprises de «gestion économique». Elle n'est pas applicable généralement lorsque les intérêts concernés sont difficilement identifiables ou trop nombreux. Elle est pratiquement inévitable dans le cas de certains organismes de «gestion non économique[73]» où le contrôle de la qualité des services rendus est prioritaire et qui possèdent rarement, de toute façon, un pouvoir de décision finale sur le volume des dépenses à faire[74]. En effet, on voit mal sur quelle base on pourrait alors composer la direction de tels orga-

---

70. Forcément, l'«amateurisme» des personnes nommées pour représenter quelqu'un ou quelque chose implique que celles-ci n'ont pas nécessairement la maîtrise des problèmes. Ils deviennent «politiques».
71. Il s'agit d'un mode d'approche de la décision où l'on valorise les éléments techniques d'un problème aux dépens des considérations stratégiques ou, plus largement, politiques. À l'origine du sabordage des associations étudiantes et de la nouvelle philosophie de participation directe, il y a eu le constat de l'échec de la formule de cogestion paritaire qui tout en intégrant les éléments au «système établi», empêchait les groupes de se désolidariser constamment des décisions prises par les alliances d'autres groupes. Se définissant comme démocrates et ne pouvant, par conséquent, exiger décemment la majorité des sièges, étant aussi conscients de la division interne des opinions, il ne restait plus à ces fervents de la participation qu'à s'autodétruire et à inventer la démocratie directe sans «représentants».
72. Soit dit en passant, la cogestion des ministères a déjà été suggérée lors des premiers congrès socialistes internationaux (1911). Les sous-ministres auraient été élus par les fonctionnaires subalternes et quelques personnes versées dans les problèmes de l'administration publique. (Voir A. Meister, *Socialisme et autogestion: l'expérience yougoslave*, Paris, Seuil, 1964; R. Michels, *Political parties*, Dover Publications, 1959.)
73. Nous pensons principalement aux établissements publics qui sont des organismes de décentralisation administrative territoriale. Il serait bon toutefois que, même dans le cas de ces organismes, on assure une prépondérance de voix aux personnes aussurant la permanence de l'administration, car autrement on peut facilement aboutir à une situation d'irresponsabilité totale.
74. Cela est assurément le cas des établissements publics — les institutions de santé, de bien-être social et d'éducation — décentralisés géographiquement. Il n'en va pas de même dans le cas des entreprises publiques nationales.

nismes lorsque l'État en finance les activités de façon presque complète[75]. Par ailleurs, la représentation des intérêts s'impose dans le cas d'organismes consultatifs ayant un mandat général dans un secteur donné. On ne doit pas oublier pour autant que la consultation et la négociation constituent des instruments aussi démocratiques que la représentation des intérêts au palier décisionnel. En tout état de cause, la représentation des intérêts, lorsqu'elle justifie la création d'un organisme autonome, ne doit pas mettre en péril la responsabilité d'ensemble du gouvernement et empêcher un sérieux contrôle parlementaire, car une telle représentativité sera toujours partielle et sectorielle.

Nous retenons donc cette cause comme justifiant une autonomie fonctionnelle tout en étant conscient que son application intégrale n'est pas souhaitable.

3. *La théorie de la séparation des pouvoirs*

Nous avons vu que cette cause s'appliquait plus directement aux régies et aux tribunaux administratifs en se confondant en quelque sorte avec la cause de l'inhabileté des structures existantes (les cours de justice et les ministères) à permettre l'exercice d'une fonction judiciaire ou réglementaire spécialisée. Il est donc inutile de revenir sur cette longue argumentation. Rappelons qu'à notre avis, seul l'exercice d'une fonction judiciaire spécialisée justifie la création d'un organisme autonome dans un système de type britannique, puisque les ministères devraient conserver l'exclusivité de l'exercice de la fonction réglementaire.

4. *La crainte du patronage*

La crainte du patronage fut invoquée pour justifier la création de tous les types d'organisme autonome[76], à l'exception des tribunaux administratifs. On pourrait même croire que la crainte du patronage est une cause permanente d'autonomie fonctionnelle.

L'argumentation débute habituellement par un rappel des affres du *patronage* (des emplois, des transactions immobilières ou relatives à des tra-

---

75. Le fait que le pouvoir ne soit plus privé et que par ailleurs il soit nécessaire de rendre l'exercice de ce pouvoir public sensible aux préoccupations locales, ne laisse pas beaucoup de choix quant à la composition de la direction de l'organisme.

76. On peut rappeler que M. Kierans invoqua naguère cette cause pour justifier l'absence de contrôle accru sur la Société générale de financement (SGF). Au Nouveau-Brunswick, le rapport Byrne sur la réforme de l'administration a été fortement influencé par cette considération qui l'a amené à vouloir imiter la structure administrative suédoise où les ministères sont distincts des commissions administratives qui les accompagnent généralement. Il faut bien noter que dans le dernier cas, cependant, c'est la théorie constitutionnelle propre à ce pays qui commande que l'on dissocie non seulement les trois pouvoirs classiques mais également le «politique» de «l'administratif». Par ailleurs, cette séparation du politique et de l'administratif peut assurément ne pas être très rigoureuse, car les zones grises sont nombreuses. Elle ne règle pas non plus le problème de la lourdeur administrative occasionnée par les organismes centraux. (Voir la note 88 de ce chapitre.)

vaux publics, etc.), pour déboucher sur les dangers du *favoritisme* et plus largement de la *politisation* (démagogie, absence de considérations d'ordre technique et de l'intérêt général). Pour diverses raisons, une telle proposition nous paraît particulièrement faible et légèrement saugrenue.

En effet, il est étonnant de constater que des hommes politiques auraient suffisamment de force de caractère pour créer des organismes indépendants, mais pas assez pour éliminer le patronage dans leur propre ministère. La situation est d'autant plus surprenante que les gouvernements par leurs organismes centraux de gestion du personnel et de contrôle des dépenses publiques ont précisément cherché à faire disparaître le patronage[77]. En d'autres termes, l'intégration des ministères par les organismes de gestion centrale a eu notamment comme objectif explicite de faire échec au patronage et, aujourd'hui, on invoque l'intégration comme facteur de patronage. On pourrait voir là une critique virulente du fonctionnement des organismes centraux si on n'avait pu observer en même temps, dans le passé, au Québec comme ailleurs, que les organismes autonomes ont servi de réservoirs aux nominations politiques. En somme, la réalité serait en contradiction flagrante avec la proposition initiale. C'est bien le succès des organismes centraux, et plus concrètement celui des « ministres horizontaux » (aux prises constamment avec des demandes conflictuelles qu'ils doivent arbitrer[78]), qui pousserait les hommes politiques à créer des commissions indépendantes[79] pour s'en servir comme soupapes de sûreté face aux pressions dont ils sont l'objet.

En second lieu, on oublie peut-être que c'est par la politisation que l'on a réussi justement à faire les grandes réformes, notamment en éducation, « un secteur que l'on jugeait trop important pour être discuté sur la place publique ».

---

77. Précisons bien qu'une telle cause serait valable si le gouvernement abandonnait effectivement son pouvoir de nomination à une autre institution politique (ex.: l'Assemblée nationale) ou même en subordonnait l'exercice à l'approbation d'une autre institution. Or, cela ne se produit que dans des cas exceptionnels, tel celui du vérificateur général.
78. Nous pensons que la localisation des organismes centraux près du Premier ministre, du ministre des Finances ou du Conseil des ministres — plus que la crainte des critiques de l'opposition —, a permis la mise en vigueur de règles uniformes et l'élimination d'un certain arbitraire politique.
79. On peut toujours arguer que ces mêmes organismes centraux sont eux-mêmes autonomes (ex.: la Commission de la fonction publique), mais alors on confirmerait l'inutilité de tout effort de redressement puisque même là on porte un jugement négatif. Il faudrait tout centraliser et tout rendre autonome, ce qui n'a pas de sens. On peut aussi penser que l'absence de représentativité des intérêts dans plusieurs régies, commissions, offices, vient de la priorité que l'on a accordée aux nominations politiques. Chose certaine, l'abolition du Conseil législatif n'a pas facilité les choses de ce point de vue. La rigueur de l'application du principe du recrutement en fonction du mérite ne laisserait plus somme toute que les réservoirs des « occasionnels » et des conseillers des cabinets ministériels. Cette conception, qui est celle d'une fonction publique, compétente, neutre et permanente, implique sans doute une culture politique particulière chez les politiciens et la population. Les années soixante avaient à cet égard permis de grands espoirs au Québec.

Le problème se complique si l'on songe qu'il n'est pas désirable sous aucun gouvernement que des parties de la structure administrative puissent développer officiellement et officieusement une idéologie politique qui s'oppose à celle du gouvernement. Cette observation est des plus judicieuses dans le cas d'organismes qui ont justement pour rôle de diffuser l'information. On voit très rapidement le danger d'officines de propagande agissant à l'encontre des intérêts du gouvernement, une solution qui n'est pas plus désirable qu'un organisme officiel d'information transformé en un organe de propagande gouvernementale. Toutefois, dans la mesure où le choix des personnes demeure la responsabilité du gouvernement (il ne saurait d'ailleurs en être autrement), on ne voit pas pour quelles raisons on devrait entretenir des craintes sérieuses. Un gouvernement n'aurait qu'à faire preuve d'un peu de patience et à prévoir dans la loi organique elle-même[80], des mécanismes de changement périodique à la tête desdits organismes.

En résumé, nous croyons que la crainte du patronage, du favoritisme, n'est pas une cause valable d'autonomie fonctionnelle. En effet, si les ministres qui conservent le pouvoir de nomination ne sont pas assez responsables pour choisir les meilleures personnes, l'autonomie va demeurer dans les faits une simple façade. Il leur serait plus simple de respecter les mécanismes existants qui visent à éliminer le patronage mais surtout de faire un effort sincère pour raisonner en termes « de compétence vérifiée » plutôt qu'en termes de « loyauté assurée[81] ». Une autre solution consisterait à avouer franchement le caractère politique de l'organisme en nommant des représentants des diverses formations politiques ; la répartition entre partis restant à déterminer[82]. Bien que dans la pratique on associe souvent patronage, partia-

80. Il y a toujours possibilité d'imprimer des mécanismes de changement périodique de composition (nominataion de membres pour trois ans, pour deux ans, etc.), ce qui empêche qu'à tout moment un gouvernement élu tous les quatre ans puisse monopoliser un organisme. Évidemment, si « le parti au pouvoir » raisonne toujours à court terme et concède de très longs termes d'office, il sera malvenu de se plaindre par la suite lorsqu'il ne pourra lui-même nommer des personnes qui lui sont « idéologiquement favorables » dans la mesure, bien entendu, où des conflits d'ordre idéologique se produiront.

81. Nous comprenons très bien que compte tenu de la mentalité de la population, de sa culture politique, un gouvernement soit très heureux, à l'occasion, de pouvoir dire qu'il combat le patronage. Il semble qu'aujourd'hui, il soit plutôt de mise de faire de la technocratie le bouc émissaire privilégié. Cela signifie peut-être que la culture politique a devancé la réalité, car il serait ridicule de prétendre qu'en moins de dix ans, une technocratie ait pu se développer au Québec.

82. Bien sûr, la chose est plus facile à dire qu'à faire, car si toute élection comporte des engagements et nécessite des rétributions, il est généralement mal vu et à juste titre répréhensible de fonder la sélection des personnes sur les seuls « états de service » au sein du parti. On a suggéré d'établir comme aux États-Unis, un système où un pourcentage de « contractuels » (terme de quatre ans) serait officiellement reconnu. Ce pourcentage ne pourrait dépasser 25 % de la fonction publique. Il serait stipulé que l'intégration éventuelle de ces « contractuels » serait impossible. L'expérience des cabinets ministériels nous apprend toutefois que les gouvernements hésitent à se départir des services de personnes, même incompétentes, qui tout naturellement vont s'accrocher aux importants salaires consentis et aux faibles responsabilités imposées.

lité et pouvoir discrétionnaire, nous avons différencié ces trois notions. À cet égard, l'indépendance des régies et des tribunaux administratifs est sûrement justifiée par le souci de conférer une qualité d'impartialité plus grande que ne peut garantir en apparence une décision ministérielle. Notons bien, cependant, que ce résultat est obtenu d'abord par l'établissement de procédures particulières et qu'il s'agit de fonctions également particulières. En somme, on ne saurait étendre cette obligation d'impartialité à toutes les décisions gouvernementales sans mettre en péril son efficacité[83].

5. *Le désir d'échapper aux contrôles des organismes centraux domestiques, de contrôle et de direction*

Cette raison a été invoquée principalement dans le cas des entreprises publiques. Toutefois, il faut admettre que pratiquement toutes les personnes responsables d'une commission, d'un tribunal, d'une régie ou d'un office ont déjà exprimé à quelque moment le désir d'échapper à ces contrôles centraux. À la différence des autres types d'organisme, cependant, il apparaît que l'autonomie est beaucoup plus justifiée dans le cas des entreprises puisque leur fonction dominante est une fonction de « gestion économique » et une fonction administrative, et que les contrôles centraux sont également de cette nature.

En d'autres termes, la possibilité de double emploi et de chevauchement est beaucoup plus considérable pour les entreprises que pour les régies, les tribunaux, les conseils et les offices qui exercent une fonction dominante d'une autre nature. Effectivement, c'est l'existence d'entreprises publiques qui a le plus contribué à une remise en cause de l'efficacité des contrôles centraux et, à cet égard, les autres types d'organisme n'ont fait qu'emboîter le pas sans, cependant, disposer d'une justification aussi solide.

À titre d'exemple, on conçoit mal que l'Hydro-Québec soit obligée de passer une commande de disjoncteurs au service des achats ou de demander à la Commission de la fonction publique d'embaucher trois mille ouvriers et de faire autoriser ses dépenses quotidiennes de quelques millions par l'agent du contrôleur et par le Conseil du Trésor sans perdre du même coup une large part de son efficacité. Techniquement, il est clair qu'une gestion comptable et financière qui porte généralement sur la régularité des dépenses est difficilement conciliable avec un cadre où la production de revenus est fondamentale[84]. Il est sans doute désirable que l'entreprise publique soit

83. Il est clair que l'on abuse fréquemment de l'inflation verbale et qu'un pouvoir discrétionnaire devient rapidement un pouvoir arbitraire. Il nous apparaît que l'on ne peut rien administrer avec efficacité sans faire des choix qui sont parfois impopulaires.

84. L'enregistrement comptable est aussi différent puisque l'on tiendra, dans l'entreprise, une comptabilité d'exercice et, dans les ministères, une comptabilité de caisse. Depuis 1971, le Trésor québécois a adopté une comptabilité « mitigée » d'exercice, mais il n'en reste pas moins vrai que le bilan des entreprises diffère très sensiblement des états financiers des ministères.

guidée par un objectif de rentabilité et produise un surplus, ou du moins qu'elle équilibre ses dépenses et revenus. On pourrait même ajouter qu'en créant une entreprise publique, on a voulu soumettre le produit de l'entreprise à l'économie de marché[85], éviter la subvention de non-consommateurs à des consommateurs (ce qui se produirait si l'on avait recours au fonds consolidé) et faire en sorte que le prix reflète les coûts réels. N'émargeant pas au budget, il s'ensuit naturellement que les contrôles financiers exercés sur les ministères et organismes (qui eux émargent au budget) sont inapplicables aux sociétés. Bien plus, on semble d'accord en Occident pour que l'État assume les coûts sociaux imposés à l'entreprise publique[86] comme il le fait pour l'entreprise privée. Enfin, il est évident que c'est dans les secteurs d'activités financières, industrielles et commerciales, qu'apparaît le plus nettement la possibilité pour l'État d'acquérir l'« efficacité » du secteur privé[87]. Cette possibilité ne doit pas être mise en péril par de lourds contrôles a priori d'opportunité et de régularité, l'entreprise pouvant elle-même se donner les mécanismes voulus[88].

Le problème est de taille car il y a, par ailleurs, des critiques valables en faveur de cette façon de voir[89]. On soulignera d'abord le fait que les or-

85. Il faut parfois faire preuve d'une assez grande capacité d'abstraction pour ne pas tenir compte des conditions très préférentielles que l'on accorde, par exemple, aux clients des institutions financières publiques (prêt à 3 % d'intérêt). Par contre, les dégrèvements fiscaux consentis aux entreprises privées et qui, selon le Nouveau Parti démocratique, s'élevaient en 1972, à 4 ou 5 milliards pour le seul gouvernement fédéral, ne permettent pas de considérer comme idéale la rigueur du marché. En 1974, le chef du Nouveau Parti démocratique évaluait ces dégrèvements à 1 milliard 500 millions.
86. Voir W.G. Shepherd, *op. cit.*
87. O. H. Brownlie, *Some devices for increasing efficiency of government expenditures*, Joint Economic Committee, U. S. Congress, 85 th session, Washington, 5 novembre 1969. [Étude spéciale de H. Brownlie remise au Joint Economic Committee, à la 85e session du Congrès américain.]
88. Plusieurs analystes voudraient étendre « ce privilège » à divers autres types d'organisme autonome, car la lourdeur administrative est répréhensible en soi. Certains ont déjà suggéré d'adopter carrément la conception suédoise selon laquelle le ministère étant seulement un appareil politique de conception et de planification, l'administration doit nécessairement être confiée à des organismes autonomes, commissions, offices, régies, entreprises publiques. Toutefois, il n'est pas sage, ni conforme au système britannique, français et américain, de séparer ainsi globalement le politique de l'administratif, lorsque l'on sait qu'une telle frontière ne peut être que très imprécise. Bien plus, il est certain que même si l'on agissait dans ce sens, il faudrait encore trouver une façon d'intégrer les divers organismes autonomes à des organismes administratifs centraux, autrement nous ferions face à une multitude de fonctions publiques, de règles budgétaires, etc., et à la limite à un démembrement complet de l'administration. (Voir F. M. G. Wilson, « Ministers and boards », *Public Administration*, (G. B.), 1955, nᵉ 33, p. 43; J. M. Des Roches, « The evolution of the organization of the Federal Government », *Administration publique du Canada*, 1962, vol. 5, n° 4, p. 408.)
89. Voir les volumes I, II et III de *la Commission royale d'enquête sur l'organisation gouvernementale* (Glassco); A. W. Johnson, « Management theory and cabinet government », *Administration publique du Canada*, 1971, vol. 14, n° 1, p. 73.

ganismes centraux peuvent s'assouplir et même déconcentrer leurs activités dans les ministères. On a aussi observé que les organismes centraux après une longue lutte contre le patronage et les irrégularités attribuables au favoritisme, finissent par entrer effectivement dans une phase de «gestion scientifique» et qu'à ce moment-là, ils sont forcés d'abandonner les contrôles tatillons, et d'opter pour un contrôle par une réglementation générale. Divers analystes ont suggéré qu'ils préféreraient éventuellement procéder par inspection plutôt que par approbation a priori. En somme, ils délégueraient davantage de responsabilités et la lourdeur administrative disparaîtrait[90] du même coup.

On notera encore que les différences entre la gestion économique de l'entreprise et celle de certains ministères est souvent moins grande qu'on le croit[91]. En fait, certaines administrations intégrées ont adopté une certaine forme de comptabilité d'exercice et reconnu l'existence de fonds renouvelables à l'intérieur de certains ministères[92]. Par l'adoption du budget-programme et des analyses qui y sont greffées (coûts-bénéfices, performance), certaines administrations ont effectivement soumis les ministères à une évaluation de rentabilité qui s'apparente à celle des entreprises[93], tout en concédant à ces derniers une marge de manœuvre plus étendue.

On peut encore signaler que l'existence de «dépenses statutaires» a sûrement pour effet de restreindre la capacité des organismes centraux et de modifier sensiblement les dépenses des ministères[94]. On soulignera aussi l'exagération du caractère concurrentiel de certaines entreprises publiques qui constituent pratiquement des monopoles, ce qui devrait justifier au contraire, comme dans le cas des monopoles privés, une surveillance étroite du gouvernement. Il est également connu que peu d'entreprises publiques sont soumises à la fiscalité des entreprises privées, en outre peu d'entre elles conservent leur surplus. On fera également état de l'ampleur des transac-

90. Les ministères fédéraux sont déjà habilités à faire une bonne partie de leur recrutement (ce qui ne facilitera pas le bilinguisme), et l'administration provinciale se dirige dans la même direction.
91. Bien plus, le pouvoir de l'État d'enregistrer, de dissoudre, de taxer, de soumettre à toutes sortes d'autorisation les entreprises privées, a sûrement pour effet de réduire également les différences entre les entreprises privées et les entreprises publiques.
92. Certains ministères prévoient déjà une dépréciation, mais celle-ci n'étant pas utile à des fins fiscales, on se demande quel est son rôle. Par ailleurs, il est vrai que l'existence d'une entreprise permet de réduire la dette du gouvernement. Mais, il s'agit là d'une subtilité qui ne devrait pas tromper beaucoup de monde (ex.: l'absorption de la dette publique de la province par l'Hydro de la Colombie britannique).
93. Voir A. Gélinas, *le Budget-programme. Analyse comparative*, Québec, O. P. D. Q., 1969; Le Conseil du Trésor, *le Système de budget par programmes et son utilisation au gouvernement du Québec*, Québec, avril 1972.
94. Cette marge de manœuvre est évidemment d'un ordre différent puisqu'elle ne s'applique qu'au pouvoir de dépenser et n'implique pas l'exercice d'une discrétion. Il n'en reste pas moins vrai que des montants considérables sont pratiquement incompressibles.

tions financières et commerciales effectuées quotidiennement par certains ministères (ex.: les ministères de l'Éducation, des Affaires sociales, de la Voirie, des Travaux publics), qui dépassent celles de plusieurs petites et moyennes entreprises.

Par contre, d'autres analystes mettront aussi en valeur les justifications traditionnelles et nouvelles des organismes centraux. Pour établir une politique économique cohérente et constituer une force économique harmonisée dans un contexte de développement, face aux centrales syndicales, aux intérêts et gouvernements étrangers avec lesquels il lui faut fréquemment négocier, un gouvernement se doit assurément d'être en mesure de connaître, de coordonner et de diriger les différents agents publics. Il serait assez étonnant de constater, par exemple, que le gouvernement qui exerce à l'occasion un contrôle tatillon sur les entreprises privées de service public, ne se soucie même pas de déterminer un degré de rentabilité pour ses propres entreprises. Il existe effectivement différentes études qui indiquent par secteurs d'activités des niveaux de rentabilité que les entreprises publiques devraient au moins chercher à atteindre[95]. Il est remarquable que les tenants de l'auto nomie complète des entreprises publiques semblent ignorer que la nationalisation a généralement eu autant d'objectifs économiques, politiques et sociaux que financiers, et que la rentabilité n'était pas nécessairement le seul objectif majeur[96] à atteindre. Toutes ces raisons qui font qu'en fin de compte les administrateurs des ministères peuvent prétendre ne pas administrer réellement, ne rendent pas moins nécessaires des contrôles centraux assurant tantôt une égalité de traitement, tantôt la régularité d'un processus, tantôt un caractère confidentiel à l'exécution d'une tâche, et de façon générale, une spécialisation et une compétence accrues dans un processus déterminé.

Enfin, il est permis de croire que derrière la critique des organismes centraux de coordination, il y a le désir d'échapper à toute tutelle gouvernementale, non seulement en ce qui concerne l'*administration interne*[97], mais

95. Malgré les critiques nombreuses qui ont mis en doute la valeur de ce critère, nous croyons qu'il demeure fondamentalement valable. Malheureusement, la variation des conditions de fonctionnement particulières aux divers secteurs industriels fait qu'il est très difficile d'établir des comparaisons.

96. On a pu vouloir assurer la promotion sociale d'un groupe, profiter d'économies d'échelles, accroître la capacité technique d'ensemble, rendre publiquement responsable un monopole privé. Indépendamment de ces considérations, il serait difficilement acceptable que des entreprises (plus encore des industries) nationales accordent des hausses considérables de salaires ou commandent des hausses de prix alors que le gouvernement fait face à une poussée inflationniste. Il n'y a pas des avantages à être un « secteur témoin ».

97. La tutelle financière, et plus généralement économique, porte globalement sur l'allocation des dépenses et sur la perception et l'allocation des revenus. Elle est partie intégrante de la tutelle exercée sur l'*administration interne* dans le cas des régies, des tribunaux, des conseils et de certains offices. Dans le cas des entreprises, toutefois, le régime financier doit, selon nous, être intégré à l'administration technique, car il lui est très intimement relié.

aussi l'*administration technique* et l'*administration générale;* dans cette mesure, il s'agit d'une manœuvre dangereuse. Or, il nous semble que ces distinctions nous fournissent précisément la clef du problème global. C'est en distingant ces *trois types de tutelle* et en examinant le rapport de chacun d'eux avec chaque type d'organisme, que nous pourrons résoudre les divers conflits que nous avons mentionnés.

En effet, on peut dire que, généralement, la *tutelle technique*[98] doit être très légère dans le cas de tous les organismes[99]. Elle est au mieux un double emploi dans le cas des entreprises publiques, des régies et des offices, et au pire une négation même de l'autonomie dans le cas des tribunaux administratifs et des organismes consultatifs. Quant à la *tutelle exercée sur l'administration interne*[100], sous certaines conditions, elle se justifie aisément dans tous les cas, sauf celui des entreprises publiques et de certains offices, car elle est intimement associée à l'administration technique. Enfin, il paraît désirable qu'aucun organisme autonome n'échappe à une *tutelle exercée sur l'administration générale*[101]. Chose certaine, le Conseil des ministres et l'Assemblée nationale doivent toujours avoir la possibilité d'être informés de la politique générale de ces organismes. Il est également concevable que le ministre de tutelle puisse donner des directives de politique générale à l'entreprise publique afin qu'elle joue pleinement son rôle dans un secteur déterminé. Tous ces principes généraux devront être repris de façon plus détaillée lorsque nous les appliquerons à des organismes spécifiques, puisque plusieurs causes d'autonomie fonctionnelle peuvent être conjuguées à l'égard d'un type d'organisme et qu'il existe plusieurs types de contrôle central.

En conclusion, nous croyons que cette cause d'autonomie — le désir d'échapper aux contrôles centraux — ne doit être retenue que sous réserve

98. La tutelle technique va varier selon les types d'organisme: pour un tribunal administratif, c'est la décision judiciaire; pour le conseil, c'est l'avis donné; pour l'entreprise publique, c'est la fabrication du produit, la prestation du service ou la transaction commerciale et le régime financier; pour la régie, c'est la décision de régulation économique et technique.

99. Il est clair, par ailleurs, que la surveillance exercée par les ministères ou les régies sur toutes les entreprises privées d'un même secteur, doit s'appliquer également aux entreprises publiques. Le problème devient délicat lorsque l'entreprise publique est monopolistique. D'après nous, il ne convient pas alors de maintenir une tutelle aussi générale, mieux vaut procéder alors par enquête sporadique.

100. L'administration interne s'applique à l'utilisation des ressources humaines et matérielles, et au fonctionnement quotidien de l'organisme. Elle englobe généralement la tutelle financière. Nous avons, cependant, intégré le régime financier à l'administration technique dans le cas des sociétés.

101. La tutelle sur l'administration générale comprend notamment la création et l'abolition de l'organisme, la détermination de la politique générale, la nomination du personnel directeur, l'obligation de remettre des rapports périodiques, la responsabilité à l'égard du gouvernement et l'approbation d'ententes avec des gouvernements étrangers. À l'égard de chacune de ces matières, les contrôles gouvernementaux seront susceptibles de varier dans leur forme selon les types d'organisme.

d'un certain nombre de distinctions qui portent à la fois sur les types de contrôle exercé et sur les types d'organisme considéré.

Les contrôles exercés par les organismes centraux n'ayant trait qu'à la gestion interne, on ne peut comprendre la nature véritable de la décentralisation fonctionnelle qu'en considérant aussi la tutelle technique et la tutelle d'administration générale. Or, il est apparent que l'autonomie d'administration interne n'est pas requise pour les types d'organisme autres que les sociétés et certains offices, que dans tous les cas, l'autonomie d'administration technique doit être le plus accentuée possible et que la tutelle sur l'administration générale ne doit pas connaître d'exceptions quoiqu'elle puisse varier d'un type d'organisme à l'autre.

6. *Le désir de mettre en évidence une activité déterminée*

Cette cause est évidemment applicable à tous les organismes autonomes. Elle vient compléter les autres causes déjà examinées. Cependant, même considérée isolément, elle peut être jugée valable. Il est certain, cependant, qu'elle s'applique particulièrement dans le cas des offices exerçant des fonctions de «gestion non économique», qui n'ont comme traits distinctifs que des crédits budgétaires spécifiques et parfois une certaine délégation d'autorité un peu plus grande que celle qui échoit à une direction générale. En d'autres termes, étant donné que les fonctions considérées sont strictement des fonctions de «gestion non économique» et qu'à ce titre elles ne diffèrent pas du tout de celles qu'exercent normalement les ministères, il devient nécessaire de trouver une justification de l'autonomie fonctionnelle qui soit fondée sur des modalités particulières d'exercice[102].

Cest pourquoi, on soutient généralement qu'en donnant une personnalité juridique distincte à une activité[103], en faisant disparaître l'anonymat qui caractérise les services ministériels, on donne du relief aux priorités gouvernementales, on encourage le sens des responsabilités chez les «fonctionnaires, officiers ou commissaires», on lie plus directement l'organisme à la clientèle et l'on facilite globalement un meilleur contrôle démocratique de l'appareil administratif. La hiérarchie administrative étant moins complexe,

---

102. Le comité Fulton en Angleterre (1966-1968) qui avait examiné cette question a conclu qu'il fallait dégager les ministères de toutes «les grandes opérations (activités) d'exécution» pour les confier à des «*boards or commissions*». Il rejoignait en cela la solution suédoise. Cependant, il semble, qu'en pratique, les critères proposés par ce comité ont été jugés trop imprécis puisqu'ils n'ont servi qu'à confirmer l'autonomie des industries nationalisées. En d'autres termes, il ne suffit pas de vouloir alléger les ministères de certaines de leurs activités, il faut encore préciser les bases de ce dégagement. (Voir J. H. P. Draper, *Creation of the property services agency as a departmental agency within the department of the environment*, Montréal, congrès de l'Association canadienne de science politique, colloque United Kingdom Canada, 1973.

103. On peut aller dans ce sens jusqu'à l'incorporation.

les relations seront moins médiatisées. Tous ces motifs sont sans doute applicables à divers degrés aux trois types d'office que nous avons distingués: les offices à vocation sectorielle, c'est-à-dire les établissements publics (organismes à vocation locale ou régionale). La critique principale de cette conception est que justement l'autonomie n'est en pratique que nominale et temporaire. On pourrait ajouter que plusieurs de ces organismes n'ont pas la possibilité de « soigner leur image » auprès de la population à cause des restrictions imposées par le ministère et qu'en définitive, on leurre à la fois la population et les fonctionnaires en laissant croire que les seconds ont un réel et distinct pouvoir de décision. Enfin, on ne peut que déplorer le peut d'intérêt qu'a manifesté l'Assemblée nationale dans le passé à l'égard du secteur parapublic. Un degré de « visibilité[104] » accrue aurait dû donner lieu à une supervision cyclique des activités de chaque organisme par l'Assemblée. Enfin, l'introduction de la programmation budgétaire devrait rapidement mettre en relief les diverses activités des ministères, qu'elles soient confiées à un office ou à un service ministériel.

Pourtant, cette cause d'autonomie fonctionnelle « nominale » nous apparaît d'abord valable dans le cas des offices à vocation sectorielle alors qu'il y a lieu d'établir des rapports fréquents avec des administrations étrangères, ou encore lorsqu'il n'y a pas d'affinité avec les activités déjà exercées par le ministère de tutelle. Elle peut encore être valable lorsque l'activité procure des revenus sans que l'on cherche pour autant à produire un surplus ou même à équilibrer les revenus et les dépenses. Dans ce cas, on pourrait concéder un fonds renouvelable à un tel office, ce qui aurait pour effet d'alléger les contrôles financiers centraux a priori. Prévisons bien, cependant, que dans notre esprit, il ne doit s'agir que d'une mesure exceptionnelle, circonstancielle, puisque, si tous les services (dorénavant les programmes) d'un ministère étaient transformés en offices, tous seraient également « visibles ». Cela signifie qu'inversement, rien ne devrait empêcher l'intégration d'un office lorsque les causes initiales d'autonomie auront disparu.

Par ailleurs, il est également clair que les établissements publics exigent un degré d'autonomie qui peut être plus accentué que dans le cas des offices à vocation sectorielle. En effet, ces établissements, surtout lorsqu'ils ont une vocation locale ou régionale, doivent être visibles au milieu ambiant[105]. De plus, à cause de la position monopolistique qu'ils occupent, il est impératif que la population soit en mesure d'influencer leur gestion afin de compenser l'absence des mécanismes du véritable marché.

---

104. Nous entendons par degré de « visibilité » d'un organisme, l'importance relative que lui attachent les députés au cours des débats parlementaires et les journalistes dans leurs reportages et leurs éditoriaux. En d'autres termes, le degré de « visibilité » caractérise un objet qui est perçu par rapport à un autre et non celui qui perçoit. Un organisme a un degré de « visibilité » plus ou moins élevé selon qu'il est plus ou moins visible.

105. En fait, les établissements publics sont le produit d'une philosophie globale de décentralisation qui doit être limitée à cause principalement de la rareté des ressources locales.

Enfin, bien que procédant d'une dynamique contraire, il peut y avoir avantage à fractionner en unités distinctes les divers éléments de la gestion centrale. Les bureaux, comme nous les appellerons, répondent à la fois à un besoin de spécialisation et de diversification des sources d'influence auprès du pouvoir politique. Soit dit en passant, ces raisons ont toutes été invoquées en Angleterre pour justifier récemment la création d'un Civil Service Department sous la responsabilité directe du Premier ministre[106]. Le fait que l'on ait choisi de créer un ministère au lieu d'un véritable organisme autonome ne rend pas le besoin du fractionnement moins évident. Le fait que le Premier ministre soit responsable fait ressortir le besoin d'une liaison très étroite avec le pouvoir politique ou, si l'on préfère, confirme la proposition suivant laquelle les organismes centraux doivent être généralement plus intégrés que les organismes autonomes sectoriels.

En résumé, il apparaît que le désir ou le besoin de singulariser une activité déterminée constitue la principale cause d'autonomie des offices. Comme il ne s'agit pas cependant d'une cause fondamentalement fonctionnelle (puisque les ministères exercent des fonctions analogues), il faut être particulièrement rigoureux dans l'examen des motifs invoqués.

3. *Conclusion*

De l'analyse précédente, il ressort premièrement que la cause fondamentale de l'autonomie fonctionnelle est sûrement celle qui a trait à l'inhabileté des structures existantes à permettre l'exercice de certaines fonctions spéciales (consultative, judiciaire, de régulation, de «gestion économique» et de «gestion non économique»).

Deuxièmement, on a pu noter que dans l'ensemble des cas, la décentralisation fonctionnelle était justifiée non pas seulement à cause de la nature de la fonction, *mais aussi et surtout à cause des modalités d'exercice adoptées par les institutions existantes, qu'il s'agisse de cours de justice, de l'Assemblée ou des ministères*. Il convient donc de reformuler cette cause d'autonomie en précisant que c'est *l'inhabileté des structures existantes à permettre l'exercice d'une fonction spéciale d'une façon particulière* qui justifie en définitive la décentralisation fonctionnelle. Nous incorporons ainsi des considérations politico-administratives, et il n'y a pas à proprement parler de rationalité purement fonctionnelle.

---

106. Voir J. M. Lee, *Central capability and established practice — the changing character of the center of the machine of British Cabinet Government*, Montréal, congrès de l'Association canadienne de science politique, colloque United Kingdom Canada, 1973.

Troisièmement, il est apparu que la crainte du patronage, cause fréquemment invoquée, n'était pas valable généralement quoiqu'elle soit en principe applicable à tous les types d'organisme. En effet, nous avons indiqué qu'en pratique l'autonomie fonctionnelle pouvant donner lieu à une forme de patronage (au minimum, la nomination de partisans), elle produisait un résultat contraire à celui que l'on prétendait atteindre. Nous avons encore souligné que même reformulée dans un sens plus large — la crainte de la politisation — cette cause ne pouvait constituer qu'une façade destinée à atténuer la responsabilité gouvernementale à l'égard de la population. Ce qui est trop important pour être «laissé entre les mains des politiciens» tombe inévitablement entre les mains de fonctionnaires qui ne sont pas politiquement responsables.

Quatrièmement, il est devenu évident que certaines causes pouvaient être inapplicables à certains types d'organisme alors que d'autres, tout en étant applicables, n'étaient pas valables ou souhaitables dans le cas de tel type particulier d'organisme. Ainsi, la théorie de la séparation des pouvoirs, par sa définition même, n'est applicable, en système britannique, qu'aux tribunaux administratifs, puisqu'elle propose d'isoler la fonction judiciaire. Par ailleurs, «l'inhabileté des structures existantes à satisfaire certaines exigences démocratiques et plus spécifiquement à assurer la représentation de groupes d'intérêt» est tantôt valable (les conseils, les offices, avec réserve), tantôt non valable (tribunaux et régies) ou non souhaitable (sociétés). Enfin, il faut observer que certaines causes sont valables dans la mesure où l'on prend soin de distinguer à quels types de contrôle on se réfère. Ainsi, le désir d'échapper aux contrôles administratifs centraux est généralement non valable pour tous les types d'organisme à l'exception dans une certaine mesure des sociétés. Cependant, il est clair que cette formulation est trop simple et ne tient pas compte de l'ensemble de la tutelle gouvernementale. Il convient en effet de distinguer la tutelle sur l'administration générale, de la tutelle sur l'administration technique et l'administration interne. Il ressort que si l'autonomie fonctionnelle est valable (et souhaitable) pour tout ce qui concerne «l'administration technique» des divers types d'organisme[107], en revanche, il n'est pas souhaitable que l'autonomie fonctionnelle s'étende à l'administration générale et à l'administration interne (sauf pour les sociétés) des divers organismes. Ces diverses constatations sont résumées dans la figure 3.

Cinquièmement, nous avons considéré que la fonction législative ou réglementaire ne devait pas généralement être déléguée à un organisme autonome et que le ministre devait en conserver la maîtrise d'une quelconque

107. Nous exprimerons plus loin des réserves touchant le cas particulier des offices.

Causes / Types d'organismes	Conseils	Tribunaux	Régies	Offices	Sociétés
1. L'inhabileté des structures existantes à permettre l'exercice de *certaines fonctions spéciales de façon particulière*	valable (fonction consultative)	valable (fonction judiciaire)	valable (fonction de régulation)	valable avec réserve (fonction de « gestion non économique »)	valable (fonction de « gestion économique »)
2. L'inhabileté des structures existantes à satisfaire *certaines exigences démocratiques,* plus spécifiquement *la représentation des intérêts et des groupes*	valable	non valable	non valable	valable	valable avec réserve
3. La théorie de la séparation des pouvoirs	non applicable	valable	non applicable	non applicable	non applicable
4. La crainte du patronage	non valable	non valable	non valable	non valable	non valable
5. Le désir d'échapper aux contrôles administratifs centraux et plus généralement à la tutelle gouvernementale	non valable valable pour l'administration technique	non valable valable pour l'administration technique	non valable valable pour l'administration technique	non valable valable pour l'administration technique	valable valable pour l'administration technique
6. Le désir de mettre en évidence une activité déterminée	non valable	non valable	non valable	valable	non valable

Figure 3. Résumé des causes d'autonomie fonctionnelle.

CONSIDÉRATIONS SUR L'OPPORTUNITÉ DE CRÉER UN ORGANISME AUTONOME
IL EST OPPORTUN QUE L'ÉTAT INTERVIENNE PAR L'EXERCICE D'UNE FONCTION
CONSULTATIVE
JUDICIAIRE
DE RÉGULATION ÉCONOMIQUE ET TECHNIQUE
DE « GESTION ÉCONOMIQUE »
DE « GESTION NON ÉCONOMIQUE »
A 1
Besoin d'avis impartiaux, spécialisés, représentatifs de façon continue.
A 2
Besoin de décisions judiciaires dans un domaine spécialisé où les droits individuels sont directement concernés et dont l'intéraction donne lieu à des conflits.
A 3
Besoin d'une surveillance spécialisée de l'entreprise privée dans un domaine spécifique où la concurrence est fortement limitée ou atomistique, ou encore lorsque les intérêts nationaux sont mis en cause.
A 4
Besoin d'exercer une fonction de gestion commerciale, industrielle ou financière rentable à cause de l'insuffisance du capital privé ou au contraire lorsqu'il est trop déterminant.
A 5
Besoin ou obligation d'exercer une activité de gestion non économique pour certains groupes et intérêts.
B 1
Un système démocratique exige une participation continue de la population au processus de décision sous la forme d'avis.
B 2
La théorie de la séparation des pouvoirs exige l'isolement de la fonction judiciaire des fonctions gouvernementale et législative.
B 3
Dans une société moderne, l'État doit exercer le rôle de régulateur économique et technique d'un nombre croissant d'activités.
B 4
L'État pour exercer valablement son rôle d'agent de développement économique doit intervenir par le truchement d'entreprises publiques entièrement publiques ou mixtes (en association avec le capital privé).
B 5
Une administration publique démocratique doit refléter les priorités gouvernementales et faciliter le contrôle par la population.
C 1
L'Assemblée et les ministères n'offrent pas toute la gamme des compétences requises ni la représentation des groupes sectoriels d'une façon continue et en dehors du contexte du favoritisme politique ou de la subordination hiérarchique.
C 2
Les cours de justice ordinaires n'offrent pas les compétences requises dans le domaine et occasionnent par leurs procédures complexes des frais et des délais.
C 3
En raison des parties concernées, de leur organisation oligopolistique ainsi que du volume de décisions, il n'est pas opportun que le ministre soit directement impliqué dans le processus de régulation.
L'administration ministérielle n'offre pas les garanties explicites d'impartialité.
C 4
L'administration ministérielle n'a pas un objectif de rentabilité.
Les contrôles centraux sont des contrôles de régularité et sont créateurs de lourdeurs administratives incompatibles avec une telle gestion.
La fonction publique ne procure pas nécessairement les compétences spécialisées requises.
C 5
L'administration ministérielle est anonyme et il y a intérêt à rendre certaines activités (programmes) plus « visibles » que d'autres, à les mettre en évidence.
L'exercice de fonctions isolées, nouvelles, conjointes, urgentes ou temporaires conduit au même résultat dans des circonstances données.
La participation de groupes à la direction peut être désirable.
CONSEIL
TRIBUNAL ADMINISTRATIF
RÉGIE
SOCIÉTÉ
OFFICE

Figure 4.

manière. Nous aussi avons observé que les fonctions d'examen, d'enquête et d'arbitrage exercées directement sur la population pouvaient être intégrées au ministère ou donner lieu à un organisme autonome temporaire. Enfin, l'examen de la fonction de gestion centrale a été reporté dans la troisième partie de cet ouvrage[108].

Sixièmement, nous devons préciser que pour chacune de ces fonctions (voir figure 4), il est nécessaire d'apporter des éléments de décision qui tiennent compte à la fois de besoins fonctionnels spécifiques (figure 4, de A1 à A5), de considérations d'ordre constitutionnel ou de politique gouvernementale (de B1 à B5) et de diagnostics sur le fonctionnement des institutions ou structures existantes (de C1 à C5).

On peut observer, à cet égard, que cette chaîne de décisions débute une fois que le gouvernement a choisi d'intervenir d'une façon ou de l'autre. Nous n'avions pas pour les fins de la présente étude, à déterminer les raisons de l'intervention de l'État dans une circonstance déterminée[109], ni les

---

108. On aura constaté que cette fonction se subdivise en fait en fonction de service domestique, de direction, de contrôle. Il n'existe pas de théorie officiellement reconnue de la séparation des fonctions de *gestion centrale*, mais la pratique paraît confirmer son existence.

109. Ainsi, on peut penser qu'un gouvernement peut ériger en principe la participation consultative des groupes, mais il peut aussi se contenter de fournir une certaine assistance aux groupes les plus revendicateurs et chercher par là à canaliser la contestation prévisible face à certaines mesures de changement qu'il projette. Les groupes, de leur côté, pourront acquiescer pour recevoir les bénéfices d'une reconnaissance officielle et de circuits privilégiés d'information. Un gouvernement peut également ériger en principe la protection des droits individuels, mais il peut aussi considérer la consécration de recours judiciaires comme une façon de limiter la discrétion administrative et de faciliter l'acceptation de mesures coercitives par la population. La régulation économique et technique est sans doute une étape inévitable dans certains secteurs à tendance oligopolistique particulièrement celui des services publics où le concept de monopole naturel ou territorial est aisément défendable. La création d'une entreprise entièrement publique a généralement eu pour origine une concentration privée très poussée dans un secteur (monopole) ou une insuffisance de capitaux privés et une absence de rentabilité à court terme. Plus récemment, l'emprise du capital étranger et son influence grandissante non seulement sur l'économie nationale mais sur la vie politique ont incité les gouvernements à créer des entreprises publiques à titre de « secteur témoin ». Selon l'idéologie et les contraintes du moment, toutefois, on a pu aussi vouloir par là favoriser la promotion sociale des travailleurs, faciliter la décentralisation industrielle, réduire l'influence exorbitante d'entreprises (particulièrement l'influence d'entreprises étrangères) ou tout simplement écarter les effets dommageables d'une faillite. Dans le cas de la société d'économie mixte, l'intérêt d'une activité rentable à court terme et l'insuffisance de capitaux privés et publics se sont ordinairement conjugués. Enfin, la pression de groupes d'intérêts en faveur d'une redistribution des ressources financières et l'avantage pour le gouvernement de soutenir certaines initiatives privées ont donné lieu à la création d'offices. Signalons au passage que les études des causes de nationalisations (politiques, économiques et techniques) sont ici très importantes car elles permettent de cerner concrètement l'origine de l'intervention de l'État. (Voir J. de la Morandière, P. Mendès-France, M. Maillet de Chassagne, *op. cit.*)

motifs qui ont présidé au choix d'un type d'intervention[110]. Notre seul objectif était d'établir les causes de la décentralisation fonctionnelle, c'est-à-dire d'un mode d'organisation.

Septièmement, enfin, on peut observer que certaines causes particulières sont parfois regroupées pour renforcer la justification de l'autonomie fonctionnelle. Ainsi, le besoin de représentativité est souvent allié à l'exercice d'une fonction (ex.: la fonction consultative); le désir de mettre en évidence une activité est fréquemment la principale justification de l'autonomie d'une fonction de « gestion non économique ».

110. Il serait faux de prétendre qu'il existe un modèle rigoureux permettant au gouvernement de faire un tel choix. Nous pouvons tout au plus mentionner quelques lignes directrices fondées plus sur des observations générales d'ordre historique que sur des analyses systématiques de gouvernements déterminés. Nous avons remarqué que la régulation économique et technique a généralement constitué une étape préalable à la création d'entreprises publiques ou à la nationalisation. Un degré élevé de concentration du secteur privé ordinairement, avait précédé à son tour la régulation économique et technique. On peut encore préciser que l'État a surtout nationalisé lorsqu'il semblait y avoir des avantages déterminants à l'existence d'un *monopole géographique*, ce qui se vérifie particulièrement dans le domaine des transports et des communications. La création de tribunaux est la plus ancienne forme d'intervention alors que la consultation est la plus récente. Dans le premier cas, l'affirmation de droits individuels est une condition préalable, alors que dans le second cas, on ne peut tenir compte que d'intérêts collectifs, de groupes ou de compétences spécifiques, et d'une certaine extension de la notion de démocratie. C'est une observation courante que de plus en plus les intérêts collectifs prennent le pas sur les droits individuels. La « gestion non économique » a existé de tout temps. Il est encore évident toutefois que la redistribution des revenus s'est accrue sensiblement au cours des dernières décennies. On peut croire que chronologiquement l'État est intervenu d'abord par l'exercice d'une fonction judiciaire, puis par l'exercice d'une fonction de « gestion non économique » (assistance), de régulation économique et technique et enfin de « gestion économique » et de consultation.

CHAPITRE II

LES FONDEMENTS ET LES CONSÉQUENCES DE LA DÉCENTRALISATION FONCTIONNELLE

Nous venons de constater que la décentralisation fonctionnelle peut être recherchée pour diverses raisons dont certaines sont plus ou moins valables et ne s'appliquent pas nécessairement à tous les types d'organisme autonome. Nous avons retenu principalement qu'un besoin de spécialisation accrue dans l'exercice de fonctions particulières constituait la raison principale de ce phénomène organisationnel.

Il est clair, toutefois, que l'identification des causes n'explique qu'une partie du phénomène. Il faut encore déterminer les fondements de la décentralisation fonctionnelle, c'est-à-dire les mécanismes par lesquels elle est maintenue en place, de même que les conséquences, puisqu'elle offre assurément des avantages et des inconvénients.

Dans les deux cas, bien entendu, nous devrons faire état de deux dimensions du problème puisqu'il est admis qu'il se pose à la fois sur un plan formel et informel. Précisons, cependant, que nous ne disposions pas du temps nécessaire pour faire une étude satisfaisante de la dimension informelle, c'est-à-dire pour en vérifier empiriquement l'importance.

1. *Les fondements formels*

Les fondements formels sont essentiellement des dispositions légales (législatives et réglementaires) par lesquelles on établit les rapports des organismes autonomes avec les autres institutions politiques et la population en général. La loi constitutive de l'organisme autonome précise généralement ce schème particulier de relations qui est différent de celui qui est applicable aux ministères.

Essentiellement, la décentralisation fonctionnelle implique la rupture du lien hiérarchique exercé par le gouvernement [1] et la substitution de contrôles

1. C'est-à-dire les ministres individuellement ou réunis en conseil exécutif, en somme le pouvoir exécutif.

spécifiques (non globaux), sporadiques (non continus), à base d'informations (plutôt que de directives) et a posteriori (plutôt qu'a priori). Ce schème est habituellement appelé « tutelle » même s'il ne correspond pas exactement à la notion du droit civil et surtout n'a pas la même connotation[2].

Il n'y a pas lieu de décrire ici l'ensemble de ces contrôles, de cette tutelle, qui est d'ailleurs susceptible de varier selon les types d'organisme auxquels elle s'applique. Dans la deuxième partie de cet ouvrage, nous présenterons à cet effet une grille détaillée. Il suffit pour le moment d'illustrer par quelques exemples l'essentiel du mécanisme de décentralisation fonctionnelle.

Celui-ci consiste soit en l'exclusion, par stipulation législative expresse ou implicite, d'un contrôle exercé généralement sur les ministères par le gouvernement, les ministres individuellement, l'exécutif, l'Assemblée, les cours de justice et les organismes administratifs centraux, soit à confier un contrôle à une autorité autre que celle qui l'exerce normalement, soit encore à atténuer ces contrôles ou enfin à substituer à un contrôle régulier, un contrôle exceptionnel.

Ainsi, l'exécutif est ordinairement le seul responsable de la création et de l'abolition des organismes autonomes. Toutefois, il peut juger désirable — précisément pour assurer une plus grande autonomie — de subordonner sa décision d'abolir un organisme, à l'approbation préalable de l'Assemblée et plus concrètement de la soumettre à la critique de l'opposition. Il peut encore, au lieu de nommer lui-même tous les membres de la direction d'un organisme, confier le choix de certains d'entre eux à des groupes déterminés. Il peut aussi décider de ne pas soumettre intégralement certains organismes à certaines lois de gestion centrale, notamment celle qui régit la fonction publique et celle qui règle l'administration financière. Par exemple, on peut considérer que l'autorisation des emprunts des entreprises publiques devrait être confiée au Conseil des ministres plutôt qu'au seul ministre des Finances. Il est aussi généralement admis que le contrôle quotidien des dépenses des entreprises publiques ne peut être le même que celui qui s'applique aux ministères[3] et que, par conséquent, il doit être exercé par l'entreprise elle-même.

2. Les organismes en question ne sont pas évidemment des « mineurs ». Il serait également ridicule d'associer la notion de tutelle à un certain « paternalisme » gouvernemental puisque indépendamment des personnes concernées, la tutelle est nécessaire à la cohérence gouvernementale et à la responsabilité publique des institutions administratives.

3. On sait que ce contrôle quotidien des dépenses est structuré selon un étagement des montants considérés ($1,00 à $50 000, de $51 000 à $100 000, etc.) ce qui permet de confier les autorisations à des autorités de plus en plus importantes. On est généralement d'accord pour dire qu'une telle structure est la marque d'une administration intégrée et qu'elle ne convient pas à l'administration d'une entreprise publique.

En somme, la décentralisation fonctionnelle repose sur un jeu de «freins et de contrepoids», tout comme la décentralisation territoriale. Toutefois, dans le second cas, les fondements sont de nature constitutionnelle et non seulement législative, entre paliers de gouvernement. De plus, les relations s'établissent entre paliers de gouvernement ou collectivités et non pas seulement entre institutions constituant un même palier de gouvernement. On conviendra aisément enfin que la décentralisation territoriale étant de nature politique et non administrative, elle offre plus de garanties de permanence que la décentralisation fonctionnelle.

Plus précisément pour que la décentralisation fonctionnelle soit maintenue, il faut que le gouvernement lui-même respecte l'autonomie des organismes et que les autres institutions agissent comme contrepoids à l'égard du gouvernement.

Cela signifie, par exemple, que les ministres et le Conseil des ministres devraient refuser d'intervenir dans la gestion interne d'une entreprise publique malgré les pressions fréquentes exercées par l'opposition à l'Assemblée[4]. Cela signifie aussi que l'opposition, la presse et les groupes d'intérêts devraient dénoncer et critiquer toute tentative gouvernementale de réduire l'autonomie des organismes par des pressions officieuses ou encore toute loi constitutive accordant un degré d'autonomie qui ne convient pas au type d'organisme concerné. Il faut bien avouer, cependant, que le partage formel des responsabilités établi par la décentralisation fonctionnelle n'est généralement pas parfait et qu'il y a souvent une zone grise où diverses interprétations sont possibles.

Il revient également aux cours de justice de fortifier l'autonomie des organismes, notamment en obligeant le respect par le gouvernement des termes d'office des membres de la direction. Malheureusement, l'un des rares précédents de l'intervention judiciaire dans ce domaine au Québec — l'affaire «Roncarelli» c. «Duplessis» — est une source de confusion totale[5].

En résumé, la décentralisation fonctionnelle, sur un plan formel, implique que les agents de contrôle n'agissent qu'à l'intérieur des pouvoirs qui leur sont accordés et qu'ils neutralisent à l'occasion les tentatives de certains d'entre eux de contrevenir aux dispositions légales.

---

4. On peut penser notamment aux nombreux débats de la Chambre des communes fédérale mettant en cause Radio-Canada ou les chemins de fer nationaux et à ceux de l'Assemblée nationale portant sur l'Hydro-Québec.
5. La Cour suprême du Canada dans cette cause a tenu le Premier ministre du Québec personnellement responsable d'une décision — le retrait d'un permis d'alcool — que seule formellement pouvait prendre la Commission des liqueurs à l'époque.

2. *Les fondements informels*

Tout comme l'autonomie territoriale, l'autonomie fonctionnelle repose sur des fondements informels. Sans ces derniers, l'autonomie risque de demeurer purement nominale.

Par fondements informels, nous entendons les mécanismes par lesquels les agents politiques, c'est-à-dire les partis, les leaders d'opinion publique, les groupes d'intérêts et la presse peuvent neutraliser les tendances de centralisation fonctionnelle. Bien entendu, au départ, la culture politique et administrative des hommes politiques et de la population, c'est-à-dire la reconnaissance par une large fraction des citoyens de l'avantage de l'autonomie fonctionnelle, de même que l'organisation pluraliste de la société elle-même constituent deux des principaux fondements informels.

Sous réserve d'un examen plus approfondi de cette dimension, tout aussi réelle, sinon plus, que la législation en vigueur elle-même, nous croyons pouvoir dire que l'autonomie fonctionnelle repose qu Québec sur des fondements informels moins solides qu'ailleurs au Canada, alors que l'autonomie territoriale, elle, est beaucoup mieux établie[6]. La décentralisation fonctionnelle est une notion beaucoup plus technique et suppose une connaissance assez développée du fonctionnement de l'appareil étatique.

Ainsi, à notre connaissance, seul parmi les gens de la presse, l'éditorialiste Claude Ryan a saisi les données du problème[7]. Seuls quelques groupes, principalement dans le cas des organismes consultatifs, ont ouvertement insisté pour assurer le respect de l'autonomie des organismes auxquels ils participaient[8]. Il est sans doute vrai que les partis d'opposition ont été généralement sensibles à l'endroit de l'autonomie de la Commission de la fonction publique et de l'Hydro-Québec, mais on peut difficilement dire qu'ils ont pour autant développé une philosophie générale. Par ailleurs, la crainte du gouvernement de voir son image ternie par des accusations d'ingérence a sûrement évité de graves écarts, mais on peut se demander encore aujourd'hui

6. Il est certain que depuis toujours «l'autonomie provinciale» a marqué l'histoire politique du Québec. Ce n'est que tout récemment, que l'État québécois a développé un secteur parapublic. Remarquons, toutefois, qu'en 1973 le ministre fédéral des Transports, monsieur Marchand, a contesté la législation en vigueur qui lui conférait de trop faibles pouvoirs de tutelle.
7. À l'occasion du débat sur la «possibilité» d'achat par le gouvernement fédéral d'avions de marque Caravelle et à l'occasion du débat sur la Régie de la Place des arts du gouvernement provincial. Il faut bien avouer que la décentralisation fonctionnelle peut aussi, comme nous le verrons plus loin, fournir au gouvernement l'occasion rêvée d'éluder ses responsabilités.
8. Il ne faut pas évidemment confondre défense de l'autonomie et «désir de participer». Nous avons à l'esprit les associations d'enseignants et les deux centrales syndicales qui ont parfois poussé ce souci à la limite en se retirant tout bonnement des organismes consultatifs. Récemment, l'Association du camionnage soumettait un rapport insistant sur l'autonomie de l'éventuelle Commission des transports. Il va sans dire que cette défense de l'autonomie pouvait aussi coïncider avec l'intérêt des parties concernées.

si pour le citoyen moyen toute cette question n'est pas un faux problème puisque le gouvernement, les ministres et les organismes sont «du pareil au même». Cette vision des choses peut d'ailleurs se concilier assez bien avec celle de plusieurs hommes politiques pour qui gouverner veut dire nommer de fidèles supporteurs et étouffer les sources de conflits et les contradictions internes de l'appareil de l'État.

Enfin, il est clair qu'une société de six millions de personnes ne peut offrir un très grand pluralisme politique et économique[9]. Elle ne peut offrir un grand nombre de postes administratifs élevés, d'autant plus qu'au Québec la grande entreprise privée appartient à un autre monde culturel[10]. En fait, il n'est pas facile d'avoir le courage de ses opinions lorsque les états de service politique compensent l'absence de compétence réelle ou lorsque l'occupation du poste est laissée à l'entière discrétion du gouvernement et qu'il n'existe pas de poste équivalent dans un autre secteur d'activités. On ne peut assurément exagérer l'embarras que peut occasionner à un gouvernement une démission fracassante. Généralement, un gouvernement réussit à mobiliser l'opinion publique en sa faveur en invoquant sa responsabilité politique générale[11]. À cet égard, même les manifestations ou les revendications des groupes de pression (notamment celles des centrales syndicales) peuvent autant favoriser la centralisation ou donner lieu à un affrontement d'où le gouvernement devrait normalement sortir vainqueur, car l'équilibre politique général est alors mis en cause. Dans un tel contexte, on peut penser que le climat de «confiance mutuelle» nécessaire à toute délégation d'autorité existe, mais il est clair qu'il repose autant sur des contraintes que sur une affinité idéologique et même une compétence reconnue.

Aucun gouvernement n'accueille avec plaisir les critiques, même celles que l'on appelle «constructives» surtout lorsqu'elles viennent de «l'intérieur». Nous ne voyons pas non plus l'intérêt d'une situation où tous les organismes autonomes s'érigeraient en critiques du gouvernement[12]. Dans ce sens, on doit reconnaître les mérites d'une personne qui se tait par

---

9. Notons cependant que de très grandes sociétés, telle la Chine, ne sont pas davantage pluralistes.
10. En passant, on peut observer que l'intégration d'une société implique qu'au sommet de la structure sociale certains individus jouent plusieurs rôles et que, forcément, ils doivent être peu nombreux pour exercer efficacement la coordination nécessaire. L'élite privée et l'élite publique finalement se rencontrent. Au Québec, la grande entreprise privée est anglophone et il n'est pas clair que ce phénomène normal se produise ici. La pyramide sociale est ainsi tronquée.
11. À titre d'exemple, on peut rappeler le conflit qui opposa le gouverneur Coyne de la Banque du Canada au Premier ministre de l'époque. Ce dernier l'emporta aisément, croyons-nous, du moins dans l'opinion publique. La question en cause était de nature très complexe et ne pouvait être réellement comprise que par un nombre limité d'économistes.
12. Il va de soi, cependant, que cette proposition ne s'applique pas aux organismes centraux de surveillance dont c'est précisément la tâche.

crainte de manquer de loyauté ou de donner l'impression de trahir la confiance de quelqu'un ou parce qu'elle croit pouvoir changer plus de choses en demeurant qu'en partant[13]. On doit aussi admettre qu'un gouvernement à qui l'opinion publique impute toutes les responsabilités même celles qu'il n'a pas pris vraiment, doit être singulièrement sûr de lui pour accepter des divergences de vue dans « sa propre administration ». Toutefois, il doit sûrement y avoir une situation intermédiaire permettant des divergences de vues sporadiques, des démissions motivées, des débats qui éclairent le fond des problèmes et qui se traduisent par une clarification du partage des responsabilités. Il est certain que toute délégation d'autorité a les inconvénients de désaccords et de manques de synchronisme, mais elle a aussi les avantages d'une plus grande souplesse, d'une plus grande faculté d'adaptation. Lorsque l'on a la preuve qu'une telle délégation n'est pas pratique, on peut toujours intégrer les activités des organismes dans un service ministériel, les soumettre à l'entreprise privée.

Bref, l'autonomie fonctionnelle est une notion plus technique que politique et, dans cette mesure, plus difficile d'accès pour les hommes politiques et la population en général.

Au Québec, on a créé récemment beaucoup d'organismes autonomes sans avoir vraiment dégagé la philosophie qui doit les animer. On peut penser évidemment que celle-ci se développera avec le temps. Par contre, il n'est pas évident que la société québécoise soit en mesure d'offrir à court terme le degré de pluralisme nécessaire pour que la décentralisation fonctionnelle puisse produire tous les résultats attendus.

3. *Les conséquences formelles*

La décentralisation fonctionnelle a comme principale conséquence formelle la désintégration ou le démembrement de l'administration.

Par désintégration, on entend la perte d'uniformité dans l'application des règles générales de fonctionnement et l'amoindrissement de la capacité de coordination. En effet, la décentralisation multiplie a priori les régimes d'exception et crée des centres de décision distincts des ministères qui auparavant polarisaient toute la responsabilité. Les effets secondaires d'un tel phénomène sont également importants puisqu'ils peuvent donner lieu à une certaine fuite des responsabilités et qu'ils ne facilitent pas la compréhension que les administrés peuvent avoir de leur administration publique.

---

13. L'affaire Watergate aux Etats-Unis semble avoir complètement renversé cette proposition classique. La dénonciation d'une mauvaise administration ne peut être faite de façon réaliste que par le truchement d'un parti d'opposition ou d'une presse libre. Malheureusement, il apparaît que le prix d'une dénonciation est souvent très élevé pour l'individu.

Plus précisément, à cause de la désintégration consentie à un moment donné, les ministères et les organismes centraux ne sont plus en mesure d'exercer les mêmes contrôles sur les organismes autonomes que sur les services ministériels. C'est pourquoi certains considèrent que l'autonomie doit être accordée d'abord aux ministères de tutelle puisqu'il paraît inconcevable que les contrôles centraux soient plus légers à l'égard des organismes autonomes que des services ministériels. Dans un tel contexte, c'est d'abord la coordination intrasectorielle qui souffrira de la décentralisation. Toutefois, on peut également penser que la souplesse recherchée exige justement un relachement des contrôles centraux puisque la lenteur de fonctionnement leur est directement imputable. Dans cette optique, c'est la coordination centrale qui aura à souffrir de la décentralisation fonctionnelle.

Il est probable, qu'en pratique, ces deux résultats pourraient se vérifier au Québec. Cette situation ne serait pas tellement dommageable si l'on avait évité de laisser se développer dans l'anarchie des régimes particuliers et si l'on avait établi, au moins pour chaque type d'organisme autonome, un ensemble de règles satisfaisantes. Nous suggérons que l'on devrait orienter la politique organisationnelle dans ce sens puisque chaque type d'organisme requiert a priori un type d'autonomie spéciale.

Par ailleurs, la décentralisation fonctionnelle occasionne également la fuite des responsabilités et ce, dans tous les gouvernements que nous connaissons. La rupture du lien hiérarchique et le partage de responsabilités sont fréquemment à l'origine de situations imprécises que l'on peut exploiter à son avantage. Il existe, en effet, maints exemples de gouvernements qui ont invoqué l'autonomie[14] des organismes pour se dégager d'une décision impopulaire. Il y a également maints exemples de gouvernements qui se sont servis pour cautionner leurs propres décisions, de faits énoncés par des organismes autonomes présentés comme neutres et compétents. Si l'on songe que les ministres sont en mesure d'exercer des pressions secrètes sur ces organismes, on peut considérer que l'autonomie desdits organismes risque dans la pratique de n'être qu'une façade. En conséquence, il ne fait aucun doute que la décentralisation fonctionnelle exige périodiquement une clarification des pouvoirs et des responsabilités[15], et très certainement une politique d'ensemble cohérente.

Enfin, la multiplication des organismes autonomes a été généralement accompagnée d'une multitude d'appellations aussi différentes les unes des autres qu'inappropriées. Les gouvernements successifs et les rédacteurs lé-

---

14. La création d'une commission royale d'enquête permet à un gouvernement de ne pas prendre parti dans un conflit et d'en reporter la solution à plusieurs mois ou années.
15. Contrairement à la tendance observée principalement en France, cette critique ne doit pas avoir pour effet d'inciter le gouvernement à accroître son contrôle sur les organismes, mais bien à clarifier les responsabilités respectives.

gislatifs ont voulu faire preuve d'imagination mais ils n'ont généralement réussi qu'à semer la confusion, non seulement dans la population en général mais aussi chez les analystes de l'organisation administrative. On a assimilé les régies aux entreprises publiques et même aux tribunaux administratifs. Le concept de base est devenu complètement flou et l'on a versé dans l'inflation et l'incohérence verbale. Aussi est-il nécessaire de bien déterminer la spécificité de chaque type d'organisme et de lui accoler une étiquette qui corresponde à la réalité.

4. *Les conséquences informelles*

Les conséquences informelles sont plus difficiles à évaluer.

Elles se traduisent par l'amoindrissement du pouvoir stratégique de l'État à l'égard des groupes et des agents extérieurs et l'accroissement des frais administratifs si l'on prend pour acquis qu'effectivement la centralisation occasionne une réduction de ces frais.

Malheureusement nous ne pourrons sans doute jamais déterminer avec exactitude dans quelle mesure les inconvénients de la décentralisation fonctionnelle peuvent être compensés par une adaptation accrue au changement, une sensibilité accentuée à l'égard de besoins particuliers et une compétence fonctionnelle plus grande. Une telle évaluation met en cause trop d'impondérables. En revanche, nous devons tenter de réduire ceux-ci le plus possible par une vérification des faits. C'est à cette vérification factuelle que la deuxième partie de cet ouvrage est consacrée. Précisons bien, toutefois, qu'une fraction importante de nos données proviendra de l'examen du cadre juridique, lequel est parfois éloigné de la réalité quotidienne.

5. *Conclusion*

En résumé, la décentralisation fonctionnelle exige pour durer, des fondements formels et informels. Les premiers sont essentiellement des mécanismes prévus par la loi et par lesquels d'autres institutions peuvent neutraliser l'influence exorbitante que pourrait exercer le gouvernement. Dans notre système, il revient au gouvernement d'établir cette autonomie et d'en assurer, dans une certaine mesure, le respect. Les seconds font appel au jeu de forces politiques et à des comportements individuels sur lesquels on ne peut légiférer, mais dont l'importance égale celle des premiers.

Les conséquences formelles et informelles présentent forcément des avantages et des inconvénients. Nous avons pris pour acquis que les inconvénients étaient sinon supérieurs aux avantages, du moins d'une gravité suffisante pour justifier un examen sérieux de la question. Ce problème comporte trop d'éléments impondérables pour que nous puissions fournir une évaluation quantitative.

En effet, rappelons que la décentralisation fonctionnelle est fondamentalement un accommodement institutionnel par lequel l'administration publique tente de concilier des impératifs souvent jugés contradictoires tels que la responsabilité et la délégation d'autorité, les avantages de l'uniformité et de l'originalité, l'indépendance décisionnelle et la direction hiérarchique et ce, selon les formes diverses nécessitées par des considérations d'ordre politique et d'ordre administratif. Dans les faits, cette responsabilité publique se traduit par une responsabilité gouvernementale mitigée alors que la délégation d'autorité demeure incomplète à cause des divers contrôles qui doivent continuer de s'exercer sur l'organisme.

En somme, le problème fondamental qui est la détermination du degré désirable de décentralisation ne se résout pas au moyen d'une simple règle mécanique. La décentralisation implique des choix, des valeurs, en plus de la « rationalité fonctionnelle ».

DEUXIÈME PARTIE

LES ORGANISMES AUTONOMES DE L'ADMINISTRATION QUÉBÉCOISE

INTRODUCTION

Dans cette deuxième partie, nous traiterons des organismes autonomes de l'administration québécoise. Il y a lieu, en effet, de vérifier dans quelle mesure les propositions déjà énoncées concernant les causes, les fondements et les conséquences de la décentralisation fonctionnelle, s'appliquent à une administration déterminée.

Pour ce faire, nous examinerons dans un premier chapitre, les éléments descriptifs des quelque cent organismes existants, et dans un deuxième, nous ferons état des éléments dynamiques, c'est-à-dire plus précisément des données relatives au contrôle effectivement exercé par l'Assemblée, les cours de justice et les media. Cependant, nous ne pourrons présenter des données comparables sur le contrôle gouvernemental puisque celui-ci, à maints égards, a un caractère confidentiel, voire secret.

Notre objectif n'est pas de connaître en détail le fonctionnement interne de chacun des organismes ni d'en apprécier l'opportunité par des jugements sur sa rentabilité ou son efficacité[1]. Aussi, nous limiterons-nous à soulever les questions qui nous paraissent les plus pertinentes. En fait, de tels jugements supposent une connaissance systématique non seulement de la gestion interne (ce qui comprend le dynamisme de la direction), mais également de la conjoncture changeante dans divers secteurs. Il s'agit là d'une recherche très étendue que nous n'avons pas eu malheureusement le loisir d'entreprendre. Bref, nous nous en tiendrons à l'examen du cadre organisationnel général qui n'est qu'un des facteurs, malgré son importance, du succès des organismes.

Cependant, avant d'aborder directement cette étude, nous devons en établir les données de base et en définir les termes.

---

1. Cette étude ne cherche donc pas à prouver, par exemple, la supériorité de l'entreprise publique vis-à-vis de l'entreprise privée ni la qualité des avis donnés par les conseils, ni même à porter un jugement tendant à abolir tel ou tel organisme.

En conséquence, cette introduction doit être complétée par une définition du concept d'organisme autonome, une typologie des organismes autonomes, la détermination du critère de classement, une définition des fonctions, une classification fonctionnelle des organismes de l'administration québécoise et finalement une grille d'analyse des lois constitutives des organismes autonomes.

Définition du concept d'organisme autonome

De façon négative, nous pouvons définir comme organisme autonome, tout organisme public non constitué en service ministériel et, partant, non soumis au pouvoir hiérarchique gouvernemental. Nous avons délibérément exclu de cette définition les «établissements publics» (CEGEPS, CLSC, etc.) puisqu'ils font généralement partie de réseaux obéissant à une dynamique légèrement différente[2], ainsi que les commissions scolaires qui sont des organismes décentralisés territorialement. On doit ajouter que, la plupart du temps, les organismes autonomes échappent à l'application de certaines règles d'intégration de la fonction publique, mais qu'ils sont tout de même soumis à un ensemble de contrôles que l'on regroupe sous le terme de «tutelle[3]».

De façon positive, sont considérés comme organismes autonomes, tous les organismes d'un même palier de gouvernement qui portent le titre de conseil, comité, commission, tribunal, régie, office, société et bureau, et qui exercent, selon les cas, une fonction de nature consultative ou judiciaire, ou de «gestion économique» (commerciale, financière ou industrielle), ou de régulation économique et technique, ou de gestion «non économique», ou de gestion centrale. On peut aussi ajouter les fonctions d'examen, d'enquête, de conciliation et d'arbitrage, bien que l'exercice de ces fonctions ne requière pas ordinairement la mise sur pied de véritables organismes autonomes. On confie habituellement ces fonctions à des «officiers publics», c'est-à-dire à des personnes qui, dans l'accomplissement de tâches spécifiques, se voient attribuer des pouvoirs et sont soumises à des obligations particulières. Seuls, à notre avis, les organismes centraux de vérification doivent jouir de l'autonomie fonctionnelle. Nous faisons donc état de ce type de fonction simplement pour clarifier le vocabulaire administratif.

---

2. Nous avons également exclu les ordres professionnels parce que la législation récente du gouvernement québécois sur cette question était encore en voie d'élaboration au moment de la rédaction de ce travail.
3. Cette référence à une notion de droit civil ne doit pas être comprise dans son sens strict. Les organismes ne sont pas des «mineurs».

En d'autres termes, nous avons postulé que l'exercice d'une de ces six fonctions pouvait donner lieu à la création d'un organisme autonome. Nous pouvons également proposer que, généralement, l'exercice de l'une de ces fonctions implique qu'un même organisme ne peut en exercer une autre, ou, si l'on préfère, qu'il y a incompatibilité entre ces fonctions. Un organisme ne peut à la fois exercer une fonction de régulation économique et technique et une fonction de «gestion économique» et de «gestion non économique»[4]. Une régie ne peut être un tribunal administratif. Un conseil consultatif ne peut administrer, etc. Il est vrai que les organismes de gestion centrale peuvent faire de la «gestion économique» ou de la «gestion non économique», et même de la régulation économique et technique. Toutefois, on pourra observer ultérieurement que ces fonctions sont exercées par des organismes distincts. Il est également vrai que la régie a des pouvoirs d'enquête. Nous considérons cependant que ce pouvoir fait essentiellement partie d'une fonction plus vaste de régulation économique et technique.

Il est certain, par ailleurs, que le vocabulaire administratif et les appellations dont sont coiffés actuellement les organismes autonomes ne reflètent pas de façon rigoureuse les propositions que nous venons de faire. Au Québec, en particulier[5], on peut facilement observer que les rédacteurs législatifs qui se sont succédé, n'ont pas fait preuve de beaucoup de cohérence puisqu'ils ont utilisé des termes différents pour qualifier des organismes exerçant des fonctions de même nature, de même que des termes identiques pour qualifier des organismes exerçant des fonctions différentes. À titre d'exemples, nous pouvons citer la Régie de la Place-des-arts et la Régie des services publics, le Bureau des expropriations de Montréal et le Bureau de la statistique, la Commission hydro-électrique de Québec et la Commission de l'enseignement élémentaire et secondaire, etc.

De toute évidence, il y a un besoin urgent de clarifier le vocabulaire et l'on ne peut y arriver que par la mise au point d'une typologie fondée sur l'analyse des fonctions exercées. Dans un premier temps, nous allons nous atteler à cette tâche en suggérant une typologie des organismes autonomes et en proposant pour chacun des types une appellation uniforme.

Bien entendu, cela n'empêchera pas certains ministres, malgré leur mutation à des portefeuilles différents, de s'attacher, en quelque sorte, certains

---

4. Nous ne considérons pas ici, bien entendu, les activités de stricte gestion interne quotidienne que doit accomplir tout organisme du simple fait de sa création.

5. On peut également souligner plusieurs incohérences dans la terminologie française, britannique et américaine. En France la notion d'établissement public est devenue très élastique alors qu'en Angleterre les *public corporations* peuvent constituer un immense fourre-tout. Plus près de nous, le *Committee on government productivity*, rapport n^c 9 (Toronto, Queen's Printer, 1973, p. 41), du gouvernement de l'Ontario n'a pas fait preuve d'un souci exagéré de discrimination en distinguant seulement trois types d'organisme, les *tribunals*, les *advisory agencies* et les *operational agencies*.

organismes autonomes. Une telle pratique est évidemment contraire à l'édification d'une politique sectorielle cohérente, mais au moins on ne pourra plus se tromper sur la nature de l'organisme lui-même.

Typologie des organismes autonomes et clarification de la terminologie

L'administration québécoise n'a pas encore adopté la nomenclature que nous proposons. Les incohérences que nous avons signalées dans la terminologie sont à l'origine de nombreux malentendus sur les objectifs mêmes des organismes et d'une incompréhension très répandue du fonctionnement de l'appareil administratif. Il serait pourtant simple d'appeler les choses par leur nom, quitte à circonscrire l'imagination de certains rédacteurs législatifs. Aussi, suggérons-nous pour les divers types d'organisme et d'appellation générique, la typologie suivante:

Organismes de consultation:	*conseils*
Organismes judiciaires:	*tribunaux administratifs*
Organismes de gestion financière, industrielle ou commerciale (de «gestion économique»):	*sociétés*
Organismes de régulation économique et technique:	*régies*
Organismes de gestion non commerciale, financière ou industrielle (de «gestion non économique»):	*offices*
Organismes de gestion centrale:	*bureaux*
Organismes d'examen, d'enquête, de conciliation, d'arbitrage, de vérification:	*commissions*

Nous avons utilisé le terme «appellation générique» parce qu'il est fort probable que certains de ces types d'organisme devront être subdivisés en sous-types. Ainsi, nous savons déjà qu'il existe des sociétés d'économie mixte qui sont des sous-types du genre société et qu'il nous faudra distinguer les commissions d'enquête, d'examen, de conciliation et d'arbitrage[6]. Il est également clair que les offices devront être subdivisés puisqu'il faut tenir compte du caractère spécial des établissements publics. Quant aux conseils et aux bureaux, ils devront probablement être subdivisés pour tenir compte de modalités particulières. Toutefois, nous serons en mesure de faire ces distinctions seulement lorsque nous aurons complété l'étude du cadre juridique actuel des organismes[7].

---

6. Le terme commission nous semble très approprié dans les circonstances puisqu'il s'agit bien d'attribuer une charge, un mandat à des personnes sur une base non permanente.
7. Toutefois, pour éviter la répétition de la nomenclature que nous avons établie (voir p. 108 et suiv.), nous avons en quelque sorte préjugé de nos principales conclusions en présentant dès maintenant une classification qui tient compte des sous-types que nous dégagerons plus tard.

Critère de classement

Étant donné que nous avons logiquement adopté le mode d'approche fonctionnel, il est évidemment normal que le classement des divers organismes existants soit effectué à partir d'un critère fondamental, celui de l'exercice d'une *fonction dominante*.

En d'autres termes, nous devrions classer un organisme exerçant plusieurs fonctions dans la catégorie des organismes exerçant des fonctions similaires à sa fonction dominante ou principale.

Ce mode d'approche est sûrement préférable à celui que l'on a pu utiliser précédemment et qui consistait à classer les organismes en prenant pour critère une seule fonction. Ainsi, en cherchant à déterminer l'existence de fonctions judiciaires dans l'ensemble de l'appareil administratif, on serait sans doute enclin à en voir là où il n'y en a pas vraiment et même à suggérer que l'on modifie certains organismes pour qu'ils deviennent de véritables organismes judiciaires[8]. On aboutirait sûrement au même résultat si l'on pratiquait un inventaire des fonctions réglementaires, consultatives, etc.

Par ailleurs, il est certain que le mode d'approche que nous avons adopté soulève également des dilemmes qu'il n'est pas toujours facile de trancher. Il arrive fréquemment que l'histoire de l'organisme ne révèle rien de l'importance relative que l'on doit attacher à l'une ou l'autre des fonctions. En effet, la loi constitutive de l'organisme peut elle-même faire état de plusieurs fonctions ou négliger d'en faire mention. Enfin, les débats en Assemblée, lorsqu'il leur arrive de porter sur ces questions, éclairent assez peu les intentions véritables du législateur. En somme, il convient dans chaque cas de doubler l'analyse du texte législatif par une connaissance factuelle des fonctions principales. Nous croyons que ce mode d'approche, malgré ses inconvénients, demeure préférable aux autres. En présentant notre classification fonctionnelle nous indiquerons quelques cas illustrant les divergences d'opinion que peut susciter un tel classement.

Ce mode d'approche exige toutefois une définition la plus précise possible des diverses fonctions.

Définition des fonctions

Fonction consultative : procurer des avis, des conseils, des suggestions aux autorités du ministère

Fonction judiciaire : reconnaître de façon impérative l'existence de droits individuels

---

8. L'étude menée par le ministère de la Justice, intitulée *les Tribunaux administratifs au Québec* (Québec, 1971), illustre bien les inconvénients de ce mode d'approche.

Fonction de gestion commerciale, industrielle ou financière : produire des biens matériels ou des services, ou transiger à leur égard à des fins de rentabilité

Fonction de régulation économique et technique : surveiller et contrôler le développement harmonieux d'un secteur d'activités

Fonction de «gestion non économique» : assurer des services mais non à des fins de rentabilité, ou contrôler ou coordonner une activité

Fonction de gestion centrale : assurer la direction, le contrôle, la vérification des activités des organismes publics relevant d'un même palier de gouvernement, leur fournir des services ou produire des biens, faire des transactions commerciales en leur faveur.

La fonction d'examen, d'enquête, de conciliation, d'arbitrage et de vérification n'a sans doute pas besoin d'être définie, car elle renvoie à des notions courantes. Rappelons que c'est seulement lorsque la fonction de vérification (nécessairement a posteriori) est exercée centralement à l'égard des organismes publics d'un même palier de gouvernement, qu'elle justifie a priori une décentralisation fonctionnelle comparable à celle des organismes sectoriels.

Classification fonctionnelle des organismes autonomes de l'administration québécoise

La classification fonctionnelle que nous présentons ne peut prétendre être exhaustive bien que nous ayons fait de nombreux efforts dans ce sens. L'actualité législative et l'absence d'un répertoire central des organismes peuvent expliquer certaines omissions, que nous regrettons.

I — *ORGANISMES DE CONSULTATION*

66 organismes. — Appellation générique suggérée : conseil, commission consultative (comité, groupe de travail)

Externes

1 — Bureau de conciliation concernant le salaire minimum : BCSM
S. R. Q. 1964, c. 144

2 — Comité consultatif de la Régie des rentes: CCRR
S. Q. 1964, c. 24; L. Q. 1970, c. 19

3 — Comité catholique et Comité protestant de l'éducation: CCECPE
S. R. Q. 1965, c. 234

4 — Comité consultatif concernant les agents de réclamation: CCCAR
S. R. Q. 1964, c. 269

5 — Comité consultatif de la Régie de l'assurance-récolte: CCRAR
S. Q. 1967, c. 44

6 — Comité consultatif de la Régie des marchés agricoles: CCRMA
S. R. Q. 1964, c. 120

7 — Comité consultatif de l'immigration: CCI
S. Q. 1968, c. 68

8 — Comité consultatif de l'Office du crédit agricole: CCOCA
L. Q. 1969, c. 41

9 — Comité consultatif de la Place Royale: CCPR
S. Q. 1967, c. 25

10 — Comité consultatif du livre: CCL
S. Q. 1965, c. 21

11 — Comité consultatif provincial de la main-d'œuvre: CCPMO
L. Q. 1969, c. 51

12 — Comité consultatif de la Bibliothèque nationale du Québec: CCBNQ
S. Q. 1966–1967, c. 24

13 — Comité consultatif en vertu de la loi de l'accréditation des librairies: CCLAL
S. Q. 1965, c. 21

14 — Comité consultatif de la révision de la classification: CCRC
A. C. n° 3105, 3 octobre 1968

15 — Comité consultatif des produits laitiers et de leurs succédanés: CCPLES
A. C. n° 285, 20 janvier 1971

16 — Comité d'étude de la mortalité périnatale: CEMP
A. C. n° 687, 13 avril 1966

17 — Comité consultatif des cinéparcs: CCC
A. C. n° 1713, 4 juin 1969

18 — Comité d'étude relatif à l'assurance-auto: CEAA
A. C. n° 867, 3 mars 1971

19 — Comité de recherche épidémiologique et opérationnelle: CREO
A. C. n° 1705, 11 mai 1971

20 — Comité de la recherche socio-économique: CRSE
A. C. n° 1706, 11 mai 1971

21 — Comité relatif à la mortalité maternelle et obstétricale: CRMMO
A. C. n° 1308, 5 juillet 1965

22 — Comité de la santé mentale du Québec: CSMQ
A. C. n° 2967, 25 août 1971
23 — Commission consultative de l'enseignement privé: CCEP
S. Q. 1968, c. 67
24 — Commission consultative mixte de l'industrie de la construction: CCMC
S. Q. 1968, c. 45; L. Q. 1969
25 — Commission de l'éducation des adultes: CEA
S. R. Q. 1964, c. 234; L. Q. 1969, c. 66
26 — Commission de l'enseignement collégial: CEC
S. R. Q. 1964, c. 234; L. Q. 1969, c. 66
27 — Commission de l'enseignement de la musique et art dramatique: CEMAD
S. R. Q. 1964, c. 61
28 — Commission de l'enseignement élémentaire: CEE
S. R. Q. 1964, c. 234
29 — Commission de l'enseignement secondaire: CES
S. R. Q. 1964, c. 234
30 — Commission de l'enseignement supérieur: CESC
S. R. Q. 1964, c. 234
31 — Commission des bibliothèques publiques: CBPQ
S. R. Q. 1964, c. 59
32 — Commission des biens culturels: CBC
Rapport de loi 2, juillet 1972
33 — Commission permanente de la réforme des districts électoraux: CPRDE
L. Q. 1971, c. 7
34 — Conseil consultatif du régime de retraite des enseignants: CCRRE
S. Q. 1965, c. 68
35 — Conseil d'artisanat du Québec: CA
S. R. Q. 1964, c. 200
36 — Conseil de la faune: CF
S. Q. 1968, c. 59
37 — Conseil de planification et de développement du Québec: CPD
S. Q. 1968, c. 14; L. Q. 1969, c. 16
38 — Conseil des affaires sociales et de la famille: CASF
L. Q. 1970, c. 43
39 — Conseil des universités: CDU
S. Q. 1968, c. 64
40 — Conseil du tourisme: CT
S. R. Q. 1964, c. 199
41 — Conseil supérieur de l'éducation: CSE
S. R. Q. 1964, c. 234

42 — Conseil consultatif institué en vertu de la loi du régime supérieur des rentes: CCRSR
L. Q. 1969, c. 50
43 — Conseil consultatif sur la justice: CCJ
Projet de loi 33, 1971
44 — Conseil consultatif du transport: CCT
Projet de loi 23, 1971
45 — Conseil consultatif de pharmacologie: CCP
Projet de loi 69, juin 1971
46 — Conseil de la protection du consommateur: CPC
Projet de loi 45, 1971
47 — Conseil du statut de la femme: CSF
Projet de loi 63, 1972
48 — Conseil interprofessionnel: CI
Projet de loi 250, 1972
Loi sanctionnée, 6 juillet 1973
49 — Conseil consultatif du travail et de la main-d'œuvre: CCTMO
S. Q. 1968, c. 44
50 — Conseil de la recherche et du développement forestier: CRDF
A. C. n° 4493, 2 décembre 1970
51 — Conseil de la recherche médicale: CRM
A. C. n° 2305, décembre 1964
52 — Conseil général de l'industrie: CGI
A. C. n° 556, février 1969
53 — Conseil de la politique scientifique: CPS
A. C. n° 95, 12 janvier 1972
54 — Conseil des recherches agricoles: CRA
Décision ministérielle du 6 juin 1947; AC n° 1345, 15 juillet 1964
55 — Conseil de la main-d'œuvre des mines: CMOM
Décision ministérielle du 15 juillet 1970
56 — Conseils régionaux de la santé et des services sociaux: CRSSS
L. Q. 1971, c. 48

Internes

57 — Comité concernant le service général des achats: CCSA
A. C. n° 342, 27 janvier 1971
58 — Comité pour favoriser l'intégration des assistés sociaux au marché du travail: CFIASMT
A. C. n° 534, 10 février 1971
59 — Comité d'implantation du fichier central des entreprises: CIFCE
A. C. n° 1053, 19 mars 1971

60 — Comité « ad hoc » en vue d'étudier l'avancement accéléré d'échelons: CEAAE
A. C. n° 1381, 7 avril 1971
61 — Comité interministériel pour étudier un système d'inventaire de la main-d'œuvre et de l'emploi: CISIMOE
A. C. n° 660, 17 février 1971
62 — Comité interministériel sur les publications: CIP
A. C. n° 2790, 29 juillet 1970
63 — Comité interministériel relatif à la sécurité publique: CISP
A. C. n° 596, février 1971
64 — Comité interministériel de l'administration des eaux: CIAE
65 — Commission interministérielle de planification et de développement: CIPD
S. Q. 1968, c. 14
66 — Commission interministérielle des affaires des immigrants: CIAI
S. Q. 1968, c. 68

Commentaires

* Nous avons placé parmi les organismes consultatifs internes le Comité d'implantation du fichier central des entreprises même si un des membres est commissaire à l'Hydro-Québec. Il en va de même pour le Comité interministériel relatif à la sécurité publique dont certains membres viennent des communautés urbaines, de la Régie de l'électricité et du gaz et de la Société d'habitation du Québec.

* D'autre part, nous avons laissé tomber certains organismes consultatifs qui sont inopérants: le Comité consultatif de l'assurance-édition, le Comité d'études dramatiques et le Conseil de l'OPTAT.

* Quant à la Commission de la recherche universitaire, nous avons refusé de l'intégrer à notre étude puisqu'elle dépend du Conseil des universités et, partant, n'a pas d'existence autonome. De la même façon, nous n'avons pas considéré comme organismes autonomes consultatifs, le Conseil des productions animales et le Conseil des productions végétales institués en fonction de l'article 5 des statuts du Conseil des recherches agricoles.

* Les conseils régionaux de la santé et des services sociaux étant tous constitués sur la même base, ayant tous les mêmes pouvoirs et les mêmes obligations, nous n'en avons inclu qu'un seul comme représentant tous les autres.

* Répartition selon l'appellation
1 bureau, 29 comités, 13 commissions, 23 conseils.

II — *ORGANISMES JUDICIAIRES*

7 organismes. — Appelation générique suggérée:
tribunal administratif

1 — Tribunal de l'expropriation: TE
Projet de loi 88, 1972
2 — Tribunal du travail: T. TRAV.
S. R. Q. 1964, c. 141; S. Q. 1969, c. 47
3 — Tribunal du transport: T. TRANSP.
Projet de loi 23, juillet 1972
4 — Tribunal des loyers: TL
Projet de loi 79, 1972
5 — Juge suivant la loi des mines: JM
S. Q. 1965, c. 34
6 — Commission d'appel de l'aide et des allocations sociales: CAAAS
L. Q. 1969, c. 69; Bill 33, 1970
7 — Commission de revision sur la protection du malade mental: CRPMM
Projet de loi 46, 30 juin 1972

Commentaires

* Nous avons conservé le Tribunal des loyers, même si le projet de loi 79, qui devait remplacer cet organisme à la Commission des loyers n'eut pas de suite. Les délais d'impression ne permettaient plus les corrections nécessaires.

* La loi sur les matériaux de rembourrage n'ayant pas été proclamée, nous n'avons pas retenu le *juge* nommé en vertu de cette loi.

* La fonction d'arbitrage prévue par la loi des travaux publics est nettement judiciaire, mais comme actuellement c'est le ministre des Travaux publics qui décide quand il y aura arbitrage, nous ne pouvons l'inclure comme tribunal administratif.

* Le tribunal de la sécurité routière est aboli par le Bill 23, 1971. Loi des transports a. 168.

* Les conseils d'arbitrages nommés suivant la loi de l'assurance-maladie ne sont pas plus «judiciaires» que les autres conseils d'arbitrages ou commissions d'appréciation des différends.

* Enfin, contrairement aux auteurs du document du ministère de la Justice intitulé *les Tribunaux administratifs du Québec,* nous ne croyons pas qu'il serait désirable de transformer certaines régies en tribunaux. Bien que la frontière soit parfois très imprécise, on ne doit pas demander à un tribunal de faire de la régulation économique et technique.

III — *ORGANISMES DE RÉGULATION ÉCONOMIQUE ET TECHNIQUE*

10 organismes. — Appellation générique suggérée: régie

1 — Bureau de surveillance du cinéma: BSC
S. R. Q. 1964, c. 55 mod., 1966–1967, c. 22
2 — Commission de contrôle des permis d'alcool: CCPA
Projet de loi 44, juillet 1971
3 — Commission des transports: CT
Projet 23, juillet 1972
4 — Commission des valeurs mobilières: CVM
S. R. Q. 1964, c. 274
5 — Commission du salaire minimum: CSM
S. R. Q. 1964, c. 44
6 — Régie des loteries et courses: RLC
L. Q. 1969, c. 28
7 — Régie des services publics: RSP
L. Q. 1972, n° 35
8 — Régie de l'électricité et du gaz: REG
S. R. Q. 1964, c. 87
9 — Régie des eaux: RE[9]
S. R. Q. 1964, c. 183
10 — Régie des marchés agricoles: RMA
S. R. Q. 1964, c. 120

Commentaires

* Le projet de loi 88 actuellement à l'étude, qui a pour but de créer un tribunal administratif de l'expropriation, retire à la Régie des services publics toute compétence en tant qu'organisme d'appel de décisions concernant certaines expropriations. Par conséquent, les fonctions qui restent à la régie en font véritablement et uniquement un organisme de régulation économique et technique.

* Répartition selon l'appellation
1 bureau, 4 commissions, 5 régies.

9. La Régie des eaux a été abolie par la loi de la qualité de l'environnement, n° 34, décembre 1972. Nous avons malgré tout conservé cet organisme à des fins d'analyse.

IV — *ORGANISMES DE GESTION COMMERCIALE, FINANCIÈRE, INDUSTRIELLE ou DE «GESTION ÉCONOMIQUE»*

26 organismes. — Appellation générique suggérée :
société (autonome, déléguée ou d'économie mixte), acronyme

Autonomes

1 — Caisse de dépôt et de placement du Québec: CDPQ
S. Q. 1965, c. 23; 1968, c. 9; 1969, c. 2; 1970, c. 1

2 — Commission hydro-électrique: CHQ
S. R. Q. 1964, c. 86

3 — Office des autoroutes: OAQ
S. R. Q. 1964, c. 134; 1967, c. 48

4 — Raffinerie de sucre: RS
La Gazette officielle 4 juillet 1943, c. 23; 1966–1967

5 — Régie du grand théâtre: RGT
L. Q. 1970, c. 16

6 — Régie de la Place-des-arts: RPA
S. R. Q. 1964, c. 19

7 — Société de récupération et d'exploitation forestière: Rexfor
L. Q. 1969, c. 38

8 — Société québécoise d'exploitation minière: Soquem
S. Q. 1965, c. 36

9 — Société québécoise d'initiative pétrolière: Soquip
L. Q. 1969, c. 36

10 — Société des traversiers Québec-Lévis: STQL
Projet de loi 24, 1971

11 — Société de développement immobilier: Sodeviq
Projet de loi 29, 1971

12 — Société de développement industriel: SDIQ
Projet de loi 20, 1971

13 — Société du parc industriel du centre du Québec: SPICQ
S. Q. 1967–1968, c. 60

14 — Société de développement de la Baie James: SDBJ
Projet de loi 50, 1971

15 — Société générale de financement: SGF
S. Q. 1962, c. 54; S. Q. 1966–1967, c. 76; L. Q. 1969, c. 72

16 — Sidbec: Sidbec *Société d'économie mixte*
S.Q. 1967 - 1968, c. 77.

Déléguées

17 — Office de radio-télédiffusion du Québec: ORTQ
L. Q. 1969, c. 17
18 — Office du crédit agricole: OCA
S. R. Q. 1964, c. 108; 1969, c. 41
19 — Commission des accidents du travail: CAT
S. R. Q. 1964, c. 159
20 — Régie de l'assurance-récolte: RAR
S. Q. 1967, c. 73
21 — Régie de l'assurance-dépôt: RAD
S. Q. 1967, c. 73
22 — Régie de l'assurance-maladie: RAM
L. Q. 1969, c. 53; 1970, c. 37, 3
23 — Régie des rentes: RR
S. Q. 1965, c. 24–25; 1970, c. 19
24 — Société d'habitation du Québec: SHQ
S. Q. 1966–1967, c. 55
25 — Société des alcools: SA
Projet de loi 47, 1971
26 — Société d'exploitation des loteries et des courses: SELC
L. Q. 1969, c. 28

Commentaires

* Nous n'avons pas inclu dans notre liste l'Office de l'électrification rurale — même s'il existe encore légalement —, car il n'a plus de budget particulier. De plus, ce sont deux fonctionnaires du ministère des Richesses naturelles qui, pour satisfaire aux exigences de la loi, demeurent président et vice-président de cet office. Il en va de même pour le Syndicat national du rachat des rentes seigneuriales qui ne fait plus de perception, mais qui n'a pas encore été aboli. Peut-être le sera-t-il au cours de la prochaine session.

* Nous n'avons pas non plus intégré à notre étude le Fonds d'indemnisation des victimes d'accidents d'automobile ni la Centrale d'artisanat, car ce sont, somme toute, des organismes très peu publics. En effet, le Fonds est une corporation créée par une loi, mais sur laquelle ni le lieutenant-gouverneur en conseil ni le ministre des Transports n'exercent de tutelle. Sur la Centrale d'artisanat, le ministre des Affaires culturelles n'exerce que des contrôles minimes: approbation de la candidature des membres au bureau de direction, pouvoir, au même titre que le président de la Centrale d'artisanat, de convoquer des assemblées spéciales, etc.

* La Commission des accidents de travail est faussement classée par certains parmi les tribunaux administratifs ou encore parmi les régies. D'après nous, la Commission des accidents du travail agit d'abord comme compagnie d'assurances.

* De même, certains classent la Régie de l'assurance-dépôt, la Régie de l'assurance-récolte, la Régie de l'assurance-maladie et la Régie des rentes, parmi les organismes de régulation économique et technique. Pour qu'il en soit ainsi, il faudrait leur retirer leurs fonctions commerciales d'assurance collective.

* L'Office des autoroutes du Québec est aussi une société et non un organisme de gestion sans caractère économique, puisque sa tâche principale consiste à s'autofinancer, dans la mesure du possible, pour construire des autoroutes.

* Formellement Sidbec est une société d'économie mixte. Dans les faits, cependant, l'État est le seul actionnaire actuellement.

* La Société de cartographie n'a pour le moment qu'une existence formelle, aussi nous n'en avons pas tenu compte.

* Répartition selon l'appellation

2 commissions, 3 offices, 6 régies, 13 sociétés et 2 acronymes.

V — *ORGANISMES DE « GESTION NON ÉCONOMIQUE »*

22 organismes. — Appellation générique suggérée :
office (établissement public, bureau)

1 — Bureau des véhicules automobiles : BVA
S. R. Q. 1964, c. 231

2 — Comité des avantages sociaux de l'industrie de la construction : CASIC
Projet de loi 55, juin 1971

3 — Comité de surveillance des étalons : CSet
S. R. Q. 64, c. 126

4 — Commission de géographie : CG
S. R. Q. 1964, c. 100

5 — Commission de l'industrie de la construction : CIC
Projet de loi 55, juin 1971

6 — Commission de police du Québec : CPQ
S. Q. 1968, c. 17 ; L. Q., c. 16

7 — Commission municipale : CMQ
S. R. Q. 1964, c. 170 ; L. Q. 1971, c. 49

8 — Commission des services juridiques : CSJ
Projet de loi 10, juillet 1972

9 — Commission administrative du programme multi-media de formation pour le développement des ressources humaines du Québec : CAMM
A. C. n° 905, 10 mars 1971

10 — Curateur public : CP
Projet de loi 32, juin 1971

11 — Département du Canada français d'outre-frontières: DCFOF
S. Q. 1960–1961, c. 23; S. R. Q. 1964, c. 57
12 — Haut-Commissariat à la jeunesse, aux loisirs et aux sports: HCJLS
A. C. n° 1128, 5 avril 1968
A. C. n° 4418, 2 décembre 1970
13 — Institut de Police: IPQ
S. Q. 1968, c. 17
14 — Office de la prévention de l'alcoolisme et des autres toxicomanies: OPTAT
S. Q. 1968, c. 48; L. Q. 1971, c. 48
15 — Office de revision du code civil: ORCC
S. Q. 1954–1955, c. 47
16 — Office franco-québécois pour la jeunesse: OFQJ
S. Q. 1968, c. 7
17 — Office de protection du consommateur: OPC
Projet de loi 45, juillet 1971
18 — Office des professions: OP
Loi sanctionnée, 6 juillet 1973
19 — Société d'aménagement de l'Outaouais: SAO
L. Q. 1969, c. 25

Établissements publics

20 — Université du Québec: UQ
S. Q. 1967–1968, c. 66
21 — Centre de recherche industrielle du Québec: CRIQ
L. Q. 1969, c. 62
22 — Conservatoire de musique et d'art dramatique de la province de Québec: CMAD
S. Q. 1942, c. 27; SRQ 1964, c. 61

Commentaires

* Le Centre de recherche industrielle du Québec est faussement classé par certains parmi les sociétés. Il s'agit nettement d'un office puisque le Centre s'occupe essentiellement de faire de la recherche et de donner, aux industries qui en demandent, de l'information.
* La Commission municipale possède certains pouvoirs qui l'apparentent à un tribunal administratif. Nous croyons, cependant, qu'elle devrait globalement faire partie de la catégorie des offices.
* Nous avons bien hésité avant de ne pas classer l'Institut de police parmi les établissements publics à cause de l'exclusivité de sa clientèle.
* Répartition selon l'appellation
1 bureau, 2 comités, 6 commissions, 5 offices, 1 société, 7 noms divers.

VI — *ORGANISMES D'ENQUÊTE, D'EXAMEN, DE CONCILIATION, D'ARBITRAGE*

13 organismes. — Appellation générique suggérée :
commission (examen, enquête, arbitrage)

a) *Enquête*

1 — Commissaires-enquêteurs, ministère du Travail (congédiement, décision)
S. R. Q. 1964, c. 11
2 — Commissaires-enquêteurs sur les incendies (recommandation)
S. Q. 1968, c. 16
3 — Juge enquêteur sur la destitution des officiers municipaux (recommandation)
S. R. Q. 1964, c. 196
4 — Inspecteur de la sécurité des édifices publics
S. R. Q. 1964, c. 150

b) *Examen*

5 — Bureau d'examinateurs des installations électriques
S. R. Q. 1964, c. 152
6 — Bureau d'examinateurs des mécaniciens en tuyauterie
S. R. Q. 1964, c. 154
7 — Bureau d'examinateurs des mesureurs de bois
S. R. Q. 1964, c. 97
8 — Jurys d'examens des ministères

c) *Conciliation, arbitrage*

9 — Arbitres de griefs, code du travail
S. R. Q. 1964, c. 141
10 — Arbitres suivant la loi des travaux publics : ASLTP
S. R. Q. 1964, c. 138
11 — Bureau des griefs loi de la Société d'habitation du Québec
S. Q. 1967, c. 35
12 — Conseil d'arbitrage selon la loi sur la formation et sur la qualification professionnelle de la main-d'œuvre
L. Q. 1969, c. 51
13 — Conseil d'arbitrage selon la loi de l'assurance-maladie : CASLAM
L. Q. 1970, c. 3

Commentaires

* La loi sur les matériaux de rembourage n'ayant pas été proclamée, nous n'avons pas retenu ici l'*inspecteur* nommé en vertu de cette loi.
* La nomination des arbitres et le fonctionnement de l'arbitrage prévus par la loi des abus préjudiciables à l'agriculture ne requièrent aucunement l'intervention du gouvernement provincial. Ces arbitres sont donc exclus de notre liste.
* Tout en exerçant une fonction nettement judiciaire, qui devrait revenir à un véritable tribunal, les arbitres nommés en vertu de la loi des travaux publics sont actuellement des « créatures » du ministère puisque c'est le ministre qui décide quand il y aura arbitrage.

VII — *ORGANISMES CENTRAUX*

13 organismes. — Appellation générique suggérée :
bureau (central) de...

a) *Organismes centraux de direction et contrôle*

Autonomes

Office de planification et de développement du Québec
S. Q. 1968, c. 14; 1969, c. 16
Commission de développement de la région de Montréal
A. C. n° 2590, 8 juillet 1970 (aboli en 1973)
Commission de la fonction publique
S. Q. 1965, c. 14
Conseil du Trésor
L. Q. 1970, c. 17 (en fait le seul organisme de contrôle)

Ministériels

Ministère des Finances (dette publique)
Ministère des Finances (comptabilité: paie-maître et opérations bancaires)
L. Q. 1970, c. 17
Ministère des Finances (contrôleur)
L. Q. 1970, c. 17
Ministère de la Fonction publique (relations de travail de la fonction publique; perfectionnement)
L. Q. 1969, c. 14
Ministère des Affaires intergouvernementales
S. Q. 1967, c. 23
Ministère des Travaux publics (expropriation)
S. R. Q. 1964, c. 138
Ministère du Revenu (impôts)
S. R. Q. 1964, c. 66

b) *Organismes centraux domestiques ou de service* [10]

Autonomes

Office de la langue française [11]
S. R. Q. 1964, c. 57; 1969, c. 9
Bureau de la statistique
S.R.Q. a.c. 207
Conservateur des archives nationales
L. Q. 1969, c. 26
Bureau de l'éditeur officiel du Québec
S. R. Q. 1964, c. 6; 1969, c. 26
Office du film du Québec
S. R. Q. 1964, c. 57; 1969, c. 26
Société de cartographie (actuellement service de cartographie au ministère des Terres et Forêts)
L. Q. 1969, c. 39

Ministériels

Ministère de la Fonction publique (organisation administrative; planification des effectifs)
L. Q. 1969, c. 14
Ministère des Finances (régime de retraite des fonctionnaires)
L. Q. 1970, c. 17
Ministère des Finances (centre de traitement électronique des données)
L. Q. 1970, c. 17
Ministère des Communications (service de la téléphonie et de la transmission des données; information [12]; traduction; polycopie; audio-visuel)
L. Q. 1969, c. 65 Bill 37, 12 décembre 1972
Ministère de la Justice (contentieux)
S. Q. 1965, c. 16
Ministère des Transports (service central aérien)
S. R. Q. 1964, c. 227
Ministère des Terres et Forêts (direction du domaine territorial; arpentage)
S. R. Q. 1964, c. 92

---

10. Un organisme central qui exerce une fonction de « gestion économique » pourrait recevoir l'appellation de société centrale.
11. L'Office d'information et de publicité a été aboli par la loi 37, sanctionnée en décembre 1972.
12. Le gouvernement actuel semblait décidé en 1973 à accentuer la vocation externe de cet organisme et il est probable qu'il devrait être retiré prochainement de la liste des services domestiques.

Ministère des Travaux publics (engagement d'architectes, acquisition, construction, location et aménagement d'immeubles; approvisionnements ou achats)
S. R. Q. 1964, c. 138

c) *Organismes centraux de vérification et de surveillance*

Autonomes

Protecteur du citoyen
S. Q. 1968, c. 11
Vérificateur général
L. Q. 1970, c. 17

Commentaires

* Ministère des Finances (régime de retraite des fonctionnaires, L. Q. 1970, c. 17. — Le projet de loi numéro 4 sanctionné le 22 décembre 1973 et intitulé «Régime de retraite des employés du gouvernement et des organismes publics» est parvenu à notre attention trop tard pour que nous puissions l'inclure dans notre analyse. Ce projet de loi crée la Commission administrative du régime de retraite qui a les apparences d'un office, plus spécifiquement d'un bureau central, mais aussi d'une société déléguée.

Ainsi que nous l'avons mentionné précédemment, ce classement ne recueille pas nécessairement l'unanimité des personnes qui ont eu l'occasion de l'examiner.

Certains auraient souhaité placer le Centre de recherche industrielle du Québec (CRIQ) parmi les sociétés alors que nous l'avons situé parmi les offices. La loi constitutive prévoit que cet organisme doté d'un pouvoir d'emprunt doit effectuer de façon prioritaire des recherches. «Il ne peut exploiter des entreprises commerciales» et «quatre-vingt-dix pour cent de ses dépenses doivent être faites exclusivement pour la recherche». À notre avis, le fait que ce centre ait également pour objectif de mettre au point divers produits et procédés n'en fait pas pour autant un organisme de gestion commerciale, financière ou industrielle, ayant un objectif de rentabilité. On pourrait aussi contester le classement de la SDIQ parmi les sociétés autonomes. Il faut admettre que l'attribution de subventions par cette société, concurremment avec le financement de prêts, vicie grandement la rentabilité de cet organisme. D'ailleurs la tutelle ministérielle et gouvernementale qui est exercée actuellement sur son administration technique n'est absolument pas conforme à celle d'une société autonome. Nous croyons qu'il y a place pour une société autonome qui n'aurait pas à «subventionner» l'industrie. Elle devrait tout simplement financer l'industrie par des prêts[13].

---

13. Dans un tel contexte, la SGF ou la SDIQ est un luxe.

D'autres auraient voulu classer le Conseil des recherches agricoles parmi les offices étant donné que cet organisme accorde des bourses. À notre avis, il demeure cependant un organisme foncièrement consultatif. D'autres encore auraient souhaité classer la Régie de l'assurance-maladie, la Régie de l'assurance-récolte et la Régie des rentes parmi les offices. Nous croyons qu'il serait préférable de considérer ces organismes comme des sous-types de sociétés. D'autres, enfin, auraient préféré placer la Commission des accidents de travail parmi les tribunaux administratifs et la Régie de l'assurance-dépôt parmi les régies. Dans le premier cas, on fait alors très peu de cas des mécanismes considérables qui sont mis en place à la Commission des accidents du travail uniquement pour traiter de l'assurance. La décision d'accorder une indemnité n'est pas une décision judiciaire même si des réclamations de même nature peuvent être portées devant les tribunaux. D'ailleurs, chaque individu peut choisir effectivement de porter une réclamation devant les tribunaux. Il est clair que si le doute persiste, il y aurait lieu de dissocier la gestion de l'assurance des recours relatifs aux prestations. Dans le second cas, il ne fait pas de doute que le mécanisme de l'assurance était dans l'intention du législateur un élément accessoire par rapport à celui de la régulation économique et technique des dépôts. Toutefois, en fusionnant ainsi une fonction de régulation et une fonction de «gestion économique», on crée une incompatibilité qui ne peut se résoudre qu'en donnant la priorité à la fonction de «gestion économique». En d'autres termes, on réglemente parce que l'on assure et non l'inverse.

Grille d'analyse des lois constitutives des organismes autonomes

Afin de mener une étude systématique sur les organismes autonomes, nous avons mis au point une grille d'analyse des lois constitutives composée de deux parties qui servirent de trame aux deux chapitres de cette deuxième partie. La première groupe les éléments descriptifs qui n'ont pour but que de renseigner sur la nature de l'organisme. Ces données sont neutres, en quelque sorte, et elles forment le cadre organisationnel statique. La seconde porte sur les contrôles exercés sur les organismes autonomes. Après avoir analysé ces contrôles, nous serons en mesure de déterminer l'étendue de l'autonomie et, plus globalement, le degré de désintégration de l'administration. Ce sont donc des données relatives au fonctionnement et à la dynamique des organismes.

Les éléments descriptifs sont les suivants :

1. le nombre d'organismes dans la catégorie
2. la date de création
3. le ministère de tutelle

4. l'instrument légal de création[14]
5. la compétence territoriale
6. les fonctions exercées
7. le nombre de membres directeurs
8. l'organisation exécutive
9. la participation des membres directeurs
10. le statut juridique et les pouvoirs spéciaux
11. la prohibition des conflits d'intérêts
12. la durée légale de l'organisme

Bien entendu, tous ces éléments descriptifs n'apparaîtront pas dans toutes les législations constituant des organismes autonomes. Le nombre d'organismes semblables est évidemment une donnée produite à des fins d'analyse, tandis que les prohibitions des conflits d'intérêts ne seront sans doute pas généralisées. Quoi qu'il en soit, nous avons là, croyons-nous, les principaux éléments descriptifs que toute loi constitutive devrait contenir.

Les éléments dynamiques

Par éléments dynamiques, nous entendons les caractéristiques susceptibles d'influencer le degré d'autonomie ou de décentralisation de l'organisme et, partant, de varier.

Les principaux éléments dynamiques sont, en premier lieu, la composition de la direction de l'organisme, en particulier, la présence ou l'absence de personnes compétentes ou de représentants de groupes par opposition à celle de membres du parti au pouvoir, et, en second lieu, les types, l'étendue, l'intensité et la profondeur[15] des contrôles exercés sur les décisions des organismes. Nous devons préciser tout de suite que nous ne pourrons pas apporter une réponse très claire à la première question, car il est impossible de déterminer objectivement si le favoritisme a eu la préséance sur la

---

14. Il est certain que le choix de l'instrument de création d'un organisme est susceptible d'influencer le degré d'autonomie de l'organisme. Toutefois, étant donné l'habitude prise au Québec de recourir à une loi plutôt qu'à un règlement, nous n'avons pas cru bon de situer cet élément dans le cadre descriptif.

15. L'étendue des contrôles est déterminée par le nombre de matières, de champs de décision, à l'égard desquels les contrôles s'exercent. Pour déterminer cette étendue, il s'agit en fait de se poser les questions suivantes: Qui crée l'organisme et l'abolit? Qui nomme le personnel directeur et selon quelles conditions (administration générale)? Qui décide, dans quelles matières et dans quelles circonstances (administration technique)? Qui gère et, plus spécifiquement, qui finance l'organisme (administratif interne)? L'intensité des contrôles est déterminée par le moment de l'exercice du contrôle. Un contrôle a priori (en somme une autorisation préalable qui peut aller jusqu'à la substitution) est généralement plus intense qu'un contrôle a posteriori qui est, en fait, une vérification. La profondeur des contrôles est déterminée par le caractère plus ou moins détaillé ou spécifique des contrôles. Un contrôle spécifique est plus profond qu'un contrôle général.

compétence, lorsque l'on n'est pas en mesure d'apprécier celle-ci[16]. Par ailleurs, à cause du caractère confidentiel des rapports informels entre les ministères et la direction des organismes autonomes, nous ne pourrons apprécier toute la profondeur du contrôle gouvernemental. Nous devrons, à cet égard, faire état principalement des relations formelles, celles qui sont prévues par le texte de loi[17]. Pour les autres contrôles, cependant, nous disposerons de données vérifiables et plus objectives.

En effet, on peut répartir les contrôles exercés sur les organismes en quatre catégories: les contrôles gouvernementaux, les contrôles administratifs (centraux), les contrôles parlementaires et les contrôles judiciaires. À ces contrôles institutionnels, on peut ajouter les contrôles exercés par l'opinion publique. Nous avons privilégié ici une forme d'expression de cette opinion, à savoir: le journal. Il convient d'ajouter que les lois constitutives de tous les types d'organisme ne contiennent pas des stipulations sur le contrôle parlementaire, le contrôle judiciaire et certains contrôles administratifs centraux. Cependant, par un inventaire des décisions judiciaires[18] et des débats parlementaires[19], de même que par diverses entrevues auprès des services compétents et la revue d'un journal[20], nous serons en mesure d'établir comment s'exercent en pratique ces divers contrôles indépendamment des dispositions législatives. Il va sans dire que tous ces contrôles ne s'appliquent pas de la même façon à tous les types d'organisme. Cette variation de l'autonomie fonctionnelle selon les types d'organisme constitue d'ailleurs une de nos principales propositions.

Précisons encore qu'il existe des liaisons étroites entre les contrôles gouvernementaux, administratifs et parlementaires. Un gouvernement ne sera généralement tenu responsable qu'à l'égard des matières sur lesquelles il exerce lui-même un contrôle. Cependant, le gouvernement (le Conseil des ministres) pourra déléguer à ses comités une autorité finale (par exemple au Conseil du Trésor), tout en se réservant les autorisations les plus importantes, par exemple, celles qui touchent les dépenses d'un million de dollars et plus. Le lieutenant-gouverneur en conseil (le Conseil des ministres) pourra

16. À notre connaissance, jamais un ministre n'a avoué avoir nommé quelqu'un en tenant compte seulement de ses états de service politique. Il est également difficile de prouver que la nomination d'un partisan était contraire à l'intérêt public si ce partisan est de prime abord compétent et si la «filiation idéologique» est un élément utile pour le bon fonctionnement de l'organisme.
17. Se reporter à l'étude récente de R. Presthus sur l'influence des groupes sur le gouvernement. (R. Presthus. *Elite accomodation in Canadian politics*. Toronto, Macmillan, 1973.)
18. Nous avons eu recours à cette fin aux services du *Datum* de l'Université de Montréal, couvrant ainsi la période de 1945 à 1971. Nous avons complété le tout jusqu'en 1973.
19. Nous avons calculé ici le nombre total des interventions des députés pour la période allant de 1966 à 1971, et fait l'examen détaillé de ces interventions pour les années 1970 et 1971.
20. Seul le journal *le Devoir* étant indexé, nous avons limité notre examen détaillé aux années 1971 et 1972.

aussi exercer certains contrôles, alors que d'autres contrôles seront exercés par le ministre de tutelle et par le ministre des Finances. Dans chaque cas, on peut concevoir que l'impact de la tutelle pourra varier en fonction de l'organisme.

En d'autres termes, même si la tutelle devrait théoriquement relever d'un seul ministre, il peut fort bien arriver qu'elle soit répartie entre plusieurs autorités, ce qui devrait accroître la marge de manœuvre de l'organisme (division de l'autorité). En somme, lorsque l'on subdivise la tutelle en tutelle *technique, d'administration générale* et *d'administration interne* (y compris la tutelle financière), il faut bien considérer que plusieurs autorités peuvent participer à l'exercice de l'une ou l'autre. Le schéma se complique davantage lorsque l'on examine de façon détaillée chaque objet de contrôle administratif. En effet, étant donné la répartition actuelle de ces contrôles entre divers organismes centraux, l'un d'entre eux, par exemple, pourra être responsable de la nomination du personnel et un autre de la détermination du traitement de celui-ci.

Enfin, force est de reconnaître qu'il n'existe pas, sauf peut-être dans le cas des entreprises publiques[21], de modèle permettant d'établir avec certitude le degré d'autonomie dont devrait jouir chacun de ces types d'organisme. Les conseils, régies, tribunaux et offices sont essentiellement des organismes publics qui n'ont pas de correspondants dans le secteur privé. Il est vrai que l'on pourrait recourir aux analyses comparatives des administrations publiques qui offrent assurément des caractéristiques communes. Toutefois la prise en considération des conditions propres au milieu, au régime politique et à la vie politique de ces diverses sociétés restreint sérieusement les possibilités de généralisation[22].

En conséquence, le jugement que l'on peut porter et l'évaluation que l'on peut faire des contrôles exercés ne peuvent être fondés que sur des considérations politico-administratives.

Par ailleurs, il est également clair qu'il n'est pas possible dans une présentation visuelle de tenir compte de toutes les nuances que nous venons d'apporter. C'est pourquoi les tableaux I, II et III sont nécessairement schématiques. Ils visent seulement à permettre d'identifier les principaux objets de contrôles et à faire ressortir les diverses modalités par lesquelles le contrôle ou inversement l'autonomie peuvent être accrus.

---

21. Ce modèle est évidemment celui de l'entreprise privée. Toutefois, même dans ce cas, les États ont tellement multiplié les privilèges et les exceptions (tarifaires, fiscales, commerciales, etc.), qu'il est difficile de croire que toutes les entreprises agissent dans des conditions identiques.

22. On comprendra la complexité de telles analyses comparatives en songeant seulement à l'importance relative des entreprises publiques en France, au Québec et aux États-Unis, par exemple.

TABLEAU I

Grille d'analyse des contrôles exercés sur les organismes autonomes

Objets de contrôle, tutelle / Degré de contrôle d'autonomie	*Contrôle gouvernemental* (pouvant être exercé par les ministres de tutelle, le ministre des Finances et le Conseil des ministres ou ses comités)		
	Administration générale	*Administration interne*	*Administration technique*
Contrôle accru	Création et abolition de l'organisme, loi générale ou arrêté en conseil Approbation des règlements généraux et organisation exécutive Nomination et révocation, détermination au terme d'office, traitement et retraite du personnel directeur Détermination de la politique générale Réception du rapport d'activités annuel Approbation d'ententes avec les gouvernements étrangers	Approbation des règlements de régie interne Approbation du budget Approbation de certains engagements, contrôle des dépenses courantes (autres que les sociétés) Récupération du surplus par le fonds consolidé (autres que les sociétés) Approbation de l'organigramme, des structures générales de l'organisation	Approbation de décisions de nature technique, c'est-à-dire relatives à la production spécifique de l'organisme Réception de rapports périodiques et pouvoir d'information Approbation de règlements externes, c'est-à-dire s'appliquant à la population Approbation des prix de certains engagements, emprunts, programmes d'investissement, récupération du surplus (sociétés), tarifs (régies) Application des législations générales du secteur par le ministère de tutelle ou les autres ministères.
		EXCLUSION TOTALE OU ATTÉNUATION DES CONTRÔLES	
Autonomie accrue	Choix de personnes représentatives Nomination du personnel directeur par cooptation ou après consultation auprès de groupes ou par désignation par d'autres organismes Révocation du personnel directeur « pour cause », ou avec l'approbation de l'Assemblée nationale Chevauchement des termes d'office ou détermination d'un terme de plusieurs années (10 ans) Création par loi spéciale et abolition	Non-approbation du budget, des engagements des prix « Budget global » Création d'un fonds renouvelable Fiscalité générale des entreprises Vérification par un vérificateur privé	

TABLEAU II

Objets de contrôle, tutelle / Degré de contrôle d'autonomie	*Contrôles administratifs centraux* (exercés selon les cas par les organismes de contrôle, de direction, de vérification ou de services domestiques)		
	Administration générale	*Administration interne*	*Administration technique*
Contrôle accru	(généralement inapplicable) (toutefois, à la demande du Conseil des ministres, certains organismes centraux peuvent donner des avis sur l'organisation, la politique générale, etc.)	Recrutement, sélection, etc., du personnel subalterne et détermination du traitement, retraite, etc. (négociations collectives) Autres contrôles et services centraux : services des approvisionnements, de l'information, de la gestion des immeubles, du contentieux, etc. Approbation de certaines dépenses courantes (par un contrôleur) de certains engagements.	(généralement inapplicable) (toutefois, à la demande du Conseil des ministres, certains organismes centraux peuvent donner des avis sur les lois, déterminant des prix, des tarifs)
		EXCLUSION TOTALE OU ATTÉNUATION DES CONTRÔLES	
Autonomie accrue		Non-application de la loi de la fonction publique, du régime général de la retraite et de la convention collective Services domestiques propres	

TABLEAU III

Objets de contrôle, tutelle / Degré de contrôle d'autonomie	*Contrôle exercé par les cours de justice*	*Contrôle exercé par l'Assemblée nationale*	*Contrôle exercé par la presse*
Contrôle accru	Recours, appel ou revision judiciaire quant à la légalité ou à la responsabilité des actes Revision judiciaire quant à la compétence ou juridiction de l'organisme malgré la présence de clauses privatives	*Débats et questions* Objet: contrôle gouvernemental, politique générale, patronage et influence politique, administration technique, administration interne, administration générale Moment: commission parlementaire, commission des subsides, assemblée plénière Types: demande d'information critique, approbation et louange, suggestions	Information factuelle sur les activités de l'organisme Analyse et éditorial Critique, louange, suggestions — « degré élevé de visibilité » —
		EXCLUSION TOTALE OU ATTÉNUATION DES CONTRÔLES	
Autonomie accrue	Clause privative de revision judiciaire Privilèges et immunité du personnel dans l'exercice de ses fonctions Statut d'agent de la couronne Absence de droit d'appel (tribunaux) Absence effective de recours devant les cours ordinaires	Débats et questions seulement sur la politique générale et non sur la gestion interne et la gestion courante	selon le même schème que ci-dessus — degré peu élevé de « visibilité » —

CHAPITRE PREMIER

LES ÉLÉMENTS DESCRIPTIFS

Nous subdiviserons ce chapitre en cinq sections puisque les éléments descriptifs n'ont de réelle signification qu'en relation avec chacun des types d'organisme autonome: les conseils, les tribunaux, les régies, les sociétés, les offices. Nous ne tiendrons pas compte des examinateurs, conciliateurs, enquêteurs, arbitres et vérificateurs, parce qu'ils sont généralement constitués en services ministériels (et non en organismes autonomes permanents) ou encore ont un statut d'officiers publics pour un terme limité. Nous ferons également abstraction des organismes de gestion centrale, la dernière partie de cet ouvrage étant consacrée à la gestion centrale. Il ne sera donc question ici que d'organismes sectoriels.

À l'intérieur de chacune de ces sections, nous proposerons deux subdivisions: a) les données factuelles et commentaires, b) les suggestions de réforme et d'études complémentaires. Précisons que les données factuelles sont principalement tirées d'un inventaire des dispositions législatives des lois constitutives actuellement en vigueur.

Enfin, dans une sixième section, nous colligerons les données factuelles de toutes les catégories d'organismes afin de faire ressortir une image d'ensemble de cette partie du secteur parapublic.

Ce premier chapitre sera complété par un chapitre qui portera sur les éléments dynamiques ou plus précisément sur les contrôles exercés sur les organismes autonomes.

1. *Les conseils*

A — *Données factuelles et commentaires*

1. *Nombre total d'organismes dans cette catégorie*

Nous avons recensé 66 organismes consultatifs, soit une moyenne de 3 organismes consultatifs par ministère. Il nous apparaît que ce chiffre n'est pas trop élevé, même s'il s'agit d'un gouvernement provincial, quand on sait que l'on en a recensé environ quatre mille cinq cents dans l'administration centrale française et quelque cinq cents dans l'administration centrale britannique. Il ressort très clairement que la terminologie employée pour ce type d'organisme est d'une diversité telle, qu'elle perd toute son utilité. En effet, nous trouvons dans la liste 1 bureau, 29 comités, 13 commissions et 23 conseils.

2. *Date de création*

La création d'organismes consultatifs est un phénomène qui date de 1960. Seulement 2 organismes ont été créés avant 1960, 44 l'ont été entre 1960 et 1970, et 20 depuis 1971. La progression est sûrement étonnante et on peut y voir une mutation significative du fonctionnement de l'appareil administratif.

3. *Ministères de tutelle*

Si l'on se rapporte à la classification fonctionnelle des programmes du gouvernement provincial, on constate que 22 organismes consultatifs sont reliés à des ministères œuvrant dans la mission économique, 11 à des ministères appartenant à la mission sociale[1] culturelle, 22 à des ministères engagés dans la mission éducative et 11 à des ministères opérant dans la mission gouvernementale et administrative.

4. *Instrument légal de création*

La création des 66 organismes consultatifs que nous avons recensés s'est faite par une loi générale, pour 34 organismes; par une loi spéciale, pour 8 organismes; par arrêté en conseil, pour 22 organismes; enfin, par décision ministérielle, pour 2 organismes. L'organisme consultatif est donc d'abord une composante d'une politique d'ensemble et secondairement une réponse à un besoin spécifique.

5. *Compétence territoriale*

Un seul organisme consultatif a une compétence locale: c'est le comité consultatif de la Place Royale. La séparation des paliers de gouvernement a donc généralement été respectée. Par ailleurs, il est apparent que la décentralisation fonctionnelle de la consultation à vocation locale ou régionale n'a pas été très développée en dehors des activités d'aménagement du ter-

1. Il faudrait en fait ajouter les conseils régionaux de la santé et des services sociaux (les CRSSS). Ces derniers étant tous identiques, en principe, nous avons fait notre analyse en ne comptant qu'un seul d'entre eux. En 1973, on prévoyait l'établissement de 12 CRSSS.

ritoire (les CRD) et des services sociaux et de santé (les CRSSS)[2]. Une telle décentralisation soulève immanquablement des conflits avec les députés des comités concernés[3], et il est permis de croire qu'elle produira un effet beaucoup plus marqué sur l'application régionale d'une politique générale que sur la formation de cette politique elle-même[4]. Enfin, elle fait naître de faux espoirs quant à l'éventualité de la création d'un palier de gouvernement régional[5].

6. *Fonctions*

Un seul groupe d'organismes consultatifs s'est vu confier une fonction réglementaire en plus de sa fonction consultative: il s'agit des CRSSS[6]. Un autre organisme, le Conseil des recherches agricoles[7], exerce également une fonction administrative. Dans les deux cas, il y a confusion des fonctions, et même si la fonction consultative demeure fortement prioritaire, on peut penser qu'il y aurait lieu de corriger la situation. Dans le premier cas, il serait juste que le pouvoir réglementaire soit retourné au ministre. Dans le second cas, on devrait retourner le pouvoir de décision finale au ministre ou, si le volume le justifie, constituer un office de subventions comme le Conseil des arts du Canada.

Toutefois, le problème fondamental de toute cette catégorie d'organisme réside dans le fait qu'il est très difficile d'identifier la nature même de la consultation qui y est faite. Il est même impérieux de déterminer à l'avance si l'on recherche une consultation externe ou interne, et dans le cas où il s'agit de consultation externe, si elle doit être de nature politique ou technique. La consultation externe devrait grouper uniquement des personnes extérieures à la fonction publique, alors que la consultation interne (destinée surtout à clarifier certains problèmes de coordination

2. La présence des CRD a pour effet de créer l'illusion que toute activité régionale doit être intégrée dans un vaste schéma de planification.
3. Les conflits ont été mis en évidence dans le cas des CRD. On a jugé nécessaire de subordonner les activités régionales de l'OPDQ à un comité d de 5 ministres. Il est fort probable que les CRSSS soulèveront le même type de conflit puisque traditionnellement les députés ont considéré leur comté comme leur chasse gardée.
4. Forcément, une région ne peut posséder une vue d'ensemble du territoire et ne dispose pas nécessairement des compétences et ressources indispensables pour formuler une telle politique.
5. Il suffit d'accoler une structure administrative déconcentrée à de tels organismes pour qu'ils prétendent aussitôt régir toute l'activité gouvernementale dans la région.
6. Les CRSSS réglementent les modes de nomination des personnes devant composer les conseils d'administration des centres hospitaliers.
7. Le CRA accorde des subventions de recherche. À noter que le Conseil des universités et sa commission, la Commission de la recherche universitaire, ne font que des recommandations au ministre en ce qui concerne les subventions relativement importantes qui sont accordées par le programme FCAC.

interministérielle) devrait grouper uniquement des fonctionnaires. La consultation politique devrait porter sur les objectifs à atteindre, sur l'orientation générale; alors que la consultation technique devrait porter sur les modalités d'application. Il va sans dire que la composition des organismes devrait varier justement selon la nature même de la consultation. Il nous apparaît que la représentativité des groupes concernés, tout en étant souhaitable sans doute dans les deux cas, exige la présence de personnes compétentes (non nécessairement représentatives) dans des proportions différentes.

Enfin, précisons que, pour rester dans les limites de notre étude, nous nous attarderons surtout sur les organismes consultatifs externes, car les organismes internes doivent agir dans un cadre particulier qui n'exige sans doute pas le même degré d'autonomie ni la même permanence.

7. *Nombre total de membres*

2 à 5 membres: 4 organismes
6 membres et plus: 54 organismes
nombre indéterminé: 8 organismes

La consultation permanente implique une pluralité de membres. Il apparaît toutefois que, idéalement, le nombre de conseillers permanents ne devrait pas dépasser une quizaine et que le nombre total devrait être divisible de plusieurs façons en nombres entiers. En attribuant une moyenne de 10 membres par organisme, nous obtenons un total de quelque 600 conseillers. Ce nombre ne recouvre pas la multitude de contrats individuels de location de services de conseillers à des firmes d'ingénieurs, de comptables, d'économistes, ni le recours à des conseillers spéciaux (il s'agit de fonctionnaires libérés de la gestion courante).

8. *Organisation exécutive*

un président: 15 organismes
un comité exécutif: 3 organismes
l'ensemble des membres: 3 organismes
aucune stipulation: 45 organismes

Il est impensable que l'organisation exécutive d'un organisme consultatif ne soit pas prévue dans la loi constitutive. Pour les organismes permanents, on devrait préciser l'existence d'un poste de président et de vice-président, et prévoir un quorum de la moitié des membres. Il nous paraît exagéré de faire reposer le processus de décision sur l'ensemble des membres lorsqu'il est question de régie interne. Il serait sans doute désirable que les membres puissent choisir eux-mêmes leur exécutif annuellement.

9. *Participation des membres*

plein temps: 8 organismes où certains membres sont employés à plein temps

temps partiel: 58 organismes où tous les membres sont employés à temps partiel

Il devrait être clairement reconnu que même la présidence d'un organisme consultatif ne peut constituer une occupation à plein temps. Un conseiller à plein temps se distingue très difficilement d'un fonctionnaire. On peut donc prendre pour acquis que la participation des membres sera à temps partiel et qu'il n'est pas nécessaire d'inscrire une stipulation à cet effet. Sauf pour des tâches de secrétariat et de services de soutien qui devraient être assumées par des fonctionnaires, on ne voit pas de justification à la présence de fonctionnaires au sein même des conseils. Bien entendu, rien n'empêche le ministère de constituer des organismes consultatifs internes composés uniquement de fonctionnaires afin d'examiner des problèmes intraministériels. Rien n'empêche également un conseil de demander la participation de hauts fonctionnaires lorsque leur présence est jugée nécessaire.

10. *Statut juridique*

L'organisme consultatif est essentiellement un organisme statutaire et il n'y a aucune raison de constituer un tel organisme en corporation[8]. Il n'apparaît pas non plus nécessaire de conférer des pouvoirs spéciaux d'enquête à de tels organismes car il y aurait danger à ce qu'ils se comportent comme de véritables commissions d'enquête. D'ailleurs, la pratique actuelle est généralement conforme aux propositions que nous venons d'énoncer.

11. *Conflits d'intérêts*

Seule la législation des CRSSS contient des dispositions relatives aux conflits d'intérêts. Il est impossible de vouloir généraliser, à cet égard, parce que l'on peut désirer consulter justement les personnes qui sont directement concernées par une politique ou une décision gouvernementale. Cela dit, il est toujours inconvenant de limiter la consultation à de telles personnes et il est bon de prévoir l'addition de personnes non directement concernées.

8. La Commission consultative mixte de la construction a les pouvoirs objectifs d'une corporation. Les conseils régionaux de la santé et des services sociaux et le conseil interprofessionnel sont incorporés.

12. *Durée légale de l'organisme*

durée déterminée: 7 organismes
durée indéterminée: 59 organismes

On peut s'étonner que la proportion des organismes consultatifs permanents (dont la durée n'est pas déterminée) soit si élevée, mais, encore une fois, ce nombre ne paraît pas excessif. Une stipulation est nécessaire seulement lorsqu'il s'agit d'un organisme temporaire.

B — *Suggestions de réforme et d'études complémentaires*

a) *Suggestions de réforme*

(1) Avant d'établir un organisme consultatif, on devrait d'abord préciser la nature de l'organisme, c'est-à-dire indiquer s'il s'agit d'un organisme de type politique ou technique[9], temporaire ou permanent, externe ou interne[10].

(2) Un organisme consultatif devrait être rattaché à un ministre spécifiquement responsable sauf lorsque l'on désire créer un organisme interministériel, auquel cas l'organisme devrait relever soit du ministre agissant comme maître d'œuvre, soit d'un ministre à vocation «horizontale».

(3) On devrait adopter une terminologie uniforme qui distinguerait au départ deux grandes catégories: les organismes consultatifs *externes* et les organismes consultatifs *internes*.

Organismes consultatifs externes:

a) Un organisme ministériel permanent, externe, de *nature politique*, porterait le nom de «conseil de...».

b) Un organisme ministériel permanent, externe, de *nature technique*, porterait le nom de «commission consultative de...[11]».

c) Un organisme ministériel temporaire externe, de *nature technique*, s'appellerait «comité consultatif spécial de...[12]».

---

9. Un comité de nature politique se préoccupe des objectifs politiques, et, généralement, la majorité de ses membres est composée de personnes représentant des groupes d'intérêts concernés. Un comité technique se préoccupe des modalités d'application, et, généralement, la majorité de ses membres est composée de personnes dont la compétence technique est reconnue.

10. Un organisme externe est principalement composé de membres n'appartenant pas à la fonction publique. Un comité interne est composé de fonctionnaires.

11. Cette distinction entre consultation politique et consultation technique nous paraît très importante car chacune d'elle s'inscrit dans un processus différent. On ne saurait s'attendre, par exemple, à ce que la population scolaire accepte aisément une réforme (ex.: le transport des écoliers par autobus) si la question n'a fait l'objet que d'une consultation technique.

12. La commission consultative est permanente et le comité consultatif temporaire. Les 2 organismes sont de nature technique.

Organismes consultatifs internes :

a) Un organisme *interministériel* permanent, interne, s'appellerait « commission consultative interministérielle de... ».

b) Un organisme *intraministériel* temporaire, interne, devrait porter le nom de « groupe de travail sur... [13] ».

(4) L'instrument juridique de création des organismes consultatifs ministériels, permanents, externes — les conseils —, devrait être une loi spéciale sauf lorsque l'on reformule substantiellement la loi d'un ministère, auquel cas une section spécifique pourrait être réservée à l'organisme consultatif.

(5) L'instrument juridique de création des organismes consultatifs ministériels, temporaires, internes — les groupes de travail —, et externes — les comités consultatifs spéciaux —, devrait généralement être *l'arrêté ministériel* [14]. L'*arrêté en conseil* devrait être utilisé seulement lorsqu'il s'agit d'organismes interministériels (forcément) internes — les commissions consultatives interministérielles —, permanents ou temporaires. Enfin, c'est par *une loi* que l'on devrait créer les organismes ministériels permanents externes de nature technique — les commissions consultatives — ou de nature politique — les conseils. Des copies des arrêtés ministériels devraient être envoyées aux organismes centraux et devraient indiquer la durée des mandats.

b) *Suggestions d'études complémentaires*

Une étude complémentaire des organismes consultatifs devrait chercher à évaluer d'abord la qualité de la consultation, tant du point de vue de la compétence technique des avis transmis que de la représentativité des organismes. Elle devrait également chercher à déterminer l'importance relative de la consultation à partir des sujets traités, des coûts occasionnés et de l'effet produit sur le milieu. Enfin, l'indépendance pratique des organismes consultatifs devrait également être appréciée en se fondant sur la franchise des libérations et les stratégies des divers participants.

---

13. Nous postulons que les organismes internes intraministériels sont forcément temporaires et de nature technique. Nous postulons qu'il n'y a pas lieu de créer officiellement un organisme consultatif ministériel interne de nature politique. Le Cabinet du ministre remplit ce rôle.
14. La notion d'arrêté ministériel est pratiquement inconnue au Québec. Il est urgent que l'on reconnaisse l'utilité d'un tel mécanisme légal qui permettrait de décharger le lieutenant-gouverneur en conseil d'une multitude de questions d'importance proprement sectorielle.

2. *Les tribunaux administratifs*

A — *Données factuelles et commentaires*

1. *Nombre total d'organismes dans cette catégorie*

Nous avons dénombré 7 tribunaux administratifs. Contrairement à plusieurs juristes, nous avons considéré que les régies — plus concrètement les organismes de régulation économique et technique — ne constituaient pas des tribunaux administratifs. Elles ne sont pas des organismes judiciaires ni même des organismes quasi judiciaires au plein sens du terme et elles doivent faire l'objet d'une catégorie distincte. Ici aussi, la terminologie employée est source de confusion puisque nous trouvons 2 commissions, 1 juge et 4 tribunaux. L'appellation «tribunal» nous paraît être la seule acceptable.

2. *Date de création*

Seule la Commission des loyers qui est à l'origine du nouveau tribunal des loyers a été créée avant 1960. La composition de cet organisme et l'essentiel de ses activités (une stricte interprétation des contrats de louage) en faisaient en pratique un tribunal. Effectivement, en 1973, la Commission des loyers devait être transformée en tribunal des loyers en appel des décisions des commissaires des loyers[15]. On peut penser que la constitution de tribunaux administratifs est un phénomène nouveau dans l'administration publique québécoise. Elle a pour effet de forcer la clarification des véritables rôles des cours de justice et des régies.

3. *Ministères de tutelle*

Trois des 7 tribunaux administratifs se situent à l'intérieur de la mission économique. La CAAAS et la CRPMM appartiennent à la mission sociale. L'absence d'un ministère de l'Habitation explique sans doute pourquoi le ministère de la Justice est chargé de la tutelle du tribunal des loyers. À tout prendre, il serait préférable qu'il relève du ministère des Affaires municipales dont dépend déjà la Société d'habitation. Il est curieux par contre que le tribunal des transports doive faire un rapport mensuel d'activités au ministère de la Justice. L'application du Code de la route justifie sans doute cette disposition. Toutefois, il n'y aurait pas lieu d'étendre cette pratique à tous les tribunaux administratifs car ces derniers doivent d'abord relever de leur ministère sectoriel.

---

15. Nous avions pris pour acquis que cette réforme serait acceptée par l'Assemblée, mais tel ne fut pas le cas et la Commission des loyers créée en 1950 (C.20) fut reconduite par le C.73 des Lois du Québec 1973. Malheureusement, les délais d'impression nous ont empêché de refaire l'étude de cette commission et les pages qui suivent traitent du tribunal des loyers comme s'il était en existence.

4. *Instrument légal de création*

Tous les tribunaux administratifs, à l'exception du tribunal des loyers, ont été créés par une loi générale. Il nous semble qu'en principe une loi spéciale serait préférable pour renforcer l'autonomie de l'organisme.

5. *Compétence territoriale*

Depuis la suppression du Bureau des expropriations de Montréal et la constitution d'un tribunal de l'expropriation, tous les tribunaux administratifs ont une compétence provinciale. Toutefois, le lieutenant-gouverneur en conseil délimite la compétence géographique du tribunal des loyers à Montréal et à Québec.

6. *Fonctions*

Tous les organismes classés dans cette catégorie exercent uniquement une fonction de nature judiciaire[16]. Nous admettons, cependant, que dans plusieurs cas, les droits individuels sont peu élaborés (ex.: la Commission de revision sur la protection du malade mental) et se limitent pratiquement à ceux de pouvoir contester une décision et d'être entendu. Nous reconnaissons également que le tribunal des transports dans la mesure où il décide en appel de la Commission des transports (une régie) crée une confusion que l'on a avantage à ne pas commettre[17].

En somme, il ne suffit pas de dire que le tribunal administratif s'occupe d'un contentieux spécialisé. Il faut encore préciser que cette spécialisation doit être appréciée en regard du contentieux général des cours ordinaires et qu'elle peut être attribuée au caractère embryonnaire des droits individuels qui sont concernés. Il est cependant regrettable que l'on crée une confusion entre la régie et le tribunal en les subordonnant l'un à l'autre, car ces 2 organismes ont une finalité propre.

---

16. Dans l'affaire « Saulnier » portée en cour d'appel, les juges ont fait une révision très élaborée de la jurisprudence portant sur la définition de l'autorité judiciaire. On y a retenu, semble-t-il, trois critères: le fait d'appliquer la loi aux textes constitutionnels actuels, le fait de statuer sur des cas particuliers et le fait d'intervenir après avoir été sollicité. (Voir *le Devoir*, 28 juin 1973, p. 5.)
17. Comment peut-on justifier ce mécanisme d'appel alors qu'il n'y en a pas dans le cas d'une régie qui délivre des permis (comme la Commission de contrôle des permis d'alcools), si ce n'est par le fait que le législateur a confondu erronément deux sanctions différentes. À notre avis, il ne devrait pas y avoir un appel d'une régie à un organisme judiciaire, sauf sur une question de droit ou de compétence et dans un tel cas l'appel ne devrait pas être porté devant un tribunal administratif spécialisé.

7. *Nombre total de membres*

1 membre: 1 tribunal
2 à 5 membres: 2 organismes
6 membres et plus: 2 organismes
nombre indéterminé: 2 organismes

Il est impensable qu'un tribunal ait une composition indéterminée[18], alors que les amendements peuvent aisément se justifier en faisant état du volume du contentieux. Traditionnellement, un tribunal de première instance n'a qu'un juge et un tribunal d'appel peut être constitué de 3 juges. Un tribunal qui rend une décision finale pourrait être constitué de 3 juges. Le besoin de régionalisation[19] peut être satisfait soit en rendant les juges itinérants, soit plus nettement encore en remettant la compétence à des juges municipaux. Le recours à des commissaires auditeurs[20], qui agissent en quelque sorte comme un tribunal de première instance au tribunal des loyers, constitue sans doute une autre façon de résoudre le problème. Nous doutons cependant que cet expédient soit désirable. Il est dificile de croire que l'on puisse exercer une véritable surveillance sur un personnel aussi divers et temporaire. « L'apparence de la justice » exige tout de même certains attributs.

Contrairement aux organismes de régulation économique et technique. il est nécessaire que les membres des tribunaux aient une formation juridique. Conséquemment, la pluralité des membres ne peut se justifier par le besoin de la multidisciplinarité. Il existe sûrement des juristes spécialisés et compétents dans divers domaines précis. Il n'apparaît pas non plus nécessaire d'avoir une décision collégiale. Nous doutons sérieusement de l'opportunité d'avoir, par exemple, des psychiatres siégeant à la Commission de revision sur la protection du malade mental. Ceux-ci ont toujours critiqué la compétence des avocats à apprécier leurs témoignages. Toutefois, les contradictions fréquentes entre ces experts ne permettent pas de croire qu'ils pourraient être mieux en mesure de juger, alors qu'ils seraient aux prises avec des conflits de personnalité et d'écoles de pensée. Il nous semble que, dégagés de la contrainte d'un véritable procès, les diagnostics des experts devraient être plus sereins et plus objectifs[21].

---

18. Le tribunal des loyers et le tribunal du travail sont composés d'un « nombre suffisant de juges ».
19. Le besoin de régionalisation s'explique par les moyens financiers modestes des parties en cause, par l'extrême dispersion des conflits sur le territoire, par le caractère sporadique des causes ou encore par un volume d'affaires trop intermittent pour justifier une permanence.
20. Il semble bien qu'il s'agit d'un emprunt d'un mécanisme utilisé dans les pays anglo-saxons (les *hearing examiners*).
21. Une telle observation ne relève pas d'un chauvinisme déplacé en faveur de la profession de juriste, mais de la conviction que les psychiatres et autres experts, peu importe leur discipline, seraient plus à l'aise pour témoigner que pour juger, compte tenu des intérêts concernés.

8. *Organisation exécutive*

Lorsque le tribunal comporte plusieurs juges, l'organisation exécutive se composera nécessairement d'un président et d'un vice-président prêt à le suppléer en cas de besoin.

9. *Participation des membres*

Un tribunal doit avoir des membres à plein temps. Il ne devrait pas y avoir d'exception à cette règle sauf lorsque la régionalisation s'impose, auquel cas les juges régionaux pourraient être à temps partiel. Une meilleure coordination avec la cour provinciale permettrait sans doute une utilisation plus rationnelle des ressources et justifierait l'emploi des juges à plein temps comme cela a été fait d'ailleurs récemment avec la cour des petites créances. En fait, nous suggérerons plus loin une réforme globale allant dans ce sens.

10. *Statut juridique et pouvoirs spéciaux*

Tout tribunal doit avoir une existence statutaire et doit disposer de pouvoirs d'audition et d'enquête au moins par référence à la loi des commissaires enquêteurs[22]. Il n'y a effectivement aucune exception à cet égard.

11. *Conflits d'intérêts*

On ne peut concevoir qu'un tribunal puisse exister sans une disposition expresse prohibant les conflits d'intérêts chez les membres du tribunal, ou du moins, exigeant dans certains cas la récusation du juge selon les dispositions du Code de procédure civile. Si la règle selon laquelle une personne ne peut être juge et partie dans une même cause a justifié la création d'un organisme distinct de l'organisation ministérielle, elle doit être applicable a fortiori à l'intérieur du tribunal lui-même. Il s'agit d'une stipulation qui devrait être ajoutée aux lois constitutives de tous les tribunaux.

12. *Durée légale de l'organisme*

Un tribunal administratif a nécessairement une durée indéterminée. Il n'y a pas d'exception dans les cas que nous avons examinés.

22. Il est clair toutefois que le pouvoir d'enquête ne peut être exercé qu'à l'occasion d'un conflit présenté au tribunal et que ce dernier ne peut pas l'exercer motu proprio.

B — *Suggestions de réforme et d'études complémentaires*

a) *Suggestions de réforme*

À ce stade-ci de notre étude, une seule suggestion de réforme s'impose. Il y aurait lieu d'uniformiser la terminologie utilisée et, dans le cas présent, cela signifie que l'on devrait donner l'appellation de «tribunal» à tous les organismes de cette catégorie.

b) *Suggestions d'études complémentaires*

Une étude complémentaire très utile pourrait déterminer: le volume annuel des causes portées devant les tribunaux administratifs; le nombre de revisions et d'appels de décisions des tribunaux au cours des cinq dernières années; le type de justiciables qui se présentent devant les tribunaux administratifs; la qualité des procédures de ces divers tribunaux; l'utilité des rapports annuels des tribunaux lorsqu'il y a de tels rapports.

3. *Les régies*

A — *Données factuelles et commentaires*

1. *Nombre total d'organismes dans cette catégorie*

Nous avons identifié 10 organismes qui entrent dans cette catégorie. Il est certain que les avis sont partagés sur cette question. Traditionnellement, certains ont confondu les régies et les tribunaux administratifs[23].

2. *Date de création*

Sur les 10 organismes recensés dans cette catégorie, 3 ont été créés entre 1920 et 1960, et 7 depuis 1960.

La Commission des alcools et la Commission des transports ont été créées sous une forme différente, avant 1960, et leur réintégration dans le premier groupe indiquerait que la régulation économique et technique est en fait une forme plus traditionnelle de l'intervention de l'État. Il s'agit d'une intervention moins contraignante que l'entreprise publique et moins restreinte que le tribunal administratif. On observe également que la terminologie est encore vague puisque nous avons dans ce groupe 5 régies, 1 bureau et 4 commissions.

---

23. On peut se demander quel avantage on a cru tirer du changement d'appellation de la Régie des transports (devenue la Commission des transports) et de la Régie des alcools (devenue la Commission de contrôle des permis d'alcools). Nous espérons que ces erreurs terminologiques n'avaient pas pour but d'abolir des postes comme cela se produisit sous un ancien Premier ministre.

3. *Ministères de tutelle*

Les organismes se répartissent ainsi: 3 organismes appartiennent à la mission gouvernementale et administrative, 6 à la mission économique, et l'organisme relève de la mission éducative et culturelle.

Comme il fallait s'y attendre, la plupart des régies se trouvent dans la mission économique. L'électricité et le gaz, les transports et les communications, les valeurs mobilières, les marchés agricoles et le salaire minimum couvrent une assez large fraction de cette dernière mission. Malheureusement, il est loin d'être évident que, dans le régime fédéral actuel, de tels organismes provinciaux puissent exercer une influence déterminante sur leur secteur respectif d'activités.

4. *Instrument de création juridique*

La création des régies s'est faite par une loi générale, pour 6 régies, par une loi spéciale pour 4 régies. Il nous semble que l'on devrait habituellement créer une régie par une loi spéciale, afin de bien dissocier la législation de l'organisme qui doit l'appliquer.

5. *Compétence territoriale*

Toutes les régies considérées ici ont une compétence territoriale provinciale. Il n'est certainement pas opportun que le gouvernement provincial crée des organismes de régulation économique de compétence régionale ou locale. Par ailleurs, la constitution de bancs distincts (notamment pour Montréal et Québec) ne nous paraît pas souhaitable. Il conviendrait plutôt d'avoir 2 secrétariats pour l'enregistrement des procédures et pour l'exercice des activités d'inspection. Il reviendrait aux commissaires de se déplacer comme le font les commissaires des organismes fédéraux.

6. *Fonctions*

Toutes les législations constitutives des régies attribuent un pouvoir réglementaire soit aux régies elles-mêmes, soit au lieutenant-gouverneur en conseil. Toutes les régies rendent des décisions individuelles ou collectives[24] (des ordonnances). Toutes les régies, à une exception près[25], exercent des activités de surveillance et d'inspection; toutes les régies, enfin, doivent formellement entendre les parties concernées[26]. Cette procédure d'audition

---

24. Les décisions ne sont pas de nature judiciaire. Il s'agit de décision de régulation économique et technique. Tout le mécanisme de contestation de la décision n'a qu'une apparence judiciaire.
25. La Régie des eaux.
26. Dans le cas de la Commission du salaire minimum, la loi prévoir une « consultation » préalable des intérêts concernés au cours d'une conférence ou dans un bureau de conciliation.

est généralement précédée d'une publication des décisions qui permet aux intérêts concernés de faire objection[27].

L'imprécision des droits individuels des intérêts concernés, que l'on peut également retrouver dans le cas de certains tribunaux administratifs, n'est pas suffisante à elle seule pour nous inciter à confondre tribunal et régie. La raison d'être fondamentale d'une régie est d'orienter, de régir le développement d'un secteur d'activités dans lequel œuvrent diverses entreprises privées. Le tribunal administratif a pour fonction de décider, dans des conflits entre individus ou entre l'administration et les individus, avec un souci de justice ou d'équité, sur la base de droits plus ou moins élaborés. Il est donc inconvenant dans un tel contexte de surbordonner une régie à un tribunal administratif et même à une cour ordinaire. Certes, la délivrance de certains permis est quasi universelle (ex.: le permis de conduire) et seul le fait d'avoir commis certains actes repréhensibles justifierait les retraits desdits permis. Dans ces circonstances, il conviendrait d'avoir un office ou un simple service ministériel pour la délivrance des permis et un tribunal administratif pour entendre les contestations quant aux retraits desdits permis[28]. En d'autres termes, la régie implique un certain contingentement d'une industrie, et ce dernier ne peut reposer sur des droits individuels mais sur une analyse de la conjoncture d'une industrie.

Enfin, on ne devrait assurément pas confondre dans un même organisme des fonctions commerciales et des fonctions de régulation[29].

7. *Nombre total de membres*

2 à 5 membres: 5 organismes
6 membres et plus: 4 organismes
nombre indéterminé: 1 organisme

Un personnel directeur de 3 membres au plus, nous paraît amplement suffisant mais aussi difficile à réduire. L'exercice de la fonction suppose

---

27. Normalement, un avis public devrait d'abord être fait et l'audition des objections devrait précéder l'adoption de règlements (tel n'est pas le cas à la RLC, à la REG, à la CVM, au BSC, à la RMA et à la CCPA). De même, il devrait y avoir un avis public des décisions et une audition des objections (tel n'est pas le cas à la REG). C'est à ces conditions, il nous semble, que traditionnellement, on a jugé que la régulation économique et technique pouvait être confiée à un organisme autonome.
28. C'est le cas de l'appel de la Commission des transports ou du tribunal des transports. En d'autres termes, nous accepterions volontiers que le tribunal des transports se prononce dans ce cas précis (parce qu'il s'agit d'un droit pratiquement universel). Par contre, il est difficile d'accepter que le même tribunal agisse également en appel de la Commission des transports qui, elle, est une véritable régie.
29. Nous avons choisi de classer la Régie d'assurance-dépôts parmi les sociétés, même si nous étions conscients que, fondamentalement, on privilégiait les activités de régulation. C'est le vieux débat sur la Société des alcools et la Régie des alcools.

une équipe pluridisciplinaire afin que l'on tienne compte des diverses dimensions de tout problème de régulation (économique et financière, technique, juridique, sociologique et politique). La loi constitutive devrait prévoir un maximum de 3 membres[30].

8. *Organisation exécutive*

un président et un vice-président : 3 organismes
la majorité des membres : 3 organismes
l'ensemble des membres : 1 organisme
aucune stipulation : 3 organismes

La majorité des membres devrait expressément prendre toutes les décisions individuelles ou collective de régulation.

Pour la gestion interne, il suffirait de confier la tâche de direction au président. Il ne serait sans doute pas nécessaire pour certains d'attribuer le statut de sous-chef aux présidents de régie. La loi constitutive peut leur conférer l'autorité nécessaire sur leur personnel. Par ailleurs, nous ne croyons pas judicieux de rendre le sous-ministre du ministère de tutelle sous-chef d'une régie[31]. Cette subordination est assurément contraire à l'autonomie de la régie.

9. *Participation des membres*

plein temps : 6 organismes
temps partiel : aucun
aucune stipulation : 4 organismes

Tous les régisseurs devraient être employés à plein temps et l'on devrait prévoir un chevauchement des termes d'office qui pourraient être renouvelés jusqu'à ce qu'il y ait de nouvelles nominations.

10. *Statut juridique*

corporation : 2 organismes
pouvoirs de corporation : 1 organisme
non-corporation : 9 organismes
pouvoirs spéciaux d'enquête : 9 organismes

---

30. La Régie des Services publics qui possède déjà 9 membres peut comporter 4 membres additionnels temporaires à la discrétion du lieutenant-gouverneur. À notre avis, il y a exagération.
31. Tel est le cas à la Commission des valeurs mobilières et à la Commission de contrôle des permis des alcools. Dans ce dernier cas, le sous-procureur général agit à ce titre pour toutes les enquêtes menées par la commission.

Nous voyons la nécessité pour toutes les régies de posséder les pouvoirs d'enquête des commissaires enquêteurs. Par contre, nous ne croyons pas nécessaire d'attribuer à une régie les pouvoirs d'une corporation et encore moins de constituer l'organisme en corporation, à moins que l'organisme en question procède par transactions commerciales[32], car la législation constitutive de la régie confère à l'organisme[33] une personnalité juridique distincte.

Cependant, lorsque la régulation s'effectue par transactions commerciales, l'exercice par le même organisme d'un pouvoir réglementaire aux mêmes fins crée une confusion que l'on devrait éliminer. Ici, plus encore que dans les autres cas, il est recommandable que le ministère, et non la régie, soit dépositaire du pouvoir réglementaire.

11. *Conflits d'intérêts*

Dans 8 cas sur 10, les lois constitutives contiennent une disposition prohibant de tels conflits. Les exceptions sont la Commission du salaire minimum et la Régie des eaux ; ces exceptions ne sont d'ailleurs pas justifiables.

12. *Durée légale de l'organisme*

Toutes les régies, cela va de soi, ont une durée indéterminée.

B — *Suggestions de réforme et d'études complémentaires*

a) *Suggestions de réforme*

Nous ne pouvons faire ici que deux suggestions qui sont cependant fondamentales. D'abord, il est impérieux que l'on cesse d'accoler l'appellation « régie » aux organismes qui n'exercent pas une fonction de régulation économique et technique[34]. Rappelons que cette fonction est véritablement une fonction « sui generis » et qu'elle ne peut être assimilée à une seule des trois fonctions législative, judiciaire (ou quasi judiciaire) et exécutive. En effet, cette fonction implique l'exercice d'un pouvoir réglementaire, d'un pouvoir d'inspection, d'enquête et d'audition ainsi que, dans certains cas, l'exercice d'un pouvoir de transaction.

---

32. La RMA et la CSM sont des corporations, la première parce qu'elle peut garantir des transactions, la seconde parce qu'elle prélève des tarifs auprès des employeurs ; deux attributions qui devraient être retirées.
33. Voir « Ville de Québec » c. « J. Marois » et la Régie des services publics et les trois régisseurs, 10 novembre 1971, Cour suprême, nᵉ 9051. Une disposition décharge généralement les régisseurs de toute responsabilité civile dans l'exercice de leurs fonctions.
34. Bien entendu, on ne devrait pas non plus appeler commission une régie.

Ensuite, on devrait circonscrire de façon plus précise les conditions devant présider à la création d'une régie. Le volume de décisions individuelles à rendre (ex.: les permis d'alcools) ou le caractère controversé de l'intervention gouvernementale, ou encore, plus précisément, le caractère oligopolistique ou atomistique de la concurrence à l'intérieur d'une industrie, principalement une industrie d'utilité publique, devraient selon nous justifier la création d'une régie au lieu d'un service ministériel. Ajoutons à cela l'avantage qui découle parfois du mimétisme, des liens s'établissant plus facilement avec des organismes étrangers de même nature.

b) *Suggestions d'études complémentaires*

À notre avis, il serait bon d'entreprendre une étude complémentaire sur les régies en analysant non seulement les mécanismes d'enquête et d'audition en vigueur, mais de façon plus impérieuse encore la qualité et l'influence de la régulation provinciale dans le contexte économique et politique (système fédéral) actuel.

4. *Les sociétés*

A — *Données factuelles et commentaires*

1. *Nombre total d'organismes dans cette catégorie*

Nous avons recensé 26 organismes de gestion commerciale, financière ou industrielle. Ce nombre pourra paraître très élevé à certains observateurs. Il n'a cependant rien d'astronomique lorsqu'on le compare aux nombres correspondants dans d'autres États occidentaux. Chose certaine, l'importance relative des entreprises publiques s'apprécie par d'autres critères que celui du nombre total d'organismes. Ici encore, la variété des appellations données aux divers organismes (2 commissions, 3 offices, 6 régies, 12 sociétés et 3 appellations particulières) ne facilite pas la tâche à ceux qui désirent identifier les entreprises publiques dans l'ensemble du secteur parapublic.

2. *Date de création*

Entre 1930 et 1960, 4 entreprises publiques ont été créées, et 22 depuis 1960; ces chiffres sont éloquents[35].

---

35. Bien que créés avant 1960, le Syndicat de rachat des rentes seigneuriales (25-26 Geo. VI, 1935, c. 82) et l'Office de l'électrification rurale (9 Geo. VI, c. 48) sont devenus inopérants. Le Fond d'indemnisation des victimes d'accidents d'autonobile (S. R. Q. 1964, c. 23; L. Q. 1969, c. 65) n'a pas été inclus dans cette liste, de même que la Société de cartographie (L. Q. 1969, c. 39). Depuis le début de nos travaux, la Société générale de financement, qui était une société d'économie mixte, est devenue une société entièrement publique.

3. *Ministères de tutelle*

Sur les 26 entreprises publiques que nous avons recensées, sont rattachées à des ministères œuvrant dans la mission économique, 17 entreprises; à des ministères œuvrant dans la mission sociale, une entreprise; à des ministères œuvrant dans la mission éducative et culturelle, 2 entreprises, et dans la mission gouvernementale et de gestion centrale, 6 entreprises. À vrai dire, la mission économique pourrait facilement s'enrichir d'un autre organisme, qui relève de la mission gouvernementale et de gestion centrale; la SIDBEC pourrait en effet dépendre du ministère des Richesses naturelles. Évidemment, un tel geste mettrait en cause la vocation «horizontale» du ministère de l'Industrie et du Commerce qui est censé regrouper tout le secondaire ainsi que le tertiaire. Il s'agit là d'un principe d'une valeur douteuse dans les secteurs des ressources naturelles où il existe déjà des ministères. Dans un tel contexte, aucun ministère ne peut avoir une vue d'ensemble de son secteur (exploitation, transformation, service).

On devrait généralement attribuer la tutelle d'un organisme selon le secteur d'activités de cet organisme lui-même et non selon les desiderata ou les préférences des ministres.

4. *Instrument légal de création*

La création des 26 entreprises publiques étudiées s'est répartie ainsi: 17 entreprises ont été créées par une loi spéciale, 12 par une loi générale et une par lettres patentes.

Nous ne voyons aucune raison pouvant justifier la création d'une entreprise publique par une loi générale. Nous croyons même que lorsque l'organisme est créé afin d'appliquer une législation précise (les cas d'assurance collective[36]), il est désirable de bien faire la distinction entre la législation et l'organisme chargé de l'appliquer, et d'éviter justement que l'on confie un pouvoir réglementaire à une entreprise. Par ailleurs, on a recours aux lettres patentes lorsque l'on doit reconnaître la «dimension» privée de l'organisme (le cas de la Société d'économie mixte SIDBEC). À notre avis, cette pratique ne peut être adoptée dans un système démocratique lorsque l'État est en fait le seul propriétaire[37]. Il est assez étonnant de constater à cet égard que la Société générale de financement (une société d'économie mixte) fut créée par une loi spéciale. Notons encore

36. La RAM est une exception notable.
37. Durant la Seconde Guerre mondiale, le gouvernement fédéral incorpora plusieurs entreprises publiques en suivant simplement les procédures régulières pour les entreprises privées. L'état d'urgence et le caractère confidentiel de l'opération justifiaient sans doute un tel court-circuit de l'Assemblée. En temps normal, un gouvernement ne devrait pouvoir éviter les débats en Chambre. Nous pensons que même les lettres patentes d'une société d'économie mixte devraient être déposées en Chambre.

qu'au cours des récentes années, on a eu tendance à constituer des entreprises publiques à fonds social dont le ministre des Finances est le seul actionnaire. La formule est jolie, mais d'après nous, son unique avantage comparatif se situe au plan de l'image projetée auprès d'un certain public mal informé et elle a l'inconvénient majeur d'enlever toute cohérence à la tutelle gouvernementale[38].

Par ailleurs, toute entreprise publique possède implicitement le pouvoir de constituer des filiales. Ce pouvoir ne devrait être exercé que sur autorisation du lieutenant-gouverneur par le moyen d'un arrêté en conseil; on demande parfois qu'une telle décision soit approuvée par l'Assemblée. En règle générale, ont doit abolir un organisme par le même instrument juridique que celui qui a servi à sa création[39]. Or, actuellement, une entreprise publique ne peut cesser ses activités sans qu'une loi vienne l'abolir[40].

5. *Compétence territoriale*

À l'exception de 2 organismes qui ont une vocation régionale (la SPICQ, la STQL), tous les autres ont une vocation provinciale. En 1974, un projet de loi était déposé afin de conférer une compétence provinciale à la STQL. Nous n'avons cependant pas tenu compte des entreprises publiques relevant des collectivités locales, telles les commissions de transport urbain. Sans vouloir nier toute possibilité pour le gouvernement provincial d'intervenir localement, nous croyons qu'en principe les municipalités devraient elles-mêmes assumer le développement d'entreprises publiques locales. Tel est le cas particulièrement des équipements collectifs. La remise par plusieurs États des « ports nationaux » aux municipalités est à ce point de vue significative.

6. *Fonctions*

Tous les organismes classés dans cette catégorie exercent des fonctions de « gestion économique » (commerciales, financières ou industrielles). Certains se sont vus attribués également ce qui semble être une fonction

---

38. En effet, étant le seul actionnaire, le ministre des Finances est à la fois actionnaire minoritaire, majoritaire, assemblée générale et conseil d'administration. Il faut alors prévoir une foule de dérogations à la loi des compagnies à un point tel que l'on se demande quelle est l'utilité d'une référence à une telle loi. Les actions n'étant pas inscrites en bourse, nous ne croyons pas que l'existence d'un capital-actions fictif puisse tromper quelques acheteurs d'obligations sur la situation financière véritable de l'organisme et de ses liens avec l'État.
39. Dans cette mesure, il est impensable que l'on puisse abolir une entreprise publique par la vente de son capital-actions. C'est pourquoi on ne peut pas voir non plus dans la constitution d'un capital-actions entièrement possédé par l'État une mesure devant faciliter la privatisation éventuelle d'une telle entreprise.
40. Nous croyons que cette interprétation valable pour l'entreprise publique ne s'applique pas dans les mêmes conditions à une entreprise privée soumise à une régie.

réglementaire de régulation[41]. Il serait opportun que l'on clarifie la situation, que l'on associe le règlement de régie interne à la réglementation externe, et que l'on modifie la rédaction législative de façon à bien faire ressortir la différence qui doit exister entre une réglementation et une décision qui doit être entérinée par le conseil d'administration dans une forme légale spécifique (un règlement, une résolution). Il serait préférable que la réglementation externe ne soit pas confiée à une société, mais qu'elle soit exercée par le ministère de tutelle (ex.: la réglementation de la circulation sur les autoroutes). En second lieu, il conviendrait que les règlements proprement dits des sociétés soient appelés «règlements administratifs». Enfin, il faudrait que la loi identifie les décisions individuelles que l'on souhaite voir adoptées formellement par le conseil d'administration (par résolution ou, si l'on tient vraiment au terme règlement, par règlement administratif) et approuvées par le lieutenant-gouverneur ou le ministre de tutelle. En d'autres termes, on utilise le terme règlement dans au moins trois sens et il en découle une confusion qu'il y aurait lieu de dissiper.

Par ailleurs, l'existence d'un droit d'appel et la présence de clauses privatives ne peuvent sérieusement être considérées comme des indices que certains de ces organismes sont des régies ou des tribunaux administratifs[42]. Il y a véritablement confusion des rôles. Si l'on tient réellement à ce qu'il y ait possibilité de contester les décisions de certaines sociétés (ex.: la CAT), principalement les décisions prises par les sociétés d'assurance collective, il y aurait lieu de créer parallèlement un tribunal administratif et de donner un *droit de recours* devant ce tribunal (voir au chapitre suivant les suggestions de réforme que nous proposons).

Enfin, il est clair que la fonction de «gestion économique» ne signifie pas la même chose pour toutes les sociétés de cette catégorie.

En effet, la société se distingue de l'office en ce sens que ce dernier exerce des activités commerciales, financières ou industrielles de façon uniquement accessoire et non à des fins de rentabilité. On peut tout de même considérer que la notion de rentabilité est elle-même une notion relative.

---

41. La RAM, la RR, la CAT, la SHQ et l'OAQ possèdent selon toute apparence des pouvoirs de réglementation externe, mais il faut bien avouer que la législation est assez ambiguë à cet égard, surtout dans le cas des deux derniers organismes. Dans le cas de la Régie de l'assurance-dépôt, la confusion est plus grave puisqu'il s'agit d'une réglementation de régulation. Il nous a semblé clair que les fonctions de nature commerciale, si insignifiantes soient-elles stratégiquement, devaient l'emporter sur les fonctions de régulation et que l'on ne pouvait permettre une telle confusion des rôles. Le long débat qui abouti à la division de la Société et de la Régie des alcools était essentiellement fondé sur le même principe que l'on ne peut régir et transiger en même temps dans un même domaine.
42. Pas plus, d'ailleurs, que l'obligation de publier les règlements de régie interne et externe dans *la Gazette officielle* ne fait de ces sociétés des régies. Seule la réglementation de régulation exige une telle publication.

Parfois, il peut arriver qu'un organisme exerce de façon prioritaire des activités de nature commerciale, financière ou industrielle, mais que la rentabilité qu'il pourrait en retirer soit limitée, soit parce qu'elle pourrait être trop considérable pour les seuls besoins d'expansion de l'organisme (ex.: la Société des alcools, la Société des loteries et des courses), soit parce que l'on désire seulement que les revenus équilibrent les dépenses (ex.: les sociétés d'assurance collective) étant donné que les services rendus sont obligatoires[43], soit enfin parce que au départ, on fixe des tarifs qui constituent en fait une subvention puisqu'ils ne sont pas liés aux taux courants (ex.: l'Office du crédit agricole, la Société d'habitation du Québec). Dans tous ces cas, il est logique que les organismes versent tout surplus au fonds consolidé.

Tel n'est pas le cas, cependant, des autres sociétés qui en théorie pourraient avoir une rentabilité illimitée, même si en pratique un contrôle gouvernemental devrait veiller à ce qu'elles n'exploitent pas leur situation monopolistique. En somme, la fonction est la même, mais les modalités sont différentes. Au chapitre suivant, l'étude des contrôles devrait normalement confirmer les propositions que nous venons de faire.

Il est donc apparent qu'au départ, il faudrait distinguer au moins deux types de société: les sociétés déléguées qui tout en assurant leur autofinancement annuel ont une rentabilité limitée, et les sociétés autonomes qui, en principe, ont la possibilité d'accroître leur rentabilité de façon illimitée. À ces deux types de société, il faudrait, bien entendu, ajouter un troisième, celui des sociétés d'économie mixte.

7. *Nombre total de membres*

2 à 5 membres: 16 organismes
6 membres et plus: 10 organismes

Un conseil d'administration devrait normalement être composé au moins de 5 membres et au plus d'une dizaine. La taille de l'entreprise et ses relations avec le milieu environnant sont des critères qui peuvent justifier des variations. De plus, il faut considérer au moins deux types de conseil d'administration et opter pour l'un ou l'autre[44]. Un conseil d'administration

43. La CAT est dans une situation assez particulière étant donné qu'elle est financée uniquement par les employeurs. Organisée sur la base d'une mutuelle, elle ne peut disposer de surplus que pour les fins du financement de rentes. Par un système de primes provisoires transformées en primes définitives à la fin de l'exercice annuel, les employeurs ne paient que les frais effectivement encourus.

44. Voir R. Gagnon, *la Théorie de l'entreprise publique*, Montréal, Hydro-Québec, 1963: C. A. Ashley et R. G. Smails, *Canadian Crown Corporations*, Toronto, Macmillan, 1965, ch. 2; W. A. Robson, *Nationalized Industries and Public Ownership*, Londres, Allen and Unwin, 1960, ch. IX.

peut être purement «fonctionnel» ou «fonctionnel-politique[45]». Un conseil «fonctionnel» est composé de membres à plein temps et choisis en raison de leur compétence et de leur spécialisation. Dans la pratique, les membres de ces conseils deviennent des superdirecteurs de services et peuvent difficilement planifier et coordonner. Ils sont fatalement prisonniers de la gestion courante.

Par ailleurs, un conseil «fonctionnel politique» comprend des membres employés à plein temps et des membres employés à temps partiel. Les premiers ont des sphères générales de responsabilité sans être directeurs de services. Les seconds ont pour mission d'apporter des éléments nouveaux, des conceptions dégagées des problèmes courants ou encore des informations utiles tirées d'autres secteurs d'activités en plus de leur expérience de gestionnaire. C'est la solution qui paraît être généralement adoptée à l'étranger.

Toutefois, le problème réel consiste à équilibrer le nombre de membres permanents et celui des membres à temps partiel. Il est facile de faire appel à de nombreuses personnes extérieures à l'entreprise, mais, ce faisant, on risque de mettre la direction permanente en minorité. Par contre, en nommant plusieurs membres permanents, on gonfle indûment la structure administrative[46], on grève le budget et on peut compromettre la solidarité de l'équipe permanente. Il n'est pas étonnant que dans plusieurs organismes[47], le président et un vice-président soient les seuls membres permanents du conseil d'administration. Il ne faut pas se cacher, qu'en fin de compte, cette formule favorise paradoxalement la domination du président, ce qui n'est pas tellement différent de la situation qui prévaut dans les entreprises privées[48]. Il nous semble, cependant, qu'on devrait, lorsque la taille de l'entreprise le permet, chercher à augmenter le nombre de membres permanents au conseil d'administration pour qu'ils constituent au moins le tiers de l'ensemble des membres.

En résumé, le conseil d'administration d'une entreprise publique devrait être constitué selon les règles suivantes: (a) environ une dizaine de membres; (b) le tiers des membres est permanent et les deux tiers sont à temps

---

45. On élimine ordinairement la solution du conseil d'administration «purement politique».
46. Chaque membre du conseil, un spécialiste dans un secteur de l'activité, devient par la force des choses le supérieur hiérarchique du directeur de service. Il paraît impossible, par ailleurs, de nommer membre du conseil d'administration une personne qui exerce en même temps des responsabilités de direction car le terme d'office est fixé dans un cas et non dans l'autre.
47. L'ORTQ, la SPICQ, la SOQUIP, la REXFOR, la SAQ, la STQL, la RAR, la RAM.
48. En effet, la mise en minorité du président, quoique théoriquement fort possible, est en pratique assez rare. Il est douteux que les membres se désolidarisent du président face au ministre de tutelle en temps normal. (Voir K. K. White, «Understanding the Company Organization Chart», *A. M. A. Research Study*, n° 56, 1963.)

partiel (un président, deux vice-présidents) ; (c) tous les membres sont choisis pour leur compétence reconnue en matière de gestion ; (d) les membres à temps partiel peuvent être choisis parmi la direction d'autres entreprises publiques (consolidant la coordination intersectorielle et évitant les conflits d'intérêts) ; (e) les membres permanents ne peuvent être membres de la direction d'entreprises privées ; (f) les membres ne peuvent être fonctionnaires[49], représentants de groupes d'intérêts[50], députés ou ministres[51].

8. *Organisation exécutive*

un président : 4 organismes
la majorité des membres : 1 organisme
l'ensemble des membres : 6 organismes
un exécutif : 3 organismes
aucune stipulation : 12 organismes

Il nous paraît évident que toute loi constitutive devrait fournir les éléments de base de l'organisation exécutive de l'entreprise publique en :

---

49. Il ne nous apparaît pas judicieux de placer des fonctionnaires du ministère de tutelle au conseil d'administration des entreprises publiques. Non seulement ces fonctionnaires sont considérés comme des délégués omnipotents par les autres membres, mais ils sont eux-mêmes dans la position difficile d'agents contrôleurs et contrôlés. Il est vrai, qu'en France, on a eu recours à des fonctionnaires pour faciliter l'exercice de la tutelle (contrôleurs), mais il convient de noter que cette pratique a été établie principalement pour conbrebalancer l'influence des autres groupes d'intérêts représentés au conseil, puisque, dans ce pays, on adopte la formule de cogestion dans certaines industries nationalisées. Il serait assurément plus judicieux de reconnaître qu'il revient au président d'établir les relations qui s'imposent avec le ministre de tutelle. Par ailleurs, il y aurait avantage lorsque 2 entreprises publiques œuvrent dans des secteurs connexes, de faire siéger certains directeurs dans les deux conseils d'administration. Le danger d'un cartel paraît passablement éloigné à l'heure actuelle.

50. Il est sans doute prétentieux de régler le problème de la cogestion en un court paragraphe. Il est toutefois permis de constater que les expériences étrangères ne favorisent pas l'adoption d'une telle formule dans le domaine industriel, financier et commercial. (Voir A. Delion, *le Statut des entreprises publiques,* Paris, Berger-Levrault, 1963 ; A. Meister, *Socialisme et autogestion,* Paris, Seuil, 1964.) Il importe que le conseil d'administration ne soit pas divisé de façon permanente et structuré par des intérêts forcément conflictuels, ni sujet à des ententes sporadiques entre les divers groupes avec pour seule fin de satisfaire une stratégie du pouvoir, puisque le conseil doit donner son orientation générale à l'entreprise. L'expertise doit avoir priorité sur la représentativité dans le cas des entreprises, ce qui n'est pas nécessairement le cas pour les offices. Il serait préférable de créer un comité consultatif relié à l'entreprise.

51. La coordination politique ne s'établit pas par la participation de députés au conseil d'administration d'une entreprise publique. Le député serait curieusement soumis à la tutelle ministérielle. En fait, si l'on acceptait que des députés soient ainsi nommés, il faudrait aussi accepter que les syndicats, les consommateurs et divers autres groupes, tout aussi bien intentionnés et méritoires, aient également leur mot à dire. Enfin, on accorderait à des députés (ou à des ministres) des termes d'office qui pourraient se prolonger au-delà de leur mandat électoral ce qui ne faciliterait pas nécessairement l'harmonie au sein du conseil d'administration et n'assurerait pas aux délibérations un caractère confidentiel.

a) explicitant les responsabilités générales du conseil d'administration; b) prévoyant que les décisions se prennent selon un quorum à fixer par règlement; c) établissant l'existence d'un exécutif formé des membres permanents du conseil d'administration; d) précisant que le président du conseil d'administration est également directeur général[52]; e) incitant le conseil d'administration à adopter un règlement de régie interne définissant les responsabilités respectives du conseil, de l'exécutif et des divers directeurs de services et, s'il y a lieu, d'un comité des relations de travail.

9. *Participation de la direction*

plein temps: 12 organismes où certains membres sont employés à plein temps
aucune stipulation: 14 organismes

À notre avis, une loi constitutive devrait préciser si les membres du conseil d'administration sont à plein temps ou à temps partiel. Il y aurait avantage à faire chevaucher le terme d'office des membres.

10. *Statut juridique et pouvoirs spéciaux*

corporation au sens su code civil: 21 organismes
pouvoirs de corporation: 14 organismes
pouvoirs spéciaux: 11 organismes

Toutes les sociétés ont donc une personnalité juridique distincte et sont des corporations. De plus, certaines d'entre elles se sont vues accorder des pouvoirs spéciaux, notamment celui de l'expropriation. Bien entendu, la formule utilisée est bâtarde. On appelle l'organisme «société» alors qu'il existe des différences appréciables entre le régime des sociétés et celui des compagnies[53]. En fait, on retient le terme «société» parce qu'il est plus français que celui de «corporation» ou de «compagnie», mais on préfère faire référence à la loi des compagnies, car les dispositions de cette loi sont mieux adaptées que celles du Code civil relatives aux sociétés[54]. La solu-

52. La constitution d'un comité exécutif nous paraît nécessaire dans toute entreprise pour le règlement des problèmes de gestion courante. Par ailleurs, il n'apparaît pas judicieux de dissocier le poste de président du conseil de celui de directeur général, sauf dans de très grandes entreprises. Il est étonnant à ce propos qu'avec un conseil d'administration de 5 membres, on ait jugé nécessaire de dissocier la fonction de président du conseil de celle de directeur général de l'ORTQ.

53. Au Code civil, les sociétés apparaissent au livre I, titre XI et les compagnies au livre III, titre XI.

54. On voit mal les membres du conseil d'administration se soumettre aux obligations des sociétaires.

tion, généralement adoptée, consiste à faire référence aux pouvoirs généraux des compagnies quitte à expliciter certains d'entre eux dont l'exercice doit être soumis à la tutelle gouvernementale. Malheureusement, il faudrait aussi logiquement exclure tous les articles inapplicables[55]. Anciennement, on énumérait pratiquement tous les pouvoirs (ex.: vendre, louer, acheter, etc.). Cette façon de faire nous paraît plus judicieuse car elle permet dans chaque cas d'attribuer les pouvoirs spécifiques requis et d'établir les contrôles pertinents. Précisons enfin que dans 16 cas, la loi stipule qu'il s'agit d'un agent de la couronne. Malheureusement, il n'est pas évident que cette appellation ait une quelconque relation avec le contrôle exercé par le gouvernement sur la société, comme ce devrait être le cas[56].

11. *Conflits d'intérêts*

Sur 26 organismes, 19 organismes comportent une stipulation prohibant les conflits d'intérêts en obligeant les administrateurs qui se trouvent dans une telle situation à se départir des valeurs qu'ils possèdent dans d'autres entreprises en relations d'affaires avec l'entreprise. Une telle stipulation devrait exister dans chaque loi constitutive. Il nous semble que l'on diminuerait le nombre des conflits possibles si l'on appointait d'anciens hauts fonctionnaires et si l'on nommait des administrateurs permanents d'autres entreprises publiques au conseil d'administration.

12. *Durée légale de l'organisme*

Toutes les sociétés ont une durée indéterminée.

B — *Suggestions de réforme et d'études complémentaires*

a) *Suggestion de réformes*

Il est clair que tous les organismes classés dans cette catégorie doivent avoir le statut de corporation. Cela dit, il ne nous apparaît pas souhaitable de transposer complètement le modèle de l'entreprise privée sur l'entreprise publique.

---

55. Exemple dans les lois constitutives de SOQUIP et de SOQUEM, on a exclu les articles 155 à 158 de la loi des compagnies à laquelle on avait explicitement fait référence. On ne peut pour autant appeler «compagnies ou corporations publiques» les sociétés, parce que l'on ne pourrait plus les différencier des entreprises publiques créées effectivement sous l'empire de la loi des compagnies.
56. Aussi, cette appellation est conférée à la CHQ (très autonome) et à la SHQ (plus intégrée).

En effet, une première réforme consisterait, selon nous, à énumérer les pouvoirs spécifiques que l'on veut attribuer à ces organismes et à déterminer les contrôles gouvernementaux relatifs à l'exercice de tels pouvoirs. Une telle précision est encore plus nécessaire dans le cas des pouvoirs spéciaux, tel le pouvoir d'expropriation qui, en l'occurrence, ne devrait être exercé qu'en coordination avec un service gouvernemental chargé de l'administration des terres publiques. En d'autres termes, il nous apparaît que les références habituelles aux pouvoirs généraux des corporations ou des sociétés au sens du Code civil simplifient la rédaction législative mais laissent beaucoup trop de points obscurs pour être vraiment utiles. Il faut faire l'effort de préciser les responsabilités respectives des ministères de tutelle et du conseil d'administration.

Dans un tel contexte, on comprend aisément qu'il est erronné de vouloir constituer une entreprise publique dont l'État est le seul propriétaire en une société à fonds social ou capital-actions. On ne doit procéder de cette façon que lorsqu'il s'agit d'une société d'économie mixte et que les actions sont émises soit sur le marché, soit en faveur de certains groupes d'intérêts privés. Si le cadre juridique doit signifier quelque chose, il est très certainement préférable de confier au ministre des Finances des contrôles précis plutôt qu'une autorité pleine et entière comme c'est le cas lorsqu'on lui accorde toutes les actions d'une entreprise. À notre connaissance, on n'a jamais leurré des financiers à qui l'on voulait vendre des obligations, en leur montrant un bilan où figure un capital-actions fictif puisqu'il est entièrement possédé par l'État.

Une deuxième réforme porterait sur la reconnaissance d'au moins trois types de société: les sociétés autonomes, les sociétés déléguées et les sociétés d'économie mixte.

Les objectifs et les modes de fonctionnement doivent évidemment différer selon que l'on désire favoriser la plus haute rentabilité de l'entreprise publique ou selon, que l'on désire, au contraire, limiter cette rentabilité. Enfin, on conçoit aisément qu'une société d'économie mixte commande un mode de fonctionnement particulier. Il y aura lieu, évidemment, d'en préciser plus tard les diverses modalités.

b) *Suggestions d'études complémentaires*

Une analyse systématique des relations informelles qui s'établissent entre le gouvernement et les sociétés serait sans doute souhaitable en dépit des nombreuses difficultés qui ne manqueront pas de surgir au cours des entrevues. En fait, nous croyons que l'on devrait s'attaquer en priorité à l'examen de l'efficacité des diverses entreprises publiques québécoises.

5. *Les offices*

A — *Données factuelles et commentaires*

1. *Nombre total d'organismes*

Il y a 35 organismes de gestion non commerciale, financière ou industrielle, dont 3 bureaux, 8 offices, 3 comités-conseils, 8 commissions, une société et 9 organismes d'appellations diverses. Toutefois, si nous retirons de cette liste tous les organismes centraux, que nous appellerons « bureaux » et qui sont une sous-catégorie d'offices, le total n'est plus que de 22 organismes. Nous ne retiendrons que ce dernier total[57].

C'est ici sans doute que la diversité est la plus grande. Nous trouvons dans cette catégorie des institutions d'enseignement et de recherche, des organismes d'aménagement du territoire ainsi que des organismes qui diffèrent surtout par le nom des services ministériels classiques. Nous avons suggéré l'appellation générique d'« office » pour qualifier ce type d'organisme.

2. *Date de création*

Avant 1960, 6 organismes seulement ont été créés. À première vue, étant donné qu'il s'agit d'une fonction de gestion non commerciale, industrielle ou financière que les ministères exercent tout naturellement, nous serions portés à condamner un tel développement puisqu'il peut signifier une inaptitude des ministères à intégrer une telle fonction. Cependant, cette fonction est passablement générale, et il est possible qu'à l'examen des cas particuliers, une certaine forme d'autonomie de gestion se révèle sinon nécessaire, du moins commode.

3. *Ministères de tutelle*

Sur les 22 organismes que nous avons retenus, 6 organismes appartiennent à la mission gouvernementale, 2 à la mission sociale, 9 à la mission économique et 5 à la mission éducative et culturelle. Cette répartition révèle que le phénomène de la désintégration est généralisé. Toutefois, il est remarquable que la mission gouvernementale, d'où l'exemple normalement devrait être donné, comprend un nombre aussi élevé d'offices.

---

57. Les trois établissements publics sont conservés à titre d'illustrations. Toutefois, ce type d'office devrait faire l'objet d'un examen plus approfondi et devrait englober les CEGEPS et toutes les institutions de santé et de bien-être social créées par la loi 65.

4. *Instrument légal de création*

La création de ces offices s'est faite par une loi générale, pour 11 organismes; par une loi spéciale, pour 9 organismes; enfin, par arrêté en conseil, pour 2 organismes.

Nous suggérons que l'on ait recours à l'arrêté en conseil seulement lorsque l'on désire créer un organisme temporaire *et* sous l'effet d'une urgence. On devrait créer par législation spéciale ou par lettres patentes[58] tout office ayant des rapports avec la population.

5. *Compétence territoriale*

La majorité des organismes a une compétence provinciale. Cependant, la SAO a une compétence régionale tandis que l'OFQJ et le DCFOF possèdent une compétence extra-territoriale.

Normalement, le gouvernement provincial ne devrait pas créer d'organismes ayant une vocation locale ou régionale. Cependant, il est évident que les activités d'aménagement du territoire ne peuvent avoir qu'une compétence régionale. Il est entendu que généralement l'hypothèse de la création d'un office régional doit être examinée parallèlement à celle d'un service ministériel déconcentré, une fois déterminée la compétence provinciale par rapport aux collectivités locales.

6. *Fonctions*

La totalité des organismes exercent une fonction de «gestion non économique». De plus, 4 d'entre eux (la CPQ, l'OP, la CG, la CIC) exercent une fonction réglementaire et 1 (la CMQ), une fonction judiciaire. À notre avis, les ministères de tutelle devraient posséder les pouvoirs réglementaires qui sont confiés à ces organismes. La fonction judiciaire pourrait être remise à un véritable tribunal administratif. Les exemples les plus caractéristiques d'une confusion néfaste des fonctions sont sans doute ceux de la Commission municipale et de la Commission de police qui relèvent du ministère de la Justice. On peut apprécier l'utilité qu'aurait une Chambre de justice administrative auquel on pourrait adresser les contestations relatives à la CPQ[59], laquelle cesserait d'être juge et partie. Dans le même sens, certaines activités de la CMQ pourraient plus aisément être intégrées au ministère des Affaires municipales une fois retirée à cet organisme l'audition de certains conflits de nature individuelle.

Plus spécifiquement, nous entendons par une fonction de «gestion non économique», une gestion qui n'est pas axée de façon prépondérante

---

58. Par analogie avec la loi fédérale de l'administration financière de 1951, on pourrait considérer que les offices ainsi incorporés constitueraient des *departemental corporations*.

59. Dans l'affaire «Saulnier», 3 juges ont jugé que la Commission de police n'est pas un organisme judiciaire alors que 2 juges le croyaient. (Voir *le Devoir*, 28 juin 1973, p. 5.)

sur des activités de gestion de nature financière, industrielle ou commerciale. Il se peut qu'un office puisse accessoirement exercer de telles activités, mais lorsque cela se produit et qu'il en découle des revenus pour l'office, celui-ci ne peut être tenu à l'obligation de rendre rentables des investissements, ni à assurer la couverture de ses frais de fonctionnement et plus largement son autofinancement[60]. Ces caractéristiques suffisent largement à distinguer l'office d'une société déléguée qui a une rentabilité limitée, même si dans les deux cas, les surplus (très hypothétiques dans le cas des offices) doivent être versés au fonds consolidé. Nous irions jusqu'à dire que même si les règles de contrôle financier pouvaient être identiques dans les deux cas, il conviendrait encore de distinguer les sociétés des offices à cause de la nature même de leur fonction principale.

Enfin, si nous anticipons sur le prochain chapitre, nous aimerions préciser qu'il nous paraît opportun de distinguer parmi le groupe des offices un sous-groupe constitué d'établissements publics, c'est-à-dire d'organismes décentralisés fonctionnels à vocation locale ou régionale mais qui font partie en quelque sorte d'un réseau. Nous pensons principalement aux hôpitaux, universités, centres de recherches et, plus largement, aux institutions sociales. Il est certain que notre nomenclature est incomplète puisque nous n'avons retenu que 3 organismes sous cette rubrique et que nous avons fait abstraction des CEGEPS, des CLSC, etc. En fait, notre but était uniquement d'illustrer l'importance capitale d'une telle distinction. En effet, nous croyons que dans le cas des établissements publics, la tutelle du ministère (financière et technique) est généralement plus forte que dans le cas des autres organismes autonomes à vocation locale ou régionale. Cela se comprend parce qu'il devient nécessaire d'établir une cohérence interne à l'intérieur du réseau; à cet égard, confier directement une responsabilité aux organismes administratifs centraux équivaudrait à dépouiller le ministère de toute responsabilité[61]. Bien plus, il est sans doute désirable que ces organismes soient constitués en corporations étant donné les obligations qu'ils doivent forcément encourir. En somme, l'établissement public est une sous-catégorie des offices qui se justifie. Elle n'est pas seulement une coquetterie terminologique. Mais, nous avons préjugé là des résultats de notre analyse de la tutelle et des contrôles. Dans une troisième partie, nous ferons état d'un troisième type d'office, les bureaux[62].

---

60. Dans un tel contexte, un pouvoir d'emprunt ne peut être exercé librement. L'organisme de tutelle peut autoriser de tels emprunts en considérant la situation financière de l'ensemble du gouvernement. En somme, l'office est d'abord un organisme dépensier.
61. Il est bien clair que le Conseil du Trésor doit se prononcer sur les programmes d'investissement de ces organismes et qu'il doit autoriser les dépenses globales du ministère de l'Éducation et de celui des Affaires sociales. Il ne serait pas désirable qu'il ait à approuver le budget de chaque CEGEP, de chaque centre hospitalier, etc.
62. En somme, nous pensons qu'il existe trois types d'office: les offices à vocation sectorielle (ou offices proprement dits), les établissements publics et les bureaux.

7. *Nombre de membres*

1 membre : 2 organismes
2 à 5 membres : 6 organismes
6 membres et plus : 9 organismes
nombre indéterminé : 5 organismes

On devrait généralement fixer un nombre maximum de membres au conseil d'administration d'un organisme. Il est difficile d'imaginer qu'un organisme directeur puisse être efficace lorsqu'il est composé de plus de 10 membres. Encore faut-il préciser que cette hypothèse est valable seulement lorsque l'on désire associer les représentants d'intérêts (au sens large) à la direction de l'organisme. Lorsque ce n'est pas le cas, une direction collégiale ne s'impose pas.

8. *Organisation exécutive*

un président : 7 organismes
un comité exécutif : 3 organismes
l'ensemble des membres : 1 organisme
un secrétaire général et un directeur : 2 organismes
aucune stipulation : 9 organismes

L'organisation exécutive varie particulièrement dans cette catégorie d'organismes puisque 7 d'entre eux sont dirigés par un président, 3 par un comité exécutif[63], 1 par l'ensemble des membres[64], 2 par le secrétaire général[65] et par le directeur[66], et qu'il n'y a aucune stipulation législative dans 9 cas.

Non seulement la création d'un office n'implique pas nécessairement une direction collégiale, mais au contraire, elle pourrait favoriser une direction présidentielle là où la représentation d'intérêts n'est pas jugée nécessaire. Par contre, un exécutif de 3 membres permanents est opportun dans tous les cas où la direction est collégiale[67]. Dans tous les cas, le président devrait être responsable de la gestion interne.

---

63. L'UQ, la CSJ, et Multi-média.
64. L'IPQ.
65. L'OFQJ.
66. La CMAD.
67. On admettra que l'exercice d'une telle direction n'est pas une sinécure lorsque les membres permanents sont en minorité et font face à des représentants de groupes dont les intérêts sont contradictoires ou conflictuels. Cependant, la position devient vite intenable lorsque les représentants s'associent dans un front commun contre la direction. La plupart des institutions d'enseignement qui ont connu la cogestion sous une forme ou une autre, ont vécu cette expérience où le bien-fondé d'une décision devient accessoire et la stratégie du pouvoir dominante.

9. *Participation des membres*

plein temps : 11 organismes
temps partiel : 1 organisme
aucune stipulation : 10 organismes

Alors que seule la loi de la CMQ prévoit un emploi à temps partiel, 11 organismes exigent de leurs membres une participation à plein temps. Il n'y a, cependant, aucune disposition concernant 10 organismes. On devrait déterminer le chevauchement des termes des membres afin d'assurer la continuité et l'adaptation au changement. Une telle disposition s'impose seulement lorsque les membres ne sont pas des fonctionnaires. La présidence des offices devrait toujours constituer un emploi à plein temps et pour un terme déterminé.

10. *Statut juridique et pouvoirs spéciaux*

corporation : 6 organismes
pouvoir de corporation : 1 organisme
pouvoirs spéciaux : 2 organismes
non-corporation : 3 organismes

La majorité des organismes de cette catégorie n'a pas le statut de corporation. Cependant, 6 d'entre eux sont constitués en corporations, soit la SAO, l'OFQJ, la CSJ, l'UQ, le CRIQ et la CIC. La CASIS, de son côté, possède des pouvoirs de corporation et l'UQ ainsi que la CIC, des pouvoirs spéciaux.

L'incorporation ne nous apparaît pas s'imposer dans le cas de la SAO, de l'OFQJ, de la CASIS et de la CIC. Il devrait être suffisant de conférer par une loi constitutive certains pouvoirs spéciaux à ces organismes. Il est certain que l'incorporation ne peut être considérée ici comme l'indice d'une large autonomie. Il s'agit bien, tout au plus, de corporations départementales au sens de la loi fédérale de l'administration financière. Par ailleurs, on s'étonne que le curateur public ne soit pas un organisme incorporé[68].

11. *Conflits d'intérêts chez les membres*

Seule la loi du CRIQ contient une disposition expresse prohibant les conflits d'intérêts chez ses membres. On éviterait bien des ennuis si l'on

---

68. Certains pourraient même considérer que l'on devrait constituer la curatelle en société déléguée puisqu'il s'agit effectivement d'une fiducie. Nous serions de cet avis si la curatelle avait une rentabilité limitée. Nous ne croyons pas qu'une telle notion soit applicable dans ce cas.

prenait la peine d'inscrire une disposition à cet effet dans le cas des organismes d'aménagement du territoire.

12. *Durée légale de l'organisme*

La durée des offices est généralement indéterminée bien que celle de l'ORCC semble être limitée à cause de la nature de cet office.

B — *Suggestions de réforme et d'études complémentaires*

a) *Suggestions de réforme*

Il est particulièrement important d'une part, que l'on ne confonde pas les offices avec les sociétés, et d'autre part, que l'on distingue bien les trois types d'office (offices sectoriels, établissements publics, bureaux).

La principale réforme devrait donc consister à clarifier la terminologie. Dans un deuxième temps, il y aurait lieu de scruter avec beaucoup d'attention les véritables raisons d'être des offices existants. Enfin, on pourrait examiner la possibilité d'étendre l'organisation exécutive de type présidentiel à divers offices. Cette mesure devrait améliorer l'efficacité de certains d'entre eux.

b) *Suggestions d'études complémentaires*

L'examen du statut des directeurs d'office pourrait faire l'objet d'une analyse particulière. Il serait également souhaitable de vérifier quel effet réel produit l'existence d'une simple structure formelle distincte sur le fonctionnement quotidien de l'office.

6. *Les données descriptives d'ensemble*

En regroupant les diverses données dont nous venons de faire état, nous serons en mesure de présenter une image d'ensemble de la décentralisation fonctionnelle de l'administration québécoise; cette image n'est cependant pas aussi précise que nous le souhaiterions.

Observons en tout premier lieu que la décentralisation fonctionnelle est effectivement un phénomène récent dans l'administration québécoise ou plus précisément qu'il n'a pris de l'ampleur qu'à partir de 1960 puisque 90% des quelque 130 organismes autonomes ont été créés ou substantiellement modifiés depuis cette date.

Il est remarquable que la mission économique, qui budgétairement est beaucoup moins importante, groupe presque deux fois plus d'organismes autonomes que la mission éducative et culturelle, et que la mission gouvernementale et administrative a presque trois fois plus d'organismes que la mission sociale. On serait porté à croire que le nombre de ministères (plus nombreux dans la mission économique) ou, de façon plus pertinente encore, que le nombre de secteurs influence le développement d'organismes autonomes. Par ailleurs, nous sommes conscients que les secteurs de la mission économique, par leur nature même, se prêtent plus facilement à une variété d'interventions étatiques.

Signalons encore que l'on ne semble pas s'être fixé une ligne de conduite très claire en ce qui a trait au choix de l'instrument légal de création. On procède pratiquement autant par loi spéciale que par loi générale. Nous estimons que tous les organismes autonomes devraient être créés par une loi spéciale. Trois exceptions devraient cependant être tolérées: a) la création d'organismes consultatifs autres que ceux de nature politique, externes et permanents — les conseils (on devrait alors procéder par arrêté ministériel ou arrêté en conseil); b) la création d'offices temporaires sous l'effet d'une urgence (on devrait également procéder par arrêté en conseil); c) la création des sociétés d'économie mixte qui devraient être constituées par lettres patentes déposées en Chambre[69].

Les organismes autonomes qui ont été examinés ont généralement une compétence provinciale et très exceptionnellement, une compétence locale ou régionale. Il est vrai que nous avions exclu a priori les commissions scolaires, les hôpitaux, les centres locaux de services communautaires et les structures régionales de consultation (les CRD) de l'Office de planification et de développement. Nous avons toutefois conservé dans notre liste certaines institutions d'enseignement et de recherche qui, tout en ayant une vocation provinciale et appartenant très certainement à la catégorie de «gestion non économique», seraient plus avantageusement regroupées dans une sous-catégorie d'office que nous appellerions «établissement public». Cela dit, il nous semble, qu'en principe, le gouvernement provincial devrait éviter d'intervenir ponctuellement dans un lieu géographique déterminé à moins que l'on ait fait la preuve que les collectivités locales concernées en sont plus en mesure d'assumer elles-mêmes l'administration des activités en cause.

Nous avons vu que la terminologie utilisée par les divers rédacteurs législatifs est très incohérente et que l'on éprouve énormément de difficulté à associer certains types de fonction à certains types d'organisme. Les appellations les plus «élastiques» sont sans conteste celles de «régie», de «commission» et de «comité». Nous avons proposé divers regroupements qui ont justement pour but de redresser la situation. Une législation devrait sanctionner les modifications que nous préconisons. Du même coup, on pourrait, à l'avenir, fournir aux rédacteurs le cadre général de l'organisation gouvernementale et de ses divers éléments par la description des caractéristiques de chacun des types d'organisme.

---

69. En 1973, on amendait la loi de la Société générale de financement par le moyen d'une loi particulière.

Il n'en reste pas moins que la législation actuelle contient des dispositions qui ont pour effet d'établir des confusions de fonctions à l'intérieur de certains organismes. Ainsi, un organisme consultatif peut être chargé de l'administration de subventions, un organisme réglementaire peut effectuer des activités d'assurance, etc. Nous devons ajouter, cependant, que depuis la remise d'un rapport préliminaire sur cette question, certaines nouvelles législations en 1972-1973 ont corrigé un certain nombre des lacunes observées[70].

Il ne nous est pas possible de déterminer avec exactitude le nombre de personnes impliquées dans la direction des organismes autonomes. Les lois constitutives de divers organismes omettent fréquemment de fixer le nombre de membres de la direction et même une vérification empirique ne donne pas non plus de résultats très rigoureux, car il y a de nombreux renouvellements et de nouvelles nominations qui tardent à être faites. Nous estimons toutefois que l'ensemble des organismes autonomes font appel à environ 850 personnes dont les deux tiers environ font partie des organismes consultatifs. Il faudrait toutefois retirer de ce total les fonctionnaires qui font partie de la direction de ces organismes pour connaître le degré de participation de la population.

L'organisation exécutive, c'est-à-dire la détermination de postes et de responsabilités précises aux fins de la direction générale et de la gestion courante, ne fait pas l'objet d'une disposition législative dans pratiquement les deux tiers des cas. Il s'agit là d'une lacune particulièrement sensible dans les organismes consultatifs et les offices. Une loi constitutive devrait contenir une disposition à cet effet. Cela ne signifie pas que l'exécutif doive être nécessairement collégial (un comité). La direction peut être de type présidentiel dans le cas des tribunaux administratifs et de certains offices. Une telle disposition ne serait pas superflue même lorsque l'on stipule que les décisions doivent être prises par l'ensemble ou la majorité des membres. En effet, de telles dispositions (comme c'est le cas de l'obligation du quorum) ne devraient concerner que les décisions ayant un effet externe et portant sur la production spécifique de l'organisme (ex.: le jugement du tribunal administratif, la décision de régulation économique et technique de la régie, la transaction d'un contrat par la société). Étant donné par ailleurs, que les frontières de ce que l'on appelle la gestion courante ou la gestion quotidienne sont, malgré ce qui précède, ordinairement imprécises, il conviendrait que l'exécutif[71] soit justement obligé de proposer aux membres directeurs un règlement délimitant les responsabilités respectives.

On doit encore signaler que dans près de la moitié des cas, les lois constitutives sont également muettes quant au type de participation des

---

70. On n'en a pas moins jugé nécessaire d'appeler «commission» ce qui devrait être la Régie des transports.
71. Cela s'applique bien entendu lorsqu'il y a direction collégiale.

membres directeurs[72]. Il serait nécessaire que la loi indique si cette participation est à plein temps ou à temps partiel, en particulier, pour les membres de l'exécutif. Il est clair qu'à cet égard, les règles vont varier d'un type d'organisme à l'autre, puisque normalement les membres d'un organisme consultatif devraient tous être à temps partiel[73], alors que ceux des régies, des tribunaux devraient tous être à plein temps. Une partie seulement des membres des offices (à direction collégiale) et des sociétés devraient être à plein temps.

Globalement, on peut dire que les organismes autonomes ont une personnalité juridique statutaire puisque seulement une trentaine d'entre eux sont constitués en corporation (2 conseils, 1 régie, 4 sociétés et 10 offices) et que 17 se sont vus attribuer les pouvoirs des corporations (1 conseil, 1 régie, 14 sociétés et 1 office). Normalement, toutes les sociétés devraient être incorporées alors que certains offices pourraient avoir certains pouvoirs des corporations.

Il est remarquable que seulement 30 lois constitutives contiennent des dispositions relatives aux conflits d'intérêts des membres directeurs. Il nous semble qu'une disposition prohibant de tels conflits et exigeant le désintéressement de ces membres est fondamentale dans le cas des régies, des sociétés et des offices. On ne peut cependant limiter ainsi la participation aux conseils. L'obligation de récusation devrait être spécifique dans le cas des membres des tribunaux administratifs.

Enfin, nous obtenons confirmation d'avoir effectivement identifié les véritables organismes autonomes en constatant que seulement 8 organismes ont une durée légalement déterminée (dont 7 organismes consultatifs). Il faut noter, soit dit en passant, que l'on a maintes fois proposé de rendre permanent l'Office de revision du Code civil.

En guise de conclusion, nous pouvons affirmer, du moins en ce qui concerne les éléments descriptifs, que les lois constitutives ne contiennent que quelques accrocs majeurs. Nous retenons en premier lieu l'extrême incohérence de la terminologie utilisée et en second lieu certaines confusions de fonctions qu'il y aurait avantage à éliminer.

---

72. Nous entendons par membres directeurs, toutes les personnes nommées à titre de conseiller, juge ou président de tribunal, régisseur, commissaire, membre du conseil d'administration d'une société ou d'un office, ou président d'un office.

73. Dans ce cas seulement, on pourrait se dispenser d'une stipulation relative à la participation des conseillers.

CHAPITRE II

LES ÉLÉMENTS DYNAMIQUES

Ce chapitre constitue sans doute le cœur de cette étude. Il s'agit essentiellement de déterminer l'étendue, l'intensité et la profondeur des contrôles exercés sur les organismes autonomes. Il va sans dire que toutes les observations que nous pourrons faire concernant le degré d'autonomie de ces organismes et plus globalement le degré de désintégration, de démembrement de l'administration, auront pour origine l'analyse des données factuelles dont nous ferons état dans ce chapitre.

Pour articuler ces données, nous aurons recours à la grille présentée aux pages quatre-vingt-seize et suivantes. Précisons au départ que dans aucun cas nous ne serons en mesure de traiter des rapports informels entre les organismes autonomes et les divers contrôleurs. Le caractère confidentiel qui marque la plupart du temps ces rapports et l'absence de documents vérifiables ont généralement pour effet de transformer les études de ce type de rapport en une analyse des perceptions [1]. Nous ne contestons pas l'opportunité de procéder à des études de ce genre ; au contraire, nous considérons que l'absence de ce type d'information constitue une lacune dans notre travail. Cependant, compte tenu du temps disponible, nous avons cru qu'il était préférable de nous assurer pour chaque type de contrôle de données

1. En 1966, nous avons tenté par une série d'entrevues auprès de la direction d'une trentaine d'organismes autonomes de cerner les rapports informels. Les résultats ont été peu concluants. Pour que cette analyse ait été concluante, il aurait sans doute fallu faire l'examen d'un certain nombre de décisions, ce à quoi les parties concernées s'opposèrent dans l'ensemble. Il n'est pas facile de faire admettre de façon systématique qu'il y a eu des pressions indues de la part d'un ministre et irrégularité grave de la part de la direction des organismes. Quoi qu'il en soit, nous convenons que notre ouvrage donne fort peu d'informations sur les rapports informels qui peuvent s'établir entre le ministre de tutelle et les organismes autonomes. Il est d'ailleurs plausible que ces rapports varient en pratique d'un ministre à l'autre, d'un organisme à l'autre. Nous espérons malgré tout que les rapports informels sont en harmonie avec les rapports formels et jusqu'à preuve du contraire tel semble être le cas.

objectives et vérifiables, même si ces dernières ne portaient en définitive que sur les rapports formels. En d'autres termes, nous ne postulons pas que les rapports informels coïncident exactement avec les rapports formels. Nous nous contentons de supposer que les rapports formels conditionnent globalement les rapports informels et nous nous attachons à bien identifier les premiers en tablant sur des données objectives et vérifiables.

Bien entendu, ces données varient selon les types de contrôle. Pour le contrôle gouvernemental et les contrôles administratifs centraux, nous avons fait l'inventaire des dispositions législatives des lois constitutives que nous avons complété dans le second cas par diverses entrevues auprès de fonctionnaires en exercice. Pour le contrôle parlementaire, nous avons fait un relevé des interventions des députés à l'Assemblée nationale en 1970 et 1971. Pour le contrôle de l'opinion publique, nous avons fait la recension du seul journal indexé, *le Devoir,* de 1970 à 1972[2]. Pour le contrôle judiciaire, nous avons fait l'examen des jugements de la cour supérieure, de la cour du Banc de la reine et de la Cour suprême de 1945 à 1972[3].

Chacun admettra que ces contrôles tout en étant fondamentaux dans tout système démocratique n'ont pas le même impact sur les organismes autonomes tout comme, d'ailleurs, sur l'ensemble de la structure administrative. En fait, l'autonomie des organismes met d'abord en cause les contrôles gouvernementaux et les contrôles administratifs centraux. C'est par rapport à ces contrôles que l'on peut évaluer le degré d'autonomie, de désintégration ou de démembrement d'un organisme.

Il est certain en effet que les contrôles gouvernementaux et administratifs centraux sont les plus intenses, les plus étendus et détaillés tout en étant directifs et immédiats. Ils sont si intimement liés, qu'en pratique nous ne pouvons pas les dissocier complètement; c'est pourquoi nous avons choisi de les présenter sous une même rubrique. Par opposition, on peut dire que le contrôle judiciaire, le contrôle parlementaire et le contrôle de l'opinion publique — plus spécifiquement ici le contrôle de la presse — sont des mécanismes indépendants de contrôle, médiatisés par le gouvernement lui-même. Le gouvernement par sa maîtrise du pouvoir législatif peut toujours théoriquement reformuler la législation de façon à faire disparaître les effets d'un jugement défavorable. Il peut aussi répondre aux critiques et commentaires défavorables de l'opposition officielle et des journaux, et modifier l'orientation d'une politique générale pour la rendre plus acceptable. Enfin,

---

2. Cette analyse détaillée du journal a été complétée par une compilation des articles concernant les organismes autonomes de 1966 à 1969.
3. Les données de base nous ont été fournies par le service *Datum* de l'Université de Montréal. Nous avons choisi, à cette fin, 37 organismes, les plus susceptibles d'avoir été partie à une affaire judiciaire: toutes les régies, 5 tribunaux, 2 conseils (le Conseil du travail et le Conseil de l'éducation), 15 sociétés et 5 offices. Il appert que seulement 15 organismes sur les 37 ont été partie à une affaire judiciaire.

il faut préciser que ces contrôles sont fréquemment exercés dans un sens contraire à celui des contrôles gouvernementaux et administratifs centraux. En fait, il est nécessaire qu'il en aille ainsi pour soutenir l'autonomie même de l'organisme à l'égard du gouvernement.

Par ailleurs, les contrôles gouvernementaux et administratifs centraux posent un problème particulier qu'il convient de bien définir avant d'aller plus loin. En effet, on peut envisager *deux modèles d'exercice de tels contrôles*. Selon le premier modèle, tous les contrôles centraux sont exercés par le truchement du ministre de tutelle sectoriel sur les organismes autonomes. Selon le second modèle, tous ces contrôles sont exercés directement sur les organismes autonomes par les organismes centraux. Dans le premier cas, le ministre de tutelle pourrait assumer l'exercice de certains contrôles. Dans le second cas, le ministre de tutelle n'aurait que la responsabilité formelle de transmettre les informations de l'Assemblée aux organismes et vice versa.

Le *second modèle* est celui d'un système beaucoup plus intégré. Transposé dans le contexte québécois, cela signifie, par exemple, que le lieutenant-gouverneur en conseil ou l'un de ses comités (tel le Conseil du Trésor) serait dépositaire des principaux pouvoirs de contrôle (nomination des membres directeurs, approbation des règlements, etc.). Il n'échappe à personne que cette centralisation renforcerait généralement la position du Premier ministre puisque ses collègues éviteraient généralement d'intervenir dans les « affaires intérieures» du ministre responsable, par « crainte de représailles». Par contre, dans un tel système, le ministre de tutelle sectoriel serait formellement absent et, à l'égard de « ses organismes autonomes», il aurait tout juste le pouvoir de s'informer. Pour dire les choses de façon plus directe, la tutelle ministérielle serait insignifiante par rapport aux contrôles des organismes centraux. Paradoxalement, dans un tel modèle, le ministre des Finances pourrait jouir d'un statut privilégié par rapport au ministre sectoriel, particulièrement dans le cas des sociétés. La question que l'on doit se poser, bien sûr, est celle de savoir si dans le cas des organismes autonomes fonctionnels, le besoin de coordination intersectorielle est tel qu'il y ait lieu de remonter pour chaque question d'importance à la plus haute instance de coordination. On pourra invoquer, bien sûr, que le recours au lieutenant-gouverneur en conseil est nécessaire non seulement du point de vue légal, pour rendre les lois impératives[4], mais également pour faciliter

4. On pense généralement qu'à cause des dispositions constitutionnelles, le lieutenant-gouverneur doit approuver toute législation. Pourtant, cette conception n'est pas incompatible avec un pouvoir ministériel de réglementation comme le veut la pratique courante dans tout système de type britannique.

la cohérence administrative interne[5]. Ces avantages sont indéniables et l'on ne saurait les minimiser.

Chose certaine, cependant, on pourra objecter que même le principe de la responsabilité collégiale du gouvernement n'implique pas que l'on doive réduire pour autant le ministère de tutelle à un rôle tout à fait mineur. L'on doit admettre que dans un tel contexte, le ministre ne peut absolument pas développer une politique sectorielle cohérente.

Le *premier modèle* implique que le ministre de tutelle sectoriel est pleinement responsable de « ses organismes autonomes ». Il est l'intermédiaire nécessaire entre le Conseil des ministres et les organismes administratifs centraux pour toutes les questions concernant « ses organismes ». Il est lui-même dépositaire de certains pouvoirs de contrôle, notamment le pouvoir de nomination, d'approbation du budget de certains organismes, etc. Transposé dans le contexte québécois, cela signifierait, par exemple, que le ministre de tutelle pourrait approuver le budget, notamment celui des conseils, offices, régies et tribunaux administratifs, et qu'il exercerait par ses services un contrôle de régularité et de disponibilité avant paiement. Bien entendu, on pourra apporter à l'appui d'un tel modèle le fait que le ministère de l'Éducation et le ministère des Affaires sociales exercent déjà de tels contrôles financiers à l'égard des commissions scolaires, des hôpitaux et des agences de bien-être social. On voit mal pourquoi l'exigence d'un CT serait applicable à une régie et non à une commission scolaire dont le budget est souvent beaucoup plus élevé.

La principale objection soulevée par ce modèle qui a pour effet de subordonner le ministère de tutelle proprement dit aux contrôles exercés par des organismes centraux, tout en substituant le ministère de tutelle aux organismes centraux relativement à l'exercice des mêmes contrôles à l'égard des organismes autonomes, est qu'il soulève des conflits de rôles ne conduisant pas à la meilleure efficacité. On peut prétendre, en effet, que le ministre ainsi forcé d'exercer deux rôles contradictoires[6] optera forcément pour le rôle de propagandiste et négligera celui de contrôleur. Le ministre de tutelle sera bien plus intéressé à accroître son budget global (« ses organismes autonomes » inclus) et ne fera, en définitive, que transmettre au Conseil du Trésor les sommes demandées par « ses organismes autonomes », en les gonflant, si cela est nécessaire. En somme, on met en doute l'utilité d'un intermédiaire qui ne serait pas vraiment responsable. On pourra ajouter que la plupart des ministères ne disposent pas du personnel de qualité néces-

5. Par exemple, le renvoi au lieutenant-gouverneur permettra à un bureau de la législation déléguée ou aux rédacteurs législatifs, d'examiner toute réglementation en conseil, au Conseil du Trésor d'analyser les implications financières d'une décision, etc.
6. Le ministère devient à la fois contrôleur et protagoniste du développement d'un secteur.

saire pour effectuer certaines de ces tâches. On fera aussi valoir que l'organisme autonome, soumis à des contrôles centraux mais exercés par les ministères de tutelle, sera moins autonome que si ces contrôles étaient exercés par des organismes centraux directement, puisque ceux-ci ont moins de temps à consacrer aux questions de détail. Enfin, on aura peu de difficulté à mettre en relief l'incohérence ou le manque d'uniformité qui découlera nécessairement de la multiplication des régimes particuliers engendrés par l'absence d'un contrôle central.

Le problème demeure donc de choisir un système qui permettra à la fois un contrôle central et une cohérence sectorielle. Il ne s'agit pas d'un problème théorique mais d'un problème pratique, chaque contrôle spécifique et chaque modalité d'exercice de ce contrôle demandant à être examinés. Il est possible, en effet, que certaines modalités particulières puissent concilier certains éléments des deux systèmes. Par exemple, on peut imaginer une situation où les organismes centraux établissent les règles alors que ces contrôles sont exercés, par ailleurs, par les ministères sectoriels. On peut également concevoir que les organismes centraux déconcentrent leurs agents dans chacun des ministères[7] ce qui devrait avoir pour effet de réduire certaines lenteurs et de limiter ces conflits d'interprétation[8]. On peut enfin envisager les cas où les ministères sectoriels sont obligés d'informer les organismes centraux de certaines de leurs décisions sans obtenir formellement une approbation.

Nous reviendrons sur cette question dans la dernière partie de cet ouvrage. Il nous semblait cependant opportun de bien cadrer au départ ce problème fondamental qui est sous-jacent à l'analyse des contrôles politiques et administratifs exercés sur les organismes autonomes.

Précisons en terminant que nous subdiviserons ce chapitre selon les types d'organisme en faisant abstraction des organismes d'enquête, de conciliation, d'arbitrage et de vérification de même que des organismes de gestion centrale. Nous présenterons également dans une dernière section, une vue d'ensemble des contrôles exercés sur les divers types d'organisme. Chaque section comprendra deux parties: a) les données factuelles et commentaires et b) les suggestions de réforme et d'études complémentaires.

---

7. Le ministre de la Justice a obtenu le pouvoir d'exercer une autorité sur les services juridiques propres aux ministères. Inversement, les agents d'information qui relevaient antérieurement de l'OIPQ sont devenus des agents des ministères depuis l'intégration de cet organisme au ministère des Communications.
8. Encore aujourd'hui, les directeurs du personnel de chaque ministère ne relèvent ni de la Commission de la fonction publique, ni du ministère de la Fonction publique. Leur roulement est passablement rapide.

1. *Les conseils*

A – *Données factuelles et commentaires*

1. *Les contrôles gouvernementaux et administratifs centraux*

1.1. *Contrôles sur l'administration technique*

Telle que nous l'avons définie, l'administration technique est la production spécifique de l'organisme ou, si l'on préfère, l'exercice de la fonction dominante. Dans le cas présent, il s'agit, bien entendu, de la fonction consultative, c'est-à-dire de la préparation et de la transmission d'avis, de conseils au ministère. Normalement, il ne devrait pas y avoir de contrôle exercé sur l'administration technique puisqu'un tel contrôle ferait disparaître la raison d'être de l'organisme. C'est d'ailleurs un principe qui devrait s'appliquer à tous les organismes autonomes.

Cette notion fondamentale demande évidemment à être précisée, ce que nous ferons en suggérant en outre des corrections aux lois constitutives actuelles. Rappelons que nous n'avons pas l'intention de développer une analyse spécifique des organismes consultatifs internes. Nous avons englobé ces derniers dans nos données globales, mais nos observations porteront sur les organismes externes.

Signalons, en premier lieu, que le lieutenant-gouverneur en conseil approuve la réglementation externe (c'est-à-dire applicable à la population en général) d'un seul organisme consultatif, les CRSSS[9]. À notre avis, un organisme consultatif ne devrait pas au départ posséder un pouvoir réglementaire. Le ministre de tutelle devrait être investi de ce pouvoir quitte à ce que la commission soit ensuite consultée sur un projet de réglementation soumis par le ministre. En d'autres termes, il faut bien prendre garde au départ de ne pas établir une confusion de fonctions qui aurait pour effet de rendre ambiguë la nature même de l'administration technique[10].

Cela dit, on doit considérer les contrôles qui s'exercent directement sur la fonction consultative. Une analyse des dispositions des lois constitutives nous a révélé seulement 2 cas d'intervention formelle du ministre (ou de son alter ego, le sous-ministre) au cours du processus de préparation des avis. Il s'agit des comités consultatifs catholique et protestant de l'éducation (CCECPE).

---

9. La réglementation est publiée dans *la Gazette officielle* ainsi que dans deux journaux de la région. Il s'agit d'un cas unique parmi les conseils.

10. Dans le cas de ces conseils, la présence d'un pouvoir réglementaire pourrait faire croire qu'il ne s'agit pas d'organismes consultatifs bien que l'ensemble du mandat soit de façon non équivoque celui d'un organisme consultatif.

Par ailleurs, on ne peut faire abstraction des dispositions qui conditionnent indirectement mais de façon certaine l'exercice de la fonction consultative. Il ressort en effet de l'examen des dispositions législatives que celles-ci établissent au départ des *règlements d'administration technique* pour de nombreux organismes consultatifs ou du moins conditionnent grandement la façon pour ces organismes de produire leurs avis et conseils[11]. En effet, le tableau IV indique assez clairement que les organismes consultatifs tout en étant très étroitement liés au ministre et au ministère (colonne de gauche) ne disposent généralement que d'un pouvoir de recherche pour leur permettre de joindre la population (colonne de droite). Exceptionnellement, 6 organismes peuvent recevoir des suggestions de la population. En d'autres termes, même lorsque le ministre s'oblige à procéder à des

TABLEAU IV

Le contrôle ministériel et les avis des conseils *

Avis sur demande seulement:	10 organismes	Pouvoir de recevoir des suggestions de la population:	6 organismes
Avis sur des questions spécifiques seulement:	8 organismes	Obligation pour le ministre de publier les recommandations:	2 organismes
Obligation pour le ministre de consulter l'organisme consultatif:	13 organismes	Pouvoir d'initiative de recherche:	24 organismes

aucune stipulation: 27 organismes

* Ce tableau n'est pas cumulatif.

11. Il paraît difficile de laisser aux organismes consultatifs le soin de faire leurs propres *règlements d'administration technique*. La loi constitutive ou plus généralement l'instrument légal de création doit nécessairement statuer sur certains éléments notamment l'obligation de transmettre et de publier les avis, le nombre minimum de séances dans l'année et le quorum. Nous ne voyons pas la nécessité d'une obligation de transmettre les procès-verbaux ni les ordres du jour sauf, comme nous le suggérerons, lorsque le ministre a formellement demandé un avis et que cet avis doit être publié.

consultations (cela se produit dans le cas de 13 organismes), il demeure généralement le seul bénéficiaire des avis, des conseils. Il y a effectivement un cas seulement où le ministre doit publier les avis. Il y a 10 cas au moins où l'organisme consultatif n'agit qu'à la demande du ministre. En somme, la population ne profite qu'exceptionnellement des informations et des débats de ces organismes. Il s'agit là d'une lacune très importante qu'il faudrait corriger dans le cas de tous les organismes externes[12]. Il paraît désirable, en effet, que la population, qui est appelée à participer par certains de ses éléments représentatifs, puisse accroître sa compréhension des problèmes en ayant accès aux recommandations des organismes consultatifs. Cela est d'autant plus paradoxal, qu'au cours des dernières années, les commissions parlementaires ont reçu une très vaste publicité. On serait porté à croire, en fait, que l'extrême discrétion des organismes consultatifs a favorisé l'accroissement des débats en commissions parlementaires et rendu ces dernières beaucoup plus stratégiques du point de vue des groupes et de l'opinion publique que les conseils.

Il est vrai, par ailleurs, qu'un gouvernement doit éviter d'être lié automatiquement dans l'opinion publique aux recommandations des conseils qu'il a créés. Chacun sait, que dépendant des personnes nommées et de la conjoncture, certains organismes consultatifs ne font pas toujours preuve de réalisme et que certains peuvent sérieusement embarrasser le gouvernement. *La solution de compromis nous semble être celle qui obligerait le ministre à rendre publiques les recommandations des conseils seulement lorsqu'elles font suite à des questions spécifiques posées par le ministre lui-même*[13]. Il lui appartiendrait, en somme, de faire un choix judicieux de questions à poser[14]. Tous les autres avis ne seraient pas obligatoirement publiés ce qui devrait avoir pour effet de faciliter l'attribution aux conseils permanents d'un mandat assez large[15].

---

12. Ces remarques ne s'appliquent pas aux comités internes composés uniquement de fonctionnaires et qui ont d'abord pour mission de faire le point sur des problèmes interministériels ou de régie interne.
13. Il n'est évidemment pas question que le ministre puisse donner des directives de politique générale ou encore circonscrire l'ensemble des activités d'un organisme consultatif permanent externe. Il dispose de toute la latitude pour agir ainsi à l'égard d'un organisme interne ou d'un conseiller contractuel.
14. Ainsi, au lieu de se plaindre que les avis transmis ont constamment pour effet d'augmenter les dépenses du ministère, on pourrait demander à l'organisme consultatif de suggérer des priorités et des mesures d'économie.
15. Par ailleurs, nous ne sommes pas partisan d'une formule qui permet aux organismes consultatifs de tenir des séances publiques pour l'audition d'individus ou de groupes. Étant eux-mêmes représentatifs, ils ne devraient procéder que par enquêtes et recherches, et accepter des suggestions.

En résumé, nous croyons qu'à l'heure actuelle les organismes consultatifs sont soumis à un cadre général de fonctionnement qui les empêche de jouer pleinement leur rôle et plus particulièrement de rejoindre la population. Nous ne voulons pas dire par là qu'ils sont l'objet de contrôles abusifs de la part du gouvernement. Nous voulons simplement indiquer que c'est seulement de façon exceptionnelle que les avis et recommandations de ces organismes sont obligatoirement publiés. On devrait étendre cette obligation à toutes les consultations externes qui font suite à des questions soumises par le ministre.

1.2 *Contrôles sur l'administration générale*

a) *Le personnel directeur, c'est-à-dire, les conseillers la nomination*

Actuellement, le pouvoir de nomination des conseillers est attribué au lieutenant-gouverneur dans le cas de 31 organismes[16] et au ministre de tutelle dans les cas de 33 organismes. Il appartient à une autre autorité dans le cas de la Commission permanente de la réforme des districts électoraux[17], et il est imprécis dans un autre cas.

Au départ nous ne voyons aucune raison justifiant l'intervention du lieutenant-gouverneur sauf lorsqu'il s'agit d'organismes interministériels. Le ministre de tutelle devrait être responsable du processus consultatif sectoriel. Il devrait être le seul dépositaire du pouvoir de nomination des conseillers et procéder par arrêté ministériel enregistré au secrétariat général du gouvernement.

Actuellement, ce pouvoir de nomination est atténué dans une quarantaine d'organismes externes. En effet, les nominations sont faites après consultation ou sur recommandation d'autres organismes dans 14 cas. Elles sont faites par les membres déjà nommés dans 7 cas, sur désignation dans un cas. Dans 28 organismes, enfin, certains membres doivent être les représentants de groupes désignés. Dans 56 des 66 organismes consultatifs, certains des membres ne sont pas des fonctionnaires et dans ce sens, il y a sûrement une participation étendue de la population.

Par ailleurs, nous estimons que la cooptation n'a pas sa place ici et qu'elle est contraire à la notion même de consultation par le gouvernement. Le ministre est sans doute plus représentatif que toutes les associations et les corps intermédiaires réunis[18].

---

16. Les CRSSS font partie de ce total même si le lieutenant-gouverneur ne nomme que 2 des 21 membres.
17. Les membres de la Commission permanente de la réforme des districts électoraux sont nommés par l'Assemblée nationale.
18. Il ne faut pas oublier que les groupes d'intérêts couvrent rarement tout le spectre des intérêts d'une société, que leur vie est aléatoire et qu'ils ne sont pas de puissance égale.

Deux règles d'atténuation nous paraissent justifiés: la consultation préalable des intérêts et groupes existants; la nomination de représentants de ces groupes[19], dans une proportion variable. Dans le cas d'un organisme de nature politique, cette proportion serait des deux tiers, et dans le cas d'un organisme de nature technique, elle serait d'un tiers. Dans tous les cas, le ministre devrait avoir la possibilité de nommer dans une proportion inverse des personnes dont la compétence est reconnue dans un secteur donné. Il s'agit là d'éléments fondamentaux d'autonomie pour les organismes consultatifs.

À ce propos, nous devons ajouter que la nomination de fonctionnaires dans des organismes permanents externes de nature politique ou technique ne nous paraît pas souhaitable. C'est assurément une façon très subtile d'accroître la subordination de l'organisme. Cela ne signifie pas que le sous-ministre ou les directeurs généraux ne peuvent être invités à l'occasion à poser certains problèmes pour avis, à informer l'organisme consultatif de certains faits ou d'une certaine politique susceptible d'éclairer les conseillers. Mais nous ne voyons vraiment pas l'utilité pour de tels organismes d'avoir des fonctionnaires siégeant de façon permanente. Le ministre possède déjà la structure hiérarchique pour connaître les opinions de ses fonctionnaires. Rappelons, cependant, que dans notre esprit, rien n'empêche un ministère de multiplier les comités consultatifs spéciaux temporaires ou les groupes de travail destinés à informer d'abord l'administration.

En résumé, nous pouvons dire que les organismes consultatifs permanents externes ont une composition autonome, bien que dans certains cas il y aurait lieu de corriger l'accroc constitué par la présence de fonctionnaires.

le terme d'office, la révocation, les vacances, le traitement et la retraite des conseillers

La durée du terme d'office est évidemment un facteur important d'autonomie. Elle est indéterminée dans 32 organismes. Elle s'étend de 1 à 4 ans dans 30 organismes, de 5 à 9 ans dans 3 organismes. Il est de plus de 10 ans dans un cas particulier. Il y a chevauchement des termes d'offices dans 11 organismes. Un terme d'office d'un conseiller d'un organisme permanent ne devrait pas être supérieur à 5 ans et inférieur à 2 ans. Par ailleurs, le chevauchement des termes est essentiel au maintien de la continuité. Le

19. Nous n'ignorons pas que les membres «représentatifs» se refusent généralement à lier leur organisme d'origine. Cette exigence est d'ailleurs superflue. On ne saurait convaincre un délégué syndical ou un membre d'une chambre de commerce qu'il peut faire endosser ses opinions par son organisme quand on connaît les changements rapides de stratégie et l'humeur changeante du *membership* de ces mouvements. Tout cela n'empêche pas que la présence de tel individu à un conseil ne peut s'expliquer que par sa compétence technique ou sa représentativité.

tiers des membres pourrait être remplacé après 2 ans, un deuxième tiers après 3 ans et le dernier tiers après 4 ans. Ces considérations s'appliquent aux individus et non aux groupes représentés.

Les lois constitutives ne prévoient pas généralement le cas de révocation[20]. Une telle disposition n'a pas vraiment sa place dans le cas des organismes consultatifs.

L'autorité investie du pouvoir de nomination devrait être normalement chargée de combler les vacances qui peuvent se créer. Actuellement, il n'y a aucune stipulation à cet effet dans les législations relatives à 50 organismes. À vrai dire, une telle stipulation est nécessaire seulement lorsque l'on veut déroger à la règle générale que nous avons énoncée. Nous ne croyons pas qu'il soit souhaitable que les membres comblent eux-mêmes les vacances[21]; cette tâche devrait être impartie au ministre de tutelle.

Actuellement, le traitement des conseillers est fixé par le lieutenant-gouverneur dans le cas de 21 organismes, par le ministre dans le cas de 9 organismes. Dans les 35 autres cas, il n'y a pas de stipulation à cet égard. Pour les CRSSS, les allocations sont fixées par règlement. Il serait plus simple de stipuler que les traitements des conseillers (jetons de présence et allocations) sont fixés par le ministre conformément aux règles établies par le Conseil du Trésor.

Quant à la retraite, nous ne voyons pas l'utilité d'une disposition à cet effet puisque nous considérons qu'il ne faudrait pas confier la présidence d'un organismes consultatif à une personne pour un terme dépassant 2 ans[22]. Il devrait être suffisant d'accorder au président une allocation plus élevée pour tenir compte de la charge de travail additionnelle qui doit lui incomber. Une telle stipulation est également inutile lorsqu'il s'agit d'organismes internes puisque l'affectation d'un fonctionnaire à un organisme consultatif ne modifie en rien son statut où ses droits à la retraite sont déjà établis.

b) *Le rapport annuel d'activités*

Il n'est peut-être pas nécessaire de préciser dans la loi constitutive que les avis et conseils sont transmis au ministre de tutelle concerné ou au sous-ministre. Par ailleurs, nous avons déjà indiqué que le ministre ne serait pas justifié de donner des directives de politique générale ou de circons-

20. Une seule exception, le Conseil de l'artisanat.
21. Il y a 7 cas où cela se produit. La cooptation tout en étant un gage d'autonomie n'en est pas un de représentativité. Dans les CRSSS, la cooptation s'applique à certains membres.
22. Il n'est pas désirable, d'après nous, que le président d'un organisme consultatif puisse jouir d'une longue permanence qui se traduira immanquablement par une identification au ministère. Nous croyons même que le poste ne devrait pas être occupé à plein temps. Actuellement, il existe un seul cas d'un membre d'un organisme consultatif participant au régime de retraite de la fonction publique.

crire l'ensemble des activités d'un organisme consultatif externe[23]. Cependant, il serait judicieux d'obliger les conseils et les commissions consultatives (les organismes permanents externes) de remettre au ministre un rapport annuel de leurs activités et que celui-ci soit obligé de le déposer à l'Assemblée. Actuellement, 13 organismes doivent remettre un tel rapport au ministre, 3 organismes le remettent au lieutenant-gouverneur. Seulement 7 organismes doivent déposer leur rapport à l'Assemblée[24]. Dans 59 cas, il n'y a aucune stipulation à cet égard. Cet oubli répété nous paraît particulièrement critiquable du moins pour ce qui est des organismes externes.

1.3 *Contrôles sur l'administration interne*

a) *La régie interne*

Normalement, le contrôle de la régie interne ne devrait pas être du ressort de la direction même de l'organisme ou du ministère de tutelle, et surtout pas du Conseil des ministres ou du lieutenant-gouverneur en conseil. Il y a pourtant 5 organismes qui sont soumis à un tel contrôle[25]. À notre avis, le contrôle ministériel de la régie interne ne peut s'étendre qu'au règlement général de régie interne, lequel devrait incorporer les dispositions ayant trait aux lois des organismes centraux.

b) *Le personnel administratif*

Le personnel administratif permanent devrait être nommé selon les règles de la loi de la fonction publique. Il devrait être soumis formellement à l'autorité du président de l'organisme consultatif. À toutes fins pratiques, le secrétariat et les tâches de dactylographie devraient être assumés par des fonctionnaires affectés à cette fin par le ministre ou le sous-ministre[26]. Seul le personnel temporaire de recherche devrait être engagé sur une base contractuelle par le conseil.

Actuellement, la loi de la fonction publique s'applique à 19 organismes. Le lieutenant-gouverneur ou le ministre de tutelle sont chargés de la nomination de ce personnel dans le cas de 7 organismes. Pour les autres,

---

23. Voir la note 14 de ce chapitre.
24. Il s'agit de la CCEP, de la CASF, du CCJ, du CSF, du CRSSS, de la SCI et du CBC. Un tel contrôle s'exerce sur l'organisation interne, la répartition des tâches, les procès-verbaux des réunions, etc.
25. Ce sont: la CCEP, le CPC, le CCJ, le CSF, le CBC.
26. Nous ne contestons pas le fait que le rôle du secrétaire d'un organisme consultatif est stratégique. Il n'est pas pour autant nécessaire à l'autonomie de l'organisme que le secrétaire soit en dehors des cadres de la fonction publique. Il est permis de penser qu'un tel poste ne justifie pas un emploi à plein temps et qu'il pourrait se concilier avec une autre tâche. Cette tâche peut être une affectation intéressante pour un jeune fonctionnaire.

la loi constitutive ne contient aucune stipulation sauf pour les CRSSS où le personnel administratif est nommé par le conseil d'administration. Il y a donc plusieurs modifications à apporter à ces législations. Bien entendu, dans le cas des organismes consultatifs internes, il est certain que l'intégration administrative doit être complète sans qu'il soit besoin d'en faire mention.

c) *La gestion financière*

Si 11 organismes consultatifs ont leurs crédits votés par l'Assemblée, il en va différemment pour 53 organismes dont la loi constitutive ne contient aucune stipulation à cet égard. Dans 2 cas, le budget est déterminé par une entente entre les membres[27]. Toutefois, en pratique, et non plus selon la loi constitutive, le budget des organismes consultatifs est confondu avec celui du ministère de tutelle et provient du fonds consolidé dans 53 cas sur 66. Les exceptions sont celles des 11 organismes consultatifs dont les crédits sont votés explicitement par l'Assemblée[28]. Cette dernière règle devrait être conservée pour tous les conseils et toutes les commissions consultatives. Un article budgétaire devrait leur être consacré. Par ailleurs, il n'y a pas d'objection à ce que le budget des organismes consultatifs internes soit fusionné avec celui du ministère, qu'il soit intégré à une direction générale ou à un programme, et que les organismes soient soumis au contrôleur pour les dépenses courantes[29]. Toutefois, même lorsque l'Assemblée doit voter les crédits (le cas des conseils et commissions consultatives, des organismes permanents externes), il serait bon de préciser que le ministre doit approuver le budget de l'organisme. Dans un contexte de budget-programme, le budget d'un conseil et d'une commission consultative (externe) sectoriels devrait être un élément de programme intégré au programme dit de «gestion interne» ou, s'il est d'importance majeure, constituer un programme distinct[30].

En pratique, le vérificateur vérifie les comptes de tous les organismes et l'agent contrôleur du ministère exerce le contrôle avant paiement. Nous avons là une indication très claire du type de système de contrôle central qui a été adopté au Québec.

---

27. C'est un arrangement vraiment particulier que l'on a du mal à s'expliquer (le CI, le CMOM).
28. Ces organismes sont: la CCTMD, la CF, la CPD, la CASF, le CDU, le CT, le CSE, le CCT, le CRSSS, le CSP, le CBC. Il s'agit sans doute des organismes consultatifs les plus en vue.
29. Il y a actuellement 4 exceptions: le BSCM, le CCRR, la CCMC, le CCRSSS.
30. Tel est le cas du Conseil supérieur au ministère de l'Éducation.

d) *Les autres contrôles et services administratifs centraux*

Les législations actuelles ne font pas mention de l'application d'autres contrôles centraux. On ne peut malheureusement prendre pour acquis que le vote des crédits par l'Assemblée entraîne automatiquement la soumission à tous les services centraux[31]. Il est vrai, qu'en pratique, les organismes consultatifs sont généralement assimilés au ministère de tutelle et que ce sont les agents déconcentrés des organismes centraux qui exercent les contrôles sur les organismes consultatifs et leur fournissent les services. On peut noter toutefois que le CCECPE, le CCRR, le CCEP et le CA ne sont pas soumis à la gestion des immeubles du ministère des Travaux publics. Les organismes consultatifs reliés à une entreprise publique (c'est le cas du Conseil consultatif de la Régie des rentes (CCRR)) ne devraient avoir aucune relation avec les organismes centraux et ils devraient jouir de la même autonomie à l'égard de la société que les conseils à l'égard des ministères[32].

En résumé, il est clair que l'administration interne des organismes consultatifs est globalement intégrée aux ministères et nous ne voyons pas comment on pourrait modifier cette situation. Nous n'avons pas d'indication que cette intégration ait empêché les organismes de remplir correctement leur rôle. Il est probable que la détermination du budget par le ministre constituera toujours une question névralgique.

2. *Le contrôle parlementaire*

Mise à part l'obligation de remettre un rapport annuel, les lois constitutives des organismes consultatifs ne font généralement pas référence au contrôle parlementaire. Pourtant en 1970 et 1971, nous avons pu relever 186 interventions de députés au cours des débats à l'Assemblée qui portaient sur ce type d'organisme. Ce nombre est assez imposant puisqu'il situe les conseils en quatrième place derrière les sociétés, les offices et les organismes centraux. Toutefois, il faut signaler que 61 interventions concernaient la Commission parlementaire de la réforme des districts électoraux, ce qui diminue singulièrement l'étendue de l'intérêt des députés en-

---

31. Normalement, une disposition à l'effet que les crédits sont votés par l'Assemblée a pour effet de soumettre l'organisme au contrôleur et au vérificateur. Or, il est apparent que ces derniers peuvent intervenir même en l'absence d'une telle disposition.
32. À noter que très peu de sociétés ont mis sur pied des organismes consultatifs qui, en fait, ne peuvent être que des «conseils de consommateurs». En Angleterre, on a préféré créer de tels conseils plutôt que d'avoir des conseils d'administration tripartite ou ou quadripartite de cogestion. Cette solution n'est utile selon nous que dans le cas d'industries nationalisées.

vers ce type d'organisme[33]. La majorité de ces interventions concernait l'administration générale (125 interventions), tandis que l'administration technique faisait l'objet de 37 interventions, l'administration interne de 18 interventions et le contrôle gouvernemental de 6 interventions. Dans la majorité des cas aussi, les députés approuvaient le travail des conseils (90 interventions) et demandaient des informations (54 interventions). On compta 29 suggestions et 13 critiques. On peut donc dire que dans l'ensemble, les députés paraissent satisfaits des conseils tout en cherchant à obtenir davantage de renseignements sur les avis transmis par ces organismes aux divers ministres de tutelle. Cette constatation renforce notre suggestion selon laquelle il serait souhaitable que soit davantage rendu public le travail effectué par les conseils, notamment les avis donnés à la suite d'une demande du ministère lui-même. De toute évidence, enfin, les conseils ne sont pas perçus par les députés comme étant très conflictuels. Il est à noter qu'aucune intervention ne porta sur les relations d'influence politique ce qui devrait écarter la proposition laissant entendre que les conseils sont manipulés par le gouvernement de façon partisane. Il est douteux en fait que les députés attachent une grande importance à ces organismes, d'autant plus qu'ils ne peuvent connaître la réelle efficacité de ceux-ci.

3. *Le contrôle judiciaire*

Il n'est fait aucune mention dans les lois constitutives du contrôle judiciaire exercé sur les organismes consultatifs. De plus, nous n'avons trouvé aucune décisions judiciaire concernant les principaux conseils. On voit assez mal, d'ailleurs, comment une cour pourrait intervenir dans le processus consultatif[34]. Une judiciarisation trop poussée aurait sans doute pour effet de stériliser la participation, sans compter qu'il n'existe pas véritablement de moyen de déterminer avec certitude l'importance relative des groupes et la compétence d'un individu.

4. *Le contrôle de l'opinion publique*

Selon l'index du journal *le Devoir,* il y aurait eu de 1970 à 1972, 98 mentions concernant les organismes consultatifs. Il faut remarquer cepen-

33. La CASF et le CCJ ont également reçu une attention particulière des députés. En fait, plus de 90 % des organismes consultatifs ont été complètement ignorés des députés. Le moins que l'on puisse dire est que le contrôle parlementaire n'est pas systématique sur un cycle de 2 ans.
34. Il est possible qu'une cour puisse forcer un ministre à consulter un conseil lorsque la loi constitutive rend cette consultation obligatoire dans des cas spécifiques. Certains ministres n'ont pas toujours respecté cette disposition.

dant que près des neuf dixièmes de ces articles étaient des compte rendus alors que l'on ne comptait que 16 analyses ou éditoriaux portant sur ce type d'organisme. On ne releva que 8 critiques, 3 suggestions et une louange. Bien plus, cette information factuelle provenait dans plus de la moitié des cas de l'organisme lui-même et du ministère concerné. Il devient apparent, du moins pour ces organismes, que la presse est fortement tributaire des informations qu'ils désirent bien lui transmettre et que le contrôle de l'opinion publique exercé par ce medium n'est pas plus systématique que le contrôle exercé par l'Assemblée. Soi dit en passant, il est intéressant de signaler que ce journal a favorisé durant cette période le Conseil supérieur de l'éducation (40 mentions) de même que le Conseil des universités (25 mentions), et le Conseil des affaires sociales et de la famille (8 mentions). En fait, on peut se demander *si en l'absence d'un tel biais,* les organismes consultatifs auraient reçu une telle attention, car, à toutes fins pratiques, les conseils ont eu droit pratiquement à presque deux fois plus d'analyses et d'éditoriaux que les régies, sans compter que près de 95% des autres organismes consultatifs ont été complètement ignorés.

B — *Suggestions de réforme et d'études complémentaires*

a) *Suggestions de réforme*

En résumé, les organismes consultatifs se divisent de façon pratiquement égale en organismes politiques et en organismes techniques. Il est indéniable que cette ouverture aux groupes d'intérêts et aux compétences extérieures à la fonction publique[35] est un mode important de participation de la population. Toutefois, il convient d'observer que le cadre général de fonctionnement de la plupart de ces organismes empêche justement la population de profiter des résultats de cette consultation. Actuellement, le ministère et le ministre sont, à quelques exceptions près, les seuls bénéficiaires des avis et conseils.

Cette lacune assez grave nous fait nous interroger sur l'indépendance véritable des organismes consultatifs externes. Nous ne voulons pas dire par là que le ministre ou le ministère exerce des pressions indues sur les conseillers. En fait, bien que nous n'ayons pas fait d'étude systématique des comportements et des attitudes de ces derniers, il existe maints exemples de représentants qui se sont publiquement désolidarisés de recommandations pour croire qu'ils possédaient toute la latitude d'expression voulue à l'intérieur même de l'organisme. On peut même penser que les conseillers eux-mêmes seront parfois partisans du secret. Toutefois, nous croyons

35. Il faudrait, cependant, exclure de cette liste les organismes consultatifs internes qui sont forcément soumis à des règles de discrétion beaucoup plus strictes.

que l'on devrait au moins obliger le ministre à publier les recommandations à la suite de questions qu'il aura lui-même posées à l'organisme. En somme, il n'y a pas lieu de craindre ici la désintégration de l'administration d'autant plus que tous les contrôles centraux s'appliquent généralement à presque tous les organismes consultatifs.

On devrait craindre davantage la désaffection des groupes envers les organismes consultatifs. Depuis quelques années, les plus puissants de ces groupes (les syndicats, en particulier) ont adopté une politique de non-participation ou de contestation de crainte de voir les gouvernements invoquer les recommandations de ces organismes comme des cautions de leurs décisions. La « base » des syndicats ayant fait preuve de plus d'agressivité envers leurs leaders, ces derniers sont naturellement devenus très prudents et ont cherché à éviter toute accusation de collusion avec le pouvoir. Il faut bien avouer également que le travail des commissions parlementaires, qui bénéficie de beaucoup de publicité, qui est moins engageant et plus influent sur l'opinion publique, est plus attrayant. Il semble qu'après leur avoir donné la reconnaissance officielle qui les a légitimées auprès de leurs membres, l'État se soit coupé de ces mêmes organisations lorsqu'il a tenté de recourir à leurs services par le truchement des conseils. Il conviendrait assurément « d'ouvrir » davantage ces conseils aux débats publics, ce qui ranimerait l'intérêt qui entoura leur création.

b) *Suggestions d'études complémentaires*

Une évaluation empirique de la stratégie des groupes consultés et des fonctionnaires chargés de la consultation, ainsi que des règles de fonctionnement interne, devrait accroître notre connaissance du milieu tout en augmentant les chances de succès de la consultation.

2. *Les tribunaux administratifs*

A — *Données factuelles et commentaires*

1. *Les contrôles gouvernementaux et administratifs centraux*

1.1 *Contrôles sur l'administration technique*

Nous définissons l'administration technique d'un tribunal administratif comme étant la décision judiciaire, le jugement et toutes les procédures qui y conduisent.

En principe, il est inadmissible que le gouvernement ou l'administration intervienne dans le processus judiciaire. L'argument constitutionnel de la séparation du pouvoir judiciaire joint à celui de la méfiance qu'engendrerait dans la population une telle intervention[36] sont assez convaincants pour que la législation ne puisse soumettre la décision d'un tribunal à la discrétion du ministre ou du lieutenant-gouverneur en conseil.

À cet égard, la législation québécoise est effectivement conforme à la règle et il n'existe pas de dispositions de cette nature[37].

Cependant, il y a des dispositions expresses obligeant certains tribunaux à transmettre au ministre un rapport mensuel de leurs décisions[38]. Un tel rapport, quoique a posteriori, donc ne contredisant pas les principes établis, peut cependant créer une certaine équivoque. Par ailleurs, il n'existe pas d'obligation, sauf dans le cas du tribunal des transports, de rendre publiques les décisions motivées des tribunaux, en omettant lorsqu'il convient les noms des personnes concernées; il s'agit d'une sérieuse lacune[39]. Cette remise d'un rapport mensuel est sans doute un peu trop voisine du rapport de service administratif. Nous préférerions de beaucoup un rapport annuel déposé à l'Assemblée indiquant le nombre de jugements rendus, les matières de conflits, etc., joint à une publication systématique des décisions, par exemple, dans une section spéciale de *la Gazette officielle*.

On pourrait encore souhaiter que le Conseil de la justice, à la demande du ministre, étudie les procédures suivies par les divers tribunaux administratifs et soumettre à ce dernier un code de règles élémentaires[40]. Le ministre de la Justice pourrait ensuite rendre un tel code obligatoire par le moyen d'une législation particulière. Cette solution nous paraît de beaucoup préférable à celle préconisant que le lieutenant-gouverneur soit habilité à approuver les règles de procédures d'un tribunal[41].

En résumé, le contrôle gouvernemental actuel de l'administration technique des tribunaux administratifs est très limité. Pour être strictement rigoureux, il y aurait lieu d'éliminer même les contrôles a posteriori à l'exception de la remise d'un rapport annuel. Dans notre système, le contrôle de la décision judiciaire doit être exercé, comme nous le verrons plus loin, par les organismes judiciaires eux-mêmes.

---

36. Un soupçon généralisé à l'effet qu'un ministre serait en mesure d'influencer les décisions d'une cour ou d'un tribunal rendrait rapidement odieuses toutes les mesures de maintien de l'ordre public. Il n'est cependant pas facile de fixer le seuil de tolérance d'une population et encore moins d'établir de façon convaincante un cas d'influence indue. On comprend aisément que nous n'ayons pas cherché à faire une telle preuve.
37. Rappelons que nous avons exclu de notre liste de tribunaux administratifs, certains arbitrages qui étaient justement trop liés au ministre pour constituer de véritables tribunaux administratifs (ex. : l'arbitrage suivant la loi des travaux publics).
38. Ces tribunaux sont: le tribunal des transports, le tribunal du travail, la Commission d'appel de l'aide et des allocations sociales.
39. Notamment dans le cas des allocations sociales.
40. Sans épouser toutes les propositions qui ont été faites à cet égard (l'absence de présentation écrite (ou orale), l'absence de conseiller juridique, etc.), on pourrait sûrement souhaiter un ensemble de règles comparable à celui qu'a établi la cour des petites créances.
41. On trouve une telle disposition dans la loi du tribunal des loyers.

1.2 *Contrôles sur l'administration générale*

a) *Le personnel directeur, c'est-à-dire les juges*
le pouvoir de nomination

Le lieutenant-gouverneur nomme les membres de tous les tribunaux administratifs à l'exception de ceux de la CRPMM qui sont désignés par le ministre des Affaires sociales. D'après nous, il y aurait lieu d'atténuer ce pouvoir en stipulant que le lieutenant-gouverneur doit nommer les juges des tribunaux administratifs après consultation du Conseil de la justice[42] par le ministre de tutelle. Cette solution nous paraît tout aussi valable lorsqu'il y a une disposition à l'effet que les juges doivent être membres de la cour provinciale (cela se produit dans 6 cas sur 7[43]).

le terme d'office, la révocation, les vacances, le traitement et la retraite des juges

Le terme d'office est de 3 ans dans le cas de la Commission d'appel des allocations sociales, de 10 ans dans celui du tribunal de l'expropriation, de 4 ans dans celui de la Commission de revision sur la protection du malade mental, et il est indéterminé dans les autres cas. Il nous semblerait des plus logique, étant donné la pratique suivie à l'égard de plusieurs régies et sociétés, que le terme d'office des juges de tribunaux spécialisés soit de 10 ans et soit renouvelable pour une même période sauf lorsque le tribunal est constitué de membres d'une cour existante[44], telle la cour provinciale.

Les lois actuelles ne contiennent aucune disposition concernant la révocation. Il nous semble que l'on devrait généralement stipuler que la révocation (avant l'expiration du terme) doit être «pour cause» et qu'elle doit faire l'objet d'une adresse à l'Assemblée précédée d'une enquête par le juge en chef de la cour du Banc de la reine dont le rapport aura été remis au ministre de la Justice. Cette garantie nous paraît nécessaire dans le cas des tribunaux qui ne reposent pas sur une tradition aussi solide que celle des cours ordinaires.

Le lieutenant-gouverneur comble les vacances créées dans les tribunaux administratifs dans un seul cas[45]. On pourrait se dispenser à la rigueur d'une telle disposition puisque ce pouvoir est lié au pouvoir de nomination.

---

42. On peut se demander s'il y a lieu de créer un Conseil de la magistrature distinct du Conseil de la justice.
43. Juge des mines, tribunal des transports, tribunal du travail, tribunal des loyers. Le tribunal de l'expropriation compte 5 juges sur 15 choisis parmi les juges de la cour provinciale.
44. Auquel cas, on devra suivre les règles en vigueur dans cette cour. À toutes fins pratiques, la nomination d'un juge est faite pour une période allant jusqu'à l'âge de la retraite.
45. Celui de la CAAAS.

Il y aurait lieu, cependant, de préciser qu'une vacance se produit dans le cas de décès ou d'incapacité prolongée.

Le lieutenant-gouverneur fixe également le traitement des juges dans 3 cas[46]. Il n'y a pas de stipulation expresse dans les autres cas, car les juges en question font partie de la cour provinciale. En fait, le lieutenant-gouverneur devrait fixer le traitement des juges de tous les tribunaux selon les barèmes employés à la cour provinciale.

Les juges des tribunaux administratifs qui sont membres de la cour provinciale participent à un régime spécial, les autres participent au régime de la fonction publique. Il n'y a cependant aucune stipulation dans le cas de la CRPMM.

Les juges permanents des tribunaux administratifs doivent être, à cet égard du moins, dans une situation comparable à celle qui est faite à certains régisseurs et à certains membres des sociétés qui sont, eux aussi, nommés pour un terme fixe. L'appartenance d'un juge à une cour déjà établie le rend évidemment éligible aux bénéfices dont jouissent les autres membres de cette cour et lui confère une autonomie accrue.

b) *Le rapport annuel d'activités*

Les lois constitutives, à une exception près[47], ne contiennent aucune disposition obligeant les juges des tribunaux à remettre un rapport annuel au ministre de tutelle pour qu'il le dépose à l'Assemblée. Il ne peut s'agir que d'un rapport d'activités puisqu'il ne saurait être question que le ministre donne des directives de politique générale à un tribunal[48]. Encore une fois, nous préférons de beaucoup cette solution à celle du rapport mensuel puisque nous suggérons que parallèlement chaque tribunal soit obligé de publier ses décisions motivées dans une section spéciale de *la Gazette officielle*, comme c'est le cas pour le tribunal des transports[49].

---

46. Ceux des juges de la Commission d'appel de l'aide et des allocations sociales, ceux de la Commission de revision sur la protection du malade mental, ainsi que ceux des membres du tribunal de l'expropriation qui ne sont pas juges de la cour provinciale.
47. Il s'agit de la CRPMM.
48. Si tel était le cas, le rapport annuel devrait faire état de la réalisation des objectifs ainsi fixés. Or, on comprend qu'il n'est pas facile de fixer des objectifs à un tribunal dont l'action est aléatoire.
49. Depuis décembre 1973, le ministère de la Justice a effectivement décidé que les jugements de toutes les cours et tribunaux seraient publiés dans une section spéciale de *la Gazette officielle*, ce qui va dans le sens de cette recommandation puisqu'elle est englobée dans une réforme plus globale.

1.3. *Contrôles sur l'administration interne*

a) *La régie interne*

La régie interne d'un tribunal[50] doit relever de la responsabilité du président du tribunal à l'exclusion du ministre de tutelle. On peut penser que les problèmes administratifs d'un tribunal composé d'un seul juge doivent être assez peu nombreux. Toutefois, il serait sûrement opportun de minimiser les sources de friction en mettant à la disposition des juges un règlement de régie interne[51]. On imagine qu'il serait encore plus avantageux de regrouper « plusieurs juges » et d'embaucher un personnel compétent pour s'occuper de ces questions. C'est un des avantages qui découlerait de la création d'une Chambre administrative, création dont nous reparlerons postérieurement.

b) *Le personnel administratif*

la nomination

La loi de la fonction publique s'applique au personne de tous les tribunaux[52]. En pratique, cela signifie que la direction du personnel du ministère de la Justice s'occupe du personnel administratif de tous les tribunaux (sauf de ceux qui sont reliés au ministère des Affaires sociales) et que les greffiers peuvent négocier collectivement et même faire la grève. Il y a donc intégration à ce niveau.

le traitement et la retraite

Bien entendu, l'application de la loi de la fonction publique implique que les règles concernant les traitements et le régime de retraite s'appliquent.

c) *La gestion financière*

Les lois constitutives indiquent que l'Assemblée vote les crédits de la Commission d'appel de l'aide et des allocations sociales, du tribunal des loyers et du tribunal des transports. Par ailleurs, la loi du tribunal de l'expropriation précise, sans plus, que les sommes sont prélevées à même le fonds consolidé ce qui signifie qu'il n'y a pas de vote formel de crédits en Assemblée[53]. En pratique, cependant, même ces tribunaux sont soumis

50. Il convient de ne pas confondre la régie interne avec les règles de procédure destinées à régir le cheminement d'une affaire devant le tribunal.
51. Un tel règlement contiendrait les dispositions pertinentes qui se trouvent dans les lois des principaux organismes centraux.
52. La loi du tribunal des transports précise que le personnel administratif fait partie de la cour provinciale. La loi du juge des mines devrait être plus explicite à cet égard.
53. Toutefois, on peut penser que cette formule ne sera appliquée que durant la première année d'exercice et que par la suite on aura recours à des crédits votés par l'Assemblée.

au contrôleur et au vérificateur, et ils doivent verser leurs revenus au fonds consolidé. Par ailleurs, il arrive même que le budget de certains tribunaux ne soit pas présenté de façon distincte au livre des crédits, mais qu'il soit confondu avec celui du ministère de tutelle. En fait, dans le nouveau contexte du budget-programme, aucun tribunal n'apparaît de façon distincte. Nous croyons que l'on devrait par principe faire d'un tribunal un élément de programme distinct. Il s'agit, à toutes fins pratiques, de crédits statutaires. En somme, l'intégration financière est pratiquement complète; cela ne signifie pas seulement que le ministre de tutelle doive approuver le budget des tribunaux administratifs. Enfin, le lieutenant-gouverneur devrait fixer des tarifs de frais et dépenses pour tous les tribunaux.

d) *Les autres contrôles et services administratifs centraux*

La législation en vigueur ne contient aucune disposition expresse concernant les autres contrôles et services administratifs centraux. En pratique, il appert que l'information a été sous la direction de l'OIPQ[54] à la CAAAS, que le service des achats a juridiction sur la CAAAS et que le ministère des Travaux publics loue des locaux sans frais à la CAAAS. Il nous semble douteux que les tribunaux aient vraiment besoin des services d'un agent d'information et de publicité. En fait, les lois constitutives ne donnent pas une idée exacte de la situation qui prévaut puisque, en pratique, le ministère de la Justice voit à la gestion de tous les tribunaux à l'exception des 2 organismes relevant du ministère des Affaires sociales.

En somme, il apparaît que l'administration interne des tribunaux administratifs est généralement intégrée malgré les nombreuses imprécisions de la législation. Nous croyons que cette pratique doit être suivie même si elle peut occasionner certains inconvénients. Il nous semble peu probable que le gouvernement ait recours à des tracasseries de gestion interne pour brimer l'indépendance des juges[55]. De ce point de vue, la création d'une Chambre de justice administrative constituerait une meilleure solution.

2. *Le contrôle parlementaire*

Le contrôle parlementaire des cours et tribunaux ne doit constitutionnellement s'exercer que par le truchement de la législation. Il est assez

54. Depuis l'abolition de l'OIPQ, il est difficile de déterminer la compétence du ministère des Communications, à cet égard.
55. D'ailleurs, les juges des cours doivent également se plier à des règles de gestion particulières. Il faut bien avouer que certains juges ne sont pas exactement des administrateurs et qu'ils confondent souvent l'indépendance judiciaire et l'absence de gestion. On peut prévoir qu'une réforme rendue nécessaire devrait accroître les responsabilités et l'autorité du juge en chef de la cour.

rare aujourd'hui que les membres de l'Assemblée critiquent et plus rare encore qu'ils se constituent en tribunal pour juger de la conduite d'un juge, en particulier[56]. En fait, nous n'avons relevé que 17 interventions de députés au cours des débats de 1970 et de 1971 qui portaient sur les tribunaux administratifs. Il n'y eut durant cette période aucune critique et aucune suggestion à l'endroit des tribunaux[57]. Les députés furent d'abord intéressés par l'administration générale (10 interventions), par l'administration interne (5 interventions) et par l'administration technique (2 interventions). De toute évidence, on a donc respecté le principe de la séparation du pouvoir judiciaire.

Toutefois, pour écarter toute possibilité d'influence indue, nous croyons que la révocation d'un juge devrait faire l'objet d'une adresse à l'Assemblée. Le juge en chef de la cour du Banc de la reine devrait être chargé de faire l'enquête et, préalablement à la requête, il devrait soumettre un rapport au ministre de la Justice pour qu'il le remette à un comité spécial de l'Assemblée.

3. *Le contrôle judiciaire*

Le contrôle des tribunaux administratifs exercé par les cours ordinaires est fondamental et, dans la pratique courante, il devient plus important encore que le contrôle gouvernemental puisqu'il porte précisément sur l'administration technique.

Nous avons déjà indiqué que l'autonomie[58] des tribunaux administratifs reposait essentiellement sur la nécessité de séparer la fonction judiciaire, jointe à un besoin d'une plus grande spécialisation[59]. Plus précisément, on a recours à un tribunal administratif lorsqu'il y a un contentieux à fort contenu technique dans un domaine où il s'agit principalement d'interpréter des règles régissant les rapports entre les citoyens et l'État.

---

56. L'affaire « Landreville », un juge de l'Ontario, a créé suffisamment de remous pour que l'on hésite à adopter la procédure de l'*impeachment*.
57. Les 17 interventions se répartissent ainsi: 8 demandes d'information et 7 interventions louangeuses. La CAAAS recueille à elle seule près de la moitié des interventions. Il y eut également 2 questions concernant les relations d'influence politique et l'administration interne à la Régie des loyers. Il faut sans doute reconnaître que les députés répugnent à intervenir dans des matières judiciaires même s'il s'agit de droit administratif.
58. Dans certains contextes, le terme d'« autonomie » est moins fort que le terme d'« indépendance ». Dans le cas des tribunaux administratifs, nous hésiterions à épouser cette conception selon laquelle les tribunaux administratifs doivent être plus sensibles à une politique gouvernementale qu'une cour ordinaire. Le texte de loi doit être le plus clair possible. Il est toujours loisible au gouvernement de contrecarrer le conservatisme par une nouvelle législation et une politique d'information et d'animation.
59. Rappelons qu'il doit s'agir d'une fonction dominante de type judiciaire; il doit également s'agir d'une « justice administrative » qui est en fait une justice civile d'un type spécial et qui est distincte de la justice pénale. Nous avons bien précisé que cette spécialisation tenait dans certains cas au fait que les droits individuels étaient peu élaborés et qu'il s'agissait en quelque sorte d'un droit nouveau.

Conséquemment, on doit s'interroger sur l'opportunité d'un contrôle par un organisme supérieur, même judiciaire, puisque ce dernier organisme étant forcément moins spécialisé, il y aura perte des avantages recherchés au départ. À priori, donc, il ne devrait pas y avoir d'appel ni de revision judiciaire[60] des décisions des tribunaux administratifs par la cour supérieure. Quant à l'autorevision des décisions, elle semble peu convenable de façon générale pour des organismes faiblement hiérarchisés.

Ces considérations n'ont assurément pas été retenues dans la législation actuelle puisqu'il existe une variété de contrôles exercés par les cours ordinaires (voir le tableau V).

En examinant ce tableau, on doit conclure que seule la législation concernant le tribunal des transports, comporte une logique interne[61].

Effectivement, en pratique, nous avons pu relever 7 jugements de cour mettant en cause les tribunaux administratifs[62]. Ces jugements confirmèrent généralement les décisions des tribunaux. Cela dit, il demeure évident qu'il est toujours possible, en l'absence d'un droit d'appel[63], de contester une décision d'un tribunal par la revision judiciaire. En somme, non seulement les dispositions législatives établissent un fonctionnement complexe et pas toujours cohérent, mais la pratique vient renforcer cette confusion. Il nous semble qu'on devrait s'efforcer de mieux harmoniser les rapports entre les tribunaux administratifs et les cours.

---

60. Un appel sur une question de fait contredirait la spécialisation du tribunal. Pour ce qui est de l'appel sur des questions de droit, on peut penser que les causes traditionnelles ne s'appliquent pas avec une réelle acuité. En effet, la possibilité de conflits de juridiction semble minime et le besoin d'uniformisation du droit, en l'occurrence, ne paraît pas impérieux.
61. On aura remarqué que dans le cas du tribunal des transports, on a pris soin d'inscrire une stipulation de «décision finale et sans appel». mais aussi une autre de «clause privative»; ce qui fait comprendre que l'absence de droit d'appel ne doit pas être assimilée à une absence totale de revision judiciaire. Les récentes législations, tout en stipulant que les recours extraordinaires sont prohibés (clause privative), précisent en plus que 2 juges de la cour d'appel peuvent annuler tout bref accordé par la cour supérieure (ex.: le tribunal des transports). Dans le cas du tribunal de l'expropriation, il y a appel de l'homologation de la cour supérieure, appel sur toute question de droit et de compétence et même sur le montant de l'indemnité. On peut difficilement subordonner davantage. Enfin, il y a appel de la CRPMM sur des questions de droit et de compétence.
62. Tribunal du travail: 1971 C. A. 551; 1971 C. S. 260; 1969 B. R. 802. Commission des loyers: 1955 C. S. 20; 1955 C. S. 381; 1971 C. S. 75; 1952 C. S. 135. Bureau des expropriations de Montréal: 1969 B. R. 63. Les appels furent rejetés dans toutes les affaires concernant le tribunal du travail et la compétence du tribunal confirmée dans 1971 C. S. 260. Il en fut de même dans l'affaire concernant le BEM. Enfin, 3 jugements confirmèrent les décisions de la Commission des loyers. Bien sûr, malgré toutes ces décisions favorables, il n'en reste pas moins que l'on a pu par divers brefs contester la compétence de ces tribunaux. (Pour une vision plus complète de cette question, consulter l'ouvrage de R. Dussault, *le Contrôle judiciaire de l'administration au Québec*, Québec, 1969, p. 130-169 et p. 256-273.)
63. Dans l'affaire «Drouin» c. le «Bureau des véhicules automobiles», la cour d'appel a jugé que l'on ne pourrait recourir au jugement déclaratoire *(certiorari)* lorsqu'il existait un droit d'appel (du BVA au tribunal des transports). (Voir *le Soleil*, 19 mai 1973, p. 18.)

TABLEAU V

Les modalités de contrôle des tribunaux administratifs par les cours de justice

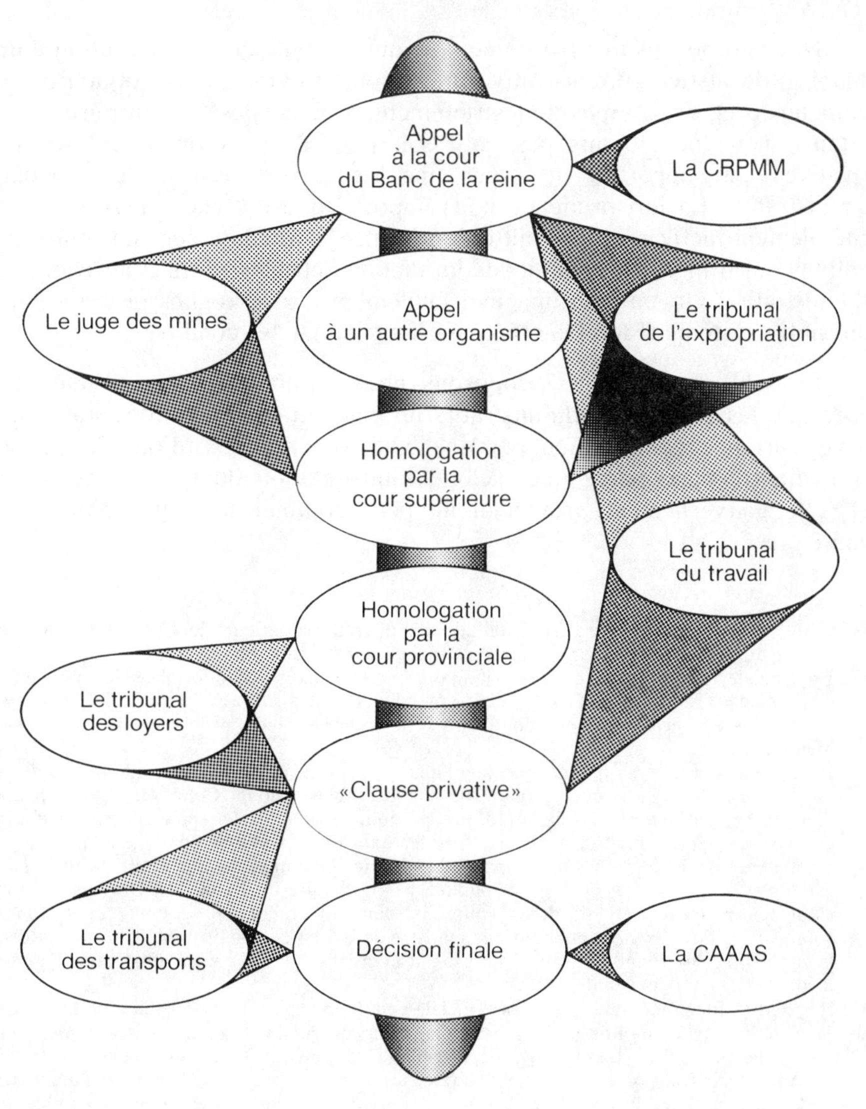

Nous croyons qu'il s'agit là d'un des problèmes fondamentaux du droit administratif. On peut opter à cet égard soit pour la solution française qui propose une structure de tribunaux administratifs parallèle à celle des cours ordinaires[64], soit pour la solution anglaise[65] ou américaine qui subordonne les tribunaux administratifs au pouvoir de surveillance des cours supérieures et se limite essentiellement à une uniformisation des procédures des tribunaux.

Nous proposons une troisième voie qui est celle de la constitution d'une Chambre de justice administrative de la cour provinciale, un organisme de compétence et de composition strictement provinciales[66]. Contrairement à certains, nous ne croyons pas qu'il soit possible de raffiner les «clauses privatives» ni opportun de créer une structure parallèle de tribunaux administratifs. La jurisprudence nous apprend que de telles clauses ont été généralement inefficaces. On sait qu'en France, il a fallu créer un tribunal des conflits pour trancher les conflits de juridiction entre les cours et les tribunaux administratifs. Or, on peut imaginer facilement les imbroglios que susciterait dans notre système fédéral la création d'un tribunal des conflits.

La solution que nous proposons nous paraît s'imposer, d'une part, parce que les tribunaux administratifs ne peuvent rendre de décision impérative sans une confirmation par une cour supérieure[67] (d'où l'homologation), d'autre part, parce que, selon l'interprétation du texte constitutionnel[68], le gouvernement provincial ne peut nommer les juges d'une cour supérieure.

---

64. Cette solution consiste en un tribunal administratif supérieur (le Conseil d'État), qui tout en étant un tribunal d'appel demeure spécialisé en «droit administratif».
65. En Angleterre, un «Conseil des tribunaux» a été chargé d'uniformiser les procédures des tribunaux administratifs et a déjà entendu certaines affaires. Cette solution est encore moins engageante et nous doutons qu'elle règle les divers problèmes que nous avons mentionnés.
66. Il est, d'ailleurs, remarquable que la plupart des juges des tribunaux administratifs ont été faits membres de la cour provinciale par la loi constitutive. Cette suggestion va donc dans le sens d'une consolidation d'une pratique existante. On pourrait également regrouper, au départ, les trop nombreux greffes existants, et établir un meilleur partage des compétences avec les cours municipales. Me Patrice Garant, dans une étude intitulée *Essai sur le service public au Québec* et publiée par la faculté de Droit de l'Université Laval, avait déjà proposé cette solution. Toutefois, dans un rapport subséquent, *les Tribunaux administratifs au Québec*, publié par le ministre de la Justice, en 1970, Me Garant se rallia à la suggestion du groupe de travail qui prônait la création d'une cour d'appel administrative distincte des cours existantes.
67. Il appert incidemment que la cour provinciale peut homologuer une décision d'un tribunal.
68. Nous admettons volontiers qu'il est complètement ridicule que le gouvernement provincial ne puisse constituer son propre tribunal administratif supérieur alors que le gouvernement central possède la cour fédérale. Cependant, il ne serait pas pour autant désirable de constituer 2 structures parallèles d'organismes judiciaires. Il nous semble que dans un tel contexte l'on pourrait plus facilement obtenir l'adhésion du «monde judiciaire», même si théoriquement le problème des conflits de juridiction est toujours présent.

Cela dit, il serait malgré tout nécessaire de rendre définitives les décisions de cette Chambre de justice administrative dans des matières de compétence provinciale et municipale et de ne pas fixer de limite à la valeur monétaire des intérêts en cause[69].

Bref, on pourrait fusionner tous les tribunaux administratifs existants en une Chambre de justice administrative en y intégrant le personnel en place. Idéalement on pourrait également confier à cette Chambre la revision judiciaire[70] des régies[71] et le contentieux des autres organismes publics provinciaux et municipaux. Il serait alors possible de subdiviser cette Chambre en diverses sections plus étendues et d'instituer le cas échéant une procédure de revision. Il serait opportun que les juges siégeant à cette Chambre aient une connaissance approfondie des règles générales du droit administratif en plus de celle de leur secteur respectif. Chose certaine, il est douteux qu'une organisation judiciaire qui continuerait de se morceler de la sorte puisse répondre de façon satisfaisante aux besoins des justiciables. Nous ne minimisons pas pour autant les obstacles constitutionnels à toute réforme dans ce domaine.

4. *Le contrôle de l'opinion publique*

Il est très difficile d'affirmer qu'il y a un contrôle de l'opinion publique sur les tribunaux administratifs. En fait, de 1970 à 1972, nous n'avons relevé que 4 mentions des tribunaux administratifs dans le journal *le Devoir;* encore s'agissait-il strictement d'articles d'information. Les questions abordées étant ordinairement techniques, il est peu probable que la population soit en mesure de saisir les diverses facettes d'un contentieux qui est par définition encore plus spécialisé que celui des cours criminelles et civiles[72]. En fait, même le problème général de l'organisation judiciaire échappe aux media d'information. Cependant, un certain nombre d'études sont actuellement menées sur cette question, et vraisemblablement elles connaîtront une certaine diffusion. Quoi qu'il en soit, on ne peut pas dire qu'il y ait eu une pression de l'opinion publique pour modifier le fonctionnement des

69. Actuellement, la cour provinciale est compétente dans les matières où l'intérêt est inférieur à $3 000. L'absence de limite supérieure aux intérêts en cause aurait, pour certains, l'effet de créer une cour supérieure. On pourrait à la limite réclamer un amendement constitutionnel.

70. Ici aussi, il y aurait matière à débat constitutionnel puisque seule la cour supérieure actuelle possède le pouvoir de revision judiciaire. Pour éviter ce débat, on n'aurait qu'à accorder un droit d'appel sur ces questions à cette seule Chambre.

71. Cette révision porterait sur les questions de droit et de juridiction. Il faudrait évidemment avoir conclu qu'un tel contrôle est désirable.

72. On peut tout au plus citer un article déjà ancien de la revue *Cité libre* dénonçant les lenteurs de la justice des cours ordinaires. En 1973, on évaluait à 5 000 le nombre de causes en retard et pourtant, depuis 1960, le nombre de juges augmente régulièrement. Par comparaison, on peut certainement affirmer que l'ombudsman a reçu une bien meilleure publicité.

tribunaux ni des critiques soutenues de leurs décisions[73]. Enfin, rappelons qu'un tel contrôle, ou plus justement une information éclairée des justiciables, ne peut exister véritablement si les décisions des tribunaux ne sont pas rendues publiques. Il suffirait sans doute que les chroniques judiciaires, à l'occasion, élargissent leur cadre pour englober les tribunaux administratifs.

B — *Suggestions de réforme et d'études complémentaires*

a) *Suggestions de réforme*

Nous proposons la création *à la cour provinciale* d'une *Chambre de justice administrative dont les décisions seraient finales et sans appel.* Cette division de la cour provinciale regrouperait les tribunaux existants, et, idéalement, elle pourrait entendre les appels de divers organismes provinciaux (et municipaux) et exercer la revision judiciaire à leur égard. La compétence de cette division ne serait pas limitée par la valeur monétaire de l'intérêt en cause.

b) *Suggestions d'études complémentaires*

Le Conseil de la justice ou un chercheur intéressé pourrait entreprendre une étude systématique des règles de procédures actuellement suivies par les tribunaux administratifs afin d'en déterminer les caractéristiques communes et de vérifier s'il est opportun d'appliquer un code général aux tribunaux. L'application d'un tel code pourrait être également envisagée dans le cas de la création d'une Chambre de justice administrative. On pourrait aussi faire l'analyse de la clientèle des tribunaux administratifs afin de déterminer si ceux-ci rejoignent effectivement ceux pour qui ils ont été créés[74].

3. *Les régies*

A — *Données factuelles et commentaires*

1. *Les contrôles gouvernementaux et administratifs centraux*

1.1 *Contrôles sur l'administration technique*

L'administration technique d'une régie, avons-nous vu, peut être composée de différentes façons. En effet, la régulation économique et techni-

---

73. On peut tout au plus signaler qu'au cours des récentes années, certains avocats se sont plaints des disparités dans les sentences, mais le débat est demeuré académique. (Voir L. Laplante, *Recherchée, justice,* Montréal, Éditions Ferron, 1973.)

74. La spécialisation d'un tribunal doit en principe accroître l'accessibilité de celui-ci, sans compter que le tribunal administratif est censé être moins coûteux que les cours. Il est vrai que l'introduction d'une mesure visant à rendre les services juridiques moins onéreux pour les « économiquement faibles » pourra avoir pour effet de diminuer cet écart.

que peut prendre la forme de règlements, de décisions individuelles (délivrance de permis, approbation, certification) ou collectives impératives (ordonnances)[75], ou même de transactions commerciales[76]. Elle implique généralement l'exercice de pouvoirs complémentaires d'enquête et d'inspection destinés à servir de support aux autres fonctions.

Récemment, certains ont suggéré de rattacher des organismes consultatifs permanents aux régies. Nous ne croyons pas que cette innovation soit souhaitable et nécessaire. On peut craindre, en effet, que ces organismes permanents deviennent des forums où les régisseurs auront à défendre certaines de leurs décisions devant les intérêts concernés, et que ceux-ci acquerront une information privilégiée. Nous préférerions de beaucoup que l'on consulte *publiquement*[77] les groupes d'intérêts à propos d'un projet concret de réglementation. Cela ne saurait empêcher la régie de s'adjoindre, à l'occasion, des conseillers spéciaux, ni le ministre de pouvoir demander à la régie de tenir des audiences publiques sur un problème particulier et de lui transmettre un rapport sur la question[78]. Il s'agirait effectivement dans ce dernier cas, d'une proposition qui aurait pour effet de déblayer le terrain pour les travaux des commissions parlementaires[79], et non d'un contrôle gouvernemental déterminant sur l'administration technique de la régie.

Bref, le contrôle gouvernemental ne saurait s'exercer que sur l'application du pouvoir réglementaire, du pouvoir de décision individuelle ou collective de régulation, et du pouvoir d'inspection et d'enquête, *Seul le contrôle sur la décision individuelle de régulation devrait être, en théorie, très limité, sinon inexistant, puisque c'est là la fonction dominante, la raison d'être de l'autonomie.*

---

75. Répétons qu'il ne s'agit pas de décisions de nature judiciaire mais de décisions de régulation. Ces décisions prennent généralement la forme d'ordonnances qu'il ne faut pas confondre avec le règlement. Il s'agit d'une décision impérative d'ordre individuel ou collectif. (Voir G. Bruce Doern, *The concept on regulation and regulatory reform*, Congrès annuel de l'Institut d'administration publique du Canada, Toronto, septembre 1973.)
76. De telles transactions n'ont pour but que de régulariser le marché d'un produit donné, non d'assurer la rentabilité de la régie. Au Québec, ce sont les offices de producteurs et non la Régie des marchés agricoles qui transigent.
77. A fortiori, nous désapprouverions une disposition à l'effet de permettre la constitution de comités spéciaux représentatifs. Il s'agit là, bien sûr, d'une proposition différente de celle que nous avons faite dans le cas des organismes consultatifs rattachés au ministère. Nous croyons qu'à cause de la spécialisation de la régie, le danger de conflits d'intérêts est beaucoup plus présent.
78. Il y a une disposition à cet effet dans la loi de la Régie des services publics. Nous avons déjà indiqué que nous n'étions pas favorables à la tenue de telles audiences publiques par les conseils et les commissions consultatives. Ceux-ci doivent être représentatifs ou techniquement compétents dans leur composition même.
79. L'expérience des travaux de la Commission sur l'industrie du taxi, en 1973, semble avoir indiqué un besoin de médiatisation antérieure à la Commission parlementaire car le ministre peut y être engagé sans la préparation nécessaire.

En effet, en ce qui concerne la *réglementation,* il n'y a pas d'objection à ce que le ministre de tutelle exerce lui-même ce pouvoir. Actuellement, ce pouvoir est attribué au lieutenant-gouverneur dans 4 cas[80]. Dans 3 cas, la régie et le lieutenant-gouverneur ont le pouvoir de faire des règlements[81].

Dans les autres cas, le lieutenant-gouverneur doit nécessairement approuver toute réglementation préparée par les régies[82]. Il est grand temps que l'on reconnaisse l'existence d'un pouvoir ministériel de réglementation comme l'on fait les autres gouvernements œuvrant dans un système de type britannique. Il ne fait aucun doute que le besoin de bien établir au départ la priorité qui doit être donnée à la cohérence de la politique sectorielle milite en faveur de cette réforme[83].

Bien sûr, cela ne règle pas le problème de savoir s'il est préférable de conférer au ministre le pouvoir d'approuver une réglementation préparée par la régie ou de l'obliger à préparer lui-même ladite réglementation ou ses amendements. Les arguments qui militent en faveur de l'une ou de l'autre solution sont également convaincants. Dans le premier cas, on dira que l'approbation dispense le ministère de doubler les compétences techniques qui sont forcément rares. Dans le second cas, on soulignera qu'il est désirable que l'initiative de la formulation d'une politique d'ensemble soit attribuée à quelqu'un qui est responsable devant l'Assemblée et qui, à cause de ce fait, est beaucoup plus susceptible de mettre en vigueur la réglementation nécessaire[84]. Cette formule devrait dispenser le ministre de tutelle de donner à la régie des directives de politique générale. Car, encore une fois, possédant le pouvoir réglementaire, il pourrait toujours influencer cette politique par une nouvelle réglementation.

En somme, nous suggérons que la législation principale conserve les 2 possibilités[85]. Dans les 2 cas, cependant, la régie devrait aviser la population et tenir elle-même des audiences publiques afin que les diverses propositions d'un projet de règlement soient débattues[86]. Cette procédure devrait

---

80. Ce sont: la Commission des transports, la Commission des valeurs mobilières, la Régie des services publics, la Commission de contrôle des permis d'alcool.
81. Le Bureau de surveillance du cinéma, la Régie des marchés agricoles et la Régie de l'électricité et du gaz.
82. La RMA semble jouir d'un statut particulier en ce sens que certains de ses règlements ne sont pas approuvés par le lieutenant-gouverneur.
83. Certains pourront croire qu'il ne s'agit là que d'une fiction juridique puisque, de toutes façons, le Bureau de la législation déléguée devrait viser le règlement. Nous croyons malgré tout qu'il s'agirait là d'une transformation psychologique importante qui valoriserait la maîtrise d'un secteur d'activités par le ministère.
84. On peut citer le cas de nombreuses régies qui ont longtemps tardé à formuler leur réglementation, jugeant plus facile de décider cas par cas.
85. La loi de la Régie des marchés agricoles contient, d'ailleurs, des dispositions (articles 45 et 46) qui vont justement dans ce sens.
86. Seules les lois de la RSP et de la RE contiennent des dispositions dans ce sens. Plus précisément, le ministre des Communications peut exiger la tenue d'une audience.

être complétée par le dépôt obligatoire du projet par le ministre[87], devant l'Assemblée, pendant une période de 30 jours, pour être soumis à un vote négatif[88]. Le projet serait ensuite sanctionné par le lieutenant-gouverneur et publié dans *la Gazette officielle*. Il n'est donc pas nécessaire dans ces circonstances d'accorder au ministre le pouvoir de donner des directives de politique générale à la régie.

Pour ce qui est du contrôle gouvernemental exercé sur les *décisions de régulation,* il est difficile d'énoncer des règles uniformes. Selon les législations de la Régie de l'électricité et du gaz, de la Commission des transports, de la Régie des loteries et des courses et du Bureau de surveillance du cinéma, la délivrance de certains permis spéciaux (exclusifs) doit être autorisée par le lieutenant-gouverneur[89]. Le lieutenant-gouverneur peut encore approuver, modifier et révoquer les ordonnances de la Commission du salaire minimum: seul il peut reviser les décisions (toutes les décisions?) de la Régie des marchés agricoles et il doit approuver certains contrats de travaux publics soumis à la Régie des eaux. À la suite d'une recommandation de la Commission des valeurs mobilières, il peut autoriser la suspension des pouvoirs d'une compagnie privée. Il y a donc effectivement un contrôle gouvernemental des décisions individuelles de régulation. Par ailleurs, il n'est pas évident que l'on ait cherché par là à soumettre au gouvernement les décisions les plus importantes[90] ni que l'on ait procédé pour ce faire de façon systématique.

De plus, il est étonnant de constater à quel point le ministre de tutelle a des pouvoirs restreints[91], même lorsqu'il est question de décisions d'ordre sectoriel. À notre avis, il conviendrait que le ministre de tutelle soit substitué au lieutenant-gouverneur, sauf lorsqu'il s'agit de décisions de portée intersectorielle (ex.: les ordonnances du salaire minimum). On peut se demander, si dans ce dernier cas, il ne serait pas préférable de cesser ce jeu de cache-cache et de remettre la décision au lieutenant-gouverneur.

Cependant, on peut considérer que même cette substitution contredirait la notion d'autonomie fonctionnelle. Actuellement, ce contrôle gouvernemen-

87. Dans l'hypothèse où le ministre doit approuver une réglementation préparée par la régie, il doit donner cette autorisation avant le dépôt devant l'Assemblée.

88. Ce dépôt pour « vote négatif» constituerait une innovation au Québec, mais l'on y a déjà eu recours en Angleterre. Une disposition législative pourrait obliger le ministre à faire viser le règlement par le Bureau de la législation déléguée.

89. On pourrait penser qu'il s'agit de cas exceptionnels et partant justifiables. D'un autre côté, on peut s'interroger sur l'utilité d'un organisme qui n'est habilité à prendre que des décisions d'ordre secondaire.

90. Par exemple, les tarifs ne sont pas touchés, pas plus que les décisions relatives à la cessation d'activités par une entreprise privée.

91. Il est sans doute vrai qu'un ministre doit en pratique parrainer les décisions qui concernent son secteur. Ne serait-il pas temps de reconnaître officiellement son rôle? Un changement de forme accroîtrait la responsabilité ministérielle.

tal se superpose à des mécanismes qui tendent à assurer à la décision une certaine qualité et impartialité[92]: premièrement, l'obligation d'émettre un avis public préalablement à la délivrance d'un permis[93], à l'édiction d'une ordonnance[94], et, deuxièmement, l'obligation pour la régie d'entendre les objections des personnes intéressées[95], de respecter certaines règles de pratique[96] à la prise de ses décisions[97] et de motiver ses décisions[98]. Il s'agit en fait d'éléments de l'administration technique fort importants que l'on aurait avantage à rendre aussi uniformes que possible dans la législation constitutive.

Cependant, ces deux démarches ne garantissent en rien la cohérence dans l'application d'une politique sectorielle. *Nous suggérons donc qu'au lieu de conférer au lieutenant-gouverneur ou au ministre le pouvoir d'approuver a priori certaines décisions, on ne leur accorde que le pouvoir de les annuler, ou de les suspendre, pour cause a posteriori, c'est-à-dire entre le moment où la régie transmet copie de la décision ou de l'ordonnance au ministre ou au lieutenant et celui où ces décisions entrent en vigueur lors de leur publication dans* la Gazette officielle. Certains ne verront là qu'un simple jeu de mots: annuler une décision qui n'est pas officiellement en vigueur équivaut à une approbation a priori. Toutefois, il serait possible de dissiper toute confusion en habilitant le ministre à publier dans *la Gazette officielle* un avis de refus d'autorisation ou de suspension et en donnant la raison du refus ou de la suspension[99]. Cette situation nous

---

92. On pourrait facilement arguer que, malheureusement, seuls les groupes puissants peuvent se faire entendre. En conséquence, il peut arriver qu'une bonne décision ne soit qu'une décision adaptée aux besoins de ces derniers.
93. Les lois de la CVM, de la RE, de la RLC, de la REG, de la CT et de la CCPA contiennent une disposition à cet effet. Une telle exigence ne paraît pas aussi nécessaire dans le cas du BSC, mais les exceptions sont toujours difficiles à justifier.
94. Tel est le cas pour les plans conjoints de la RMA et les ordonnances de la CSM.
95. On retrouve une disposition dans ce sens, dans la loi constitutive de toutes les régies, à l'exception de celle de la Régie des eaux.
96. Ces règlements d'administration technique de la REG, de la RSP, de la RE et de la CSM doivent être approuvés et même en ce qui concerne la RE, publiés dans *la Gazette officielle*.
97. Le problème fondamental ici est sans doute le fait que le citoyen ordinaire répugne à la dénonciation ou n'a pas les moyens ni la compétence pour soutenir une lutte contre une entreprise ou un groupe d'intérêts. On a pu constater récemment que de plus en plus les gouvernements et les municipalités devaient intervenir afin de contrebalancer l'influence de certaines grandes entreprises auprès des régies et des paliers supérieurs de gouvernement.
98. Dans le cas de la RLC, et de la CCPA. Nous ne sommes pas partisan de l'obligation pour les régies de motiver leurs décisions, parce qu'il n'y a pas de jugement en droit. Toutefois, il serait fort désirable que les régies énoncent les «considérants» de leurs décisions dans les cas où le ministre a le pouvoir de suspendre ou d'annuler.
99. Au gouvernement fédéral, il semble que l'on ait adopté la règle selon laquelle le ministre ne peut intervenir que s'il y a preuve d'une erreur de fait dans la décisions, c'est-à-dire d'une erreur dans l'appréciation des faits. C'est du moins le sens donné à la décision du ministre fédéral de suspendre en avril 1973 une décision de la Commission fédérale d'accorder une hausse de tarifs à la Compagnie Bell.

paraît certainement préférable à celle que prévoit notamment la loi de la Commission des transports, à l'effet que la régie doit transmettre copie de toute décision au ministre et qu'elle est habilitée à modifier ou à révoquer «pour cause», toute décision qu'elle a rendue avant (c'est du moins notre interprétation) que la décision ne soit devenue exécutoire par sa publication dans *la Gazette officielle*[100]. C'est comme si l'on invitait le ministre à faire savoir, à l'insu des intérêts concernés, qu'il n'est pas d'accord avec la décision de la régie, afin que celle-ci modifie en conséquence sa décision[101].

Encore une fois, ce pouvoir ne devrait être accordé qu'à l'égard de décisions importantes (ex.: les permis spéciaux, la tarification). On ne devrait pas craindre que les régisseurs formulent systématiquement des décisions contraires à une politique ministérielle bien établie ni que le ministre annule ou suspende systématiquement des décisions pour des motifs autres que celui du maintien de la cohérence de la politique. En résumé, la loi constitutive devrait stipuler que la régie doit transmettre copie de ses décisions au ministre, mais qu'il revient à ce dernier d'assumer la responsabilité de la suspension ou de l'annulation d'une décision d'une régie. On doit éviter les zones grises qui ne peuvent qu'encourager à la fuite des responsabilités.

Enfin, il n'y aurait pas d'objection à ce que le ministre soit habilité à demander à la régie de mener une enquête et d'en faire le rapport, ou à tenir des audiences publiques portant sur des problèmes spécifiques qu'il aurait lui-même identifiés. Une telle disposition se trouve exceptionnellement dans la loi de la Régie des services publics. Par ailleurs, la loi de la Commission de contrôle des permis des alcools, en confiant toute la direction des enquêtes au sous-procureur général du ministère de la Justice, pousse sans doute l'intégration à l'extrême[102]. Même si théoriquement les enquêtes des régies pourraient être absorbées par le ministère sans que cela mette en péril l'autonomie décisionnelle de la régie, il faut bien admettre que dans une telle hypothèse, on ne favorise guère le développement du sens de la responsabilité chez les régisseurs[103].

En somme, dans l'état actuel des choses, l'administration technique des régies peut s'exercer formellement dans un cadre relativement auto-

---

100. Car, dans cette hypothèse, il y a un droit d'appel au tribunal des transports dans les 8 jours qui suivent la publication.

101. Nous ne croyons pas qu'il y ait lieu pour autant d'attribuer au ministre le pouvoir de modifier une décision de la régie. Il agirait très rapidement comme régie d'appel. Toute annulation devrait entraîner une revision de la décision par la régie elle-même.

102. La loi de la Commission des valeurs mobilières, en faisant du sous-ministre des institutions financières le sous-chef des employés de ladite commission, crée une confusion qui paraît plus grave encore.

103. Nous ne voyons pas l'utilité d'une disposition qui obligerait une régie à transmettre au ministre tout rapport d'enquête (comme c'est le cas de la Commission des transports).

nome[104], qui, toutefois, n'est pas complètement satisfaisant. Nous suggérons, à cet égard, que l'on établisse un meilleur équilibre en confiant le pouvoir réglementaire à la fois au ministre et à la régie, en habilitant le ministre à suspendre ou annuler « pour cause », certaines décisions des régies d'importance capitale et à commander la tenue de certaines enquêtes et audiences sur des problèmes spécifiques qu'il aura lui-même identifiés.

1.2. *Contrôles sur l'administration générale*

a) *Le personnel directeur, c'est-à-dire les régisseurs*
la nomination

Le lieutenant-gouverneur nomme tous les régisseurs. Il n'y a pas lieu de modifier cette règle si ce n'est en précisant que la nomination sera faite sur la recommandation du ministre de tutelle. Il est clair que ces nominations auront toujours une certaine coloration politique, sinon strictement partisane, ne serait-ce que parce que la régulation économique et technique engage la politique d'un gouvernement. On doit espérer, cependant, que les gouvernements ne se contenteront pas d'une loyauté servile et qu'ils chercheront à s'assurer les services de personnes compétentes car, par définition, la régulation doit présider au développement de secteurs d'activité économique. La solution adoptée aux États-Unis, qui consiste à composer les régies sur la base de la représentation des 2 partis politiques, ne nous paraît pas très rationnelle et difficile à appliquer dans un contexte où les opinions politiques se radicalisent. La représentation d'intérêts soumis à la régulation aboutirait à l'autorégulation et empêcherait l'État de jouer son rôle d'intégrateur des intérêts. Une autre solution qui consiste à nommer des juges membres de régies est franchement aberrante et ne fait qu'augmenter la confusion établie par les juristes entre les régies et les tribunaux[105]. Enfin, il est inadmissible que les personnes ainsi nommées ne soient pas obligées de démissionner en cas de conflits d'intérêts[106].

---

104. Lors d'une enquête conduite, il y a quelques années, auprès de divers régisseurs afin de déterminer l'influence informelle exercée sur eux par les ministres, nous avons reçu des réponses à l'effet que cette influence était très négligeable. Pouvions-nous tellement nous attendre à autre chose? En fait, nous avions eu alors le sentiment que l'indépendance des régisseurs était proportionnelle à leur compétence et à leur mobilité potentielle.
105. C'est le cas de la Régie des services publics.
106. Les lois de la RMA, du BSC, de la CSM et de la CVM ne contiennent pas de disposition prohibant les conflits d'intérêts. Pourtant, l'histoire récente a montré que de tels conflits, à cause de la nature même des fonctions exercées, sont fort susceptibles de se produire.

le terme d'office, la révocation, les vacances, le traitement et la retraite des régisseurs

Le terme d'office des régisseurs est indéterminé dans 5 cas, il est de 10 ans dans 5 autres cas. Dans tous les cas, les termes sont identiques pour tous les membres. Nous croyons que la loi constitutive devrait déterminer un terme d'office pour tous les régisseurs, qui pourrait être de 10 ans pour les présidents, de 7 ans pour les vice-présidents et de 5 ans pour les autres membres. Ce chevauchement permettrait l'adaptation et la continuité. L'indication d'un nombre d'années est assurément une protection pour les régisseurs car toute révocation avant l'expiration de ce terme ne devrait l'être que «pour cause». Malheureusement, seule la loi de la Régie de l'électricité et du gaz contient une telle disposition. À notre avis, il n'y a pas lieu, cependant, d'atténuer davantage le pouvoir de révocation du lieutenant-gouverneur. Un gouvernement forcé d'expliquer en Assemblée la cause d'une révocation devrait posséder un excellent dossier.

Le lieutenant-gouverneur, comme il se doit, comble les vacances qui se produisent au sein des régies. Dans 4 cas, la loi constitutive est muette, mais une disposition sur ce point serait de toutes façons superflue puisque ce pouvoir est une composante du pouvoir de nomination.

Le traitement des régisseurs est également fixé par le lieutenant-gouverneur. Dans 4 cas[107], la loi prévoit que le traitement «ne pourra être réduit». Une telle clause, par la situation déplorable qu'elle peut entraîner, devrait être retranchée. Le traitement du président, selon l'importance de la régie, devrait être voisin de celui du sous-ministre.

Le régime de retraite de la fonction publique, s'applique aux régisseurs de 9 régies[108]. De plus, 3 présidents de régies ont droit aux avantages spéciaux des sous-chefs. Il n'est pas évident que les présidents de régie doivent avoir le rang de sous-chef pour les fins de gestion interne[109]. Par contre, il est sûrement nécessaire de permettre à tous les régisseurs de contribuer au régime de retraite de la fonction publique, car il doit s'agir d'un poste permanent et exclusif.

En somme, le personnel directeur des régies n'est généralement intégré que par sa participation au régime de retraite de la fonction publique. Pour

107. Ce sont: la REG, la CCPA, la RSP, et la CT.

108. Dans une régie, le BSC, seul le président participe au régime de retraite de la fonction publique. Dans 3 cas (la CCPA, la CT et la RSP), les membres qui sont juges participent à un régime particulier.

109. Les présidents de sociétés n'ont pas un tel rang et leur autorité n'est pas mise en doute pour autant. Par ailleurs, il n'est certainement pas facile de hiérarchiser les régies par ordre d'importance et, encore davantage, de décider qu'un président de régie doit être l'égal d'un sous-ministre. En fait, nous serions partisan d'une formule générale: ou bien tous les présidents de régie ont rang de sous-chef ou bien aucun d'eux n'a ce rang. Cette règle devrait empêcher que l'on crée des régies sans raison valable.

le reste, on pourrait dire qu'il s'agit d'un engagement de nature contractuelle dont les conditions sont fixées dans la loi constitutive et l'arrêté en conseil. Il existe effectivement aux États-Unis une jurisprudence selon laquelle les cours de justice peuvent forcer le respect du terme d'office. Rien ne devrait empêcher les cours du Québec d'agir de la même façon[110].

b) *Le rapport annuel d'activités*

Toutes les régies devraient être soumises à l'obligation de remettre un rapport annuel au ministre pour que celui-ci le dépose devant l'Assemblée nationale[111]; or 3 régies constituent des exceptions qui ne nous semblent pas justifiables. La Régie des services publics doit remettre un rapport qui n'est pas déposé devant l'Assemblée, alors que la Régie des marchés agricoles remet un rapport portant seulement sur la régulation du lait.

Ce contrôle a posteriori est d'autant plus nécessaire qu'il n'y a pas lieu de conférer au ministre le pouvoir de donner des directives de politique générale à la régie en dehors du processus de régulation. Étant donné que par ailleurs, toutes les décisions de régulation et toutes les ordonnances doivent être rendues publiques, la remis de rapports périodiques ne nous paraît pas nécessaire.

1.3. *Contrôles sur l'administration interne*

a) *La régie interne*

C'est le lieutenant-gouverneur, comme il se doit, qui fixe les tarifs d'honoraires exigés par 5 régies[112]. Le ministre de tutelle pourrait assumer cette responsabilité.

Toutefois, il serait fort utile de remettre à chaque régie un règlement incorporant les dispositions de lois des principaux organismes centraux qui les concernent. Le ministre devrait approuver l'organigramme et le plan d'effectifs[113]. Enfin, le lieutenant-gouverneur autorise les avances faites à la Commission du salaire minimum. Nous avons déjà indiqué que nous ne parta-

---

110. Il est vrai qu'aux États-Unis, la situation n'est pas rigoureusement identique puisque l'on semble admettre de façon officielle le bipartisme dans la composition des régies. Toutefois, on pourrait atteindre le même résultat au Québec si l'on acceptait le chevauchement des termes d'offices des régisseurs. Il arriverait sûrement un moment où ceux-ci seraient d'une coloration politique différente. Dans un cas comme dans l'autre, il est nécessaire d'assurer l'indépendance des régisseurs.

111. Il s'agit du BSC, de la CSM et de la CVM. Le rapport est habituellement déposé dans les 30 jours de sa réception.

112. Ces 5 régies sont: la RLC. la CVM, la CT, la REG et la RSP. Les revenus sont versés au fonds consolidé.

113. La vérification annuelle devrait périodiquement (tous les 4 ans) contenir des commentaires sur la gestion de l'organisme et déborder le cadre strictement comptable.

geons pas cette conception selon laquelle une régie doit être financée par les intérêts réglementés eux-mêmes et selon laquelle elle peut exercer des activités de nature financière. On peut tout autant craindre une influence indue des intérêts réglementés que dénoncer ce qui constitue une taxe spéciale.

b) *Le personnel administratif*
la nomination

Les employés de toutes les régies sont nommés selon la loi de la fonction publique. On peut se demander pour quelle raison on a cru nécessaire de stipuler que le lieutenant-gouverneur pouvait adjoindre « tout expert qui pourrait être requis[114] ». Il nous semble que la régie est en mesure d'apprécier elle-même ses besoins à cet égard. Une telle initiative du lieutenant-gouverneur revient à contourner facilement la loi de la fonction publique. L'addition de régisseurs temporaires, comme dans le cas de la Régie des services publics (qui compte déjà 9 régisseurs à plein temps), nous paraît procéder d'une même logique, car il est difficile de comprendre que les besoins augmentent de façon si soudaine ou varient de façon saisonnière[115].

le traitement et la retraite

Tous les employés des régies étant soumis à la loi de la fonction publique, leur traitement et leur régime de retraite doivent être conformes aux dispositions qui s'appliquent généralement aux fonctionnaires. En pratique, cela signifie également que la gestion de ce personnel relève de la direction du personnel du ministère de tutelle.

c) *La gestion financière*

Elle se présente ainsi: 4 régies ont leurs crédits votés par l'Assemblée, une autre est financée directement par le fonds consolidé[116], alors que la loi constitutive est muette dans 4 autres cas. En pratique, toutefois, il appert que seule la Commission du salaire minimum n'a pas ses crédits votés par l'Assemblée et que le Bureau de surveillance du cinéma maintient effectivement son accès direct au fonds consolidé. Le fait que la CSM perçoive des revenus des employeurs rend cet organisme exceptionnel[117]. Nous ne nous expliquons pas, cependant, le statut particulier du BSC.

---

114. Dans le cas de la Régie de l'électricité et du gaz.
115. Il y a maints exemples d'amendements visant à accroître le nombre de membres permanents.
116. Il s'agit du BSC.
117. Même si encore une fois nous ne croyons pas qu'une régie devrait être financée par les intérêts concernés.

Toutes les régies devraient présenter un budget distinct parallèlement à celui du ministère de tutelle[118]. Elles devraient également être soumises à l'arrêté en conseil n° 1041 concernant les engagements[119], de même qu'aux autorisations du contrôleur[120] et à la vérification du vérificateur général[121]. Bref, selon nous, la gestion financière des régies doit être intégrée, sauf en ce qui concerne l'attribution d'un budget annuel[122]. Dans un contexte de budget-programme, la régie devrait constituer un programme de régulation économique. L'importance politique d'une telle activité est trop grande pour que la dimension réduite du budget soit une raison valable pour fusionner les dépenses d'une régie avec celles d'autres services ministériels.

d) *Les autres contrôles et services administratifs centraux*

À l'instar de la plupart des organismes autonomes, les lois constitutives ne contiennent généralement aucune disposition concernant l'application des autres contrôles et services administratifs centraux. Il semble, qu'en pratique, cependant, le service des achats ait compétence sur toutes les régies à l'exception de la CCPA et de la CT. Par ailleurs, 3 régies étaient soumises à l'ancien Office d'information et de publicité. Enfin, le ministère des Travaux publics gère tous les immeubles occupés par les régies. Ces immeubles sont d'ailleurs la propriété de l'État et le ministère les loue sans frais. L'intégration est donc pour le moins partielle. On peut se demander toutefois si cela tient à un certain respect de l'autonomie administrative ou à l'incohérence des règles et des mécanismes de gestion centrale. Nous pencherions plutôt pour la seconde explication.

En conclusion, nous avons le sentiment que seule l'administration technique de la régie devrait être autonome, mais d'une façon qui n'empêche pas le ministre de tutelle de bien établir sa politique générale (par la réglementation) et à l'occasion de ne pas entériner certaines décisions spécifiques. Par ailleurs, l'intégration de l'administration interne — sauf en ce

---

118. Le budget de la Régie des eaux est confondu avec celui du ministère des Affaires municipales.
119. La CSM et la RMA constituent 2 exceptions. Il semble que l'on ait erronnément assimilé ces régies à des sociétés du seul fait qu'il y avait prélèvement de revenus. En fait, il s'agit bien d'une taxe spéciale qui n'a pas sa place en matière de régulation.
120. Exception faite pour la CSM. Il devient clair que c'est toute l'économie de la loi qu'il faudrait changer dans ce cas.
121. La loi constitutive est muette dans 2 cas sur 10, mais, en pratique, le vérificateur vérifie les comptes de toutes les régies.
122. Il reste à voir, concrètement, comment la budgétisation par programme permettra une certaine conciliation avec un contrôle des centres de responsabilités. En soi, la régulation économique et technique devrait pouvoir constituer un élément de programme. Bien entendu, certains auront le sentiment que l'autonomie de la régie n'en est pas d'autant diminuée, mais il ne faut évidemment pas se mépendre sur le sens de ce type de présentation budgétaire.

qui a trait à l'attribution d'un budget par l'Assemblée — doit sans doute être maintenue. Tout comme dans le cas des tribunaux, il est possible qu'un gouvernement veuille par ce biais nuire à l'exercice d'une véritable autonomie fonctionnelle. Mais il s'agit là d'une hypothèse et il reste à vérifier si des régisseurs indépendants et forts d'un dossier bien étoffé ne seraient pas en mesure de mettre un terme à de telles pressions en portant le problème devant l'opinion publique. Il est donc impérieux que les lois constitutives assurent un terme d'office déterminé aux régisseurs et que ceux-ci ne puissent être révoqués que « pour cause ».

2. *Le contrôle parlementaire*

Le contrôle parlementaire des régies a été assez important en 1970 et en 1971 puisque nous avons dénombré 141 interventions des députés au cours des débats et 17 questions durant la période réservée à cette fin. Les interventions des députés étaient d'abord louangeuses (67 interventions), et en second lieu, elles constituaient des demandes d'informations (42 interventions). Toutefois, on doit noter un nombre relativement important de critiques (17 interventions) et de suggestions (14 interventions). C'est l'administration technique (50 interventions), puis l'administration générale des régies (43 interventions), qui ont surtout retenu l'attention des députés. Cependant, on doit aussi noter que 10 interventions ont porté sur les rapports d'influence politique, que 9 interventions ont porté sur le contrôle gouvernemental exercé sur la régie et qu'enfin 29 interventions avaient trait à la gestion interne. Nous déduisons de ces chiffres que les activités des régies sont, comme il se doit, sensiblement litigieuses[123]. On peut considérer également que les députés ont agi efficacement en ne négligeant aucune régie. C'est sans doute là aussi un signe de l'importance que revêt ce type d'organisme.

3. *Le contrôle judiciaire*

Nous avons déjà observé que les régies n'exercent pas véritablement une fonction judiciaire. Les juristes qualifient la régulation économique et technique de fonction quasi judiciaire, parce que le législateur pour assurer un sain exercice d'une fonction déléguée (le ministre n'étant pas ou que partiellement responsable) oblige généralement les régisseurs à tenir des au-

123. Par ordre, la CCPA, la CVMQ, la RSP et la RLC ont été les régies les plus en évidence. Il est étonnant, cependant, de constater que ces organismes attirent moins de commentaires sur les relations d'influence politique que les sociétés, alors que normalement, de ce point de vue, leurs activités prêtent davantage le flanc à la critique. On ne sait pas si on doit se féliciter de l'impartialité que les régies ont acquise ou déplorer la faiblesse des analystes parlementaires.

diences publiques avant de prendre une décision pouvant être défavorable à une personne concernée (en particulier le retrait d'un permis). Sans doute, pour renforcer ce mécanisme d'équité, certaines lois constitutives prévoient un droit d'appel à la cour d'appel sur des questions de droit[124]. Cependant, dans la majorité des cas, on ne prévoit pas d'appel ni de revision judiciaire[125]. On stipule même que 2 juges de la cour d'appel peuvent annuler tout bref pris contre une régie. Enfin, on pourra vouloir rendre les décisions des régies impératives en les faisant homologuer par une cour[126].

La situation actuelle est très embrouillée parce que l'on persiste à confondre une régie et un tribunal. À notre avis, on doit effectivement exclure toute revision judiciaire par les cours, de même que tout droit d'appel. À la limite un tribunal administratif (plus spécifiquement une Chambre de justice administrative) pourrait exercer une revision «judiciaire» des décisions des régies, mais il serait préférable que, même alors, on se limite à un droit d'appel sur les questions de droit, ou sur les questions de compétence ou de juridiction.

On ne s'étonnera pas de constater que, dans le passé, les cours ont en fait exercé un contrôle très étendu sur les décisions des régies. En effet, la jurisprudence concernant les organismes est considérable. Nous avons relevé près d'une centaine de jugements mettant en cause les régies. Il est vrai qu'à ce nombre, il faut soustraire 52 jugements (plus de la moitié) qui n'avaient trait qu'à des infractions à la loi des alcools. Il reste tout de même près d'une cinquantaine de jugements qui ont trait soit à la compétence (34 causes[127]), soit à divers autres motifs de contestation des régies[128], soit à des poursuites pour infraction à la loi.

Certes, on peut constater que la compétence des régies est généralement confirmée et que peu de décisions leur ont été défavorables[129]. Cela dit, nous avons quand même le sentiment qu'un tribunal administratif provincial serait plus apte à traiter des questions de droit et de compétence relatives aux régies provinciales.

---

124. La CVM (appel à 3 juges de la cour provinciale), la CT (appel au tribunal des transports), la RSP (appel sur question de droit), la RE (appel sur question de droit). Curieusement, seules la RLC et la CCPA sont obligées de motiver leurs décisions et pourtant, dans leur cas, il n'y a pas d'appel sur des questions de droit. Cela signifie sans doute que la seule question de droit susceptible d'être invoquée serait la compétence même de la régie.
125. C'est le cas de la CVM, de la RLC, de la RMA, de la CCPA et de la RE.
126. En ce qui concerne la RLC, par la cour supérieure ou la cour provinciale.
127. Sur ce nombre, une quinzaine de causes portaient sur la compétence de la commission.
128. Dans l'affaire «CVM» c. «United Uranium Corp. Ltd.» 1958 C. S., le jugement déclare incidemment que le permis émis par la commission n'est pas un droit mais un «privilège» et que la décision de la régie n'est pas une décision judiciaire ni quasi judiciaire.
129. «Procureur général de la province de Québec» C. «Béron» 1970 C. A. 503. «Murray Hill» c. «Diamond Taxi» 1962 B. R. 891.

4. *Le contrôle de l'opinion publique*

L'importance des régies apparaît encore par la place que lui a réservée le journal *le Devoir* de 1970 à 1972. En effet, nous avons dénombré 91 mentions de régies dont 9 analyses et éditoriaux. Ces articles concernaient principalement l'administration technique, les décisions et les règlements (59 articles), et l'administration générale (31 articles); enfin un seul article traitait des rapports d'influence politique. Toutefois, ici encore, l'information factuelle domine largement, et les organismes eux-mêmes ou les ministères sont à l'origine des deux tiers de l'information. Cependant, les groupes (22 mentions) et l'Assemblée nationale (8 mentions) ont tout de même joué un rôle non négligeable à cet égard. Ici aussi, on peut considérer que la presse a été relativement efficace puisque seulement un organisme a été ignoré[130]. Cependant, on peut s'étonner de ce que les organismes consultatifs aient aux yeux de ce journal presque autant d'importance que les régies. Il est vrai qu'ils sont 6 fois plus nombreux.

B — *Suggestions de réforme et d'études complémentaires*

a) *Suggestions de réforme*

Avant même de parler de réforme des régies, on doit clairement établir que la fonction de régulation est une fonction sui generis et qu'elle n'est ni une fonction quasi judiciaire (comme les juristes se plaisent à l'appeler[131]) ni une fonction de «gestion économique» (comme le voudraient certains emprunts à la terminologie française). Il est inconcevable qu'aujourd'hui encore, on s'ingénie à créer ainsi une confusion. La clarification de la terminologie devrait avoir également pour effet d'éliminer l'appellation «commission» pour caractériser ce type d'organisme.

L'essentiel des suggestions de réforme que nous proposons, consiste en un réaménagement de l'équilibre entre la tutelle gouvernementale et l'autonomie fonctionnelle. Il nous paraît d'abord nécessaire d'affirmer le rôle du ministre de tutelle en lui accordant le pouvoir réglementaire, de même que le pouvoir d'approuver la réglementation préparée par la régie. Cette réglementation devrait être soumise à une délibération publique conduite par la régie et à un vote négatif de l'Assemblée. Dans ce même sens, il est désirable, à notre avis, que le ministre de tutelle puisse suspendre ou annuler certaines décisions des régies en publiant un avis à cer effet dans *la Gazette officielle*. Il est aussi judicieux de permettre au ministre de requérir

---

130. La CVM, la CCPA et la RSP ont atteint le plus haut «degré de visibilité».
131. Cette confusion est à l'origine de la nomination de juges à la présidence des régies, de la revision judiciaire et même de l'attribution du droit d'appel aux cours de justice ordinaires.

de la régie la tenue d'audiences publiques et d'enquêtes sur des problèmes spécifiques qu'il aurait lui-même identifiés.

Enfin, l'indépendance des régisseurs doit être assurée par la détermination d'un terme d'office et par une disposition à l'effet qu'ils ne sont révocables que «pour cause». L'application des contrôles et services administratifs centraux ne doit pas souffrir d'exception. Il serait douteux, en effet, que cette intégration puisse de façon sérieuse mettre en péril l'autonomie de la régie.

b) *Suggestions d'études complémentaires*

Un examen des pratiques courantes des régies en matière d'enquêtes et d'audiences publiques ainsi qu'une analyse de la qualité de la réglementation pourraient constituer des études complémentaires très utiles. Par ailleurs, une étude plus globale de l'étendue, de la nature et de l'influence de la régulation économique et technique québécoise dans le contexte fédéral actuel procurerait une perspective nécessaire à toute extension possible de cette fonction. Il est clair, en effet, que la régulation économique et technique ne se limite pas aux seules régies existantes et que divers services ministériels exercent une telle fonction. Enfin, une évaluation très sérieuse de certaines décisions majeures permettrait de mieux cerner les critères utilisés, les enjeux et l'influence respective des divers intérêts concernés.

4. *Les sociétés*

A — *Données factuelles*

1. *Les contrôles gouvernementaux et administratifs centraux*

1.1. *Contrôles sur l'administration technique*

La réalité recouverte par le concpet d'administration technique est sans doute plus difficile à cerner dans le cas des sociétés que dans celui des autres types d'organisme.

Cette difficulté est attribuable à 4 principaux facteurs: la confusion des fonctions dans certains organismes, l'ambiguïté des textes de loi relativement aux modalités d'action de certaines sociétés, la complexité des décisions stratégiques des sociétés qui, par surcroît, sont de 3 types différents, c'est-à-dire les sociétés commerciales, financières ou industrielles, et enfin, les liens étroits qui existent entre l'administration technique et l'administration interne.

La législation québécoise, parce qu'elle n'a jamais clarifié les critères devant servir à distinguer les divers organismes autonomes, a effectivement consacré une confusion des fonctions à l'intérieur des mêmes organismes. Ainsi, on a pu attribuer à un organisme qui est fondamentalement une société des fonctions de régulation économique et technique[132]. On a encore soumis certaines sociétés à la revision judiciaire ou à la revision par une commission spéciale, alors que ces mécanismes conviennent davantage à des régies ou à des tribunax. Enfin, il est apparent que l'on n'a pas tracé une frontière très nette entre la fonction de «gestion économique» et la fonction de «gestion non économique», la première devant être attribuée à une société et la seconde à un office. Rappelons à ce sujet, qu'à notre avis, on peut conclure à l'existence d'une société lorsque sont réunis les 2 critères suivants: l'exercice d'une fonction dominante de «gestion économique» (c'est-à-dire une fonction de gestion commerciale, industrielle ou financière) et un objectif de rentabilité, même si celle-ci, pour diverses raisons, est limitée. Par définition un office exercera donc une fonction de «gestion économique» de façon accessoire et il n'aura pas d'objectif de rentabilité, même limitée. Une société dont la rentabilité est limitée sera selon notre typologie, une société déléguée, alors que la société autonome aura une rentabilité illimitée[133].

En second lieu, la législation actuelle entretient, par sa rédaction, une ambiguïté sur les modalités d'action de certaines sociétés et par ricochet remet en cause la nature véritable de l'organisme. Ainsi, on néglige généralement de distinguer la réglementation externe, c'est-à-dire la législation déléguée[134], de la décision d'administration technique qui doit être adoptée sous la forme d'un règlement du conseil d'administration. Plus spécifiquement, on créera une confusion en obligeant la société à prendre certaines décisions par règlements, lesquels seront ensuite approuvés par le ministre ou le lieutenant-gouverneur et pourront même être publiés dans *la Gazette officielle*. Or, en rédigeant de la sorte la loi constitutive, on laisse croire qu'il s'agit là d'un règlement externe, alors qu'en fait, il ne peut s'agir que d'une décision stratégique d'une importance telle, qu'elle justifie d'abord le recours à une «résolution[135]» du conseil d'administration, puis à une approbation gouvernementale. Nous n'aurions pas traité aussi longuement

---

132. C'est le cas de la Régie de l'assurance-dépôt. Nous croyons que dans un tel cas, la fonction de «gestion économique» doit être dominante (la fonction d'assurance) et que la fonction de régulation doit être remise au ministère pour éviter cette confusion. Nous sommes conscient que dans l'esprit du législateur la fonction de régulation était de beaucoup la plus importante, mais nous ne pouvons pour autant conclure autrement dans le cas présent.

133. Il est clair, cependant, qu'en pratique les mécanismes concrets de fonctionnement pourront atténuer les différences lorsque par exemple on accordera un fonds renouvelable à un office.

134. À titre d'exemple, citons ce texte tiré de la loi de la Régie de l'assurance-dépôt: «La Régie de l'assurance-dépôt peut faire des règlements (approuvés par le lieutenant-gouverneur) pour (a) déterminer la forme des rapports soumis par les entreprises (b) les catégories de permis et... (c) la durée des polices.»

135. Pour éviter toute confusion, il serait effectivement préférable d'utiliser le terme «résolution» au lieu de celui de règlement.

de cette question si effectivement, dans le passé, certaines personnes n'avaient pas assimilé certaines sociétés (particulièrement les sociétés d'assurance collective, telles que la RAM, la RR, la RAD, la CAT) à des régies, au point de leur donner cette appellation erronée et de croire qu'elles exerçaient un véritable pouvoir réglementaire. Il est vrai que le caractère monopolistique de l'organisme rend certaines décisions de ces organismes, universelles et obligatoires. Il n'est pourtant venu à l'idée de personne de dire que l'Hydro-Québec jouit malgré son statut de monopole, d'un pouvoir réglementaire lorsqu'elle fixe ses tarifs d'électricité[136].

En troisième lieu, il apparaît de façon évidente que le concept de société recouvre 3 types d'activité (activités commerciales, financières et industrielles), 3 types de produit différent qui font que l'administration technique doit forcément varier en conséquence[137] et qu'il est particulièrement difficile de trouver une règle uniforme pour toutes les sociétés.

Enfin, il est certain que même si l'on réussit à dégager le contenu uniforme de l'administration technique des sociétés, comme nous tenterons d'ailleurs de le faire plus loin, on éprouvera encore de la difficulté à dissocier l'administration technique de l'administration interne. En effet, non seulement les 2 concepts sont très intimement liés dans le cas des sociétés à cause du régime financier[138] mais, par surcroît, la notion d'autonomie fonctionnelle s'étend chez elles aussi bien à l'administration technique qu'à l'administration interne. Nous l'avons déjà signalé, un contrôle exercé par un ministère sur l'administration technique de la société impliquerait à la limite le dédoublement des compétences, alors que le contrôle de l'administration interne irait à l'encontre des exigences de fonctionnement des entreprises qui sont différentes de celles qui prévalent pour les ministères.

Cela dit, nous devons quand même chercher dans un premier temps à *définir le contenu du concept d'administration technique des sociétés,* pour ensuite déterminer la façon dont en a traité la législation actuelle. D'après nous, ce contenu se compose de 2 principaux éléments : le régime

---

136. En d'autres termes, ici aussi, l'emprunt par des sociétés de procédures — telle la publication des décisions dans *la Gazette officielle* — qui sont plus appropriées aux régies, ne doit pas faire conclure qu'il s'agit de régies, pas plus que l'emprunt de procédures appropriées aux cours doit amener à la conclusion que les règles sont des tribunaux.

137. La société financière produit des prêts, du crédit, du financement. La société commerciale effectue des transactions. La société industrielle produit des biens matériels ou exploite des richesses naturelles. La société d'assurance offre la prestation d'un service et elle est fréquemment associée aux sociétés financières par ses placements.

138. En effet, on peut considérer que le régime financier appartient autant à l'administration technique qu'à l'administration interne. Nous avons cru qu'il était préférable d'opter pour l'administration technique. Plusieurs auteurs, tel André Delion, isolent la tutelle financière dans une catégorie à part. Nous croyons qu'il est préférable de distinguer à l'intérieur de l'administration technique le « régime financier et la production spécifique », quitte à conserver un article « gestion financière » même à l'intérieur de la rubrique « administration interne ».

financier et la production spécifique, celle-ci pouvant prendre des formes diverses selon les types de société.

Par *régime financier,* nous entendons les règles régissant la détermination des prix, des tarifs, des primes (pour les sociétés d'assurance), des taux, des prêts (pour les sociétés financières), des emprunts, ainsi que l'affectation du surplus[139], l'attribution d'avances, la participation de l'État dans le capital-actions de la société, l'application des dispositions de la loi de l'impôt sur les compagnies et à l'occasion le vote de crédits par l'Assemblée. Dans les 5 derniers cas, il s'agit, bien entendu, de particularités propres aux entreprises publiques[140].

Quant à la *production spécifique* des entreprises publiques, elle peut consister soit dans les conditions de prestation d'un service[141], soit dans des procédés de fabrication ou de construction[142], soit dans des modalités régissant les transactions[143], selon qu'il s'agit d'une société commerciale, industrielle ou financière.

Qu'en est-il maintenant des dispositions de la législation actuelle? Plus précisément, quels sont les contrôles exercés effectivement sur le régime financier et sur la production spécifique des 26 sociétés[144] étudiées?

Le tableau VI présente les résultats d'un inventaire des dispositions des législations en vigueur portant sur le *régime financier.* Nous pouvons en tirer 3 propositions générales.

En premier lieu, on remarque l'absence d'une trame générale pouvant sous-tendre à la fois chaque type de contrôle et chaque type de contrôle par type d'organisme. Il n'y a donc pas à proprement parler de statut unique d'entreprise publique. On peut tout au plus observer que dans l'ensemble, l'Assemblée ne vote pas les crédits des sociétés[145], mais peut voter

---

139. La notion de surplus est plus appropriée que celle de profit dans le cas des entreprises publiques parce que les lois constitutives obligent généralement ces entreprises à constituer certaines réserves (à même leurs profits) avant de déclarer un surplus et parce que celui-ci n'est pas nécessairement réinvesti.
140. Signalons tout de suite que le vote de crédits par l'Assemblée réduit à néant l'autonomie financière et qu'il est incompatible en principe avec le concept de société, d'entreprise publique.
141. Ces conditions peuvent consister, par exemple, à déterminer les classes d'assurés, la durée des polices, les catégories de biens assurés (ex.: la Régie de l'assurance-dépôt).
142. Ces procédés peuvent être, par exemple, la détermination des conditions de conservation, de manutention des boissons alcoolisées (ex.: la Société des alcools).
143. À titre d'exemple, on peut citer la détermination des bases d'évaluation des fermes et des primes (ex.: l'Office du crédit agricole).
144. Nous n'avons pas fait l'examen de tous les contrôles gouvernementaux qui pourraient influencer l'administration technique. Il apparaît comme nécessaire que l'entreprise publique soit soumise à des règles analogues à celles qui s'appliquent aux entreprises privées en général (ex.: les mesures contre la pollution) ou plus précisément aux entreprises privées agissant dans le même secteur (ex.: les relevés miniers).
145. Elle les vote cependant pour les sociétés suivantes: la SHQ, l'OCA, l'ORTQ, la SPICQ, la RAR, la RAD.

TABLEAU VI

CONTRÔLES GOUVERNEMENTAUX EXERCÉS SUR LE RÉGIME FINANCIER DES SOCIÉTÉS

Types de contrôle / Types de société	APPROBATION DES PRIX	ATTRIBUTION D'AVANCES	APPROBATION DES EMPRUNTS	IMMUNITÉ FISCALE	VERSEMENT DU SURPLUS (F. C. - P.)	BUDGET VOTÉ PAR L'ASSEMBLÉE
SOCIÉTÉS FINANCIÈRES						
SDIQ	taux d'intérêt	montant nécessaire	oui	A. D.	A. D.	(sauf pour pertes subies) non
SHQ	normes des taux d'intérêt	montant nécessaire	oui	A. D.	après déduction F. C.	oui
OCA	taux d'intérêt (loi)	A. D.	oui	A. D.	A. D.	oui
CDPQ	composition du portefeuille (loi)	A. D.	A. D.	A. D.	A. D.	non
SOCIÉTÉS INDUSTRIELLES (d'utilité publique)						
CHQ	tarifs	montant nécessaire	oui	ententes pour taxes municipales et scolaires. Impôt sur production d'énergie	fonds disponible après constitution d'une réserve vont au F. C.	non
SDBJ (F. S.)	A. D.	montant nécessaire	oui	A. D.	A. D.	non
OAQ	taux de péage	montant nécessaire	oui	A. D.	tous les montants payables à la société vont au F. C.	non
STQL (F. S.)	A. D.	A. D.	oui	A. D.	dividendes fixés	non
ORTQ	A. D.	montant nécessaire	oui	A. D.	solde versé au F. C.	oui
(d'exploitation)						
SOQUIP (F. S.)	A. D.	A. D.	oui (limite)	A. D.	dividendes fixés	non
SOQUEM (F. S.)	A. D.	A. D.	oui (limite)	A. D.	dividendes fixés	non
SIDBEC (F. S.)	A. D.	A. D.	oui, selon la loi des compagnies	A. D.	A. D.	non
RS	A. D.	$4 millions	oui 4 millions	A. D.	F. C.	non
REXFOR	A. D.	limite fixée	oui	A. D.	tous les montants payables à la société vont au F. C.	non
SOCIÉTÉS COMMERCIALES						
SPICQ	A. D.	montant nécessaire	oui	entente, taxes scolaires et municipales	après déductions F. C.	oui
SODEVIQ	A. D.	A. D.	A. D.	A. D.	solde versé au F. C.	non
RPA	A. D.	A. D.	oui	aucune taxe à payer	A. D.	(sauf déficit) non
RGT	A. D.	A. D.	oui	compensation pour services municipaux	A. D.	(sauf déficit) non
SELC	A. D.	montant nécessaire	oui (limite)	A. D.	F. C.	non
SGF (F. S.)	A. D.	A. D.	oui (garantie)	A. D.	A. D.	A. D.
SAQ (F. S.)	droits d'entrepôt	A. D.	oui Conseil du Trésor (limite)	A. D.	dividendes fixés par le ministre des Finances	non

TABLEAU VI (*Suite*)

(d'assurance collective)						
RR	taux des contributions (loi)	A. D.	A. D.	A. D.	sommes non requises déposées à CDPQ	non
RAR	% des garanties (loi)	montant nécessaire (ministre des Finances)	A. D.	A. D.	sommes non requises déposées à CDPQ	oui
RAD	taux des primes	montant nécessaire	A. D.	A. D.	sommes non requises déposées à CDPQ	oui
CAT	compensations (loi)	montant nécessaire	A. D.	subvention en guise d'impôt foncier	sommes non requises déposées à CDPQ	non
RAMQ	contributions (loi)	montant nécessaire	oui	A. D.	sommes non requises déposées à CDPQ	non

Explication des abréviations:

* A. D.: aucune disposition dans la loi. F. C.: le surplus est versé au fonds consolidé du revenu. P: le surplus est approprié par l'entreprise. S: actions souscrites. F. S.: indique qu'il s'agit d'une société à fonds social.

** À moins d'indications contraires, le lieutenant-gouverneur en conseil exerce les contrôles et accorde les approbations.

*** On distingue ici les avances des dotations de capital qui peuvent prendre la forme de prises de participation au capital-actions des sociétés à fonds social.

**** Voici la répartition des actions souscrites et payées (S) de l'État au fonds social autorisé (FSA) des diverses sociétés: *SAQ :* (FSA) $30 000 000, 30 000 actions à $100 (S) toutes ; *SOQUIP :* (FSA) $15 000 000, 300 000 actions à $50 (S) 90 000 ; *SOQUEM :* (FSA) $45 000 000, $2 125 000 à $10, (S) 1 118 000; *STQL* (FSA) $3 000 000, 30 000 actions à $100 (S) 15 000; *SDBJ* (FSA) $100 000 000, 10 000 000 d'actions ordinaires à $10 (S) 1 000 000; *SIDBEC:* (FSA) $200 000 000, 10 000 000 d'actions ordinaires et 10 000 000 d'actions privilégiées à $10 (S) 4 800 000 (plus un emprunt de 30 000 000 à la caisse de dépôt et de placement entre 1970 et 1971); *SGF* (FSA) $150 000 000, 3 900 000 à ce jour. L'État doit acquérir toutes les actions détenues antérieurement par le secteur privé. En décembre 1973, une loi permettait au gouvernement d'acheter 2 500 000 actions ordinaires de la *SGF* au coût de 25 000 000 de dollars. *REXFOR:* (FSA) $25 000 000, 250 000 actions à $100 (S) 50 000. Le livre des crédits de 1973 et 1974 traite des sommes versées annuellement à ce titre, de «placements», alors que pour les autres sociétés, on parlera de «prêts et avances». Dans les 2 cas, il s'agit de déboursés extra-budgétaires et qui sont présentés pour fins d'information (chiffres de 1973).

des crédits d'équilibre financier de certaines d'entre elles (pour combler les déficits), et que les sociétés jouissent de l'immunité fiscale totale[146]. Sur cette question, il appert que dans l'ensemble, l'absence de dispositions

146. Font exception: la CHQ, la SPICQ, la RGT, la CAT. L'immunité fiscale est donc, paradoxalement, une forme de contrôle gouvernemental. C'est la soumission aux règles de l'impôt qui par association avec l'entreprise privée serait un indice d'autonomie. Selon les règles en vigueur actuellement: «Un organisme dont 90% du capital est détenu par l'État possède la qualité de «mandataire» et jouit de l'immunité fiscale tant à l'égard de la législation fédérale que provinciale.» Théoriquement, cette immunité ne s'étend pas aux diverses autres taxes telles que la taxe sur la vente au détail, sur le carburant ou l'immatriculation des automobiles. Quant à l'impôt foncier, le chapitre 50 de la loi de l'évaluation foncière de 1971 établit des cas d'exceptions. À notre connaissance, seule la SOQUEM paie actuellement la taxe de vente. Nous estimons qu'une société autonome devrait être soumise à la seule fiscalité provinciale des entreprises. Elle calculerait la dépréciation et recevrait en plus, lorsqu'elle remplit les conditions, les subventions qui sont accordées au secteur privé pour le développement industriel.

(A. D.) signifie qu'il y a absence de contrôle même si dans certains cas, nous serions porté à croire qu'il y a eu oubli et que parfois on a contredit la règle[147]. Il resssort également que dans l'ensemble, le ministre des Finances peut faire des avances aux sociétés[148] et ce, même si le budget est voté par l'Assemblée[149] et même si l'organisme possède le pouvoir d'emprunter[150]. Enfin, il est étonnant que très peu de sociétés conservent leur surplus. L'absence de disposition est interprétée apparemment ici comme devant conduire à un versement au fonds consolidé[151]. Or, à notre avis, une disposition expresse est nécessaire puisque l'absence de vote de crédits (l'absence de financement par le fonds consolidé) est à l'origine de l'autonomie du régime financier et que seule, une stipulation au contraire, dans la loi constitutive peut limiter cette autonomie[152]. En fait, on se demande si, à part la CPDQ, il existe une seule société qui puisse espérer conserver vraiment son surplus et, plus globalement, respecter le premier principe de l'entreprise publique, celui de l'*autofinancement*.

Par ailleurs, il convient de signaler, en second lieu, que la teneur même du statut semble être influencée par le type d'entreprise[153]. Plus précisé-

---

147. Exemple: on a stipulé que la RPQ n'avait aucune taxe à payer. Par contre, on notera la fréquente absence de disposition couvrant la destination du surplus. Cette absence est interprétée comme signifiant un versement au fonds consolidé (un contrôle).
148. Dans 12 cas, les ministre des Finances peut avancer «les montants nécessaires». Dans 2 cas, les sommes sont fixées. Enfin, on doit ajouter que par la législation, le gouvernement s'est même engagé à verser certaines dotations à diverses sociétés: la SDBJ (10 000 000 pendant 10 ans), la SOQUIP (1 500 000 pendant 10 ans), la SIDBEC (12 000 000 pendant 5 ans). Ces engagements statutaires constituent un accès privilégié au fonds consolidé tout comme la prise de participation dans le fonds social.
149. Exemples: la SPICQ, la SHQ, l'ORTQ, la RAR, la RAD.
150. Exemples: la SDIQ, la SHQ, l'OAQ, l'ORQTQ. En fait seules la RR, la RAP, la RAD, la CAT, la CDPQ et la SODEVIQ n'ont pas le pouvoir d'emprunter.
151. D'après une loi constitutive, 9 entreprises, dont théoriquement la CHQ, versent formellement leur surplus au fonds consolidé et 4 le versent à un fonds réservé à la CDPQ (la RR, la RAR, la RAMQ, la RAD). Depuis octobre 1973, la CAT a été ajoutée à la liste. On constitue ainsi indirectement une imposante société d'assurance collective amputée de la gestion de ses fonds ou une imposante société de gestion de fonds amputée de ses activités d'assurance.
152. La STQL, la SOQUIP, la SOQUEM, la SAQ, la SIDBEC. Il est manifeste que dans le cas de la SAQ, ces dividendes pourraient absorber pratiquement tout le surplus alors qu'il ne serait pas désirable d'appliquer cette règle aux autres sociétés. La possibilité de surplus pour les entreprises publiques demeure très hypothétique. En Angleterre, à cause des sommes énormes impliquées (il s'agit d'industries nationalisées), même le financement par obligations sur le marché a été remplacé par des avances de l'Échiquier.
153. On sait, qu'en pratique, la CHQ n'a jamais versé son surplus au fonds consolidé. Idéalement, une entreprise publique devrait conserver son surplus, elle devrait être soumise aux lois fiscales applicables aux entreprises privées, se financer par le marché des obligations et fixer ses prix. Il est vrai toutefois qu'il existe peu de pays où ces règles sont observées strictement par toutes les entreprises. Ainsi, les tarifs des entreprises d'utilité publique doivent être généralement approuvés et il arrive fréquemment que ces entreprises reçoivent des avances du fonds consolidé lesquelles sont substituées au marché des obligations.

ment, il est clair que la variation des régimes financiers est liée au type d'activité qu'exerce l'entreprise. Aussi, les sociétés «commerciales» d'assurance collective (obligatoire) sont sans doute les moins autonomes financièrement (approbation des prix, absence de pouvoir d'emprunt, versement du surplus à la CDPQ, vote de crédits par l'Assemblée). Soit dit en passant, on ne doit pas s'étonner que la législation constitutive contienne des dispositions fixant les cotisations et les compensations des régimes d'assurance collective puisque ces régimes sont obligatoires et prescriptifs. Les sociétés financières et les sociétés industrielles (d'utilité publique) viennent ensuite et sont suivies par les autres sociétés commerciales et industrielles bien que même dans leur cas, on ait généralement stipulé que le surplus est versé au fonds consolidé. Nous sommes d'accord avec cette espèce de gradation de l'autonomie financière quoique dans notre esprit elle pourrait, comme nous le suggérerons plus loin, être ramenée à 2 paliers au lieu de 3 ou 4 paliers.

À vrai dire, on peut facilement trouver des justifications pour chacune des particularités qui apparaissent au tableau sans compter que souvent la réalité a été légèrement différente du texte de loi[154]. Toutefois, il y a bien 2 modalités qui, à notre avis, devraient être corrigées. D'abord aucune société ne devrait être soumise au vote de crédits par l'Assemblée, même lorsqu'il s'agit d'allocations destinées à combler un déficit[155], et toutes les sociétés devraient spécifiquement faire approuver leurs emprunts[156]. Ensuite, il nous paraît ridicule de doter une entreprise publique d'un fonds social lorsqu'elle est la propriété entière de l'État. Non seulement cette

---

154. Ainsi, la plupart des sociétés étant de création récente, il n'est pas étonnant de constater que très peu d'entre elles sont en mesure de s'autofinancer. Par ailleurs, il faut aussi remarquer que la CHQ n'a jamais versé en pratique de surplus au fonds consolidé pour la bonne raison qu'on l'a soumise à un impôt spécial et que de toutes façons, elle avait besoin d'énormément de capitaux pour se développer.

155. On serait porté à considérer de telles allocations comme des «subventions d'équilibre budgétaire» au même titre que les sommes qui sont versées aux établissements publics. Nous croyons que cette conception n'a pas sa place dans le cas des sociétés. Si une société est déficitaire, on peut lui avancer le crédit nécessaire, prêts ou avances. Le déficit en soi n'a pas de signification pour la société lorsque l'on tient compte de son état de développement. Il n'est pas évident que dans ces circonstances, l'approbation par l'Assemblée soit nécessaire. La souscription d'actions additionnelles peut autant améliorer un bilan que l'attribution d'avances, mais il faut bien avouer que la souscription d'actions est plus trompeuse, moins franche.

156. Nous faisons référence aux emprunts faits sur le marché par l'émission d'obligations. Il n'y aurait pas lieu de façon générale de soumettre les emprunts à court terme sur billet à une autorisation gouvernementale. Pour plus de sécurité, on pourrait préciser une limite au-delà de laquelle la société ne peut emprunter sans autorisation (ex.: la SOQUEM) lorsque les sommes non remboursées atteignent 500 000 dollars.

« trouvaille » récente[157] n'a d'autre utilité pratique que celle de produire — croit-on — un effet psychologique bénéfique sur les administrateurs (ils auraient le sentiment de diriger une véritable entreprise), mais elle a l'inconvénient majeur de semer la confusion chez les non-avertis. En effet, la souscription périodique d'actions par l'État pourrait facilement être remplacée par une dotation de capital, l'achat d'obligations ou l'attribution de prêts[158]. De plus, il est impossible de faire le partage des responsabilités entre le gouvernement et le conseil d'administration à cause de subtilités d'ordre technique, puisque le ministre des Finances est à la fois l'assemblée générale des actionnaires, un actionnaire majoritaire et un actionnaire minoritaire[159]. Enfin, en accordant au lieutenant-gouverneur le pouvoir de fixer *les dividendes,* les lois constitutives non seulement contredisent

---

157. On connaissait déjà les « compagnies de la Couronne » créées par lettres patentes selon la loi des compagnies. Le gouvernement fédéral a utilisé cette technique durant la guerre. Toutefois, les sociétés actuelles à fonds social sont différentes en ce sens qu'une valeur spécifique est attribuée aux actions. (Voir L. Tivey, *The nationalized industries since 1960.* Londres, G. Allen and Unwin, 1973, p. 118.) L'auteur rapporte les commentaires d'une commission parlementaire britannique qui a examiné cette question : « *By imposing a distorted reflection of an industry's actual financial results and by distracting attention from the financial objective as the proper measure of performance this new system of capital financing could retard the proper judgment of the economic achievements of the nationalized industries* [...] *This form of financing has little signifiance for either the management of the industries of for ministerial control of their activities* [...] *Unsuitable for industries which are in regular deficit; they could never pay dividend and Exchequer dividend capital would be for them little more than an interest free non repayable advance.* »
« Ce nouveau mode de financement du capital pourrait retarder l'évaluation des véritables résultats économiques obtenus par les industries nationalisées parce qu'il imprime une certaine distorsion aux bilans et parce qu'il distrait l'attention par rapport à l'objectif financier en tant que principal critère d'efficacité. Cette forme de financement est peu significative et pour les gestionnaires des industries et pour les ministères de tutelle... elle est également inapplicable dans le cas des entreprises régulièrement déficitaires puisque celles-ci ne pourront payer des dividendes à l'Échiquier. En somme de telles actions équivalent à des prêts sans intérêt de l'Échiquier qui par surcroît ne sont pas remboursables. » [*C'est nous qui traduisons.*]
158. De toutes façons, le danger de saupoudrage des « investissements » dans plusieurs entreprises demeure le même, bien qu'un énorme fonds social se « vende » toujours mieux politiquement même si on le souscrit à moitié. On peut s'amuser à comparer la valeur nominale accordée aux actions des diverses sociétés et chercher à y découvrir la logique qui fait que les actions de la SAQ valent $100 et celles de la SOQUEM $10. Quant on sait que ces actions ne sont pas sur le marché et n'y seront sans doute jamais, on peut se permettre bien des fantaisies. Dans le cas de la SAQ, on peut même penser que l'investissement a été un simple jeu d'écritures puisque cette société était déjà entièrement une propriété publique avant qu'on lui attribue un fonds social. (Voir L. Tivey, *op. cit.)*
159. On peut penser que le ministre des Finances, s'il le désire, pourrait intervenir à tout propos dans la gestion de l'entreprise ou déléguer un de ses représentants, court-circuitant ainsi la direction de l'entreprise. Encore une fois, il est impensable que l'on puisse dénationaliser une entreprise publique par la simple vente d'un bloc d'actions à des intérêts privés. Nous ne voyons pas en quoi un bilan d'une société entièrement publique puisse être présenté plus avantageusement par un capital-actions fictif que par une dette obligataire, les deux étant détenus par l'État. Les dimensions même de la participation de l'État, indépendamment de la forme qu'elle prend, doit rassurer l'investisseur.

une fois de plus la cohérence de cette formule mais encore laissent clairement entrevoir que ces dividendes peuvent absorber complètement le surplus, ce qui revient à attribuer un budget à l'entreprise, comme si le surplus était versé au fonds consolidé.

Enfin, il nous apparaît que le régime financier de ces sociétés et plus globalement le statut même de l'entreprise devraient être articulés autour de la notion centrale de rentabilité. Lorsque l'on désire que celle-ci soit illimitée[160], le gouvernement devrait accorder à la société le pouvoir d'emprunt sur le marché et, sans doute pour le démarrage, une dotation en capital et des avances, ainsi que l'entière disposition de son surplus; il devrait également soumettre la société à la fiscalité sur le revenu des entreprises[161], n'exercer un contrôle sur ses prix qu'exceptionnellement (lorsqu'il s'agit par exemple d'un monopole d'utilité publique[162]), et n'approuver que ses emprunts et un programme triannuel de financement[163]. Voilà pour les sociétés que nous avons appelées «autonomes». Quant aux autres sociétés dont la rentabilité pour diverses raisons[164] ne peut être que limitée, on devrait stipuler que le surplus ira soit au fonds consolidé ou à un autre

---

160. Bien entendu, cela ne devrait pas empêcher le gouvernement d'imposer, s'il le juge à propos, des charges sociales à l'entreprise publique. Cependant, il ne devrait agir de la sorte qu'en subventionnant l'entreprise de façon distincte de la même façon qu'il le fait pour l'entreprise privée. Il s'agit là d'un cas différent de celui de la subvention d'équilibre budgétaire dont il a été fait mention précédemment.

161. Au fédéral, les *proprietary corporations* sont soumises à l'impôt sur le revenu.

162. Dans ces circonstances, nous croyons qu'une société d'État ne devrait pas être soumise au contrôle additionnel d'une régie. En d'autres termes, une régie est inutile lorsque l'entreprise publique occupe tout un secteur industriel. Le ministère de tutelle doit alors être substitué à la régie. Bien entendu, il y a des cas de quasi-monopole comme celui de la CHQ au Québec. La part de l'entreprise publique est tellement considérable que l'on ne peut parler de situation concurrentielle et il est sans doute préférable de remettre la décision au ministère de tutelle. En Angleterre, on s'est refusé jusqu'à ce jour à accorder au ministre de tutelle un pouvoir formel d'approbation des prix. On a prétexté la quasi-impossibilité de contrôler les prix de divers produits d'une même entreprise. De plus, le débat est encore ouvert sur le choix du coût marginal ou du coût moyen comme critère devant déterminer le prix. Et pourtant, l'État par ses régies contrôle les prix des entreprises privées monopolistiques et le gouvernement n'hésite pas selon la conjoncture politique à infléchir les prix des entreprises publiques de façon informelle, c'est-à-dire sans assumer le poids de la décision.

163. Les lois actuelles ne contiennent qu'exceptionnellement des dispositions concernant le programme d'investissement et le plan de financement, c'est pourtant une mesure de planification qu'il y aurait à généraliser. Incidemment, certains pourraient croire qu'une telle mesure pourrait être substituée à tout autre contrôle (ex.: le contrôle sur les emprunts). Malheureusement, l'impossiblité d'une synchronisation parfaite entre les diverses décisions du gouvernement rend impraticable une telle option. D'ailleurs, on a bien vu qu'au fédéral, la conjoncture peut forcer un gouvernement à refuser une augmentation de tarifs faisant suite à l'approbation d'un programme financier par une régie (ex.: Bell Canada en 1973).

164. Soit parce que l'on ne désire pas obtenir un surplus considérable (ex.: l'assurance collective) soit parce que le surplus prévu est trop considérable et que l'on ne désire pas investir davantage dans un secteur déterminé (ex.: la SAQ, la SELC).

fonds public (et y être réservé[165]), que ces sociétés jouiront de l'immunité fiscale, que les prix seront toujours approuvés par le gouvernement et que le financement se fera par avances et subventions d'appoint si cela est nécessaire[166]. Ce sont les caractéristiques des sociétés que nous avons appelées «déléguées». En d'autres termes, peu importe le secteur d'activités et le type d'activité de la société, on devrait lui attribuer au départ un régime financier qui corresponde à son objectif de rentabilité[167]. La seule variable additionnelle devrait être alors le caractère monopolistique (surtout pour les sociétés déléguées) ou le caractère concurrentiel (surtout pour les sociétés autonomes) de l'entreprise.

L'avantage d'une telle distinction est de faire ressortir plus clairement le centre de responsabilité financière de l'entreprise. Le conseil d'administration de l'entreprise est beaucoup plus directement concerné dans le cas de la société autonome que dans le cas de la société déléguée. Dans le premier cas, la rentabilité de l'entreprise est affirmée, alors que dans le second cas, c'est la rentabilité de l'impact de l'entreprise sur le milieu qui est principalement mise en cause. Cela est attribuable au fait que le rôle social de l'entreprise est normalement plus accentué dans le cas de la société déléguée.

En ce qui concerne la *production spécifique*, le tableau VII révèle les dispositions législatives qui la concerne. Comme il fallait s'y attendre, les sociétés ne disposent qu'exceptionnellement d'un véritable pouvoir réglementaire[168]. Par ailleurs, il existe de nombreux exemples de règlements qui peuvent être à la fois des précisions apportées à la loi principale — donc une législation déléguée — et des normes de règles de gestion que tout organisme doit établir si elle désire agir de façon cohérente. Nous faisons surtout référence ici aux «règlements» des sociétés d'assurance collective

---

165. Il s'agit de solutions très différentes. Si l'on verse le surplus à la caisse de dépôts avec réserve explicite en faveur du dépositaire, par exemple, on conserve l'autonomie de la société qui est dans une situation comparable à celle de la caisse d'assurance chômage, etc.

166. Ces subventions visent essentiellement à combler un déficit de fonctionnement et devraient être votées par l'Assemblée nationale dans le cas de ces sociétés.

167. À notre avis, il est donc nécessaire d'affirmer que, par définition, une entreprise publique doit avoir une rentabilité illimitée ou une rentabilité limitée. Par définition également, une société doit au moins équilibrer ses revenus et dépenses mais non nécessairement sur une base annuelle. C'est tout ce que l'on peut dire.

168. Le cas de la CAT est le plus discutable puisque dans la loi constitutive, on stipule qu'elle peut faire des règlements (approuvés par le lieutenant-gouverneur) «pour régler les cas non prévus par la loi». Il en va de même dans le cas de la RAD (pour prescrire des pénalités). C'est le lieutenant-gouverneur qui est dépositaire du pouvoir réglementaire dans le cas de la RR. On admettra volontiers cependant que la rédaction législative actuelle crée une confusion puisque l'on associe dans les mêmes articles une législation déléguée et un règlement administratif. L'OAQ peut «réglementer la circulation sur les autoroutes». Il suffirait de prévoir une section spéciale du Code de la route.

qui déterminent notamment les catégories d'assurés, les risques couverts, les bases de calcul d'évaluation. À vrai dire, on pourrait opter selon que l'on est partisan de l'autonomie de la société ou de la tutelle gouvernementale, pour l'une ou l'autre des interprétations[169]. La deuxième option nous semble la plus souhaitable. On devrait formuler le texte de loi de telle façon que l'on ne puisse confondre ces *règlements administratifs* avec la véritable législation déléguée du lieutenant-gouverneur ou préférablement du ministre de tutelle. Seule cette dernière devrait être publiée dans *la Gazette officielle*[170]. Les autres règlements devraient faire l'objet d'une information publicitaire comme c'est le cas dans toute entreprise qui «recrute des clients» et être approuvés par le ministre de tutelle. Il est manifeste qu'une disposition qui permet au lieutenant-gouverneur d'approuver les règlements d'une société peut constituer un contrôle gouvernemental excessif, et aller à l'encontre d'un sain partage des responsabilités[171] à l'intérieur même du gouvernement.

Par ailleurs, le contrôle est beaucoup plus accentué lorsque le lieutenant gouverneur a le pouvoir de faire des règlements que lorsqu'il ne fait qu'approuver les règlements préparés par la société. Ce contrôle accru nous apparaît justifiable dans le cas des sociétés déléguées et plus particulièrement dans le cas des sociétés d'assurance collective obligatoire. Toutefois, pour éviter toute confusion sur la nature de ces règles, la loi devrait accorder soit un pouvoir de «donner des directives», soit un pouvoir de «faire des règlements administratifs[172]». Ces directives devraient être déposées devant l'Assemblée et rendues publiques. Les ministères de tutelle qui se plaignent régulièrement de ne pouvoir influencer les entreprises publiques de leur secteur apprécieront sans doute cette suggestion. Toutefois, il faut bien remarquer que ce pouvoir de donner des directives doit être exercé publiquement. Cela devrait freiner les interventions intempestives qui n'ont aucun rapport avec la détermination de la politique générale de la société. À notre connaissance très peu de ministères ont effectivement pris la peine de formuler une telle politique dans le passé[173].

---

169. Voir les colonnes (1) et (2) du tableau VII en ce qui concerne la SDIQ, l'ORTQ, la SAQ, la REXFOR, la RR, la RAR, la RAD, la RAMQ.
170. Actuellement, la CPDQ, la CAT, l'ORTQ, l'OAQ, l'OCA, la RAR, la RAD, la RAM, la RR, la SAQ, la SDIM, la SHQ et la SDBJ doivent publier leurs règlements dans *la Gazette officielle*.
171. Exemple: la SDIM, la SAQ, la REXFOR, l'OCA.
172. Il suffirait de dire: «Le lieutenant-gouverneur (ou à notre avis le ministre de tutelle) fait ou donne des directives à la société concernant les bases de calcul d'évaluation des risques, les catégories d'assurés, etc.» Il y a 2 lois qui accordent le pouvoir de donner des directives: celles de l'OAQ et de la CAT. (Voir colonne 4.)
173. En d'autres termes, si le ministère désire intervenir, il devra le faire publiquement et assumer ses responsabilités. Il ne pourra intervenir généralement qu'à propos de l'administration technique (pour les sociétés déléguées) et de l'administration générale (pour les sociétés autonomes).

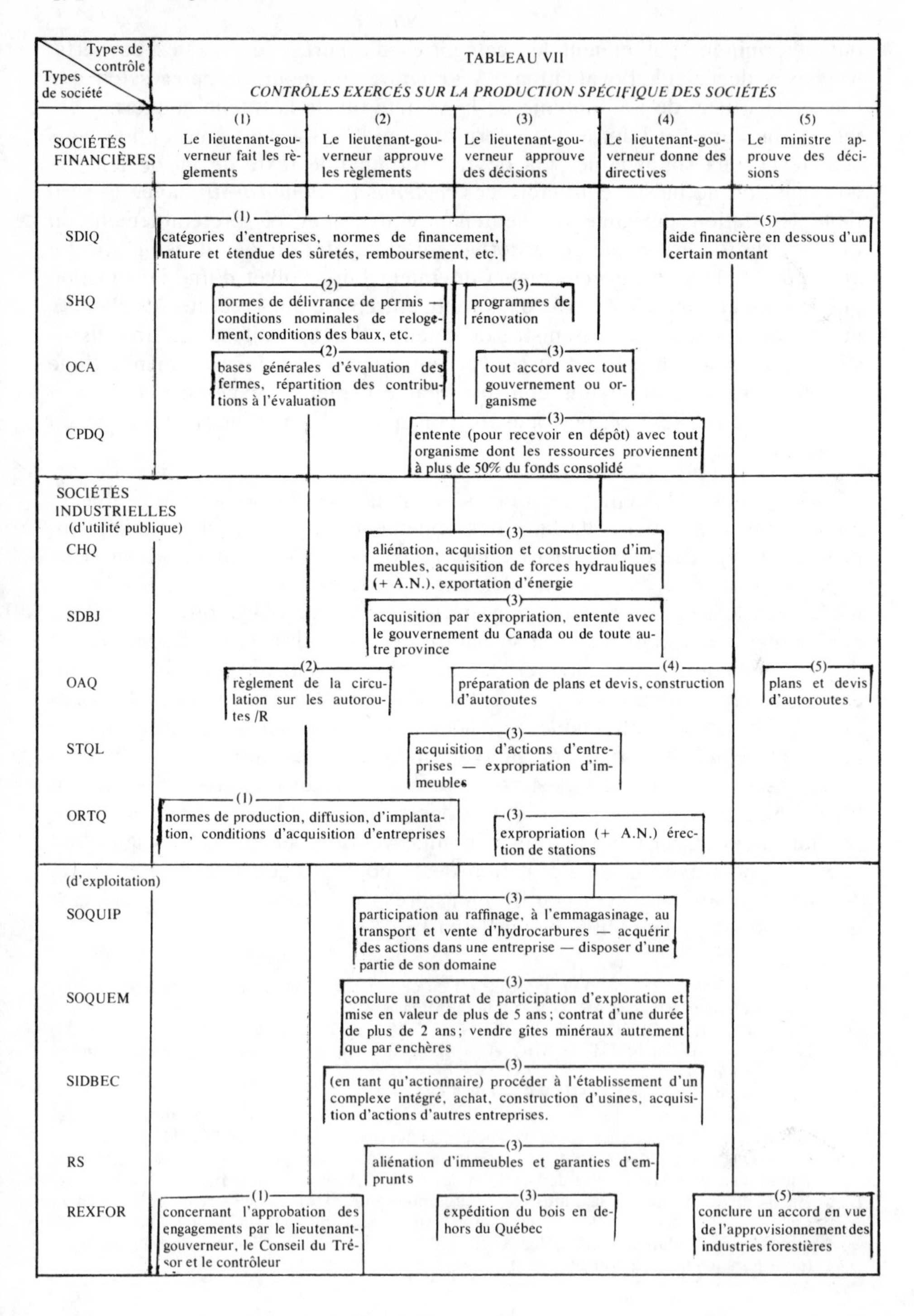

TABLEAU VII

CONTRÔLES EXERCÉS SUR LA PRODUCTION SPÉCIFIQUE DES SOCIÉTÉS

Types de contrôle / Types de société	(1) Le lieutenant-gouverneur fait les règlements	(2) Le lieutenant-gouverneur approuve les règlements	(3) Le lieutenant-gouverneur approuve des décisions	(4) Le lieutenant-gouverneur donne des directives	(5) Le ministre approuve des décisions
SOCIÉTÉS FINANCIÈRES					
SDIQ	catégories d'entreprises, normes de financement, nature et étendue des sûretés, remboursement, etc.				aide financière en dessous d'un certain montant
SHQ		normes de délivrance de permis — conditions nominales de relogement, conditions des baux, etc.	programmes de rénovation		
OCA		bases générales d'évaluation des fermes, répartition des contributions à l'évaluation	tout accord avec tout gouvernement ou organisme		
CPDQ			entente (pour recevoir en dépôt) avec tout organisme dont les ressources proviennent à plus de 50% du fonds consolidé		
SOCIÉTÉS INDUSTRIELLES (d'utilité publique)					
CHQ			aliénation, acquisition et construction d'immeubles, acquisition de forces hydrauliques (+ A.N.), exportation d'énergie		
SDBJ			acquisition par expropriation, entente avec le gouvernement du Canada ou de toute autre province		
OAQ		règlement de la circulation sur les autoroutes /R		préparation de plans et devis, construction d'autoroutes	plans et devis d'autoroutes
STQL			acquisition d'actions d'entreprises — expropriation d'immeubles		
ORTQ	normes de production, diffusion, d'implantation, conditions d'acquisition d'entreprises		expropriation (+ A.N.) érection de stations		
(d'exploitation)					
SOQUIP			participation au raffinage, à l'emmagasinage, au transport et vente d'hydrocarbures — acquérir des actions dans une entreprise — disposer d'une partie de son domaine		
SOQUEM			conclure un contrat de participation d'exploration et mise en valeur de plus de 5 ans ; contrat d'une durée de plus de 2 ans ; vendre gîtes minéraux autrement que par enchères		
SIDBEC			(en tant qu'actionnaire) procéder à l'établissement d'un complexe intégré, achat, construction d'usines, acquisition d'actions d'autres entreprises.		
RS			aliénation d'immeubles et garanties d'emprunts		
REXFOR	concernant l'approbation des engagements par le lieutenant-gouverneur, le Conseil du Trésor et le contrôleur		expédition du bois en dehors du Québec		conclure un accord en vue de l'approvisionnement des industries forestières

TABLEAU VII (*Suite*)

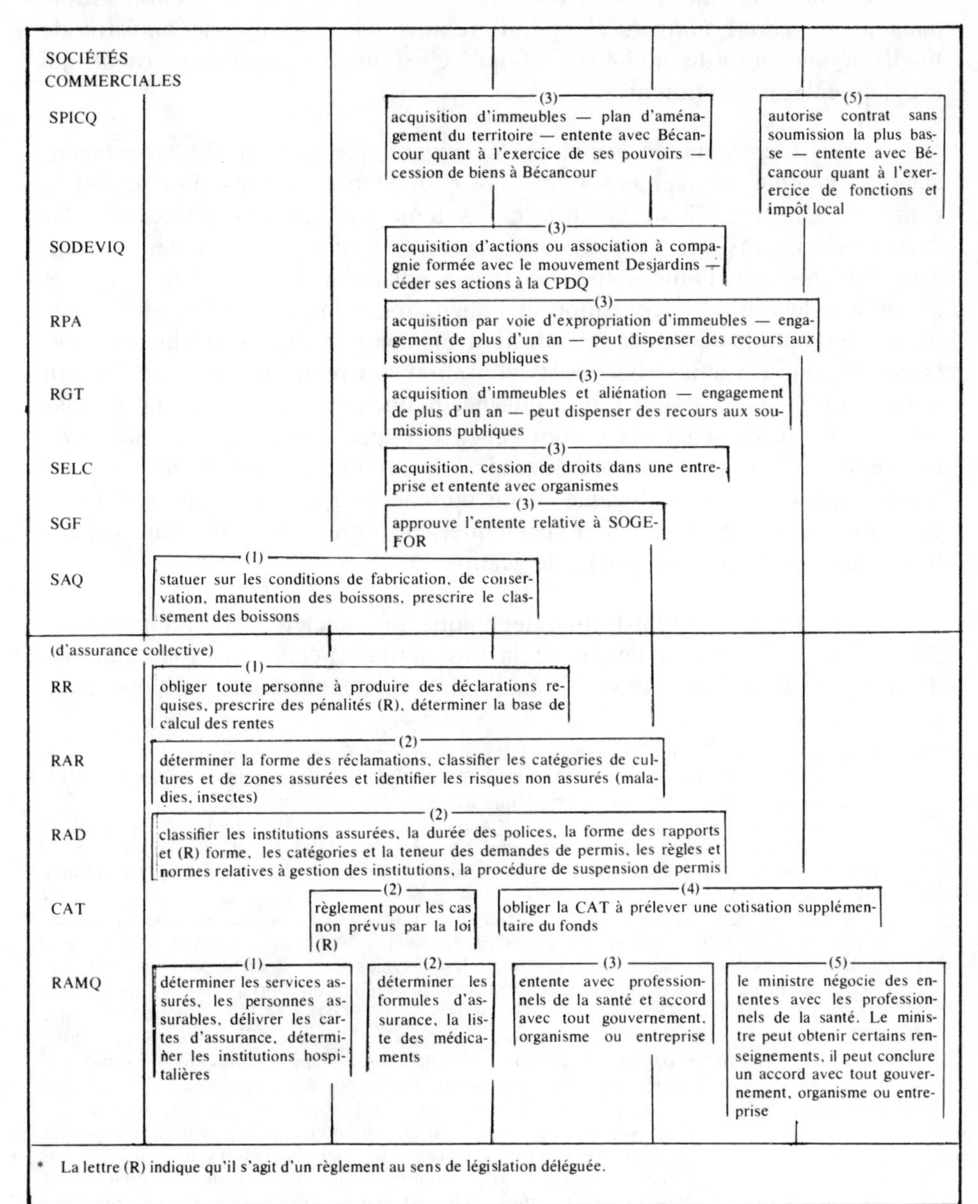

SOCIÉTÉS COMMERCIALES
SPICQ
(3) acquisition d'immeubles — plan d'aménagement du territoire — entente avec Bécancour quant à l'exercice de ses pouvoirs — cession de biens à Bécancour
(5) autorise contrat sans soumission la plus basse — entente avec Bécancour quant à l'exercice de fonctions et impôt local
SODEVIQ
(3) acquisition d'actions ou association à compagnie formée avec le mouvement Desjardins — céder ses actions à la CPDQ
RPA
(3) acquisition par voie d'expropriation d'immeubles — engagement de plus d'un an — peut dispenser des recours aux soumissions publiques
RGT
(3) acquisition d'immeubles et aliénation — engagement de plus d'un an — peut dispenser des recours aux soumissions publiques
SELC
(3) acquisition, cession de droits dans une entreprise et entente avec organismes
SGF
(3) approuve l'entente relative à SOGEFOR
SAQ
(1) statuer sur les conditions de fabrication, de conservation, manutention des boissons, prescrire le classement des boissons
(d'assurance collective)
RR
(1) obliger toute personne à produire des déclarations requises, prescrire des pénalités (R), déterminer la base de calcul des rentes
RAR
(2) déterminer la forme des réclamations, classifier les catégories de cultures et de zones assurées et identifier les risques non assurés (maladies, insectes)
RAD
(2) classifier les institutions assurées, la durée des polices, la forme des rapports et (R) forme, les catégories et la teneur des demandes de permis, les règles et normes relatives à gestion des institutions, la procédure de suspension de permis
CAT
(2) règlement pour les cas non prévus par la loi (R)
(4) obliger la CAT à prélever une cotisation supplémentaire du fonds
RAMQ
(1) déterminer les services assurés, les personnes assurables, délivrer les cartes d'assurance, déterminer les institutions hospitalières
(2) déterminer les formules d'assurance, la liste des médicaments
(3) entente avec professionnels de la santé et accord avec tout gouvernement, organisme ou entreprise
(5) le ministre négocie des ententes avec les professionnels de la santé. Le ministre peut obtenir certains renseignements, il peut conclure un accord avec tout gouvernement, organisme ou entreprise

* La lettre (R) indique qu'il s'agit d'un règlement au sens de législation déléguée.

Si l'on examine maintenant non plus les règlements administratifs mais les *décisions individuelles*[174], il ressort ici aussi que le ministre de tutelle a une autorité limitée[175] et que c'est le lieutenant-gouverneur qui est chargé des approbations.

Il est intéressant de signaler à cet égard que sont généralement considérées comme stratégiques (c'est notre déduction puisque l'on prend la peine d'allonger la ligne d'autorité jusqu'au Conseil des ministres): les décisions relatives aux accords et ententes avec des gouvernements étrangers, l'acquisition d'autres sociétés (par l'achat d'actions ou autrement) et la cession de droits, l'acquisition et l'aliénation d'immeubles[176], et l'exportation. Exceptionnellement, on introduit un contrôle des engagements (contrats) pris par certaines sociétés[177]. Ici aussi, on pourrait croire qu'il s'agit d'un contrôle de l'administration interne, malheureusement, l'on ne précise pas si les engagements visés sont reliés à l'approvisionnement normal de l'entreprise[178] ou s'ils sont plutôt reliés à la production spécifique[179]. Nous avons jugé, qu'en toute logique, il ne pouvait être question que des engagements relatifs à la production spécifique, car autrement, il y aurait disparition de toute notion d'autonomie de gestion[180].

En résumé, l'administration technique des sociétés est composée de 2 éléments: le régime financier et la production spécifique. Nous sommes d'avis qu'il n'est pas réaliste d'établir un régime financier identique pour

174. Il est certain qu'il est parfois tentant de donner une forme réglementaire à des décisions. Ce faisant, on circonscrit davantage la latitude et on alourdit le processus décisionnel ce qui n'est pas très approprié à une « gestion économique ».
175. On peut d'ailleurs se demander s'il est désirable que les aides financières accordées par la SDIQ soient autorisées par le ministre alors que cette société doit pouvoir posséder toute la compétence requise. On aurait mieux fait de laisser le ministre donner des subventions.
176. Bien sûr, on peut considérer que l'acquisition d'immeubles, même par expropriation, relève de l'administration interne; malheureusement, la loi ne précise pas s'il s'agit seulement des immeubles destinés à loger les services de la société ou s'il s'agit plutôt des immeubles directement rattachés à la production de l'entreprise.
177. C'est le cas de la REXFOR, de la SOQUIP, de la SOQUEM. La situation pratique de la SDIQ paraît avoir atteint un très haut degré d'absurdité car il arrive que les aides financières accordées par cette société sont soumises à l'approbation du sous-ministre du ministère de l'Industrie et du Commerce, du ministre et même du Conseil des ministres. On se demande pour quelle raison on a jugé bon de créer une société que l'on conduit comme un service ministériel. Bien entendu, cette situation s'explique par le fait que l'on a demandé à cette société d'attribuer également des subventions, lesquelles sont fatalement (et c'est normal) soumises aux règles générales concernant les subventions. En fait, un service ministériel est encore l'organisme le plus approprié pour attribuer des subventions. C'est le financement par prêt (au prix du marché ou « presque ») qui justifie la création d'une société. Il y a donc au départ confusion des objectifs de rentabilité. Il n'est pas étonnant qu'en conséquence, la tutelle soit ambiguë.
178. Exemple: un contrat de fourniture de papier à écrire.
179. Exemple: un contrat d'achat et de vente de gîtes minéraux.
180. Le cas de la REXFOR est le plus désolant à cet égard.

toutes les sociétés. Nous croyons qu'il y a lieu de distinguer 2 types principaux de société. Les sociétés autonomes qui doivent posséder une plus large autonomie financière parce que leur rentabilité est en principe illimitée et les sociétés déléguées qui ayant au départ une rentabilité limitée ne peuvent aspirer à la même marge de manœuvre. Les principales différences entre ces sociétés devraient être essentiellement celles que nous rapportons au tableau VIII.

TABLEAU VIII

Régime financier dessociétés autonomes et des sociétés déléguées

Sociétés autonomes	*Sociétés déléguées*
soumission à l'impôt sur le revenu des entreprises	immunité fiscale
conservation du surplus	versement du surplus au fonds consolidé ou autre fonds public réservé
approbation des prix de façon exceptionnelle * (sociétés monopolistiques)	approbation des prix ou encore fixation des prix par directives
financement par obligations sur le marché ou par avances du Conseil du Trésor et dotation de capital par le fonds consolidé (en échange d'obligations)	financement par avances du Conseil du Trésor
approbation d'un programme d'investissement triannuel ** et du plan de financement	approbation annuelle du plan financier
approbation des emprunts sur le marché des obligations et garantie de tels emprunts	absence de pouvoir d'emprunt sur le marché des obligations

* Il conviendrait également que ce contrôle s'exerçât seulement lorsque la société n'offre qu'un seul produit clairement identifiable.

** En Angleterre, les prévisions portent sur une période de 5 ans. Au Québec, les prévisions pour les ministères portent sur une période de 3 ans.

Il est certain que ce régime financier peut subir des distorsions durant les premières années lorsqu'il s'agit d'une entreprise nouvelle. On ne peut exiger que l'investissement soit immédiatement rentable dans tous les cas de sociétés autonomes. Or, il est évident que durant cette période, le financement par avances conditionne très sérieusement le régime financier et toute l'activité de la société puisque ces avances constituent pratiquement la seule source de revenus. Certains pourront conclure que dans ces circonstances, la distinction entre la société autonome et la société déléguée devient inutile. Nous ne sommes pas de cet avis. Nous croyons, au contraire, qu'il est impérieux de placer les administrateurs dans un contexte précis dont les règles du jeu sont parfaitement connues.

En ce qui concerne la production spécifique, il y aurait lieu, selon nous, de bien distinguer la législation déléguée proprement dite qui peut prescrire des obligations et droits pour les citoyens, et les règlements administratifs qui déterminent les conditions de fonctionnement des sociétés. Dans ce dernier cas, on éviterait toute confusion si on accordait au ministre de tutelle (de préférence au lieutenant-gouverneur) le pouvoir, selon la formule que nous préconisons, d'approuver les règlements administratifs adoptés par le conseil d'administration de la société et portant (notamment) sur les prix (pour les sociétés autonomes, monopolistiques et pour les sociétés déléguées) ou même le pouvoir de donner des directives publiques sur les conditions générales d'assurance collective obligatoire (pour les sociétés déléguées). Par ailleurs, les décisions individuelles relatives aux ententes avec d'autres gouvernements, aux accords d'importation et d'exportation de produits stratégiques, à l'expropriation et à l'acquisition d'autres entreprises, devraient faire l'objet d'une approbation par le Conseil des ministres.

1.2 *Contrôles sur l'administration générale*

a) *Le personnel directeur, c'est-à-dire les membres des conseils d'administration*

la nomination

Le lieutenant-gouverneur nomme à 2 exceptions près (la RPA, la SIDBEC[181]), tous les membres des conseils d'administration des sociétés. Ce pouvoir est renforcé dans 8 cas, alors que le lieutenant-gouverneur peut nommer des fonctionnaires membres des conseils d'administration. Il est par ailleurs atténué dans 3 cas, alors que certains membres doivent être choisis à cause de leur caractère représentatif des groupes et des intérêts

181. L'Assemblée des actionnaires nomme les administrateurs de la SIDBEC. En pratique, l'État est le seul actionnaire. La ville de Montréal nomme certains membres de la Régie de la Place des arts. Rappelons que nous avons exclu de notre liste la centrale d'artisanat à l'égard de laquelle le ministre de tutelle ne pouvait qu'accepter ou refuser le choix fait par le conseil d'administration.

concernés. En somme, le pouvoir de nomination du lieutenant-gouverneur est pratiquement total et nous sommes d'accord avec cette règle. En fait, nous ne croyons pas qu'il soit opportun de faire siéger au conseil d'administration d'une entreprise publique des fonctionnaires[182] en exercice, des représentants de groupes et des députés[183]. Les liaisons particulières que l'occupation de tels postes implique sont de nature à susciter des conflits d'intérêts et de loyauté[184] que la plupart des observateurs ont dénoncés.

la révocation

Normalement, le détenteur du pouvoir de nomination est également détenteur du pouvoir de révocation. Dans le cas de 24 organismes, la loi constitutive est muette à cet égard. Une disposition explicite est requise lorsque l'on désire accorder une mesure spéciale de protection à certains administrateurs (le président en particulier) comme c'est le cas à la Régie des rentes et à la caisse de dépôt ou lorsqu'il s'agit d'une société d'économie mixte ou d'une entreprise conjointe (ex.: la RPA). Généralement, la seule mesure de protection devrait être une déposition imposant la révocation «pour cause» avant l'expiration du terme d'office. L'arbitraire en ces matières est toujours déplorable.

le terme d'office

indéterminé:	11 organismes
1 à 4 ans:	12 organismes
5 à 9 ans:	3 organismes
10 ans:	1 organisme (présidents et directeurs généraux)
plus de 10 ans:	1 organisme

(tableau non cumulatif)

La détermination du terme d'office dans la loi constitutive est la principale mesure de protection des administrateurs contre l'arbitraire politique[185]. Il est donc impérieux que chaque législation contienne une disposition à cet égard. La nomination pour un terme de 10 ans doit demeurer

182. À la rigueur, on aurait avantage à dégager un fonctionnaire pour la durée de son mandat à plein temps dans une entreprise publique.

183. Nous avons déjà indiqué que la formule de cogestion ne nous semblait pas appropriée dans le cas des sociétés. Les expériences étrangères laissent des doutes sérieux sur l'efficacité d'une direction divisée que peuvent facilement ronger les conflits internes. Quant à la participation des députés, elle introduirait inévitablement des conflits d'intérêts et une subordination excessive au pouvoir politique de l'heure.

184. Dans le même ordre d'idée, la participation du ministre des Finances détenteur d'une entreprise publique à fonds social devrait être exclue.

185. Il va sans dire que la nomination d'un fonctionnaire en exercice, d'un représentant de groupe ou d'un député constitue une exception à cette règle. On comprend aisément pourquoi leur statut de membre du conseil est extrêmement fragile au point où l'on ne voit pas l'utilité de telles nominations.

exceptionnelle, c'est-à-dire qu'elle devrait être réservée aux présidents-directeurs généraux. Les autres membres à plein temps devraient avoir un mandat renouvelable de 5 ans. Quant aux membres à temps partiel, leurs termes d'office devraient chevaucher pour assurer le renouvellement et la continuité. Il suffirait de nommer certains membres pour 2 ans, d'autres pour 3 ans et un dernier groupe pour 4 ans[186].

les vacances

Il revient au lieutenant-gouverneur de combler les vacances créées au conseil d'administration. Actuellement, 7 lois constitutives sont muettes à cet égard alors que 4 remettent ce pouvoir au conseil d'administration lui-même. Nous ne voyons pas de raison pouvant justifier une telle délégation de responsabilité.

le traitement

Sur ce point, 3 lois constitutives ne contiennent aucune disposition et 3 autres délèguent cette responsabilité au conseil d'administration lui-même. Le lieutenant-gouverneur devrait toujours posséder ce pouvoir de fixer le traitement des membres qu'il nomme. Dans 4 cas, on a senti le besoin de stipuler que le traitement ne pouvait être réduit. Une telle stipulation nous ramène à une époque «folklorique» où un gouvernement qui n'avait pas le courage de révoquer un membre réduisait son salaire à $1,00. Par le chevauchement des termes d'office, un gouvernement devrait être en mesure de remplacer les indésirables sans recourir à la révocation. Il va sans dire que dans la mesure où les membres sont nommés à cause de leur compétence et non à cause des loyaux services rendus à un parti politique, il devrait être beaucoup plus difficile de les révoquer «pour cause» et c'est bien là que se situe l'intérêt collectif.

Enfin, il serait désirable qu'un administrateur qui a donné un rendement exceptionnel puisse obtenir une bonification ce qui implique un mécanisme permettant l'évaluation non seulement de la situation financière, mais également de la gestion même des entreprises publiques. Normalement, le traitement d'un directeur devrait être analogue à celui d'un directeur d'une entreprise privée similaire.

la retraite

Le régime général de retraite de la fonction publique s'applique à certains membres du personnel directeur de 18 entreprises publiques[187].

---

186. Actuellement, les termes d'office sont identiques dans 8 cas et ils chevauchent dans 9 cas.
187. Il s'agit habituellement du président-directeur général ou du gérant général. À noter que les membres permanents des sociétés déléguées participent tous au régime de retraite de la fonction publique.

Dans 7 autres cas, il n'y a aucune stipulation et dans un seul cas, il y a exclusion explicite du régime de la fonction publique[188]. Enfin, les présidents de 5 sociétés se voient accorder le privilège des 10 années de service des sous-chefs.

On peut penser que la disparité des règles est attribuable en partie à des négociations personnelles qu'ont pu conduire les individus pressentis pour occuper les postes. Mais il faut bien avouer que le problème n'est pas facile à résoudre. On a longtemps prétendu que les postes de direction des sociétés n'étaient pas aussi stables que celui des sous-ministres puisque ceux-ci jouissaient de la sécurité d'emploi. L'histoire récente nous apprend que si la sécurité est assurée, la permanence n'est pas très grande à ce niveau[189]. On a même le sentiment que depuis quelques années, on a politisé la hiérarchie supérieure des ministères jusqu'au poste de sous-ministre adjoint. Le fait pour les directeurs de société de jouir des mêmes bénéfices de retraite que les fonctionnaires paraît donc être un cumul d'avantages. Cela dit, on voit mal l'intérêt qu'il y aurait pour chaque entreprise de développer un régime de retraite particulier, du moins pour les sociétés déléguées. Il semble donc inévitable de permettre à la direction permanente de ces sociétés de participer au régime des sous-ministres de la fonction publique. Quant aux sociétés autonomes, il y aurait sans doute lieu, comme dans le cas de l'Hydro-Québec, d'habiliter le lieutenant-gouverneur à fixer le taux de contribution des membres du conseil d'administration quitte à ce que les sommes soient prélevées à même le fonds propre de l'entreprise. Il n'y aurait pas lieu cependant de leur accorder le privilège des 10 années de service. On devrait plutôt chercher à bonifier le traitement en fonction de la performance. Cela implique que le gouvernement se dote effectivement d'un service d'administration des cadres supérieurs de la fonction publique et des organismes autonomes[190].

---

188. Il s'agit de la RGT, de la RPA, de la SOQUIP, de la STQL, de la SDIQ, de la SDBJ, de la SGF et de la SIDBEC. Une législation devrait prochainement régulariser la situation pour les exceptions.

189. Les sous-ministres demeureraient en poste en moyenne une dizaine d'années. Plus récemment, toutefois, le roulement a été plus accentué. (Voir, A. Baccigalupo, *le Personnel de direction dans l'administration publique québécoise,* Montréal, congrès de l'Association canadienne de science politique, colloque United Kingdom Canada 1973.)

190. Au gouvernement fédéral, le Bureau du Premier ministre suggère effectivement aux ministres respectifs des noms de personnes pouvant occuper des postes de membres à temps partiel des *Commissions and boards.* C'est le Conseil privé qui est chargé des nominations des membres à plein temps de ces organismes. (Voir T. d'Aquino, *The Prime Minister's office — Catalyst or Cabal?,* Montréal, congrès de l'Association canadienne de science politique, colloque United Kingdom, 1973.) Pour notre part, nous croyons que le lieutenant-gouverneur (le Premier ministre en définitive) devrait nommer les membres des sociétés, des régies, des tribunaux administratifs et des bureaux. Les ministres devraient pouvoir nommer les membres des conseils et les membres non permanents des offices.

b) *Rapport annuel d'activités*

Actuellement, la responsabilité à l'égard de l'administration générale des sociétés est partagée entre le lieutenant-gouverneur (6 organismes) et le ministre de tutelle (18 organismes). Il faut bien observer que dans ce dernier cas, le ministre ne fait que déposer le rapport annuel d'activités à l'Assemblée. On doit également noter qu'il y a absence de stipulation à cet égard dans 5 cas. À notre avis, toute société entièrement publique et toute société d'économie mixte à participation majoritaire de l'État devrait remettre un rapport annuel et un bilan au ministre de tutelle qui devrait les déposer devant l'Assemblée.

On constate que les bilans de la plupart des sociétés sont d'une facture telle, que même un expert s'y perdrait. Il est apparent que l'on a recours à diverses formules alambiquées (sauf dans le cas de la SIDBEC et de la CHQ) pour camoufler l'état réel des finances. Il va sans dire qu'un rapport annuel d'une société plongée en milieu concurrentiel doit prendre garde de fournir des informations stratégiques à ses compétiteurs. Il y a tout de même une marge entre cette prudence élémentaire et la fantaisie comptable[191]. Il est également clair, d'après nous, que la constitution d'un fonds social n'améliore guère la situation à cet égard. Il serait très étonnant que des acheteurs éventuels d'obligations se méprennent quant à la signification réelle de ce fonds social. Une dotation en capital non remboursable pourrait être inscrite comme telle au bilan.

Enfin, on doit signaler ce que nous considérons comme une lacune des législations actuelles concernant les sociétés autonomes. En effet, aucune loi ne contient de disposition conférant au ministre de tutelle le pouvoir de donner des *directives de politique générale* aux sociétés publiques. Pourtant, l'expérience étrangère indique que le recours à de telles directives est le seul moyen de formaliser les rapports entre le gouvernement et la société lorsqu'il s'agit de fixer un taux de rentabilité à une entreprise monopolistique ou lorsqu'il s'agit d'imposer des charges sociales à l'entreprise, celles-ci pouvant justement influencer sa rentabilité. On doit en effet postuler qu'une société autonome devrait résister à des pressions informelles visant à réduire sa rentabilité et que c'est le gouvernement, non la société, qui devrait assumer cette responsabilité[192]. Ces directives devraient

191. On doit cependant noter que la récente publication du ministère des Finances, *États financiers des entreprises du gouvernement du Québec 1971-1972*, (gouvernement du Québec, ministère des Finances, mars 1973) a apporté une amélioration très sensible à la présentation originale des comptes de diverses sociétés.

192. Nous avons même déjà précisé que le gouvernement devrait dans ces circonstances avoir une subvention spéciale pour compenser les pertes subies. C'est ce que l'on fait d'ailleurs au gouvernement fédéral lorsque l'on impose le maintien d'une ligne de chemin de fer non rentable. (Voir W. G. Sepherd, *Economic performance under public ownership*, Yale University Press, 1965.)

en outre être déposées à l'Assemblée ou être rendues publiques d'une façon quelconque. Il est également évident qu'un ministère devrait réfléchir longuement avant de donner de telles directives, car les pressions des groupes pour réclamer des privilèges sont généralement fortes.

1.3 *Contrôles sur l'administration interne*

a) *La régie interne*

Nous avons vu qu'il était parfois très difficile de dissocier l'administration technique de l'administration interne des sociétés. Les règlements administratifs précisant le fonctionnement de l'entreprise procèdent à certains égards de la législation déléguée et à certains autres de la régie interne. Il en va de même du contrôle exercé sur les engagements d'une société. On éprouve de la difficulté à établir une distinction entre ce qui est engagement particulier lié à la production spécifique et ce qui est engagement lié à la gestion interne.

Par ailleurs, il arrive fréquemment que le lieutenant-gouverneur ou le ministre de tutelle se voit conférer le pouvoir d'approuver *les règlements de régie interne*[193]. Malgré l'imprécision que comporte ce terme (cela peut aller de l'organigramme, de la nomination des cadres et de la détermination d'effectifs jusqu'aux frais de stationnement des employés), seul le ministre de tutelle et non le lieutenant-gouverneur devrait être concerné par la *régie interne* d'une société. Bien plus, sur ce point, il ne devrait disposer que du pouvoir de requérir de l'information sur les structures générales de l'organisation et sur les règles générales de fonctionnement. Par ailleurs, il serait sage qu'un conseil d'administration fasse tout simplement parvenir au ministre de tutelle un compte rendu de ses réunions[194]. L'absence d'un climat de confiance que l'on note très souvent entre les conseils d'administration et les ministères est attribuable en grande partie à un manque de communications. La solution que nous proposons nous paraît de beaucoup préférable à la solution qui consiste à déléguer des fonctionnaires en exercice pour représenter tel ou tel ministre au conseil d'administration[195]. Il est difficile d'imaginer que ce représentant ne joue pas un peu le rôle

---

193. Cela se produit dans le cas de 16 sociétés dont 10 sociétés autonomes et 6 sociétés déléguées.
194. Il serait également sage que le ministre n'utilise pas cette information privilégiée pour favoriser certaines liaisons politiques.
195. Bien sûr, on sait que cette technique est systématiquement employée en France où les entreprises publiques doivent également faire place à un contrôleur de l'État et à un commissaire du gouvernement. Il faut considérer, cependant, que ces entreprises, sont dirigées par un conseil de cogestion ce qui modifie singulièrement les données du problème. Il nous semble qu'à cet égard il serait préférable de suivre le modèle britannique.

« d'observateur privilégié », ce qui n'est pas exactement le rôle d'un administrateur. À quoi cela sert-il effectivement de choisir un président-directeur général, de lui donner un traitement élevé si l'on doit le court-circuiter par un représentant des Finances ou d'un autre ministère.

b) *Le personnel administratif*

la nomination, le traitement et la retraite

Formellement, seulement 5 organismes ne sont pas soumis aux règles de la loi de la fonction publique régissant les employés. Toutefois, *en pratique*, 14 organismes échappent aux dispositions de cette loi et, par conséquent, jouissent de l'autonomie de gestion en ce qui concerne le recrutement, la sélection, etc., de leur personnel[196]. Il devrait en aller de même dans le cas de toutes les sociétés, même les sociétés déléguées. On s'étonne de ce que le lieutenant-gouverneur soit amené à faire les nominations de ce personnel à la REXFOR et à la SAQ.

En ce qui concerne le traitement, l'application de la loi de la fonction publique a pour effet de soumettre le personnel au régime des négociations collectives de la fonction publique. Il n'y a donc effectivement que 14 sociétés qui négocient séparément leurs conventions collectives avec leurs employés. Dans ce cas, nous ferions personnellement une distinction entre les sociétés autonomes et les sociétés déléguées. Seules les premières auraient droit à un régime spécifique. Dans le cas des sociétés déléguées, elles devraient soumettre leurs projets pour approbation au service créé récemment au Conseil du Trésor pour coordonner la politique gouvernementale en ce domaine. En fait, il serait sans doute opportun que même les sociétés autonomes transmettent à ce service « pour information » les conventions signées.

Enfin, 12 sociétés ne participent pas au régime de retraite de la fonction publique. À notre avis, les sociétés déléguées auraient avantage non seulement à faire gérer leur régime de retraite par le service central (qui devrait prendre sous peu la forme d'un bureau) de la fonction publique, mais encore à y contribuer directement[197]. Quant aux sociétés autonomes,

---

196. Voir le tableau IX.

197. C'est le cas de l'ORTQ et de la RS. Celle-ci ne devrait pas cependant être une société déléguée. Le très récent projet de loi numéro 4 du « Régime de retraite des employés du gouvernement et des organismes publics » précise à l'article 107 que la CAT, la CSM, l'OAQ, la SAQ, la RR, la CPDQ, la SELC et la STQL doivent verser les cotisations des employés et les contributions de l'employeur à la Commission administrative du régime de retraite laquelle peut à son tour les confier à la Caisse de dépôt et placement ou dans le cas de la SAQ et de la STQL les verser au fonds consolidé du revenu. Comment peut-on parler de capitalisation lorsque l'on verse des sommes au fonds consolidé ? Nous n'en savons rien.

elles devraient être invitées à normaliser leurs régimes particuliers et peut-être à confier la gestion de ces fonds à un même organisme, la Caisse de dépôt et de placement.

c) *La gestion financière*

Nous avons déjà signalé que la gestion financière prend dans le cas des sociétés une importance qu'elle n'a pas au même degré dans le cas des autres types d'organisme. Il est sans doute bon de rappeler à cet égard que paradoxalement, l'Assemblée n'a pas généralement à voter de «crédits budgétaires» pour les sociétés puisque cette notion n'est pas conforme à la gestion financière de ce type d'organisme. L'Assemblée peut se prononcer sur ces questions seulement lorsque le gouvernement s'engage par législation (une espèce de crédit statutaire) à assurer le financement d'une société pour quelques années à venir ou lui verse des subventions. Toutefois, en aucun cas les états financiers des entreprises ne peuvent apparaître au livre des crédits et dans ce sens le contrôle financier des sociétés est au départ différent de celui des autres types d'organisme[198].

Par ailleurs, nous avons également souligné qu'il est parfois difficile de dissocier ce qui est gestion financière reliée à l'administration technique et ce qui est gestion financière reliée à l'administration interne. Chose certaine, toutefois, il est clair que pour les sociétés, le contrôle général des engagements et des dépenses courantes constitue des immixtions dans l'administration interne. Or, 17 sociétés sont libérées du contrôle des dépenses courantes alors que 9 y sont soumises. De plus, 8 sociétés sont dégagées de tout contrôle des engagements alors que 18 doivent soumettre au moins certains de leurs engagements à l'approbation gouvernementale[199]. Nous pensons qu'aucune société, même déléguée, ne devrait être soumise au contrôleur. Par ailleurs, il serait normal que certains engagements d'importance[200] reliés à l'administration technique soient approuvés par le ministre de tutelle et le Conseil du Trésor.

---

198. Nous croyons qu'il existe effectivement une différence importante entre ce que nous avons appelé le régime financier qui fait partie de l'administration technique de l'entreprise et la gestion financière interne dont il est question ici. Il est certain cependant que de plus en plus les députés de l'opposition vont exercer des pressions pour examiner les «extrabudgétaires» et que le gouvernement aura du mal à résister à ces pressions.

199. Voir le tableau IX.

200. C'est-à-dire des engagements susceptibles d'augmenter l'endettement jusqu'à un montant déterminé, ou représentant un pourcentage significatif de l'actif ou des dépenses de l'année précédente. Le choix de la meilleure modalité de contrôle est très difficile à faire car les situations varient sans doute d'une société à une autre. Nous croyons que selon le type de société (autonome ou déléguée), on devrait retenir comme critère le pourcentage de l'actif et le pourcentage des dépenses de l'année précédente. On aurait sans doute aussi avantage à faire autoriser des engagements d'une longue durée (ex.: plus de 10 ans).

Enfin, 8 sociétés ont le choix de leur vérificateur, c'est-à-dire qu'elles ne sont pas soumises au vérificateur général. Nous croyons que le vérificateur général est suffisamment (ou tend à le devenir) indépendant du gouvernement pour que toutes les sociétés y soient soumises. On ne peut malheureusement en dire autant des maisons privées employées par les sociétés. Il y aurait lieu toutefois que le vérificateur se dote d'un service spécial qui puisse périodiquement (tous les 5 ans) déborder la vérification de la régularité des comptes et examiner la qualité de la gestion financière. Cette suggestion est faite avec beaucoup de réserve car il est toujours très délicat de permettre à un organisme de vérification (de la régularité) de porter (même a posteriori) des jugements d'opportunité[201].

d) *Les autres contrôles et services administratifs centraux*

Seulement 8 sociétés ne gèrent pas les immeubles qu'elles occupent[202]. En pratique, on peut penser que même si la propriété des immeubles des sociétés devrait toujours être publique[203], il y a avantage à ce que la gestion même de l'immeuble soit confiée aux sociétés. Par contre, tout achat, vente, location ou acquisition d'immeuble par expropriation devrait être approuvé par le Conseil du Trésor pour faciliter la coordination par le nouveau ministère des Travaux publics et de l'approvisionnement.

D'après notre inventaire, seulement 5 sociétés doivent soumettre leurs achats au service central. Cette intégration est sûrement abusive pour n'importe quelle société. Toutefois, on doit reconnaître qu'il y aurait avantage à ce que le ministre de tutelle puisse donner une directive de politique générale à cet égard, ne serait-ce qu'en ce qui concerne la préférence qui devrait être accordée aux fournisseurs établis au Québec. Ici encore, la diffusion par le service des achats d'une liste de fournisseurs agréés par produit, table des prix et selon une évaluation de la qualité des articles serait sans doute d'une grande utilité[204]. Une autre solution consisterait à permettre aux sociétés de s'approvisionner au service central pour certains produits courants que le service se procurerait à un prix avantageux à cause de son volume d'achat[205]. Il est quand même remarquable que l'armée qui

201. Encore faudrait-il que le vérificateur dispose d'un personnel compétent dans ce genre de vérification. Cette exigence nous paraît fondamentale car les répercussions d'un tel rapport seront inévitablement considérables. Une commission parlementaire spéciale pourrait être chargée de faire l'examen d'un tel rapport. L'addition d'experts extérieurs à la fonction publique atténuerait le danger déjà mentionné.

202. Voir le tableau IX.

203. Il s'agirait juridiquement du «domaine privé» de l'État.

204. Évidemment pour qu'une telle liste soit utile, elle devrait fournir plus d'informations que l'annuaire téléphonique et ce, dans un esprit impartial.

205. Il est toujours plus difficile d'augmenter le nombre de clients que d'étendre son contrôle. Il n'est donc pas étonnant que les services centraux soient d'abord et avant tout des contrôleurs.

est une vaste entreprise réussisse à colliger toutes ses commandes et à obtenir des prix préférentiels. On pourrait sans doute atteindre le même résultat et conserver l'autonomie de gestion en permettant au moins aux sociétés déléguées d'ouvrir des comptes au service central pour certains articles de bureau.

Enfin, seulement 7 sociétés étaient soumises à l'OIPQ[206], mais c'était déjà trop. La création de la direction générale des communication gouvernementales du ministère des Communications a modifié sensiblement les relations qui existaient alors et nous avons le sentiment que la compétence a été transférée au ministère de tutelle ce qui n'est pas une meilleure solution que la précédente. Chaque société devrait être libre de produire elle-même son information.

Le tableau IX résume la situation qui prévaut dans chaque société à l'égard des divers éléments de gestion interne que nous venons d'énumérer. On comprendra qu'il suffit d'additionner les carrés blancs qui représentent les «oui» et les carrés noirs qui représentent les «non» inscrits à la droite du sigle de la société pour évaluer le degré d'intégration de l'administration interne de ces sociétés. Il ressort à cet égard que la SPICQ, la RAR, l'OAQ, la SDIQ, la RAD et la SHQ sont parmi les organismes les plus intégrés et qu'il y a lieu de s'interroger sur l'opportunité de maintenir une telle intégration dans le cas d'une société. Cependant, il est bien évident aussi que l'application des contrôles administratifs centraux n'a pas toujours été très cohérente dans le passé. En fait, à l'exception du contrôle de certains engagements reliés à la production spécifique, aucune société ne devrait voir son administration interne ainsi intégrée. Il nous semble préférable de ne pas créer une société si l'on ne peut se résoudre à lui accorder l'autonomie de gestion interne.

Cela dit, il est indéniable que la priorité devrait être accordée à une rationalisation du régime financier des entreprises publiques ainsi que de la tutelle exercée sur ce régime. Nous avons le sentiment que, naguère, certaines décisions ont été prises sans que les ministres aient pu tabler sur une analyse approfondie de la situation. Il est apparent que le Premier ministre, le ministre des Finances et le Conseil des ministres devraient pouvoir compter sur des avis d'une section spéciale d'analyse des finances des entreprises publiques. De ce point de vue, la publication récente par le ministère des Finances des *États financiers des entreprises du gouvernement du Québec* est sûrement de bonne augure.

En résumé, nous croyons que l'une des principales caractéristiques d'une société est l'autonomie de gestion interne. Or actuellement, plusieurs

206. Il s'agit de l'OAQ, de l'OCA, de la RS, de la RAR, de la RAM, de la REXFOR, de la SDIQ et de la SPICQ.

TABLEAU IX

Les contrôles gouvernementaux et administratifs exercés sur l'administration interne des sociétés

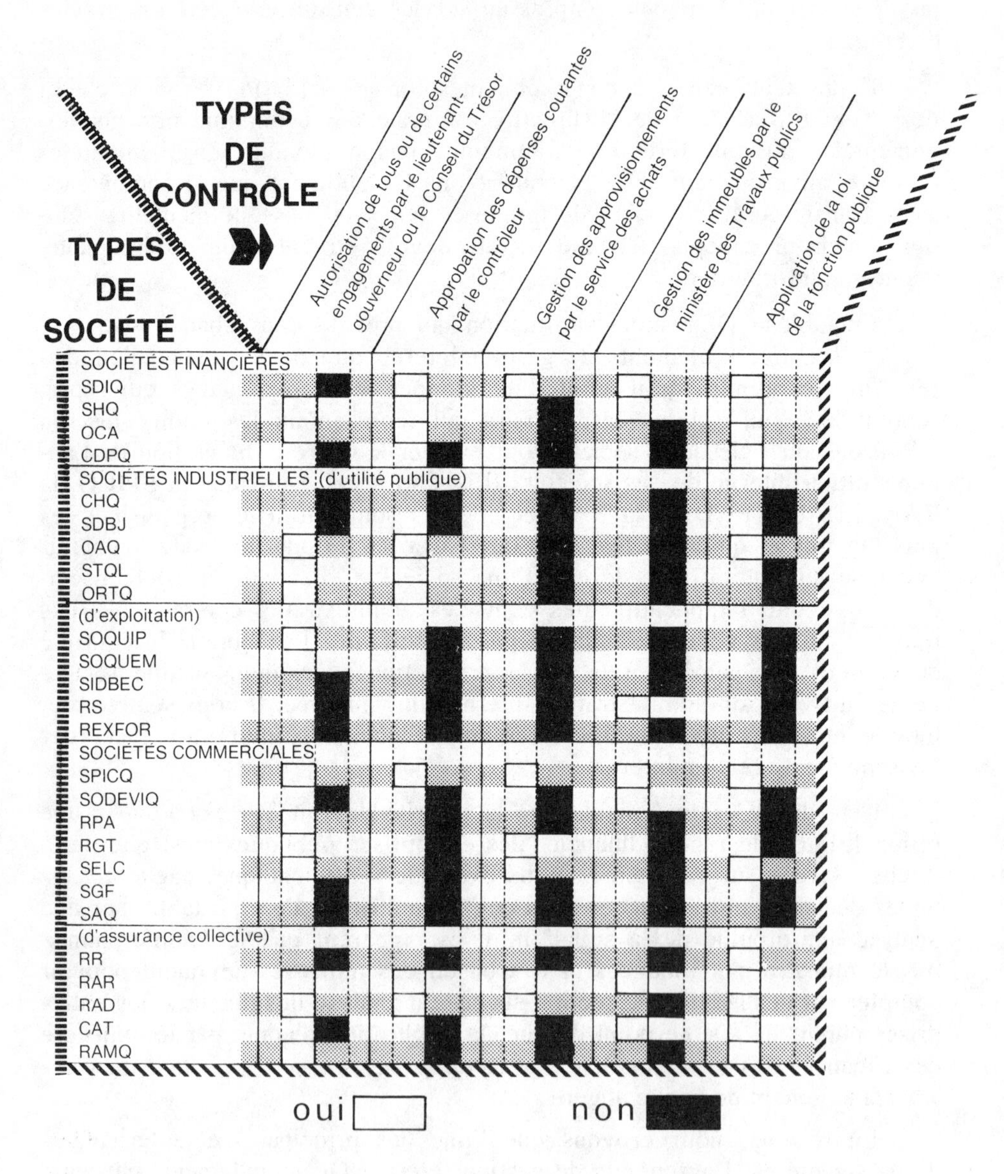

organismes que nous avons classés dans cette catégorie sont soumis à des contrôles qui ne peuvent que paraître abusifs. Dans bien des cas, on semble s'être ingénié à réduire cette autonomie, chaque contrôle central agissant en quelque sorte de façon isolée pour étendre sa compétence. On peut souhaiter que dans l'avenir, ces contrôles centraux soient mieux coordonnés et surtout qu'ils soient articulés par des notions communes, par des règles générales concernant les divers types d'organisme.

2. *Le contrôle parlementaire*

Comme on pouvait s'y attendre, les sociétés sont les organismes qui ont le plus soulevé l'intérêt des députés au cours des débats. Nous avons dénombré 915 interventions des parlementaires à leur endroit en 1970 et 1971. La majorité de ces interventions a porté sur l'administration technique (325 interventions) et sur l'administration générale (315 interventions). Il faut aussi noter 168 interventions sur l'administration interne, 50 sur les rapports d'influence politique et 57 sur le contrôle gouvernemental exercé sur les entreprises. Ici aussi, on doit souligner que le ton des interventions a été plus souvent approbateur (383 interventions) que critique (178 interventions). Les demandes d'information se chiffraient à 209 et les suggestions à 145. On peut ajouter à cela 90 questions dont 21 portaient sur l'administration interne, 21 sur l'administration technique, 25 sur l'administration générale, 12 sur les rapports d'influence politique et 11 sur le contrôle gouvernemental.

Il est aussi remarquable, qu'à quelques exceptions près, toutes les sociétés ont au moins fait l'objet d'une intervention de la part des députés. Parmi celles le plus souvent mentionnées, on reconnaît dans l'ordre: la SDBJ (219 interventions), la RAMQ (134 interventions), la SHQ (62 interventions), la SIDBEC (55 interventions), la RAR (53 interventions), la SODEVIQ (51 interventions), la SDIQ (49 interventions), la CHQ (44 interventions) et l'ORTQ (38 interventions).

On doit encore constater qu'en dépit de la régie à l'effet qu'un ministre peut refuser de répondre à une question portant sur l'administration interne d'une entreprise publique[207] et par conséquent de débattre des matières qui y ont trait, au Québec, on ne s'embarrasse pas trop de cette convention[208]. À notre avis, cette règle devrait également s'étendre à l'administration techni-

207. Cette règle observée dans le système parlementaire de type britannique est d'origine canadienne. (Voir A. H. Hanson, *Parliament and public ownership*, Londres, Cassel, 1961; D. Musolf, *Public ownership and accountability: the Canadian experience*, Boston, Harvard University Press, 1959.)

208. Il est également évident que les députés ne font pas de distinction entre une société autonome et une société déléguée. On peut difficilement les en blâmer car, comme nous l'avons constaté, les contrôles gouvernementaux et administratifs ne semblent pas obéir eux-mêmes à une telle distinction.

que au sens où nous l'avons définie. On se souviendra en passant que le ministre fédéral des Transports a déjà refusé de répondre à des questions concernant la possibilité d'achat de l'avion Caravelle par la Société Air Canada parce qu'il s'agissait d'une question interne («d'administration technique», nous paraîtrait plus juste).

Il est vrai qu'au Québec, actuellement, certaines sociétés ont leurs crédits votés par l'Assemblée. Il s'ensuit que la responsabilité du ministre est élargie. Il n'en demeure pas moins vrai, qu'en principe, le ministre ne devrait être responsable que de la politique générale d'une société. Il est, par ailleurs, quelque peu étonnant que les rapports d'influence politique aient la même importance que le contrôle gouvernemental soit environ 5% des interventions. Dans les 2 cas, il faut sans doute se réjouir.

3. *Le contrôle judiciaire*

Les nombreuses discussions des juristes qui traitent des entreprises publiques portent principalement sur 3 questions: le statut, la responsabilité contractuelle et la responsabilité délictuelle et quasi délictuelle[209]. Le statut est habituellement déterminé par le degré de contrôle exercé par le gouvernement sur la société à moins que la loi n'établisse clairement ce statut. Sur ce point, la confusion est grande au fédéral[210] comme au provincial[211]. En fait, plusieurs analystes ont renoncé à faire découler de la détermination du statut des conséquences précises dans les conflits avec les tiers, en particulier depuis la législation élargissant la responsabilité de la Couronne fédérale, et, au

---

209. Voir A. Martin-Pannetier, *Éléments d'analyse comparative des établissements publics en droit français et anglais,* Paris, Librairie générale de droit et de jurisprudence, 1966; H. Immarigeon, *la Responsabilité extra-contractuelle de la Couronne au Canada,* Montréal, Wilson et Lafleur, 1965; A. G. Delion, *le Statut des entreprises publiques,* Paris, Berger-Levrault, 1963.

210. *Au fédéral,* la loi de l'administration financière de 1951 classifia les entreprises publiques: les sociétés «départementales», «mandataires» et «propriétaires». Il ressort de cette loi que les «corporations de la Couronne départementales» et même les «corporations de la Couronne mandataires» sont pratiquement des «agents de la Couronne» et font l'objet de contrôles plus serrés que les «corporations de la Couronne propriétaires». Évidemment, il ne s'agit pas, d'une classification juridique fondée sur l'ensemble des contrôles exercés sur l'entreprise, toutefois, étant donné l'importance du régime financier dans ce type d'organisme, il est probable que les cours consacreront des privilèges particuliers aux sociétés «départementales» et «mandataires», notamment en ce qui concerne les voies d'exécution et le procès par jury. (Voir R. Barbe, «Les Entreprises publiques au Canada», *Droit administratif canadien et québécois,* Ottawa, Éditions de l'Université d'Ottawa, 1969; Hodgetts et Corbett, *Canadian public administration,* Toronto, Macmillan, 1960, p. 184.)

211. Au Québec, la situation est tout à fait confuse: seulement 9 sociétés ne sont pas qualifiées soit «d'agents de la Couronne», soit plus récemment de «mandataires du gouvernement» (une influence fédérale sans doute). Il s'agit de la RGT, de la RPA, de la SOQUEM, de la SOQUIP, de la STQL, de la SGF, de la SIDBEC, de l'OCA et de la CAT.

Québec, depuis la disparition de l'obligation d'obtenir un fiat préalablement à la poursuite dirigée contre un agent de la Couronne (pétition de droit). Plus fondamentalement encore, il y a le consensus pratiquement universel à l'effet qu'à l'égard des tiers, les entreprises publiques doivent le plus possible être assimilées aux entreprises privées et être tenues responsables tant contractuellement (ce qui ne paraît plus accepté depuis au moins vingt ans) que délictuellement ou quasi délictuellement (ce qui est un peu plus douteux).

Nous pouvons tout au plus signaler que selon la jurisprudence que nous avons consultée et qui se partage, à toutes fins pratiques, entre la Commission hydro-électrique de Québec et la Commission des accidents du travail[212], la responsabilité d'un agent de la Couronne pour le «fait de la chose» est bien établie[213]. Il est loin d'être certain, cependant, que cette responsabilité pourrait s'étendre, par exemple, aux dommages subis au cours d'une panne générale d'électricité. Assurément, le bagage jurisprudentiel dont nous disposons est assez mince et nous ne croyons pas que les cours québécoises soient prêtes à imposer aux entreprises publiques l'obligation de la continuité de service et de responsabilité sans faute que l'on peut connaître dans d'autre pays. Enfin, on pourra constater en consultant les lois constitutives que certaines dispositions établissent un contrôle des décisions individuelles de certaines sociétés. En effet, on a parfois permis un appel soit à un conseil d'arbitra-

---

Il est clair que cette appellation est aussi bien accordée aux sociétés les plus autonomes (ex.: la CHQ) qu'aux sociétés les plus intégrées (ex.: la SHQ). Notre suggestion à cet égard serait, bien entendu, de ne considérer comme «agents ou mandataires de la Couronne» que les sociétés déléguées et non les sociétés autonomes, tout en mettant en doute l'unité du maintien d'une telle appellation. Disons enfin que par analogie avec la loi fédérale de l'administration financière, nous pourrions établir les liaisons suivantes entre les organismes du gouvernement du Québec et du Canada.

gouvernement du Québec	*gouvernement du Canada*
sociétés autonomes	*proprietary corporations*
sociétés déléguées	*agency corporations*
offices incorporés	*departmental corporations*

Il faut bien admettre que notre critère de base (la nature de la rentabilité) diffère sensiblement de ceux qui ont été utilisés au fédéral. Voir Hodgetts et Corbett, *op. cit.*, p. 184. Nous croyons qu'il y a lieu de bien distinguer l'office de la société et que l'on crée une confusion en utilisant le terme *departmental corporations*.

212. Rappelons que les services *Datum* n'ont pu repéer de jurisprudence que relativement à 15 organismes sur les 37 organismes sélectionnés. La CHQ ayant fait l'objet de 16 causes, la CAT de 33 causes, l'OCA et l'OAQ d'une cause chacun. Nous ne tenons pas compte de 3 causes concernant l'Hydro-Québec datant de 1946 C. S. 33, de 1953 B. R. 378 et de 1954 S. C. R. 695, puisqu'elles avaient trait à la pétition de droit qui a été abolie depuis. Par ailleurs, les affaires impliquant la CAT sont relatives aux réclamations entreprises par cette société pour le compte d'individus (elle agit par subrogation) et n'offrent que peu d'intérêt ici.

213. «Préfontaine» c. «Procureur général de la province de Québec» 1956 C. S. 203. «CHQ» c. «Thériault» 1971 C. A. 413. «The Albion Insurance CO.» c. «CHQ» 1967 C. S. 421.

ge[214], soit à une commission de revision[215], soit même une revision judiciaire partielle[216]. Par ailleurs, 3 lois contiennent une disposition excluant explicitement la revision judiciaire comme si l'on avait considéré que ces organismes rendraient des décisions de nature judiciaire[217]. L'assimilation que l'on a faite de certaines sociétés aux régies est sans doute responsable de cette erreur. Dans notre esprit, il est clair qu'une société ne peut rendre de décisions judiciaires et que la contestation de ses décisions administratives doit être portée devant un tribunal ou une cour, et il n'est pas opportun dans ces circonstances d'accorder un droit d'appel. Cela s'applique particulièrement aux sociétés d'assurance collective. Il est vrai que l'on a tenté dans le cas de la Commission des accidents du travail d'éviter les lourdes et coûteuses procédures judiciaires devant les cours. Cependant, il est inadmissible qu'une telle société puisse jouir du pouvoir de décision finale même lorsqu'il y a possibilité d'auterevision. À notre avis, les décisions relatives aux compensations versées par ces sociétés devraient pouvoir être contestées devant un autre organisme et il nous apparaît que la Chambre de justice administrative dont nous avons déjà proposé la création serait très utile ici.

4. *Le contrôle de l'opinion publique*

De 1970 à 1972, le journal *le Devoir* contenait 494 titres concernant les sociétés, soit le plus fort total pour les divers types d'organisme. Ces articles concernaient de façon prioritaire l'administration technique (215 articles) et l'administration générale (167 articles). Secondairement, ils traitaient de l'administration interne (88 articles), des rapports d'influence politique (20 articles) et du contrôle gouvernemental (4 articles).

Ici aussi, l'information est dominante (400 titres) bien que les analyses et éditoriaux soient quand même plus nombreux que dans le cas de tous les autres types d'organisme. Globalement, l'information factuelle domine aussi largement (400 titres) par rapport aux critiques (43 titres) aux louanges (9 titres) et aux suggestions (17 titres). Tout comme dans le cas des autres organismes également, ce sont les sociétés elles-mêmes et les ministères concernés qui ont procuré l'information les concernant (281 articles), alors que le journal faisait état des débats de l'Assemblée dans 46 cas et des groupes dans 57 cas.

Si l'on examine maintenant la couverture accordée globalement aux sociétés l'on constate que 9 sociétés ont été complètement ignorées et que l'at-

---

214. Dans le cas de la RAM, avec la Commission d'appréciation des différends, article 28. Il est significatif que «l'appel» des décisions des sociétés d'assurance collective n'est pas systématique, puisqu'un tel droit n'existe ni à la CAT ni à la RAD.
215. La RR, article 190.
216. La RAR (appel à la cour provinciale), article 54.
217. La SHQ, la CAT, la CDPQ.

tention a été surtout centrée sur la CHQ (149 titres), la SGF (63 titres), la SAQ (42 titres), la CDPQ (25 titres), l'ORTQ (39 titres), la SDIQ (24 titres), la SDBJ (24 titres). Il va sans dire qu'il existe un certain lien entre le degré de « visibilité » d'une entreprise publique et son importance, mais l'on ne saurait pour autant relier cette « visibilité » à l'efficacité [218].

B — *Suggestions de réforme et d'études complémentaires*

a) *Suggestions de réforme*

Nous avons déjà indiqué que la première réforme importante devait consister à distinguer 2 types principaux de société en fonction du critère de rentabilité désirée : les sociétés autonomes à rentabilité illimitée [219] et les sociétés déléguées à rentabilité limitée. Il nous semble que ce critère de base, appliqué au moment même de la création de l'organisme devrait déterminer la nature et l'étendue des contrôles à exercer sur ces organismes [220].

De façon plus concrète, nous suggérons diverses mesures visant à caractériser chacun de ces types de société par l'application ou la non-application de contrôles spécifiques. En d'autres termes, les sociétés en tant que telles ont des attributs généraux et en tant que sociétés autonomes ou déléguées des attributs spécifiques.

Attributs généraux des sociétés

Constitution en corporation au sens du Code civil et définition des pouvoirs.

Les biens de la société sont la propriété de l'État et font partie de son domaine privé.

Explicitation des pouvoirs, du conseil d'administration, de sa composition, de son organisation exécutive.

Nomination et révocation des membres par le lieutenant-gouverneur sur recommandation du ministre de tutelle.

Stipulation concernant les conflits d'intérêts.

Exemption de l'application de la loi de la fonction publique pour le personnel administratif.

Exemption des contrôles exercés par le service des achats, le service d'entretien des immeubles et autres services centraux.

Pouvoir du ministre de tutelle de donner des directives de politique générale à la société et de requérir d'elle toute information relative à cette fin. Dépôt de ces directives à l'Assemblée.

---

218. Il est aussi évident que les députés sont liés au processus législatif et à l'examen des crédits; les journaux diposent de plus de latitude. Dans les deux cas, il est difficile toutefois de parler de contrôle systématique.

219. Avec cette réserve de la possibilité d'une imposition de charges sociales à la société par directive ministérielle explicite. Ces charges devant être toutefois compensées par une subvention équivalente ce qui permet de conserver le même objectif.

220. Voir A. G. Irvine, « The delegation of authority to crown corporations », *Administration publique du Canada*, 1971, p. 556. L'auteur est beaucoup plus radical puisque le seul contrôle valable devrait s'appliquer aux emprunts.

Remise d'un rapport annuel et d'un bilan et dépôt à l'Assemblée par le ministre de tutelle. Vérification périodique (tous les 4 ou 5 ans) de la gestion (et non plus seulement de la régularité des comptes) de la société.
Exemption du contrôle des dépenses courantes.
Exemption du vote de crédits budgétaires par l'Assemblée même pour des fins d'équilibre financier.

Attributs particuliers

Société autonome	*Société déléguée*
Création par loi spéciale.	Création par loi spéciale (mandataire du gouvernement).
Soumission au régime fiscal sur le revenu des entreprises.	Exemption du régime fiscal sur le revenu des entreprises.
Conservation du surplus.	Versement du surplus au fonds consolidé ou à un autre fonds public réservé.
Présentation par le ministre de tutelle au Conseil du Trésor pour approbation de certains engagements: ceux qui sont pris avec d'autres gouvernements; ceux dont la valeur représente 30% de l'actif (règlement administratif); ceux dont la durée est de plus de 10 ans; ceux qui portent sur l'exportation des produits stratégiques.	Présentation par le ministre et au Conseil du Trésor pour approbation de certains engagements: ceux qui sont pris avec d'autres gouvernements; ceux dont la valeur représente 20% des dépenses de l'année précédente (règlement administratif); ceux dont la durée est de plus de 5 ans.
Financement par obligations émises sur le marché ou par avances du fonds consolidé et dotation de capital en échange d'obligations.	Financement par avances de fonds consolidé.
Approbation par le Conseil du Trésor d'un programme d'investissement et d'un plan de financement triannuel, approbation par le Conseil des ministres des emprunts faits sur le marché et garantie de ces emprunts par l'État.	Approbation annuelle du plan de financement et de tout projet d'investissement.
Le ministre de tutelle à la suite d'une décision du conseil d'administration (règlement administratif) approuve les tarifs, les échelles de prix et de taux d'intérêt lorsque la société est	Le ministre de tutelle à la suite d'une décision du conseil d'administration (un règlement administratif ou une directive ministérielle) approuve ou fixe les tarifs, les échelles

monopolistique et n'offre qu'un seul produit.	de prix et de taux d'intérêt, les classes de consommation et la nature des services.
Régime particulier de retraite, mais normalisation des contributions des membres du conseil d'administration par le lieutenant-gouverneur.	Participation du régime de retraite de la fonction publique.
Dépôt des conventions collectives pour information au Conseil du Trésor.	Approbation des conventions collectives par le Conseil du Trésor.
Vérification annuelle de la régularité des comptes par le vérificateur et vérification périodique de la gestion financière.	Vérification annuelle de la régularité des comptes par le vérificateur.
Le ministre de tutelle émet des directives publiques pour imposer des charges sociales et les dépose à l'Assemblée nationale.	

b) *Suggestions d'études complémentaires*

Une étude de la détermination effective des prix par les entreprises publiques nous apparaît prioritaire. Un inventaire des divers modes d'organisation des sociétés serait également opportun.

5. *Les offices*

A — *Données factuelles et commentaires*

1. *Les contrôles gouvernementaux et administratifs centraux*

1.1 *Contrôles sur l'administration technique*

L'administration technique d'un office est celle dont le contenu est le plus indéfini. Ainsi, certains analystes ont associé certains offices à des conseils[221], d'autres à des sociétés[222], d'autres enfin à des tribunaux[223]. Quoi qu'il en soit, nous croyons que notre typologie est conforme à la réalité et qu'il y a lieu de la conserver telle quelle. Par ailleurs, nous admettons volontiers que la fonction de « gestion non économique » (c'est-à-dire non commerciale, industrielle ou financière) constitue une catégorie imprécise. Elle

221. Le Comité de surveillance des étalons.
222. La curatelle publique et le Centre de recherche industrielle du Québec. (Voir les *États financiers des entreprises du gouvernement du Québec 1971-1972*, gouvernement du Québec, ministère des Finances, mars 1973, p. 10 et p. 42.) Nous croyons, cependant, que dans aucun des cas, il y a pour l'organisme un objectif de rentabilité, même limitée.
223. Selon la décision de la cour d'appel dans l'affaire « Saulnier », la Commission de police ne serait pas un tribunal. (Voir *le Devoir*, 28 juin 1973, p. 5.)

se définit par la négative, c'est-à-dire en recueillant tous les organismes dont la fonction dominante n'est pas une fonction judiciaire, une fonction de conseil ou de régulation économique et technique, ou une fonction de gestion administrative industrielle commerciale ou financière. Il est bien clair que cette fonction de simple gestion administrative existe effectivement dans toutes les administrations publiques. Il peut s'agir de gérer tantôt l'aménagement du territoire, tantôt des échanges entre pays, de l'assistance financière et *même* des institutions d'enseignement et de recherche qui constituent en l'occurrence une sous-catégorie spéciale que nous appelons les «établissements publics[224]».

La diversité des tâches est caractéristique des offices. Il est également propre aux offices d'exercer des fonctions analogues à celles qu'exercent les services ministériels. C'est parce que l'on a voulu valoriser ces fonctions ou encore associer la population à la gestion que l'on a constitué une structure décentralisée. Il convient donc qu'a priori la décentralisation ne soit pas trop forte si l'on désire en même temps conserver le principe de la responsabilité ministérielle. Il apparaît également comme normal que l'intégration administrative soit pratiquement totale, sauf, comme nous l'avons vu, dans le cas des établissements publics.

Cela dit, nous avons quand même précisé que la «gestion non économique» se concilie avec l'exercice d'un pouvoir de réglementation[225]. Effectivement, plusieurs offices peuvent faire des règlements[226] qui doivent cependant être approuvés par le lieutenant-gouverneur, le ministre de tutelle ou même l'Assemblée nationale[227]. Il serait préférable que le ministre de tutelle soit également détenteur du pouvoir de réglementation (comme dans le cas des régies) et qu'il soit le seul à approuver la réglementation préparée par l'office.

La «gestion non économique» se concilie également avec l'exercice d'un pouvoir de recherche et de consultation. Il ne devrait pas découler pour autant de ce fait l'obligation de publier les rapports de recherche comme dans le cas des organismes dont la fonction dominante est une fonction de conseil.

Il est plus difficile d'admettre par ailleurs qu'un office puisse exercer une fonction judiciaire. Effectivement, la Commission municipale, la Commission de police[228] et le Bureau des véhicules automobiles[229] possèdent, d'après certains, un pouvoir judiciaire[230]. À notre avis, il ne s'agit, comme toute décision illégale, que de décisions administratives contestables devant les

---

224. Nous avons retenu dans notre liste 3 établissements publics: l'Université du Québec (UQ), le Centre de recherche industrielle du Québec (CRIQ) et le Conservatoire de musique et d'art dramatique (CMAD). On pourra considérer également qu'un bon nombre d'organismes administratifs centraux — les bureaux — constituent une autre sous-catégorie des offices. (Voir la troisième partie de cet ouvrage.)
225. Il ne faudrait pas confondre pouvoir réglementaire et organisme de régulation.
226. C'est le cas de la CG, de la CPQ, de la CIC, de la CASIC et de l'OP.
227. Tel est le cas de la CG. Bien plus, la CPQ, l'OP, la CIC et la CASIC doivent publier leurs règlements dans *la Gazette officielle*.
228. Nous avons déjà cité un jugement de la cour d'appel qui soutient le contraire.
229. Les décisions du directeur du BVA sont susceptibles d'appel au tribunal des transports.
230. La loi précise que les décisions de la CPQ et du CP sont finales et sans appel.

tribunaux. Si tel n'était pas le cas, il y aurait lieu de modifier la législation en conséquence[231].

Il est encore possible qu'un office exerce des activités de gestion financière, industrielle ou commerciale. Il peut même arriver que l'activité dominante soit de ce type[232]. Il est possible aussi que l'on ait fixé à une activité de «gestion non économique» un objectif de rentabilité[233]. *Nous estimons que l'absence d'un objectif de rentabilité, même limitée, dans un cas, et l'absence d'une «gestion économique», dans l'autre, ne nous permettent pas de faire de ces organismes des sociétés.* En fait, nous devons considérer que les offices peuvent exercer des activités qui procurent des revenus[234], mais que l'on ne doit pas pour autant les considérer comme des sociétés. En conséquence, il faudra aménager des contrôles financiers qui s'harmonisent avec cette réalité et principalement reconnaître la nécessité d'une comptabilité distincte. Il n'y a pas lieu pour autant de concéder aux offices une large autonomie financière.

Enfin, il est symptomatique que très peu de législations établissent clairement des contrôles gouvernementaux sur les actes spécifiques d'administration technique[235]. Par contre, le lieutenant-gouverneur doit approuver des règlements concernant cette administration technique dans 9 cas[236] et l'administration interne dans 8 cas, alors que le ministre de tutelle approuve ces règlements respectivement dans 7 cas[237] et dans 2 cas[238]. L'intervention du Conseil des ministres n'est généralement pas justifiée et c'est le ministre de tutelle qui devrait approuver toutes les décisions importantes de production spécifique des offices. Bien plus, nous prenons pour acquis qu'actuellement, en pratique, le ministre exerce un contrôle général sur l'administration technique des offices. Conséquemment, il y a lieu tout simplement de dégager dans la loi constitutive un champ de compétence propre à l'office pour distinguer ce champ des autres activités du ministère. C'est du moins l'interprétation

231. Il pourra arriver, cependant, que certains bureaux (organismes administratifs centraux) qui font généralement partie de la catégorie des offices exercent de tels pouvoirs pour l'administration proprement dite. La Commission de la fonction publique en est un exemple. Nous traiterons de cette question dans la troisième partie de cet ouvrage.
232. Exemple: la curatelle publique.
233. Exemple: le CRIQ.
234. Exemple: le BVA et la SAO.
235. Nous avons relevé 4 cas d'organismes (le BVA, le CRIQ, la SAO, le HCJLS) où de tels contrôles étaient formellement exercés par le lieutenant-gouverneur ou le ministre (le HCJLS) (ex.: la modification d'honoraires, les intérêts avec un gouvernement étranger, l'aménagement de parcs industriels et commerciaux, les permis). Dans 2 cas (le HCJLS: délivrance d'un permis, la SAO: attribution d'un contrat à quelqu'un d'autre que le plus bas soumissionnaire), c'est le ministre qui intervient et l'on peut sincèrement douter que l'on ait fait là un choix judicieux.
236. Il s'agit de l'OP, de la CSJ, de l'OPTAT, de l'UQ, de la CPQ, du HCJLS, de la CIC, de la CASIC, des CSET.
237. Ce sont: la CSJ, la CMQ, la CPQ, la CP, le CRIQ, la CIC, la CASIC.
238. Ce sont: la SAO et la CG.

que nous faisons des lois actuelles et nous sommes d'accord avec cette limitation de l'autonomie dans l'administration technique des offices[239].

En somme, seules les décisions que l'on voudrait faire prendre par un office de façon autonome devraient être précisées dans le texte législatif[240]. Pour les autres types d'organisme que nous avons vus précédemment, l'autonomie était la règle implicite et seuls les contrôles devaient être précisés dans la loi.

1.2 *Contrôles sur l'administration générale*

a) *Le personnel directeur, les membres de l'office*[241]

le pouvoir de nomination

par le lieutenant-gouverneur:	17 organismes
selon la loi de la fonction publique (tous les membres):	4 organismes
conjointement par le gouvernement du Québec et un autre gouvernement:	1 organisme
par le ministre:	4 organismes

(tableau non cumulatif)

Le ministre de tutelle devrait pouvoir nommer les membres des offices (à l'exception des membres des bureaux) qui représentent des groupes ou qui ne sont pas fonctionnaires, sans qu'il soit besoin de recourir au lieutenant-gouverneur, car, encore une fois, l'office est un sous-programme du ministère et il doit être très intimement lié à ce ministère[242]. Nous croyons également que généralement, les membres de l'office qui n'agissent pas à titre de représentants de groupes[243] devraient être des fonctionnaires de rang supérieur[244] nommés selon la loi de la fonction publique[245] par arrêté en conseil.

239. Nous ferions une exception pour les établissements publics où d'après nous, l'autonomie est souhaitable dans certains domaines.
240. En l'absence de telles décisions on se contentera, comme actuellement, de préciser le champ de compétence.
241. L'appellation «officier» dans le cas présent créerait sans doute une confusion.
242. Cela dit, une consultation auprès d'un service central du conseil exécutif pourrait sans doute faciliter la tâche et peut-être augmenter la qualité de la sélection. Cela n'est pas aussi évident en ce qui concerne les établissements publics.
243. Seulement 3 offices sont composés uniquement de fonctionnaires (le BVA, la CG, la CPOPC). On a donc très bien utilisé l'office comme moyen d'associer la population à la gestion d'un programme, particulièrement dans le cas des établissements publics.
244. Nous excluons ici, bien sûr, les établissements publics.
245. Il va sans dire que cela s'applique aux bureaux, mais aussi à tous les autres membres d'un office qui sont des fonctionnaires.

la révocation, le terme d'office, les vacances, et la retraite

En fait, la seule atténuation au pouvoir de nomination en dehors des dispositions de la loi de la fonction publique[246] devrait être le terme d'office[247]. Actuellement, ce terme d'office est généralement indéterminé. Dans quelques cas (la CMQ, la CPQ, la CRIQ, l'OP, la CSJ, l'UQ), on prévoit un terme d'office des présidents qui va de 5 à 10 ans. Les membres de 8 offices ont des termes allant de 1 à 4 ans. Un terme de 5 ans devrait être la règle pour les présidents et l'on devrait prévoir des chevauchements de termes lorsqu'il y a des représentants de groupes. On doit pouvoir imaginer qu'un membre d'un office redevienne «fonctionnaire ordinaire» à la fin de son mandat et même après une révocation à titre de membre d'un office. La révocation et les vacances devraient relever de la responsabilité du ministre de tutelle.

Les traitements des membres d'un office (à l'exception des établissements publics) devraient être fixés par le ministre de tutelle selon les échelles en vigueur dans la fonction publique[248]. Les membres d'office qui sont également fonctionnaires participent évidemment au régime de retraite de la fonction publique. Nous avons compté 11 offices dont au moins certains des membres participent au régime de retraite de la fonction publique[249].

b) *Le rapport annuel d'activités*

Il est illogique qu'un office qui n'est pas un bureau puisse dépendre du lieutenant-gouverneur pour son administration générale. Chaque office devrait remettre un rapport annuel de ses activités et de ses états financiers au ministre de tutelle qui devrait déposer le tout devant l'Assemblée[250].

1.3 *Contrôles sur l'administration interne*

a) *Régie interne*

D'après les textes législatifs, le lieutenant-gouverneur est responsable de l'administration interne de 4 organismes et le ministre de tutelle de 8 organismes[251]. Les lois constitutives sont muettes dans tous les autres cas.

---

246. L'article 61 de la loi de la fonction publique.
247. La loi de la CPQ stipule que l'Assemblée nationale doit approuver la résolution. Il s'agit d'un cas spécial sans doute.
248. Actuellement, le lieutenant-gouverneur fixe généralement les traitements, alors que les membres de 6 organismes ont leur traitement fixé par la loi de la fonction publique et que les membres de la CIC et de la CASIC fixent eux-mêmes leur traitement. Ces 2 exceptions sont vraiment inusitées.
249. Il faut ajouter cependant que la situation est ambiguë lorsque certains membres peuvent être des fonctionnaires. Ils participent au régime de retraite à titre de fonctionnaires non à titre de membres de l'office.
250. Actuellement, 9 offices doivent déposer leur rapport annuel alors qu'il n'y a aucune stipulation dans le cas des autres organismes. Si l'on a voulu créer une structure «visible», on doit être conséquent et obliger la rédaction d'un rapport annuel.
251. L'Université du Québec, comme ce devrait être le cas de tous les établissements publics, jouit de l'autonomie de régie interne.

Le ministre de tutelle devrait avoir le pouvoir d'approuver les règlements de régie interne et notamment le plan d'organisation et le plan d'effectifs. Ici aussi un règlement uniforme contenant les dispositions des lois des principaux organismes centraux serait très utile. Il devrait également recevoir systématiquement les procès-verbaux des réunions des membres de l'office.

b) *Le personnel administratif*
la nomination

Actuellement, la loi de la fonction publique s'applique dans 16 cas. Les membres de l'office nomment le personnel administratif dans 7 cas[252] alors que cette responsabilité échoit au lieutenant-gouverneur ou au ministre dans 4 cas[253]. Selon nous, tous les employés des offices qui ne sont pas des établissements publics devraient être nommés selon la loi de la fonction publique sauf lorsqu'il s'agit d'un organisme explicitement temporaire, auquel cas on devrait prévoir des contrats d'engagement à terme fixe ne pouvant dépasser la durée de l'organisme[254]. Dans un tel cas, le ministre de tutelle pourrait faire les nominations.

Précisons, enfin, qu'actuellement, 3 organismes ont une convention collective distincte alors qu'un organisme n'a pas une telle convention[255]. Ici, comme précédemment, nous avons du mal à comprendre les raisons pouvant justifier ces exceptions.

le traitement et la retraite

Dans les cas où la loi de la fonction publique s'applique, il s'ensuit évidemment que le traitement et la retraite sont fixés selon les règles générales. On retiendra, toutefois, que le personnel de certains bureaux (le Conseil du Trésor et la Commission de la fonction publique) doivent être exclus du régime syndical pour des raisons évidentes.

c) *La gestion financière*

Le régime financier des offices, nous l'avons déjà indiqué, peut être variable. Actuellement, 5 offices disposent d'un pouvoir d'emprunt, 6 ont des revenus propres, un office peut recevoir des subventions[256], et un autre des avances. Généralement, cependant, le financement se fait exclusivement par les crédits parlementaires à même le fonds consolidé et nous considérons que cette règle ne devrait avoir que deux exceptions: les éta-

---

252. Il s'agit de la SAO, de l'OFQJ, de l'UQ, du CRIQ, de la CIC, de la CASIC et de la CSJ.
253. Ce sont: le CSET, le CMAD, le DCFOF et l'OP.
254. Un fonctionnaire versé à un tel organisme conserverait toutefois son statut.
255. Il s'agit du CRIQ. Il n'y a aucune stipulation dans le cas de l'OFQJ, de la CSJ et de l'OP.
256. Le CRIQ et la SAO sont des organismes subventionnés et comme tels ne sont pas soumis au contrôle a priori des dépenses courantes. Un tel contrôle s'appliquerait cependant à la CSJ et à l'OPTAT.

blissements publics, qui devraient pouvoir emprunter, et les bureaux de service[257], qui pourraient présenter leurs prévisions de dépenses au Conseil du Trésor en début d'année et être dotés d'un fonds renouvelable[258]. Dans le même sens, les offices devraient généralement verser leur surplus au fonds consolidé[259].

Compte tenu de ce que nous avons dit précédemment, les budgets des offices devraient généralement être présentés de façon distincte et non être confondus avec ceux du ministère de tutelle comme c'est le cas de 6 organismes actuellement. Dans le cadre du budget-programme, un office devrait constituer un élément ou sous-élément de programme. Cette « particularité budgétaire » nous apparaît nécessaire puisque c'est là un des objectifs de la création des offices[260].

Il est sans doute normal que le ministre de tutelle[261] approuve le budget de « ses » offices comme il le fait pour les autres services de son ministère. Pour les établissements publics, l'approbation du ministre devrait être décisive quoique sujette à la détermination de la masse budgétaire attribuée au secteur par le Conseil du Trésor. En d'autres termes, il ne serait pas sage que le Conseil du Trésor puisse reviser individuellement les budgets de chaque établissement public séparément, sauf lorsqu'ils ne font pas partie d'un réseau ou commandent un examen spécial[262].

À l'exception des établissements publics dont certains peuvent être soumis à la taxe de vente[263], les offices devraient généralement jouir de l'immunité fiscale.

Par ailleurs, tous les engagements des offices devraient être approuvés selon les règles applicables aux ministères[264].

De la même façon, les règles applicables au contrôle des dépenses courantes devraient être généralement étendues à tous les offices, à l'exception des établissements publics et des offices possédant un fonds renou-

---

257. Il s'agit des organismes centraux de « service domestique », tels les achats, l'impression, etc., qui exercent des activités de nature financière, industrielle ou commerciale sans but de rentabilité.
258. Cette solution pourrait également s'appliquer exceptionellement à la curatelle publique, au Bureau des véhicules automobiles et à l'OFQJ. L'Assemblée ne vote pas les crédits du BVA, de la CASIC, de la CIC, de l'ORCC et de la SAO.
259. Exceptionnellement, l'OFQJ conserve le sien. Il paraît difficile de faire autrement dans ce cas.
260. Le lieutenant-gouverneur approuve actuellement le budget de la CIC et de la CASIC.
261. Exemple: l'OFQJ. Le Conseil du Trésor devrait évidemment approuver ensuite ces budgets.
262. Nous pensons à des offices comme le CMAD et le CRIQ.
263. Exemple: l'Université du Québec. Certains peuvent même être soumis à l'impôt foncier.
264. Actuellement, le lieutenant-gouverneur approuve les engagements de 7 organismes, alors que 6 organismes sont également soumis à des approbations d'autres instances. Dans le cas des établissements publics, le ministère de tutelle devrait avoir ce pouvoir.

velable[265]. À l'heure actuelle, 3 organismes échappent à ce contrôle[266]. Cependant, nous estimons que ces règles devraient être assouplies de façon à laisser aux gestionnaires responsables le plus de latitude possible à l'intérieur du budget qui leur a été alloué. En fait, si tel n'était pas le cas, il faudrait reviser notre proposition et suggérer que l'on établisse au moins pour les offices temporaires (dont la mission doit être accomplie dans un laps de temps déterminé) des règles particulières.

Enfin, il n'y a aucune raison justifiant la vérification des comptes d'un office par un organisme ou une personne autre que le vérificateur général. L'autonomie de la SAO, de la CIC et du CP, à cet égard, semble tenir davantage à une fiction juridique qu'au bon sens.

d) *Les autres contrôles et services administratifs centraux*

D'après l'inventaire que nous avons dressé, les services d'information de 13 offices relevaient de l'ancien OIPQ alors que les approvisionnements de 19 organismes relevaient du service des achats. À notre avis, seuls les établissements publics et les offices possédant un fonds renouvelable[267] devraient être autonomes vis-à-vis du service des achats[268].

Par ailleurs, au moins 6 offices avaient la propre gestion de leur immeuble[269]. Ce sont des exceptions difficilement compréhensibles. Selon nous, seuls les établissements publics devraient être autonomes dans ce domaine.

En résumé, nous avons pu constater que les offices étaient généralement très intégrés. L'attribution d'une personnalité juridique distincte ne s'y transmet pas nécessairement par une large autonomie de gestion. Nous sommes d'accord avec cette orientation générale. En fait, nous croyons qu'elle est d'abord une modalité organisationnelle visant à rendre plus « visibles » auprès des administrés certaines activités qui pourraient être exercées normalement par les services réguliers des ministères. En fait, l'autonomie des offices devrait se limiter à : l'éventuelle participation à titre de membres de l'office de personnes extérieures à la fonction publique ; la possibilité d'une latitude plus grande dans la gestion des dépenses courantes surtout pour les offices temporaires et pour les offices produisant des revenus (attri-

---

265. Il n'existe pas actuellement de tels fonds au gouvernement du Québec. Ces fonds existent au gouvernement fédéral canadien et américain. Les bureaux de service devraient être dotés d'un tel fonds. On peut penser cependant que la création de tels fonds occasionnerait un *red tape* inutile étant donné le volume relativement réduit des transactions.
266. Il s'agit du CRIQ, de l'OFQJ et de la SAO. Toutefois, sur ce point, nous manquons d'informations sur la CIC, la CASIC, la CSJ, l'OP et la CAMM.
267. En pratique, les services d'information des ministères devraient agir pour le compte des offices et à leur demande.
268. Il faudrait encore déterminer si les produits à propos desquels on transige sont vraiment très spécialisés.
269. Ce sont : la CMQ, l'OFQJ, la SAO, la CSJ, la CAMM, l'OP.

bution d'un fonds renouvelable) ; une délégation d'autorité du ministre de tutelle aux membres de l'office, ce qui pourrait avoir pour effet de conférer à certains présidents le statut de sous-ministre associé et l'établissement de relations privilégiées avec le ministre.

2. *Le contrôle parlementaire*

Il est remarquable qu'après les sociétés, ce sont précisément les offices qui sont les plus «visibles» aux yeux des parlementaires, puisqu'ils ont été l'objet de 303 interventions au cours des débats en 1970 et 1971. Parmi ces interventions, 102 portaient sur l'administration technique, 83 sur l'administration interne et 105 sur l'administration générale, alors que 6 interventions concernaient le contrôle gouvernemental et 7 les relations d'influence politique. Aucune ne traitait de la politique générale. Ici aussi les louanges dominaient (148 interventions), elles étaient suivies des demandes d'informations (89 interventions), des critiques (41 interventions) et des suggestions (25 interventions). Les députés posèrent également 11 questions sur les offices. C'est le Haut Commissariat aux loisirs et aux sports qui polarisa la majorité des interventions (100 interventions). La CMQ (49 interventions), le CMAD (42 interventions), la CP (25 interventions), l'OPC (20 interventions) retinrent également l'attention. Le contrôle parlementaire paraît également avoir été systématique puisque 18 des 22 offices ont fait l'objet d'au moins une intervention. En somme, nous obtenons là une confirmation de la principale raison justifiant la création des offices, c'est-à-dire la mise en lumière de certains programmes spécifiques du ministère. À notre avis, la responsabilité du ministère de tutelle demeure entière à l'égard des offices ce qui explique sans doute le nombre élevé d'interventions portant sur l'administration interne.

3. *Le contrôle judiciaire*

La loi constitutive de la Commission de police et du curateur public contient une disposition excluant le pouvoir de revision judiciaire. Une telle disposition est superflue, car aucun de ces organismes n'exerce effectivement une fonction de nature judiciaire et en tout état de cause, les contestations des décisions devraient être portées devant le Banc de justice administrative.

Notre inventaire de la jurisprudence nous a permis de relever 5 causes concernant les offices: 2 causes avaient trait à la curatelle publique[270] et 3 à la Commission municipale[271], ces dernières traitaient de questions de droit.

270. «Brien» c. «Larivière» 1957 B. R. 310. «Boisonneault» c. «Deslauriers» 1962 B.R. 157.
271. «CM» c. «Ville de Rivière des Prairies» 1962 C. S. 156. «Arrighi» c. «Ville de Pointe aux Trembles» 1969 B. R. 885. «Tremblay» c. «Ville de la Malbaie» 1969 C. S. 318.

4. *Le contrôle de l'opinion publique*

Les offices ont été aussi privilégiés par la presse qu'ils l'ont été par les parlementaires puisque la recension du journal *le Devoir*, de 1970 à 1972, indique qu'il y a eu 393 mentions de ce type d'organisme durant cette période. Elles se répartissent ainsi: 227 articles portaient sur l'administration technique, 89 sur l'administration générale, 74 sur l'administration interne et 3 sur le contrôle gouvernemental. Aucun article ne traitait des relations d'influence politique. Par ailleurs, les organismes eux-mêmes étaient à l'origine de la majorité des articles (200 articles) et les groupes d'un nombre appréciable d'articles. Dans la plupart des cas, il ne s'agissait que de l'information factuelle (34 articles). Les critiques étaient plus nombreuses (41 articles) que les louanges (9 articles). Les suggestions étaient moins élevées que dans les autres cas.

Cependant, nous devons signaler que l'Université du Québec (un établissement public) fut l'objet à elle seule du tiers des articles (157 articles), suivie d'assez près par la Commission de police (105 articles). Parmi les 16 autres offices mentionnés, on retrouve loin derrière le HCJLS (25 articles) et la Commission municipale (20 articles). On ne peut évidemment que constater le biais propre à ce journal qui s'est depuis longtemps intéressé aux problèmes d'éducation et qui a étroitement suivi les activités policières, particulièrement depuis octobre 1970.

On aurait souhaité sans doute que les analyses et éditoriaux (une trentaine) soient plus nombreux car, dans le cas des offices, il y a un désir avoué de mettre en évidence une activité ministérielle particulière. Il serait donc juste que ces activités soient passées au crible.

B — *Suggestions de réforme et d'études complémentaires*

a) *Suggestions de réforme*

Il est clair que l'on devrait d'abord reconnaître l'existence de 3 types d'office: les offices à vocation sectorielle; les établissements publics (organismes éducatifs, sociaux, culturels); les bureaux (organismes centraux).

Ensuite, il y aurait lieu de régulariser le statut de certains offices qui ont été assimilés soit aux sociétés (le CRIQ, la SAO), soit à des tribunaux (la CP). Enfin, on devrait considérer l'opportunité d'assouplir les règles de contrôle des dépenses courantes pour les offices de durée déterminée ou temporaire et pour ceux qui sont dotés d'un fonds renouvelable. Pour le reste, nous considérons que les offices devraient être généralement intégrés, comme c'est d'ailleurs le cas actuellement.

b) *Suggestions d'études complémentaires*

Il serait opportun de préciser davantage les relati
pratique entre la direction des offices et les ministres d
miner comment celles-ci diffèrent de celles qui s'établissent en
ministre et le ministre.

6. *Conclusion*

Dans cette dernière section, nous présentons la synthèse des données que nous avons examinées en détail précédemment. De façon précise, il est nécessaire, à ce stade-ci de l'analyse, de dégager une vue d'ensemble des contrôles gouvernementaux et administratifs centraux exercés sur chacun des types d'organisme afin de déterminer le degré d'intégration ou de démembrement de l'administration. Il est également opportun de déterminer l'étendue, l'intensité et la fréquence des contrôles parlementaire, judiciaire et de l'opinion publique (tel qu'il ressort d'un examen des articles du *Devoir,* afin d'évaluer la portée de ces contrôles sur les organismes autonomes. Rappelons que ces 3 derniers contrôles sont à la fois des facteurs d'intégration au système politique et des mécanismes qui permettent d'assurer le respect de l'autonomie fonctionnelle.

1. *Les contrôles gouvernementaux et administratifs centraux*

Ces contrôles étant très complexes, il n'est malheureusement pas possible de pousser très loin une tentative de simplification. En fait, nous avons dû faire un choix des facteurs d'intégration qui nous paraissaient les plus significatifs. Ainsi, nous avons choisi d'écarter le critère de l'immunité fiscale puisque presque tous les organismes jouissent de ce privilège. De la même façon, le contrôle de certains engagements étant justifié même dans le cas des sociétés autonomes, il devenait très difficile de faire, dans un tableau, les distinctions qui s'imposaient[272]. Bref, il faut bien admettre que les contraintes d'une présentation schématique forcent à des regroupements discutables car il est pratiquement impossible de tenir compte de toutes les nuances que peuvent comporter les dispositions législatives. Par exemple, nous avons choisi de considérer que toutes les décisions d'administration technique d'un organisme étaient sujettes à un contrôle gouvernemental même si en fait seulement certaines décisions étaient sujettes à ce contrôle.

Il faut donc consulter le tableau X avec quelques réserves. Si nous faisons une lecture globale de ce tableau, nous observons que le degré d'intégration varie passablement selon les types d'organisme et d'administration.

---

272. Le contrôle des services des achats étant d'une application très aléatoire, nous avons décidé de ne pas en tenir compte non plus.

TABLEAU X

Résumé des contrôles gouvernementaux et administratifs centraux par type d'organisme

	OFFICES	RÉGIES	TRIBUNAUX	CONSEILS	SOCIÉTÉS
ADMINISTRATION INTERNE	(nombre total) 22	(nombre total) 10	(nombre total) 7	(nombre total) 66	(nombre total) 26
(1) *RÉGIE INTERNE* contrôle exercé / absence de contrôle	$\frac{10}{12}$	$\frac{4}{6}$	$\frac{0}{7}$	$\frac{5}{61}$	$\frac{16}{10}$
(2) *PERSONNEL ADMINISTRATIF* soumis à la loi de la fonction publique / non soumis à la loi de la fonction publique	$\frac{16}{6}$	$\frac{10}{0}$	$\frac{7}{0}$	$\frac{19}{47}$	$\frac{12}{14}$
(3) *GESTION FINANCIÈRE*					
(a) crédits votés et fonds consolidé / capacité d'autofinancement	$\frac{22}{0}$	$\frac{9}{1}$	$\frac{7}{0}$	(VC) (FC) $\frac{11\text{-}64}{2}$	$\frac{6}{20}$
(b) contrôle des dépenses courantes par le contrôleur / absence de contrôle	$\frac{19}{3}$	$\frac{9}{1}$	$\frac{7}{0}$	$\frac{62}{4}$	$\frac{9}{17}$
(c) vérification des comptes par le vérificateur / vérification des comptes par une maison privée	$\frac{19}{3}$	$\frac{10}{0}$	$\frac{7}{0}$	$\frac{66}{0}$	$\frac{16}{8}$
(4) *AUTRES CONTRÔLES ET SERVICES CENTRAUX*					
(a) gestion des immeubles par le MTP / gestion autonome	$\frac{16}{6}$	$\frac{10}{0}$	$\frac{7}{0}$	$\frac{62}{4}$	$\frac{16}{8}$
(b) approvisionnement par le service des achats / approvisionnement autonome	$\frac{19}{3}$	$\frac{8}{2}$	$\frac{7}{0}$	$\frac{64}{2}$	$\frac{6}{20}$
ADMINISTRATION GÉNÉRALE					
(1) *PERSONNEL DIRECTEUR*					
(a) nomination par le lieutenant-gouverneur ou le ministre / cooptation, désignation par une autre autorité	$\frac{21}{1}$	$\frac{10}{0}$	$\frac{7}{0}$	$\frac{54}{8}$	$\frac{24}{2}$
(b) terme d'office - de 5 ans / terme d'office - de 5 ans, indéterminé	$\frac{6}{16}$	$\frac{5}{5}$	$\frac{1}{6}$	$\frac{4}{62}$	$\frac{4}{22}$*

TABLEAU X (*Suite*)

(c) régime de retraite de la fonction publique régime privé, absence de disposition	11/11	10/0	6/1	1/66	18/8
(2) *RAPPORT ANNUEL* déposé à l'Assemblée rapport non déposé	9/13	7/3	1/6	7/55	21/5
ADMINISTRATION TECHNIQUE (a) approbation des règlements non-approbation	9/13	10/0	0/7	**	5/21
(b) approbation des décisions individuelles non-approbation	4***/19	7/3	0****/7	2*****/64	19/7

* Le chiffre est tendancieux puisque nous n'avons pas retenu les termes d'office des présidents qui sont fréquemment de 10 ans.

** Inapplicable car c'est généralement la loi constitutive qui détermine ces questions.

*** Nous croyons que ce chiffre est tendancieux car, en fait, toutes les décisions d'administration technique d'un office pourraient être approuvées par le ministre malgré l'absence d'une disposition dans la loi.

**** Il n'y a pas de contrôle gouvernemental des décisions des tribunaux, mais il y a un contrôle judiciaire.

***** Nous avons considéré que la présence du sous-ministre parmi les membres de 2 organismes consultatifs constitue une forme de contrôle gouvernemental.

En effet, il appert, en premier lieu, que l'administration interne est intégrée presque complètement dans les tribunaux, les régies, les conseils et les offices, et qu'elle est généralement autonome dans les sociétés. Cette orientation est conforme à nos propositions. On peut même concéder qu'il n'y a pas véritablement de problème majeur de démembrement de l'administration québécoise. Il y a surtout une absence de schème spécifique d'organisation pour les divers types d'organisme et de nombreuses exceptions dont les justifications nous échappent. À cet égard, les offices et les sociétés devraient faire l'objet d'une attention spéciale et prioritaire.

En ce qui concerne l'administration technique, la situation est plus complexe. Il n'existe pas et ne doit pas exister de contrôle gouvernemental des décisions des tribunaux administratifs. Nous avons suggéré que l'on remplace la remise de rapports administratifs par la publication de jugements motivés et plus globalement que l'on regroupe les tribunaux administratifs à la cour provinciale dans une Chambre de justice administrative. Quant aux régies, nous préconisons que le ministre de tutelle soit habilité à annuler ou à suspendre certaines décisions très importantes (ex.: la détermination de tarifs) dans la mesure où elles mettent en danger la cohérence d'une politique sectorielle. Il ne nous semble pas que la législation fasse sur ce point suffisamment preuve de discrimination. Les lois des offices sont par ailleurs tellement floues qu'il est difficile de dégager une règle d'ensemble. La loi devrait établir très clairement, contrairement à ce qui se produit pour les autres types d'organisme, les décisions que la direction de l'office est habilitée à prendre de façon complètement autonome[273]. En effet, en l'absence de telles dispositions, il faudrait conclure a priori que toutes les décisions d'administration technique d'un office sont susceptibles d'être soumises à l'approbation du ministre de tutelle. À défaut d'une telle précision, la loi constitutive ou un règlement de régie interne devrait établir le partage de l'autorité entre la direction de l'office et le ministre (nous faisons abstraction ici des établissements publics). Quant aux sociétés, nous avons indiqué qu'effectivement certaines décisions stratégiques devraient faire l'objet d'une approbation ministérielle ou gouvernementale et que la loi constitutive devait faire état de ces décisions. Dans le cas des conseils, enfin, le ministre de tutelle devrait, par la loi ou l'instrument légal de création, rendre publics les avis et recommandations qu'il aurait lui-même sollicités.

Quant aux règlements d'administration technique, il nous semble qu'il y aurait avantage à les uniformiser dans la mesure du possible, pour les tribunaux et les conseils, par le truchement de la législation. Par ailleurs, le ministre de tutelle devrait être habilité à approuver ceux des offices ainsi que ceux des régies[274]. Pour les sociétés déléguées, il est parfois nécessaire, effectivement, de soumettre les règlements d'administration technique à l'approbation ministérielle. Il apparaît donc clairement qu'il ne faut pas confondre les règlements d'administration technique avec les règlements d'administration interne[275]. Ces derniers devraient généralement être uniformes pour tous les tribunaux, les régies, les conseils et la plupart des offices, puisqu'il s'agit essentiellement des dispositions de lois des principaux organismes centraux. Le ministre ne devrait détenir que le pouvoir d'approuver l'organigramme et le plan d'effectifs des régies et offices[276]. En ce qui concerne les sociétés, il devrait avoir seulement le pouvoir de s'informer sur leur règlement de régie interne et recevoir leur organigramme général.

---

273. Il s'agit de cas hypothétiques.

274. Il faut comprendre ici que les règlements d'administration technique des régies comprennent à la fois la législation déléguée et les règles concernant l'audition des parties intéressées. Dans ce dernier cas, les lois constitutives devraient être uniformisées dans la mesure du possible.

275. Les règlements d'administration technique sont relatifs à la production spécifique alors que les règlements de régie interne concernent l'organisation, le fonctionnement interne et la gestion des ressources internes.

276. Ce pouvoir spécifique ne devrait pas être suffisant pour forcer le ministre à répondre en assemblée à des questions relatives à la régie interne ou à la gestion courante de ces organismes.

En somme, pour les tribunaux, les décisions d'administration technique doivent être prises de façon complètement autonome. Pour les conseils, les régies et les sociétés, cette autonomie peut être mitigée dans des matières stratégiques. Pour les offices, on doit prendre pour acquis que le ministre de tutelle peut approuver toutes les décisions. Ici aussi, nous devons conclure qu'il n'y a pas un danger évident d'un affaiblissement du pouvoir gouvernemental. Nous mettons seulement en doute l'opportunité, dans certains cas, du contrôle exercé, dans d'autres, des modes utilisés[277]. L'équilibre est assurément très délicat.

Enfin, l'administration générale des organismes autonomes devrait être uniforme, au moins pour chaque type d'organisme. Le ministre de tutelle devrait nommer les conseillers et les membres des offices, et le lieutenant-gouverneur les régisseurs, les juges des tribunaux et les membres des conseils d'administration. Le terme d'office ne devrait jamais dépasser 10 ans ; un terme de 10 ans devrait être réservé aux présidents de régie, aux juges et aux présidents des conseils d'administration de sociétés. Seules les sociétés autonomes devraient avoir un régime de retraite particulier, mais les membres permanents des offices, régies, tribunaux et sociétés déléguées devraient pouvoir participer au régime de la fonction publique. Tous les organismes autonomes sans exception devraient soumettre un rapport annuel d'activités au ministre et celui-ci devrait le déposer à l'Assemblée.

Curieusement, c'est à l'égard de l'administration générale, qui en fait relie la direction de l'organisme au pouvoir gouvernemental et à l'Assemblée, que l'on devrait attacher le plus d'importance. Si l'autonomie fonctionnelle a pour but d'attribuer à certaines unités une marge de manœuvre plus étendue que ce soit au point de vue de l'administration interne ou de l'administration technique, cela ne doit pas signifier qu'il y a absence totale de responsabilité vis-à-vis des institutions politiques. Cette responsabilité est d'autant plus nécessaire qu'elle permet par le jeu des conflits et des oppositions, de garder vivante cette autonomie. C'est dans ce contexte que se situe notre proposition d'accorder au ministre de tutelle le pouvoir de donner des directives de politique générale aux sociétés. Il y a donc lieu de corriger le plus rapidement possible les lacunes de la législation existante sur ce point.

2. *Le contrôle parlementaire*

Premièrement l'examen du contrôle parlementaire effectivement exercé par les députés à l'Assemblée, en 1970 et 1971, a permis d'identifier un certain ordre de « visibilité » des types d'organisme. À ce titre, on peut dire

277. En particulier, le rôle très effacé du ministre de tutelle qui ne favorise guère la cohérence de la politique sectorielle.

que les sociétés sont les plus « visibles » aux yeux des parlementaires et sans doute les plus importantes. Le tableau XI établit cet ordre. Il est remarquable qu'une des principales raisons de la création des offices soit confirmée, puisqu'en pratique, les offices ont un assez haut degré de « visibilité ». Sans prétendre que cette hiérarchie des organismes autonomes est immuable, nous avons raison de croire qu'elle est assez stable[278]. Nous pouvons évidemment déplorer que les régies ne soient pas considérées comme plus importantes, car la régulation économique et technique est un élément majeur des États modernes.

En second lieu, nous constatons que les organismes autonomes tiennent une place assez significative dans l'ensemble des interventions à l'Assemblée. Nous portons ce jugement, il est vrai, à partir de données recueillies antérieurement à l'occasion d'une étude des débats parlementaires de l'Assemblée québécoise[279]. Toutefois, il ne nous paraît pas exagéré de croire qu'environ la moitié des interventions faites par les députés concernant l'administration portent sur les organismes autonomes[280].

Troisièmement, nous observons que les députés attachent une importance relativement limitée aux questions se rapportant aux contrôles gouvernementaux exercés sur les organismes autonomes (environ 5 % et aux relations d'influence politique (5 %, également). Toutefois, il serait sans doute anormal que ces questions reçoivent une attention prédominante même si nous continuons de penser que les dispositions législatives pourraient être plus cohérentes. Nous avons le sentiment que l'Assemblée est sensibilisée au problème et que par conséquent elle peut effectivement agir, à l'occasion, comme gardienne de l'autonomie fonctionnelle.

Quatrièmement, nous remarquons que les députés se préoccupent davantage de l'administration technique et de l'administration générale des organismes que de l'administration interne (20 %). Cela nous paraît conforme à leur mandat de contrôleurs de l'administration. Il y a là, à notre avis, une amélioration par rapport à l'ancienne pratique. On peut aussi souligner le caractère approbateur d'une grande partie des interventions des députés à l'égard des organismes (près de 40 %)[281].

---

278. Nous avons fait le calcul du nombre de pages (non des interventions des députés) consacrées aux divers organismes autonomes de 1966 à 1971 et nous avons obtenu pour cette période le même ordre que celui qui apparaît ici.

279. A. Gélinas, *les Parlementaires et l'administration au Québec,* Québec, Les Presses de l'Université Laval, 1969.

280. Dans l'ouvrage mentionné ci-dessus, nous avions obtenu un total de 5 270 interventions durant les sessions de 1964 et de 1965. Or, 55% de ces interventions concernaient l'administration. Admettant un comportement identique des députés en 1970, les 1960 interventions comptabilisées en 1970 et 1971 représenteraient près de 50% du total si l'on fait abstraction des 37% des interventions qui portaient sur la politique ministérielle.

281. On peut aussi s'interroger sur le caractère représentatif de cette période qui fut passablement troublée. Les événements d'octobre, comme il est convenu de les appeler, ont pu perturber le comportement traditionnel des députés.

Tableau XI
Contrôle parlementaire

Répartition des interventions des députés concernant les organismes autonomes par type d'organisme en 1970 et 1971

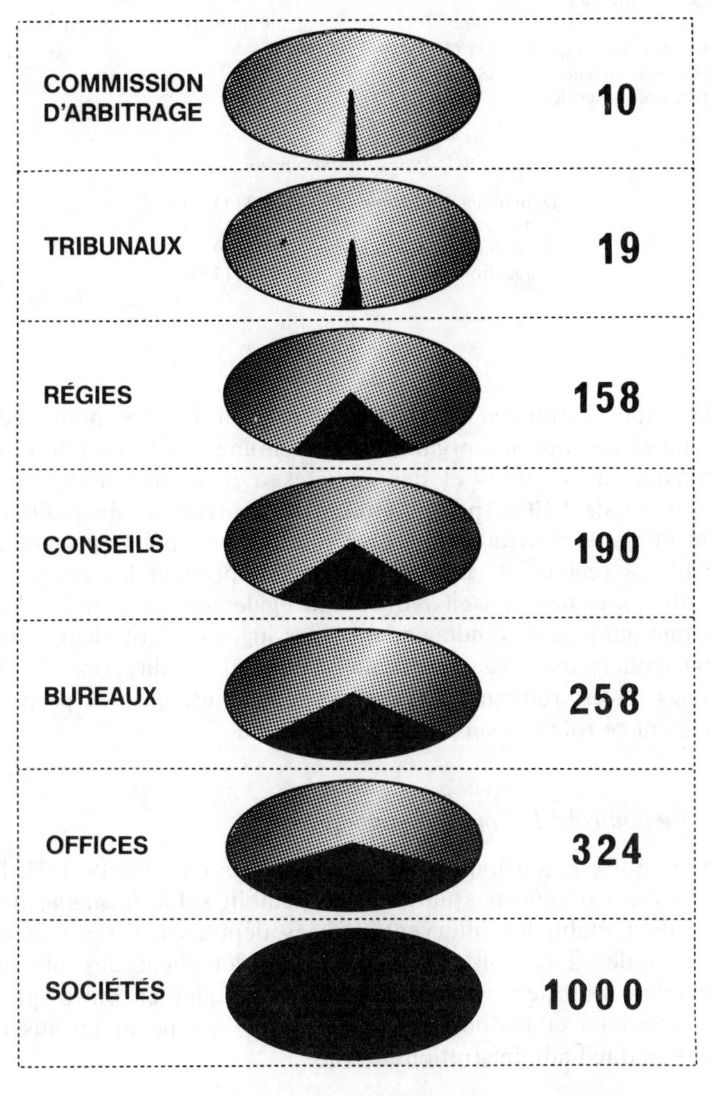

TOTAL : 1960

TABLEAU XII

Répartition des interventions des députés concernant les organismes autonomes en 1970 et 1971

(A) *Objet de l'intervention*

Contrôle gouvernemental :	108
Patronage et influence politique :	99
Administration technique :	631 (32 %)
Administration interne :	381 (19 %)
Administration générale :	741 (37 %)

(B) *Moment de l'intervention*

Assemblée plénière :	1129
Commission parlementaire :	831

(C) *Types d'intervention*

Demandes d'information :	650 (33 %)
Critiques :	296 (15 %)
Approbations et louanges :	773 (39 %)
Suggestions :	241 (12 %)

TOTAL : 1960

Enfin, nous estimons que l'Assemblée doit insister pour recevoir le rapport annuel de tous les organismes autonomes (à l'exception des organismes consultatifs internes et des sociétés d'économie mixte à participation minoritaire de l'État) pour connaître les directives de politique générale qu'un ministre pourrait adresser à une société, pour approuver par un vote négatif les règlements des régies, pour approuver les budgets des régies, des offices et des conseils. Il devrait également revenir à l'Assemblée d'agir comme gardien de l'indépendance des juges des tribunaux administratifs en particulier, mais également du personnel de direction des sociétés et des régies. Il est toujours à craindre, cependant, que les partis d'opposition négligent ce rôle par simple stratégie.

3. *Le contrôle de l'opinion publique*

D'après notre recension du journal *le Devoir* en 1970-1971[282], la « visibilité » des divers organismes autonomes s'établit selon le même ordre que celui qu'avaient établi les interventions des députés à l'Assemblée durant la même période. Toutefois, les sociétés se détachent des offices d'une façon beaucoup plus nette. Il convient de remarquer en outre que l'administration technique et l'administration générale retiennent ici aussi davantage l'attention que l'administration interne.

---

282. Nous avons choisi de ne retenir ici que ces 2 années afin de pouvoir faire des comparaisons avec le contrôle parlementaire.

Par ailleurs, de prime abord, on doit sans doute s'étonner de l'importance considérable que revêt l'information fournie par les organismes concernés. Sans cette autopublicité, l'opinion publique serait mal informée. Il faut voir ici une caractéristique d'une administration ouverte dont nous aurions tort de nous plaindre. Il est clair, cependant, que cette information à elle seule n'est pas suffisante. Il faut donc apprécier le fait que ce journal procure également au lecteur plus d'une centaine de textes analytiques (environ le quart de toute l'information). Les proportions nous semblent convenables malgré notre ignorance de critères universels à cet égard[283]. Par contre, suivant en cela l'exemple des députés, les premiers contrôleurs, ce journal est assez peu critique de l'administration de ces divers organismes. Nous ignorons, ici aussi, si nous devons nous réjouir de cet état de choses ou déplorer l'absence d'examens plus critiques qui mettraient en lumières les failles inévitables de toute organisation.

Enfin, nous aurions souhaité que *le Devoir* traite davantage du contrôle gouvernemental exercé sur les organismes autonomes. Le sujet est effectivement complexe et technique et il suscite sans doute moins d'intérêt que celui des relations d'influence politique, même si l'attention qui a été accordée à cette première question ne fut pas très considérable. Nous avons le sentiment que *le Devoir* pourrait plus facilement magnifier un conflit couvert entre un organisme autonome et le gouvernement si jamais un tel événement se produisait. Jusqu'à ce jour, il n'y a eu que quelques cas isolés qui n'ont jamais atteint l'ampleur de l'affaire «Coyne» au gouvernement fédéral.

4. *Le contrôle judiciaire*

Selon l'inventaire effectué par *Datum,* sur un total de 164 causes ayant trait aux organismes autonomes, 98 concernaient les régies, 50 les sociétés, 8 les tribunaux administratifs, 5 les offices et 3 les tribunaux administratifs. Il est vrai qu'en définitive, ces affaires judiciaires se sont polarisées autour de certains organismes particuliers (l'Hydro-Québec, la Commission des accidents de travail et la Régie des alcools) et que nous n'avons pu dégager de cette jurisprudence des *règles* concernant le contrôle exercé sur les organismes autonomes. Tout ce que nous pouvons conclure, c'est que les régies et les sociétés sont les organismes les plus susceptibles de donner lieu à une affaire en justice. Nous aurions souhaité que les cours eussent l'occasion de se prononcer de façon plus précise sur le statut des entreprises publiques, les procédures des régies et l'autonomie du personnel directeur des divers organismes. Cela dit, il n'en demeure pas moins que le contrôle judiciaire continue à garantir la protection des droits individuels.

---

283. *Le Devoir* et *le Soleil* sont sans doute les journaux qui offrent la meilleure couverture des activités de l'administration publique.

Tableau XIII
Contrôle de l'opinion publique
Répartition des articles de journaux concernant les organismes autonomes par type d'organisme 1970 et 1971

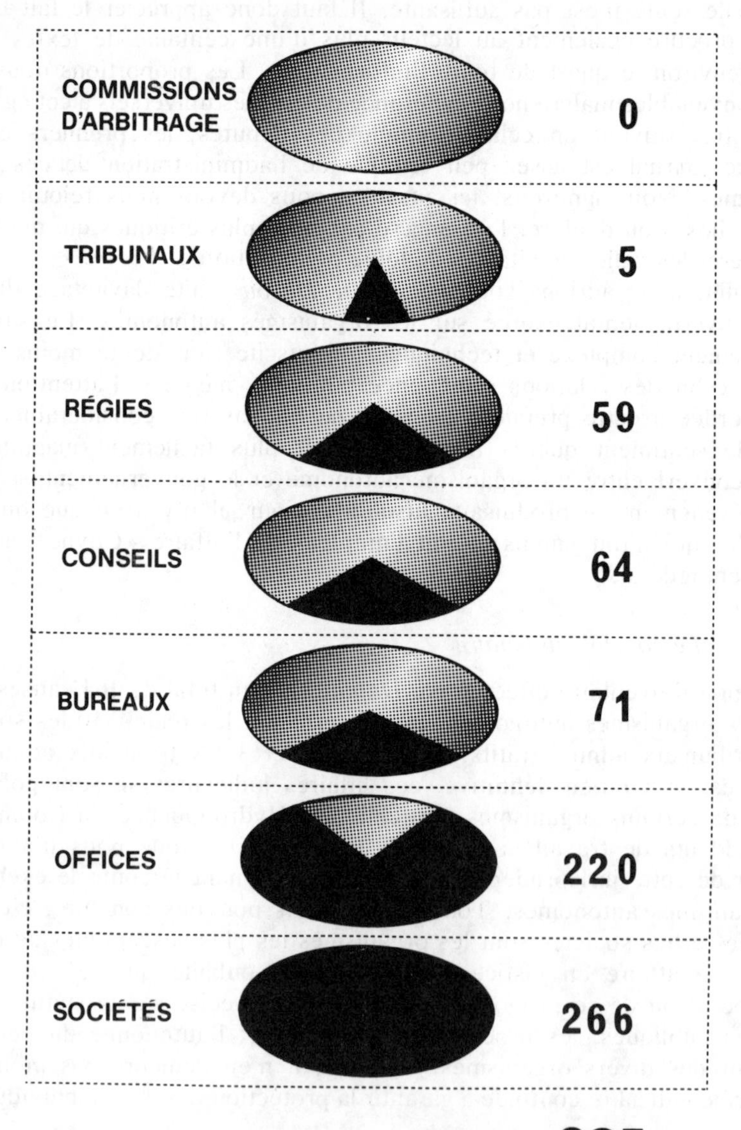

TOTAL: 685

TABLEAU XIV

Répartition des articles de journaux en 1970 et 1971

(A) *Objet de l'article*

Contrôle gouvernemental :	5
Patronage et influence politique :	18
Administration technique :	316 (46 %)
Administration interne :	96
Administration générale :	250 (36 %)

(B) *Provenance et catégories d'article*

	INFORMATION	ANALYSES et ÉDITORIAUX
Assemblée nationale :	60	8
Ministres :	69	4
Organisme lui-même :	336	82
Groupes extérieurs :	96	30
	561	124

(C) *Types d'article*

Informations factuelles :	580 (84 %)
Critiques :	65 (9 %)
Approbations et louanges :	18
Suggestions :	22

TOTAL: 685

Par ailleurs, nous avons également suggéré de créer une Chambre de justice administrative à la cour provinciale (qui regrouperait les divers tribunaux spécialisés actuels) auquel on pourrait confier un certain contrôle des régies (sur les questions de droit et de compétence) et le contentieux de la responsabilité et de la légalité des organismes publics. Une telle Chambre absorberait sans doute aussi les matières disciplinaires (la Commission de la fonction publique, la Commission de police) et permettrait aussi l'établissement de droite d'appel de décisions actuellement confiées aux services ministériels. À notre avis, cette dernière suggestion ne devrait en aucun cas accroître la judiciarisation du processus administratif et la compétence de cette Chambre de justice administrative devrait être formulée en termes précis, ce qui implique un examen minutieux des décisions qui seraient sujettes à appel afin d'en déterminer le caractère nettement judiciaire.

TROISIÈME PARTIE

LES ORGANISMES CENTRAUX

INTRODUCTION

L'analyse des organismes autonomes est indissociable de celle des organismes centraux puisque ces derniers, par les contrôles qu'ils exercent, déterminent le degré d'intégration ou au contraire le degré d'autonomie fonctionnelle. L'autre élément du triptyque, les ministères, doit être aussi considéré, ne serait-ce que de façon incidente, puisque, comme nous l'avons déjà indiqué, les contrôles centraux peuvent être exercés directement sur les organismes autonomes ou indirectement par le truchement des ministères. Enfin, il est évident aussi que l'on ne peut traiter de la même façon tous les organismes centraux puisque, au départ, on doit tenir compte d'une distinction très importante entre les organismes centraux «politiques» (le Conseil des ministres et ses comités) et les organismes centraux «administratifs». Assurément, cet enchaînement nécessaire complique sérieusement l'analyse et il importe en conséquence de bien sérier les problèmes.

Nous nous proposons dans un premier chapitre d'examiner les causes et les conséquences de l'intégration au palier politique, de décrire sommairement l'organisation actuelle au Québec et de faire état de réformes possibles. En rédigeant ce chapitre nous avons cherché à faciliter la compréhension générale des chapitres subséquents et non à faire un examen détaillé de la question. En fait, la rareté des publications et le caractère confidentiel des documents relatifs au fonctionnement du Conseil des ministres nous interdisaient, en pratique, de prétendre traiter ce sujet de façon exhaustive.

Dans un deuxième chapitre, nous aborderons les causes et conséquences de l'intégration administrative, les principes de séparation et d'organisation des fonctions de gestion centrale, avant d'établir un classement provisoire des organismes centraux selon une typologie que nous avons développée, d'expliciter les fonctions et la compétence de ces divers organismes et de proposer quelques principes directeurs quant à la formulation législative de la compétence des organismes centraux. Enfin, nous aurons recours à notre grille d'analyse des contrôles en l'appliquant cette fois aux organismes centraux autonomes, afin de présenter leur cadre juridique actuel et de déterminer leur propre degré d'intégration.

Dans un troisième chapitre, nous proposerons un nouveau regroupement des organismes centraux et nous identifierons à cette fin les secteurs, fonctions, activités et décisions stratégiques de la gestion centrale. Dans la conclusion, nous rétablirons la liaison avec les organismes autonomes en réexaminant les deux principaux modèles de contrôle, en proposant des modèles de législation propres à chaque type d'organisme et en présentant un sommaire de nos propositions.

CHAPITRE PREMIER

L'INTÉGRATION AU PALIER POLITIQUE

1. *Les causes de l'intégration au palier politique*

Dans un premier temps, nous entendons nous limiter à une analyse globale du principal organe d'intégration, le Conseil des ministres, et dans un deuxième temps, faire état des autres organes d'intégration politique (l'Assemblée, les cours de justices et l'opinion publique), mais, cette fois, seulement en ce qui concerne les organismes autonomes.

Il suffira de rappeler brièvement qu'en système parlementaire de type britannique, on a très tôt opté pour une direction collégiale de l'État au lieu d'une direction présidentielle comme dans le système de type américain. Le passage progressif des pouvoirs du roi à ses conseillers qui devinrent par la suite responsables devant le parlement, puis éventuellement devant la population par l'introduction du suffrage universel, pour ainsi assumer la direction effective de l'État[1], n'a jamais eu pour effet de mettre en cause le principe fondamental de la solidarité ministérielle (de la direction collégiale) ni d'atténuer le besoin d'un pouvoir exécutif.

En d'autres termes, à l'origine du Conseil des ministres, il faut voir d'abord la nécessité d'une direction unique, comme dans toute organisation, chargée de commander l'exécution des lois[2] et de prendre toutes les décisions que la gouverne de l'État impose[3]: en somme d'abord la nécessité d'un pou-

---

1. Le roi ou ses représentants (le gouverneur général et le lieutenant-gouverneur) dans les pays non complètement indépendants ont dû, en conséquence, assumer un rôle de plus en plus protocolaire et symbolique.
2. Il en va de même dans le système américain puisque le président dirige également l'administration et constitue l'exécutif.
3. Historiquement, le parlement a dû consentir une délégation d'autorité au gouvernement, principalement dans le domaine des affaires extérieures, des forces armées et de la politique économique.

voir exécutif et en second lieu une préférence historique pour la direction collégiale au lieu de la direction présidentielle[4].

Cela dit, il est certain que la composition et les tâches du Conseil des ministres ont singulièrement évolué depuis ses origines. Au Québec, par exemple, le premier Conseil des ministres comprenait 7 membres et regroupait en fait 5 ministères. Aujourd'hui, il y a une vingtaine de ministres, des ministres d'État et des adjoints parlementaires à la tête de 47 secteurs et 170 programmes d'activités, selon la récente classification par budget-programme. Le volume de la législation dépassait à peine au siècle dernier 59 projets de loi, alors qu'à la dernière session de l'Assemblée nationale, en 1973, 119 projets furent déposés[5]. À l'époque, les partis politiques étaient embryonnaires, aujourd'hui, ils constituent des «machines» passablement influentes. Enfin, la centaine «d'employés civils» du siècle dernier constitue maintenant une «fonction publique» syndiquée de 50 000 personnes. Au gouvernement fédéral, en 1967, on évaluait à 800 le nombre de documents déposés au Cabinet pour décision.

Ces quelques données élémentaires auxquelles il faut ajouter des changements socio-économiques de plus en plus rapides (tels le développement des media d'information, l'élévation du degré de scolarisation, l'industrialisation et l'urbanisation), sont suffisantes pour nous permettre de concevoir les raisons qui justifient une intégration au palier politique.

En premier lieu, il y a *la nécessité d'une cohérence politique* dans un contexte aux très nombreuses variables. Il est certain qu'un gouvernement qui ne cherche pas à établir une certaine *cohérence* entre la politique de ses divers secteurs d'activités sera rapidement l'objet de critiques de la part des partis d'opposition, des groupes et de l'opinion publique, et aussi des administrations et gouvernements étrangers. On soulignera avec justesse les pertes de ressources, la confusion, l'absence de direction, les doubles emplois, les conflits, les effets discriminatoires et la faiblesse générale de l'État produits par cette incohérence politique. Il faut toutefois reconnaître que les activités de la société étant fortement sectorialisées et mettant en cause des éléments très complexes et contradictoires, il n'est pas possible d'établir une cohérence parfaite des activités gouvernementales, et aucune opposition ne réussit à saisir et à dévoiler toutes les contradictions apparentes ou réelles de ces activités. En fait, il est certain que les forces d'opposition, en parti-

4. Comme nous le verrons par la suite, cette distinction n'est pas aussi nette qu'on le croit parfois puisque le Premier ministre n'a jamais été un ministre comme les autres et que son statut spécial (*primus inter pares*) a été renforcé par sa commande de l'organisation du parti politique au pouvoir.
5. Il y a bien sûr un effet cumulatif non négligeable puisque les lois en vigueur (les statuts refondus en 1964 comprenaient 332 lois) peuvent à tout moment faire l'objet de débats. Il faut aussi considérer que les lois d'aujourd'hui sont relativement plus substantielles que celles du siècle dernier.

culier les partis d'opposition, doivent souffrir de la même incohérence dès qu'elles désirent épouser des intérêts de quelques groupes particuliers. Bien plus, les solutions d'ensemble doivent être forcément formulées en termes de priorités et de hiérarchisation des intérêts, ce qui suppose nécessairement des préférences, une «discrimination» et dans ce sens, pour certains du moins, une certaine incohérence.

En second lieu, il y a *le besoin fondamental en système démocratique d'établir une liaison hiérarchique* entre le gouvernement et les représentants de la population (les députés en Assemblée), entre le gouvernement et les organes d'exécution (les ministères et organismes).

Tout gouvernement et toute société ont normalement avantage à accroître la cohérence de la politique de l'État. Tout gouvernement démocratique *doit,* en plus, assurer la continuité d'un réseau de communications avec l'Assemblée et la population d'une part, et avec l'administration d'autre part. Bien sûr, il y a des pays qui établissent une coupure entre l'Assemblée et le gouvernement (ex.: les États-Unis, la France), entre le gouvernement et l'administration (ex.: la Suède). Il n'est pas évident que ces séparations organiques soient plus avantageuses. Quoi qu'il en soit, il est certain qu'en système de type britannique, on a jugé préférable de lier directement le gouvernement à l'Assemblée en le rendant responsable devant celle-ci et à l'administration en le plaçant à la tête des différents ministères et organismes, et, très concrètement, des organismes administratifs centraux[6].

Il nous semble pratiquement impossible de mettre en doute la valeur de ces deux causes d'intégration au palier politique, sans compter que toute discussion sur ces questions relèverait davantage du politique que de l'administratif.

2. *Les conséquences de l'intégration au palier politique*

La principale conséquence de l'intégration au palier politique — en somme la conséquence du principe de la solidarité ministérielle — est que chaque ministre individuellement n'est jamais complètement maître de ses décisions. Traditionnellement, il devait obtenir l'accord du Premier ministre lorsqu'il n'avait qu'à obéir aux directives de ce dernier. Bien sûr, des personnalités très fortes ont pu exceptionnellement rendre ces règles plus ou moins inopérantes et ont pu mobiliser le Conseil des ministres, y compris le Premier ministre. Aujourd'hui, même les légères incartades peuvent donner

6. Cette centralisation des décisions d'exécution renforce, il va sans dire, la suprématie du politique sur l'administratif. Le Conseil du Trésor est l'illustration même de cette fonction. Un comité de ministres est chargé de prendre les décisions d'exécution courante, d'administration.

lieu à des sanctions[7]. Bien plus, la direction collégiale devient plus contraignante à cause de certaines modalités particulières de fonctionnement telles que le travail en comités. On doit admettre que cette contrainte de la collégialité peut sérieusement limiter l'initiative d'un ministre et d'un ministère.

En corollaire, chaque ministre doit accepter la responsabilité des décisions prises collectivement, même si personnellement il ne les approuve pas. Les désaccords sont permis à l'intérieur du Conseil des ministres, mais à l'extérieur l'unanimité doit prévaloir, sinon la démission s'impose à brève échéance.

Réciproquement, le mérite et les louanges sont également partagés même si les contributions sont inégales. La collégialité rend possible une cohérence qui autrement serait essentiellement tributaire de la bonne volonté et surtout de l'étendue des préoccupations de chaque ministre. Un gouvernement doit éviter le plus possible les contradictions, sans quoi il apparaîtra rapidement comme étant incapable de résoudre les problèmes de la collectivité, ce pourquoi il a d'abord été élu.

3. *Les mécanismes d'intégration au palier politique*

Les divers mécanismes d'intégration dont dispose le Conseil des ministres méritent un examen détaillé.

a) Le Conseil des ministres est un instrument d'intégration politique (non de la politique) par sa *composition* même. Il reflète généralement dans des proportions appropriées les groupes ethniques, les régions[8] et les divers groupes d'intérêts dont l'appui est jugé utile au parti au pouvoir. Il constitue aussi généralement une sélection des meilleurs députés. Bref, par sa composition, le Conseil des ministres cherche à intégrer divers éléments de la population et diverses parties du territoire et de l'organisation politique.

b) Le Conseil des ministres est encore un instrument d'intégration par sa *présidence*. Le Premier ministre dispose d'un certain nombre de prérogatives qui font de lui le premier responsable de cette intégration. Il choisit les autres ministres et arbitre les conflits qui peuvent surgir entre ces derniers. Il possède le pouvoir de déclencher les élections. Il détermine l'ordre du jour des réunions du Conseil des ministres et, grâce à un bureau particulier, il est en mesure d'être informé de façon spéciale de divers problèmes. Il nomme les hauts fonctionnaires et les directeurs des divers organismes. Il dirige le parti politique au pouvoir. En fait, sans le Premier

7. On ne peut continuellement menacer de démissionner sans qu'à un moment donné la démission soit bel et bien accepté. Rapidement la base du parti se lasse d'un ministre qui alimente les critiques de l'opposition.
8. Voir J. Hamelin et L. Beaudoin, « les Cabinets provinciaux 1867-1967 », *Recherches sociographiques*, 1968, p. 299.

ministre, il n'aurait pas été possible dans le passé de réconcilier ces deux principes constitutionnels, la responsabilité ministérielle individuelle et la solidarité ministérielle. Pour le reste, le prestige du poste, divers privilèges et certains liens idéologiques ont généralement suffi à garder ensemble une vingtaine d'hommes qui fréquemment, avant leur nomination, étaient étrangers les uns aux autres.

c) Enfin, le Conseil des ministres dispose de *comités* et de deux *secrétariats*[9]. Il s'occupe de:

a) la planification des activités gouvernementales pour un terme d'au moins quatre années;

b) l'examen et l'approbation de toute législation et de certaines réglementations;

c) l'émission de diverses directives et autorisations administratives;

d) la délibération relative à des décisions de principe, à des décisions de politique générale, de stratégie;

e) l'examen et l'approbation des crédits budgétaires et de certaines catégories de dépense.

Malheureusement, il n'est pas possible d'être plus précis, car aucune étude n'a été rendue publique sur la typologie des décisions concrètes d'un Conseil des ministres. Il y a tout au plus des mémoires d'anciens ministres, tous limités par le secret et par la vision partielle des observateurs. Incidemment, on doit encore signaler qu'au Québec, le Comité de la réforme administrative a commandé, il y a deux ans, une étude sur l'ampleur des pouvoirs ministériels du point de vue légal, afin d'établir un meilleur partage entre le Conseil des ministres et les ministres individuels. Cependant, on croit savoir que l'organisation et le fonctionnement actuel du Conseil des ministres québécois sont sujets aux mêmes malaises que ceux du gouvernement fédéral[10] et du gouvernement de l'Ontario[11].

Le gouvernement par sa maîtrise du pouvoir législatif et son pouvoir hiérarchique sur l'administration[12] est l'organe moteur de l'État. À sa séan-

9. Au Québec, il y a le secrétariat du Conseil exécutif et le secrétariat du Conseil du Trésor qui est constitué en ministère, même s'il s'agit fondamentalement d'un comité du Conseil des ministres. Le Premier ministre étant le «ministre» du Conseil exécutif le secrétaire du conseil entretient forcément des rapports privilégiés avec lui. À noter qu'il n'y a qu'un secrétaire général, celui du Conseil exécutif, le secrétaire du Conseil du Trésor n'est pas un secrétaire général. Au fédéral, il y a le Bureau du Conseil privé et le secrétariat du Conseil du Trésor analogue à celui du Québec.

10. Voir le rapport *Glassco* et les articles de MM. Robertson et Lalonde dans la revue *Administration publique du Canada*, 1971, vol. 14, n° 4.

11. Voir les rapports du *Committee on Government productivity*, du gouvernement de l'Ontario, principalement le rapport n° 3 (Toronto, Queen's Printer, décembre 1971).

12. C'est par le Conseil du Trésor que ce pouvoir s'exerce. On comprendra qu'en conséquence, le Conseil du Trésor est d'un point de vue un mécanisme d'intégration politique (par la composition de sa direction) et d'un autre point de vue un mécanisme d'intégration administrative (par le type de décision qu'il peut prendre).

ce hebdomadaire, il exerce effectivement «le pouvoir de décision finale» sur la gestion courante de l'État. Il n'est donc pas étonnant *que les deux principales défectuosités généralement signalées soient :*

— l'encombrement du Conseil des ministres par des problèmes de gestion courante d'importance secondaire, et par voie de conséquence la difficulté qu'a le Conseil de planifier ou à tout le moins de penser à plus long terme et d'établir des priorités véritables ;
— la difficulté accrue de coordonner des activités qui de plus en plus fréquemment sont interreliées, que ce soit sur le plan de la politique ou de son application. Plus précisément, ces activités sont aussi fréquemment conflictuelles que complémentaires. Il convient donc qu'aux plus hautes instances, on cherche à minimiser ces conflits et à accroître cette complémentarité sans pour autant retirer toute efficacité aux activités individuelles.

On peut encore ajouter que les remèdes suggérés ont été généralement sur le plan politique :

— d'introduire à l'intérieur même du Conseil des ministres un *mécanisme* de planification ou si l'on préfère de rationalisation globale des décisions (la programmation budgétaire) et de créer un *organe* de planification, c'est-à-dire en l'occurrence, un comité chargé de faire la jonction entre le moyen et le long terme et la gestion courante, et *d'établir les priorités* [13] ;
— de développer un *système de comités du Conseil des ministres chargés* de favoriser la coordination intersectorielle [14].

Il est donc nécessaire d'examiner plus en détail l'organisation et la mécanique actuelles du Conseil des ministres québécois.

4. *L'organisation et la mécanique actuelles du Conseil exécutif*

Actuellement, le Conseil exécutif du gouvernement du Québec compte 5 comités permanents plus ou moins officiels : le Conseil du Trésor (très officiel puisqu'il est constitué en ministère), le Comité de la législation (le plus

13. Il est intéressant de constater qu'à cet égard les gouvernements «dits traditionnels» (du centre) se servent assez peu des commissions politiques du parti pour effectuer cette jonction. Il s'agit là avant tout de «machines électorales» dont l'action est sporadique. Personnellement, nous doutons qu'un gouvernement puisse déléguer cette tâche. Selon les apparences, il ne sert pas davantage, comme tels, des organismes de planification créés par l'État. Il est seul à effectuer le «dosage requis» de «prévisions techniques» et de «préférences partisanes».

14. Il est clair qu'un tel système peut affaiblir la position du Premier ministre qui traditionnellement constituait le seul moyeu de la roue. Cependant, par l'articulation des comités, il pourrait plus aisément maîtriser les questions d'importance majeure ce qui, a priori, devrait établir l'équilibre.

ancien[15]), le Comité des priorités (qui en fait se préoccupe de la planification et qui se réunit de façon très sporadique, une ou deux fois par an), le Comité des affaires économiques (de création plus récente, il a pu servir notamment à rehausser l'importance de ces questions par rapport aux affaires sociales). Il faut ajouter à cette liste divers comités ad hoc mis sur pied pour examiner diverses questions particulières et le Comité des politiques scientifiques (dont nous savons fort peu de choses[16]).

Par ailleurs, il faut noter que l'enregistrement systématique des arrêtés en conseil et l'existence de minutes a grandement amélioré au cours des récentes années l'enregistrement des décisions du Conseil des ministres et facilité du même coup la régularité du processus décisionnel du Conseil exécutif.

Toutefois, même ces dernières mesures, qui existent depuis plus longtemps au gouvernement fédéral de même qu'au gouvernement de l'Ontario, n'ont pas été jugées suffisantes pour assurer une bonne coordination. On peut également penser que la structure actuelle des comités n'est pas non plus satisfaisante puisque ces gouvernements ont cru nécessaire de réaménager leur organisation selon un modèle bien particulier.

En ontario, on a suggéré dans des conditions à peu près semblables la réorganisation suivante[17] :

— la constitution d'un *comité de la politique et des priorités*, d'un *Comité de gestion* (l'ancien Conseil du Trésor), le premier étant présidé par le Premier ministre et le second par un ministre à plein temps ;
— la constitution de 3 *comités dits de «policy fields»* (sur le développement social, l'environnement et le développement des ressources, la justice). Les ministères des Finances et des Affaires intergouvernementales et les ministères du Revenu et des Services gouvernementaux demeureraient en dehors de ces «*policy fields*» ;
— les 3 premiers comités («*policy fields*») se rapporteraient au Comité de la politique et des priorités, et constitueraient en quelque sorte des sous-comités de ce dernier. Le Comité de gestion agirait comme agent d'application et de contrôle de la gestion.

Le schéma décisionnel de la page 246[18] indique bien qu'il s'agit d'une chaîne d'autorité qui conduit au Conseil plénier des ministres. Par ailleurs, il

15. C'est ce comité qui assure la coordination de la présentation de la législation en Assemblée. Il sera sans doute nécessaire de confier cette responsabilité au Comité des priorités dans le cadre d'un réaménagement d'ensemble tel que nous le proposerons plus loin.
16. Ce comité est de création récente et, à notre connaissance, n'a pas encore dépassé le stade des travaux préliminaires.
17. Voir Gouvernement de l'Ontario, *Committee on Government productivity*, rapport n° 3, Toronto, Queen's Printer, décembre 1971.
18. *Ibid.*, p. 64.

apparaît que le Comité de gestion (Management Board) agit comme conseil au Policy and Priorities Board tout en étant l'agent d'exécution du Conseil plénier des ministres[19].

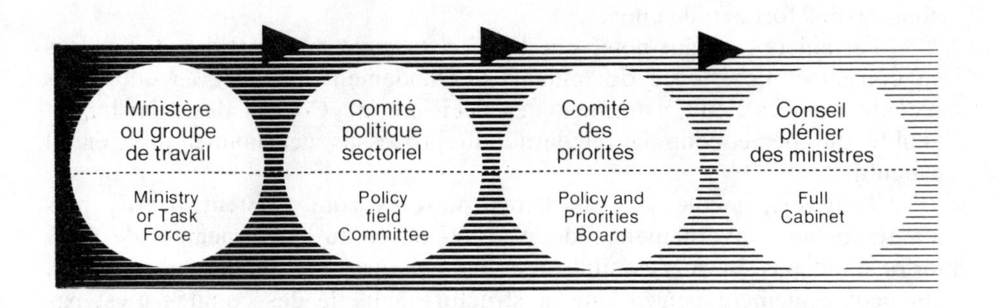

En somme, on distingue par 2 principaux comités (celui des priorités et celui de la gestion) d'une part, *l'analyse des fins,* des objectifs, des stratégies et, d'autre part, *la gestion des moyens* et le contrôle général des intrants (ressources humaines, financières, organisationnelles), car les ministères demeurent les responsables de la gestion spécifique des programmes. Les comités politiques ne sont en fait que des sous-comités du Comité des priorités. La figure 5 adapte ces concepts au contexte québécois tout en comportant des propositions originales.

---

19. Au gouvernement fédéral, il existe également d'autres comités «politiques»: l'External policy and Defence; l'Economic Policy, le Government operations and Science, Culture and Information, le Social Policy. Il y a aussi un Committee on Priorities and Planning, le Treasury Board, ainsi que 2 autres comités de coordination, Legislation and House Planning.

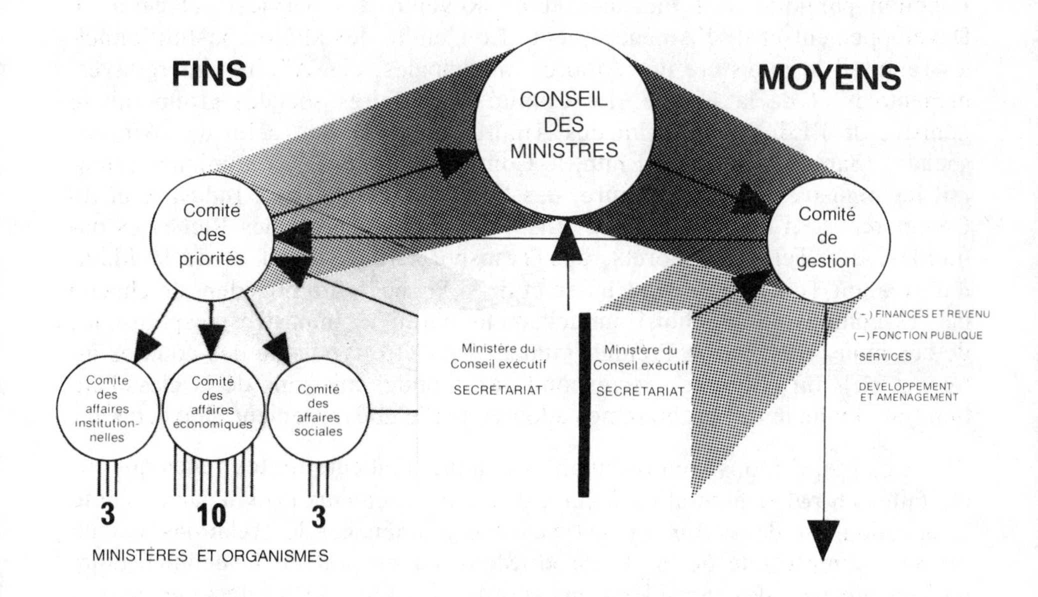

Figure 5. Projet de réforme de l'organisation du Conseil des ministres.

(—) Il suffirait de stipuler que le ministère du Conseil exécutif comprend 2 secrétaires.

(+) Nous suggérons de fusionner le ministère des Finances et celui du Revenu.

* Ces 2 ministères n'existent pas actuellement. Nous proposons d'élargir les responsabilités de l'actuel ministère des Travaux publics et Approvisionnements, et de transférer, au moins en partie, l'Office de planification au ministère du Développement et de l'Aménagement.

Le Comité des priorités serait composé du Premier ministre, des présidents des 3 comités intersectoriels et du président du Comité de gestion[20]. Le Comité de gestion comprendrait outre son président, les ministres de la Fonction publique, des Finances et du Revenu, des Services, et celui du Développement et de l'Aménagement. Le Comité des affaires institutionnelles réunirait le ministère des Affaires municipales, des Affaires intergouvernementales et de la Justice. Le Comité des affaires sociales grouperait le ministre de l'Éducation, celui des Affaires culturelles et celui des Affaires sociales (Santé, Bien-être). Enfin, le Comité des affaires économiques réunirait les ministres de l'Agriculture, des Communications, de l'Industrie et du Commerce, de l'Immigration, des Institutions financières, des Richesses naturelles, des Terres et Forêts, des Transports, du Travail et de la Main-d'œuvre, du Tourisme, de la Chasse et de la Pêche[21]. Le président de chacun de ces comités serait choisi annuellement parmi les ministres responsables de ces ministères, par le Premier ministre[22]. Cette typologie des comités intersectoriels ou politiques correspond aux grandes missions de la classification fonctionnelle des programmes adoptée par le gouvernement québécois.

Ces propositions sont discutables comme d'ailleurs toutes celles qui ont été faites au palier fédéral ou à celui des gouvernements provinciaux. Toute la question est de savoir s'il est possible d'aménager les relations qui ne tiennent compte que de la stricte efficacité (si on pouvait la définir), alors qu'à ce niveau, des considérations d'ordre politique et stratégique entrent fréquemment en ligne de compte.

Quoi qu'il en soit, nous pouvons sans doute formuler un certain nombre de commentaires sur une telle proposition en nous inspirant notamment de l'expérience vécue ailleurs.

a) Un système de comités aura pour effet d'absorber énormément les ministres, principalement les présidents qui devront également diriger un ministère; d'où la suggestion de nommer des ministres d'État qui pourraient s'occuper de la gestion quotidienne. Il est à craindre toutefois que cette délégation additionnelle ne fasse qu'accroître les conflits et se solde en défini-

20. On a observé que l'absence du Premier ministre à ce comité avait souvent pour conséquence l'empiétement du Comité des priorités sur le domaine du Comité de gestion. Par ailleurs, on soutient que le Premier ministre ne peut malheureusement présider ce comité car il est déjà fort occupé, sans compter que les «questions de détail» sont parfois fort embarrassantes.

21. Alors que le ministère des Affaires sociales est sans doute un ministère trop considérable et qu'il y aurait lieu de le subdiviser à nouveau (Santé, Bien-être), on pourrait avec avantage fusionner le Travail, la Main-d'œuvre et les Communications, et transférer l'Environnement à l'Industrie et au Commerce en y ajoutant la technologie.

22. La solution ontarienne préconise la nomination de ministres sans responsabilités administratives. Notre solution serait de confier la présidence à un ministre responsable quitte à changer chaque année s'il le faut.

tive par une surcharge pour les ministres responsables[23]. Par ailleurs, il est probable qu'un tel système n'éliminera pas pour autant la création de comités ad hoc. Le système des comités permanents n'aura alors pour effet que de fournir aux comités ad hoc un cadre et de les soumettre à une instance additionnelle. Chose certaine, il est clair qu'un tel système enlèvera à chaque ministre une assez grande latitude puisqu'il ne lui suffira plus de convaincre le Premier ministre, mais qu'il devra également persuader ses collègues. On peut craindre qu'en définitive cette tentative de coordination se transforme en un échange de bons procédés entre les ministres[24], ces derniers ayant intérêt à minimiser les affrontements. Dans un tel contexte, le support fourni par le secrétariat devient très important.

b) Il est prévisible à cet égard que ce système occasionnera un accroissement du personnel d'analyse au secrétariat du Conseil des ministres avec le risque d'une qualité moyenne (étant donné la rareté des candidats exceptionnels) des travaux ou de l'appauvrissement des ministères qui ont également besoin d'un personnel de qualité[25].

c) Plus particulièrement, on pourra contester l'opportunité d'un Comité des affaires institutionnelles[26] et la création d'un ministère du Développement et de l'Aménagement[27], ainsi que la localisation de ce dernier au Comité de gestion et non au Comité des priorités[28].

---

23. La nomination de ministres sans responsabilités administratives paraît plus difficilement acceptable. Elle créerait des différences de statuts et constituerait un accroc au principe de la responsabilité ministérielle.
24. Cependant, le danger d'alliances dirigées contre le Premier ministre paraît éloigné.
25. On invoquera fréquemment la rareté des analystes brillants pour justifier la centralisation. Subséquemment, la présence de ce personnel exceptionnel justifiera le maintien de la centralisation.
26. Tout simplement parce que ces ministères sont déjà responsables d'une certaines coordination — il s'agit de «ministères horizontaux». La solution ontarienne qui place le ministre des Finances, des Affaires intergouvernementales, du Revenu et des Services au Comité de gestion et le ministre de la Justice au Comité des priorités ne manque pas non plus d'intérêt. Il n'est sans doute pas judicieux de laisser le président du comité de gestion en la seule compagnie des ministres directement concernés (organismes centraux de direction). Mais il faut se demander ce qu'il adviendrait alors du ministère des Affaires municipales? Il n'y aurait pas a priori d'objection à ce que l'un ou l'autre de ces ministres fassent partie du Comité de gestion tout en faisant partie également d'un comité spécifique de politique intersectorielle «des affaires institutionnelles».
27. Il nous semble que compte tenu de l'importance des interventions d'aménagement, de l'émergence des politiques scientifiques, il y aurait là un regroupement prometteur. D'ailleurs, à l'heure actuelle, l'OPDQ relève d'un comité de 5 ministres (le Comité des affaires économiques) ce qui constitue un degré d'intégration presque aussi significatif que celui du Conseil du Trésor.
28. Même si nous ne croyons pas qu'un organisme de planification devrait avoir des «activités d'application» parallèles à celles des ministères, il n'en reste pas moins vrai qu'un ministère du Développement ne serait pas limité à la seule prospective. Il devrait pouvoir par des activités concrètes de coordination (ex.: les plans d'aménagement) fournir un support central aux gestionnaires de programmes.

d) Plus fondamentalement, on peut se demander s'il n'y a pas danger que cette dichotomie des fins et des moyens soit tellement rigoureuse que l'on ne puisse réconcilier les deux éléments. Un Conseil des ministres de 24 membres ne peut pas être très efficace, particulièrement en ce qui concerne la prévision des revenus et l'allocation budgétaire. Il est vrai que le Comité de gestion pourrait agir comme conseiller du Comité des priorités et des divers comités politiques comme cela se fait au gouvernement fédéral[29]. Il est vrai également que l'on pourrait imaginer un partage des responsabilités par lequel on confierait au Comité des priorités l'attribution d'allocations globales par missions et domaines, et au Comité de gestion l'allocation par secteurs, programmes et éléments de programmes. Il est cependant plus plausible que le Premier ministre insistera pour déterminer le budget d'ensemble tout en laissant la mise en œuvre au Comité de gestion ou au Conseil du Trésor.

e) Par ailleurs, une telle organisation indique clairement que la planification au palier du Conseil des ministres se situe dans un contexte à court terme et qu'elle ne réglera pas de façon très satisfaisante le besoin souvent exprimé d'une vision à plus long terme par le Conseil des ministres.

f) Il nous semble qu'une telle distinction entre les fins et les moyens ne sera pas suffisante à elle seule pour libérer le Conseil des ministres d'une foule de décisions d'ordre secondaire. En d'autre termes, il ne sera pas suffisant d'attribuer au Comité de gestion (comme à l'ancien Conseil du Trésor) un pouvoir de décision finale (ex.: l'approbation de certaines dépenses) et aux comités intersectoriels le pouvoir d'arbitrer les conflicts de juridiction entre ministères (le Comité des priorités agissant comme arbitre en appel). Il faudra encore accroître la responsabilité individuelle des ministres dans des matières proprement sectorielles et qui n'engagent pas fortement la responsabilité gouvernementale[30].

g) Le schéma proposé précédemment entraîne une modification au moins formelle au statut des secrétariats du Conseil des ministres et de ses comités. En effet, nous suggérons que la loi du ministère du Conseil exécutif prévoit deux postes de secrétaires dont l'un relèverait du Comité de gestion. Il s'agit en somme de conserver globalement la même répartition des tâches qui existe actuellement entre le secrétaire du Conseil du Trésor (devenu le Comité de gestion) et le secrétaire général du Conseil plénier des

29. Le secrétaire au Conseil du Trésor assiste aux réunions du Comité des priorités et certains de ses agents à celles des comités politiques.
30. Nous admettons volontiers que ce départage n'est pas facile à faire et qu'il exige une étude minutieuse. Nous persistons à croire qu'il y a place pour des arrêtés ministériels comme dans divers autres systèmes politiques. À son tour, le ministre pourrait établir un régime de délégation administrative aux fonctionnaires.

ministres et de ses autres comités, tout en réduisant les deux entités juridiques à une seule[31].

h) Enfin, l'expérience récente du gouvernement fédéral canadien et sans doute aussi celle du gouvernement de l'Ontario démontrent qu'il y a des circonstances et des conjonctures qui ne se prêtent pas à une systématisation parfaite. Il est clair qu'un gouvernement qui se contente d'administration, fait face à un moment donné à des pressions populaires très vigoureuses parce qu'il a eu tendance à s'éloigner de l'opinion publique. Il peut alors être forcé de prendre très rapidement des décisions qui contrarient toutes les structures savamment établies[32]. Par contre, un gouvernement qui se contente de gouverner, fluctue au jour le jour et ne conduit à terme aucune de ses politiques. Il importe, croyons-nous, de mettre en relief la fragilité des schèmes d'organisation du gouvernement lui-même et de situer ceux-ci dans un contexte réaliste.

5. *L'intégration au palier politique et les organismes autonomes*

Nous savons jusqu'ici traité de l'intégration au palier politique en termes très généraux et en prenant pour acquis que ces règles s'appliquent à tout l'appareil administratif. Il est nécessaire, croyons-nous, de préciser l'impact de cette réforme sur le contrôle gouvernemental et ministériel des organismes autonomes puisque tel est le sujet principal de cet ouvrage. À cette occasion, nous devons sans doute faire état également du contrôle exercé par l'Assemblée[33], les cours de justice et l'opinion publique, car il s'agit là de mécanismes d'intégration au palier politique[34] également très importants.

---

31. Encore faudrait-il que la loi du ministère du Conseil exécutif précise clairement les responsabilités du Comité de gestion. Il ne serait pas nécessaire de fixer les tâches des autres comités ni même d'en faire mention.
32. Au gouvernement fédéral, on a introduit un élément du souplesse dans ce système de comités en rendant le Comité des priorités compétent à l'égard des *problèmes prioritaires*. Une distinction subtile permet de dissocier les problèmes prioritaires des priorités gouvernementales. Soit dit en passant, ce comité est également compétent pour déterminer les prévisions de revenus et de dépenses, le programme législatif, l'évaluation du personnel administratif supérieur et pour faire la revue des politiques — ce comité n'est pas cependant un Conseil des ministres intérieur (*Inner Cabinet*). (Voir D. Gow, *The progress of Budgetary reform in the Government of Canada*, étude spéciale n° 17, Ottawa, Economic Council of Canada, 1973 ; A. Johnson, *The Treasury Board of Canada and the machinery of Government of the 1970's*, Conseil canadien de recherches en sciences sociales, Ottawa, « Collection canadienne de réimpression en sciences sociales », n° 1 ; Robertson, « The changing role of the Privy Council Office », *Administration publique du Canada*, 1971, p. 487.)
33. On pourra discuter longuement pour savoir s'il s'agit à proprement parler de contrôle ou de vérification au sens strict. En fait, l'Assemblée exerce les deux activités ; le contrôle lorsqu'elle vote les crédits, les lois et réglementations, la vérification, lorsqu'elle s'intéresse aux rapports annuels et tente de corriger a posteriori certaines lacunes de l'administration.
34. Il aurait été par contre passablement audacieux de prétendre réorganiser le contrôle parlementaire, le contrôle des cours de justice et celui de l'opinion publique dans leur ensemble. C'est pourquoi nous nous contenterons d'indiquer certains éléments de contrôle exercé par ces institutions en ce qui a trait spécifiquement aux organismes autonomes.

1. *Le contrôle gouvernemental et ministériel*

Nous devons en effet envisager ce qui devrait se produire dans un contexte où le Conseil des ministres fonctionnerait selon le système de comités indiqué précédemment.

Il nous semble impérieux à cet égard de bien établir que le ministre de tutelle doit devenir le principal porte-parole au conseil et aux comités de « ses organismes autonomes ». En effet, il est clair que certaines décisions concernant ces organismes (comme cela se passe actuellement) doivent être portées devant le Conseil ou l'un de ses comités. (Voir le tableau XV.)

Ainsi les directives de politique générale, la législation et la réglementation externes destinées selon le cas aux offices, sociétés, régies ou tribunaux devraient être déposées durant une période déterminée « pour la ventilation des objections » devant le comité sectoriel concerné et le Comité de gestion avant de passer devant le Comité des priorités. Le Premier ministre pourrait faire part de son choix du personnel directeur des tribunaux, régies et sociétés au Comité de gestion qui, lui, fixerait le traitement.

Le Comité de gestion devrait également se prononcer en présence du ministre de tutelle sur le programme de financement des sociétés et approuver leurs engagements à long terme (10 ans) ou impliquant une somme élevée. Le conseil plénier pourrait, lui, se prononcer sur les accords internationaux et les contrats d'exportation de produits stratégiques. Le Comité de gestion devrait également approuver le budget des tribunaux, des régies, des offices et des conseils.

Par contre, seul le ministre de tutelle devrait être habilité à reviser une décision individuelle d'administration technique d'une régie après enquête et audition, et à nommer le personnel directeur non permanent des conseils et offices.

2. *Le contrôle parlementaire*

En ce qui concerne les organismes autonomes, le contrôle parlementaire devrait être axé sur deux principes. En premier lieu, le ministre de tutelle, le ministre des Finances et le Premier ministre ne devraient être responsables que des seules décisions qui relèvent de leurs compétences d'après les dispositions des lois constitutives. En conséquence, ils ne devraient pas généralement avoir à répondre à des questions portant sur les décisions individuelles d'administration technique des organismes autonomes ni sur la gestion courante de la plupart d'entre eux. Il est probable que l'existence d'un budget-programme rendra plus facile l'application de telles règles puisqu'elle mettra en évidence la politique générale et les objectifs poursuivis, ce qui devrait inciter davantage les parlementaires à faire une évaluation des résul-

TABLEAU XV

L'intégration au palier politique des organismes autonomes

	Loi constitutive et règlement	Politique générale	Financement et politique économique	Nomination et traitement du personnel directeur	Administration technique	Administration interne
Ministre de tutelle	Législation Préparation (tous les organismes) Réglementation Préparation ou approbation (régies)	Directives (sociétés)	Budget joint à celui du ministère approuvé par le ministre (conseils, offices, régies)	Nomination (conseils, offices)	Règles générales du ministère applicables au secteur (sociétés) Annulation, suspension, décision spécifique (régies)	Approbation règlement de régie interne (régies, offices, sociétés)
Comités du Conseil des ministres a) intersectoriel b) gestion	(a) Dépôt et analyse des objections (régies, sociétés) (b) Dépôt et analyse des implications (régies, sociétés)	(a) Dépôt et analyse des objections (sociétés) (b) Dépôt et analyse des implications (sociétés)	(b) Budget (conseils, offices, régies, tribunaux) Programmes d'investissements (sociétés) Tarifs, prix (sociétés monopolistiques)	Détermination du traitement (b) (conseils, offices) | (régies, tribunaux offices)	X — X	X (b) (sociétés) Expropriation Engagements à long terme, sommes élevées
Conseil des ministres	Approbation finale du projet de loi pour présentation à l'Assemblée	X	Exportation de produits stratégiques (sociétés)	Nomination (P.m.) (régies, tribunaux, sociétés)	Ententes intergouvernementales (sociétés, offices, régies)	X
Assemblée nationale	Vote de la législation Vote négatif de la réglementation	Dépôt, directives (sociétés) Dépôt, rapport annuel Toute question tous organismes (sociétés, régies, offices)	Crédits (conseils, offices, régies, tribunaux) Subventions, avances (sociétés)	Explication sur révocation « pour cause » (sociétés, offices, régies) VOTE Protecteur du citoyen Vérificateur Tribunaux	X	Toute question sauf sur la gestion courante et la gestion interne des sociétés et des tribunaux

tats obtenus plutôt qu'un examen microscopique de certains emplois, de certaines dépenses[35].

En second lieu, l'Assemblée nationale devrait pas l'intermédiaire de ses commissions permanentes sectorielles faire un examen systématique des organismes autonomes de telle façon qu'au moins une fois tous les 5 ans, l'Assemblée ait pu faire le tour complet de l'ensemble de ces organismes. Il s'agirait tout simplement pour une commission de choisir un nombre suffisant d'organismes annuellement (nous excluons tous les organismes consultatifs temporaires) et d'en faire un examen détaillé.

À cet égard, nous ne croyons pas qu'il serait opportun de créer une commission parlementaire «horizontale» spécialement chargée de faire l'étude des organismes autonomes ni même d'un groupe de ces derniers, par exemple les sociétés, ni de permettre à des commissions «horizontales» existantes (ex.: la Commission des finances) de dissocier les organismes autonomes des ministères. D'une part, ces organismes ont d'abord une vocation sectorielle et le ministère de tutelle a généralement une responsabilité à l'égard de la politique générale sectorielle, d'autre part, les parlementaires ne sont pas outillés, pour accomplir les synthèses intersectorielles qu'impliqueraient de telles commissions «horizontales».

Cela dit, il serait tout aussi déraisonnable de créer une commission parlementaire par secteur d'activités. Il y aurait sans doute lieu de constituer de telles commissions sur la base des «domaines» de la classification fonctionnelle des programmes dans le cadre du budget-programme[36].

---

35. Nous n'excluons pas pour autant la dénonciation du patronage, du népotisme, de la fraude et d'une gestion délabrée. De telles dénonciations exigeraient cependant des dossiers étoffés. En fait, il est certain que l'on ne peut exercer une véritable vérification sans être forcé d'aller dans les détails. Cependant, il faut bien se rappeler que l'Assemblée par le truchement du vérificateur peut obtenir (et devrait obtenir) plusieurs informations détaillées.
36. En effet, on pourrait au moins tenter de se rapprocher de cette classification même si elle comporte quelques lacunes (notamment le classement du domaine de l'habitation dans la mission sociale): (1) institutions politiques; (2) gestion administrative centrale; (3) relations intergouvernementales; (4) protection de la personne et de la propriété; (5) ressources naturelles et industries primaires; (6) industries secondaires; (7) ressources humaines; (8) services; (9) transports; (10) éducation; (11) culture; (12) loisirs et sports; (13) sécurité du revenu; (14) santé et adaptation sociale. Il faudrait évidemment ajouter; (15) une Commission de l'Assemblée; (16) des comptes publics et des engagements financiers à moins de les intégrer à la commission n° (2). *Les règlements actuels de l'Assemblée nationale prévoient la constitution des commissions parlementaires suivantes* (il s'agit de commissions permanentes élues): (1) Assemblée nationale; (2) présidence du Conseil, constitution et affaires intergouvernementales; (3) justice; (4) finances, comptes publics et revenu; (5) richesses naturelles et terres et forêts; (6) agriculture et colonisation; (7) travail, main-d'œuvre et immigration; (8) affaires sociales; (9) affaires municipales; (10) industrie, commerce, tourisme, chasse et pêche; (11) transports, travaux publics et approvisionnement; (12) éducation, affaires culturelles et communications; (13) institutions financières; (14) fonction publique; (15) engagements financiers; (16) corporations professionnelles. On admettra que certains regroupements seraient très avantageux et pour les parlementaires et pour le gouvernement en éliminant les chevauchements de responsabilité et en donnant un accès direct aux divers programmes.

Comme dans tous les systèmes parlementaires de type britannique, les principaux débats de l'Assemblée sur les organismes autonomes ont pour origine l'examen des lois constitutives, leurs amendements, la réglementation et les rapports annuels. C'est pourquoi nous avons insisté pour que tous les organismes autonomes soient généralement créés par législation (spéciale ou générale) et que, par ailleurs, les régies soient obligées de soumettre leur réglementation à un vote négatif de l'Assemblée. C'est pourquoi aussi, tous les organismes autonomes sans exception devraient être tenus de déposer un rapport annuel de leurs activités. Répétons que d'après nous, les débats sur ces rapports seraient cependant beaucoup plus significatif s'ils portaient sur une période de 4 ans au lieu d'une année.

Précisons en terminant que l'Assemblée, plus précisément les partis de l'opposition, doit encore jouer le rôle extrêmement important de protectrice de l'anatomie des organismes par un examen attentif des cas de révocation «pour cause» des membres de la direction de ces organismes et plus particulièrement encore lorsque cette révocation doit être faite à la suite d'une adresse présentée à l'Assemblée. Plus généralement, il revient à l'Assemblée d'agir comme un contrepoids aux pressions indues des ministres. Malheureusement, il arrive fréquemment que les membres de l'opposition prefèrent presser les ministres d'intervenir pour corriger ce qui semble être une lacune, quitte à déduire de leur refus de le faire, un aveu de faiblesse ou de complicité[37].

3. *Le contrôle judiciaire*

Les cours de justice sont les plus susceptibles d'assurer l'autonomie fonctionnelle en interprétant strictement les termes d'office des directeurs des organismes autonomes et en rendant ces derniers effectivement responsables des décisions qu'ils doivent légalement prendre[38]. Une répétition de l'affaire «Rocarelli» c. «Duplessis» ne pourrait que rendre inutile tout effort de décentralisation fonctionnelle. Toutefois, la présence dans les lois constitutives de stipulations dégageant les directeurs et l'organisme de toute responsabilité «à raison d'actes officiels» limite sérieusement les recours des administrés. De telles stipulations ne devraient pouvoir couvrir les cas de fraude et d'exercice abusif d'un pouvoir. Enfin, le contrôle de la légalité des actes demeure efficace principalement pour les régies et les offices.

---

37. Il faut admettre qu'il est plus difficile de découvrir des cas de pressions indues (forcément officieuses) de la part des ministres que de repérer des décisions discutables des organismes puisque la clientèle de ces derniers se chargera fréquemment dans ces cas de les porter à l'attention des députés ou des media d'information.
38. Voir P. Garant, *la Fonction publique canadienne et québécoise*, Québec, Les Presses de l'Université Laval, 1973. IVe partie, p. 393-432.

4. *Le contrôle de l'opinion publique*

L'opinion publique, ou si l'on préfère une population informée, constitue l'élément fondamental de notre système politique. Il importe que la population puisse effectivement prendre connaissance des activités des organismes autonomes tout comme des autres organismes publics. Cela implique la publication des règlements et des rapports annuels, mais, à cet égard, on pourrait sans doute améliorer la circulation de ces documents dans les bibliothèques et les divers postes de distributions de l'éditeur officiel. Les journaux et la télévision, pour leur part, assurent, nous semble-t-il, une information factuelle satisfaisante des activités de divers organismes. Il serait peut-être intéressant que ces media développent également la pratique de monter un dossier sur les programmes gouvernementaux et sur les organismes autonomes qui les administrent. Ici aussi on devrait prendre garde de se limiter aux seuls organismes les plus « visibles » et chercher plutôt à faire un examen systématique de la majorité d'entre eux sur une période déterminée.

Bien sûr, il ne s'agit là que des conditions préalables à l'exercice d'un tel contrôle. Il revient aux citoyens d'exercer ce contrôle par des pressions auprès des parlementaires, la transmission de plaintes à l'organisme lui-même et aux journaux, les recours judiciaires, la consommation (ou la non-consommation) des produits, les manifestations publiques. Si cette variété de moyens devait se révéler insuffisante, ce qui ne semble pas être le cas actuellement, il faudrait sans doute songer à établir des liens plus directs et plus formels entre certains organismes (par exemple, certaines sociétés) et les citoyens[39].

6. *Conclusion*

L'accroissement et la diversification des tâches confiées à l'État accentuent la pression exercée sur les mécanismes d'intégration au palier politique. Pour être en mesure de maintenir la cohérence nécessaire entre ces diverses activités, le gouvernement qui est le premier concerné doit organiser de façon systématique son processeur de décision et favoriser une certaine délégation des pouvoirs tout en conservant la maîtrise des décisions importantes. Étant lié, par ailleurs, par les impératifs d'une direction collégiale, il est pratiquement forcé d'effectuer cette délégation à des comités du Conseil plénier des ministres.

À cet égard, nous avons repris la suggestion faite au gouvernement de l'Ontario et qui consiste à distinguer les comités chargés de l'analyse des ob-

---

39. Exemple: les manifestations récentes qui avaient pour but de préserver l'état naturel de la rivière Jacques-Cartier en dépit des projets d'aménagement de l'Hydro-Québec pourraient se répéter, principalement à l'égard des sociétés monopolistiques. Il serait alors raisonnable de créer un Conseil des consommateurs auprès de ces organismes.

jectifs, des politiques et des fins, des comités chargés de l'analyse et des contrôles de la gestion des ressources, des moyens. Nous avons également proposé quelques adaptations pour tenir compte de la situation qui prévaut au gouvernement québécois.

Il est évident, cependant, que la réforme de structure ne peut à elle seule résoudre tous les problèmes. Elle doit être accompagnée de processus (tel celui du budget-programme) qui facilitent la prise de décision. Nous croyons également que l'étude en cours sur les « pouvoirs ministériels » devrait permettre une délégation additionnelle aux chefs des ministères dans des matières purement sectorielles qui n'engagent pas fortement la collégialité gouvernementale.

Enfin, nous avons attiré l'attention sur le fait qu'un gouvernement peut être forcé par la conjoncture à réaménager radicalement tous les schémas établis. Lorsque l'appui populaire se dérobe, il ne peut se contenter d'administrer. Il ne peut non plus se contenter de gouverner sinon son action serait incohérente et il ne serait plus en mesure de conduire à terme ses interventions : le dilemme est réel.

CHAPITRE II

L'INTÉGRATION AU PALIER ADMINISTRATIF

1. *Les causes de l'intégration au palier administratif*

Alors que l'argument de cohérence a servi de principale justification de l'intégration au palier politique, c'est l'efficacité et la responsabilité administrative qui seront invoquées pour justifier l'intégration au palier administratif[1]. Ces causes générales appellent évidemment plusieurs précisions et illustrations. De façon plus précise, nous pouvons observer que ces raisons sont à l'origine du regroupement de certains services domestiques, de la centralisation de la direction de la gestion de certaines ressources, du contrôle et de la vérification de l'administration dans son ensemble.

Ainsi, on a jugé plus économique et, partant, plus efficace, de regrouper certains *services domestiques,* comme la gestion des immeubles, plutôt que de laisser à chaque ministère et organisme la liberté d'agir comme il l'entend. Une gestion centralisée permet généralement de réaliser des économies d'échelles et de recruter un personnel plus spécialisé, plus compétent sur le plan technique. Le service domestique central s'avère encore le plus efficace lorsqu'il est nécessaire d'assurer dans le travail un haut degré de discrétion ou une continuité sans défaillance (ex.: les statistiques de base). lorsque le regroupement des opérations permettrait d'infléchir les prix fixés par le secteur privé (ex.: les achats) et de réaliser ainsi des économies, lorsque le contrôle gouvernemental doit nécessairement être accentué (ex.: la

1. On pourrait aussi épiloguer sur le caractère transitoire des formations politiques et sur la nécessité de la centralisation administrative qui a pour effet de stabiliser et d'assurer la continuité dans le déroulement des activités malgré la fragilité et une certaine impéritie de divers hommes politiques. (Voir H. Balls, «Common services in government», *Administration publique du Canada,* 1974, p. 227; A. W. Johnson, «Management theory and cabinet government», *Administration publique du Canada,* 1971, vol. 14, n° 1, p. 73.)

monnaie nationale) à cause de sa liaison étroite avec l'application d'une politique globale[2].

Nous ferons appel aux mêmes motifs mais avec une connotation différente, pour justifier l'intégration de la *direction* de la gestion de certaines ressources (ex.: le personnel et les finances). Les avantages qui découlent d'une gestion spécialisée par un personnel techniquement compétent sont indiscutables. Cependant, nous insisterons encore davantage sur la nécessité d'une direction unique dans la gestion de ces ressources, afin d'éviter les interprétations et les décisions contradictoires qui ne peuvent conduire qu'à des conflits internes, à des injustices, à l'arbitraire et à une administration irrégulière. En somme, il nous semble nécessaire qu'un seul organisme spécialisé soit responsable de la formulation des règles et qu'il agisse à ce titre comme principal conseiller des divers ministères et organismes, et même de l'organisme central de contrôle, dans la gestion de cette ressource. Bien plus, l'exercice d'une fonction de direction ne nous paraît pas incompatible avec la prestation d'un service ni même avec l'exercice d'un contrôle a priori de régularité qui est différent du contrôle d'opportunité.

On invoquera le besoin d'un *contrôle central d'opportunité,* afin d'assurer la cohérence entre les différentes règles de gestion centrale, et la conformité de certaines décisions d'application prises par les ministères et les organismes avec les règles précédemment établies. Plus précisément, nous croyons qu'il est nécessaire d'aller au-delà du strict contrôle de régularité, car la conformité aux règles de procédure n'assure pas forcément la conformité à des objectifs, à une politique[3]. En d'autres termes, le jugement d'opportunité est un jugement de valeur qui est susceptible de varier avec le temps et il ne peut être cerné dans un texte réglementaire. Il devient alors indispensable qu'un seul organisme, doté forcément d'une direction politique, soit habilité à prendre ces décisions.

---

2. Il est vrai que des organismes domestiques pourraient avoir pour effet de rendre le secteur public autarcique; c'est une tendance dénoncée par plusieurs commissions d'enquête (commissions composées, il est vrai, de personnes venant du secteur privé) sur l'efficacité gouvernementale. À la limite, la question peut être de déterminer si l'État doit aller jusqu'à créer un secteur privé inexistant dans certains champs d'activité, à le maintenir artificiellement ou encore à faciliter le développement d'entreprises étrangères lorsque les entreprises nationales sont de trop faibles dimensions, ou mal organisées. En fait, on peut encore allonger la liste des hypothèses en suggérant que l'État peut même favoriser la concurrence dans des champs d'activité monopolisés. Assurément, cette question est plus complexe que ne le laissent entrevoir lesdites commissions d'enquête. Toutefois, en ce qui concerne généralement les services domestiques au Québec, on ne peut pas dire qu'ils mettent actuellement en péril le secteur privé. Il reste encore à examiner dans chaque cas particulier s'il est préférable de *faire* ou de *faire faire*.
3. Exemple: le concours public. Bien qu'il permette de sélectionner les meilleurs candidats ou les candidats admissibles à un poste déterminé, il doit être suivi du choix du titulaire effectif de ce poste.

On peut aborder ce problème sous un autre angle en imaginant ce qui pourrait survenir si l'on éliminait tous les organismes administratifs centraux. Chaque ministère ou organisme prélèverait et gérerait ses propres revenus, établirait sa propre gestion du personnel selon ses propres règles, organiserait ses minuscules services domestiques. En conséquence, le citoyen devrait remplir au moins une vingtaine de formules d'impôt sur le revenu, le fonctionnaire deviendrait le partisan d'un ministre, les programmes seraient dédoublés (au moins) pour satisfaire les demandes des divers groupes d'intérêts, les conflits de juridiction seraient permanents, etc.[4]. À vrai dire, la création de divers types d'organisme administratif central semble inéluctable. Or, dès que l'on accepte l'idée que dans un système un peu complexe il doit exister plusieurs organismes de direction et plusieurs services domestiques, le besoin de coordonner ces organismes entre eux et de dissocier le plus clairement possible les activités de direction et de service des activités de contrôle d'opportunité surgit rapidement. Ce fut là, effectivement, la principale raison de la création du Conseil du Trésor, et la substitution à celui-ci d'un Comité de gestion ne changerait rien de substantiel à cet égard[5] puisque la direction d'un tel comité serait forcément politique et qu'il assurerait, comme le Conseil du Trésor, la maîtrise du politique sur l'administratif. Dans notre esprit, le contrôle dont nous parlons ici est un contrôle d'opportunité a priori. Toutefois, on ne peut remettre à cet organisme toutes les décisions d'opportunité dans une gestion aussi complexe que celle des finances et du personnel. Il serait vite encombré par des problèmes d'importance secondaire. Il y a donc lieu de déléguer un certain contrôle de régularité[6] aux organismes de direction, de même que certains contrôles d'opportunité de moindre importance, à moins que l'on ne préfère accroître la latitude accordée aux ministères eux-mêmes, c'est-à-dire aux gestionnaires de programmes[7].

---

4. En fait, il suffit de lire certains ouvrages de l'histoire administrative des pays occidentaux les plus avancés pour constater que cette intégration administrative date d'un siècle au plus. Ainsi, la Commission du service civil fut créée en Angleterre en 1850, aux États-Unis en 1870, au gouvernement fédéral en 1920 et au Québec en 1940. Comme dans le cas de la gestion financière, il a fallu attendre plusieurs années après la création de l'organisme pour connaître une véritable gestion centrale. (Voir E. Barker, *The development of Public Services in Western Europe* (1660)1930), Oxford, Oxford University Press, 1944.)
5. Le Comité de gestion affirmerait de façon plus tranchée la compétence de cet organisme à l'égard de toutes les ressources de gestion (et non seulement des ressources financières), puisque dans sa composition même tous les organismes centraux seraient impliqués.
6. Exemples: le visa de disponibilité du contrôleur, la liste d'éligibilité de la Commission de la fonction publique, le régime de soumissions publiques pour les travaux de construction, etc.
7. On peut sans doute dire que cette solution ne fut généralement pas préconisée par le passé parce que les Premiers ministres étaient en mesure, grâce aux organismes centraux, de contrôler les divers ministres et d'éviter certaines «frasques». Cette méfiance est assurément difficile à déraciner. Cependant, il serait raisonnable de penser que si une décision d'opportunité n'est pas suffisamment importante pour être prise par l'organisme central de contrôle, il serait préférable d'accroître le pouvoir discrétionnaire des ministères.

En résumé, l'existence d'un contrôle central d'opportunité s'impose pour que le gouvernement conserve la maîtrise de sa politique administrative et contrôle l'application de ses diverses politiques sectorielles. Toutefois, pour éviter l'encombrement de l'organisme chargé de cette tâche, il est nécessaire de limiter sa compétence aux décisions stratégiques d'ensemble et de déléguer certains contrôles de régularité aux organismes de direction ou de service, certains contrôles d'opportunité de moindre importance et plus spécifiques à ces organismes ou aux ministères eux-mêmes.

Enfin, on invoquera la nécessité d'organiser administrativement certains mécanismes centraux *de vérification,* afin de donner une efficacité accrue au contrôle parlementaire de l'administration (et indirectement du gouvernement qui la dirige) étant donné, d'une part, la quasi-impossibilité pour les députés d'examiner en détail de façon continue avec la compétence requise les diverses activités fort complexes et nombreuses de l'administration et, d'autre part, leur préoccupation majeure qui est de discuter des objectifs et de la politique. En somme, ces organismes qui n'agissent qu'a posteriori (ce qui les distingue de l'organisme central de contrôle) sont des instruments ayant pour but d'accroître la responsabilité de l'administration et indirectement celle du gouvernement[8]. Ils doivent nécessairement relever de l'Assemblée et de ce fait, ils constituent forcément des organes d'intégration.

Si les causes générales d'intégration du palier administratif peuvent se résumer à l'exigence d'efficacité et de responsabilité administrative, nous devons distinguer en fait quatre types d'organisme administratif central. Il s'agit en somme de la subdivision fonctionnelle des *moyens* de la gestion centrale:

a) les organismes de service (domestique)
b) les organismes de direction
c) l'organisme de contrôle (d'opportunité)
d) les organismes de vérification

2. *Les principes de la séparation des fonctions de gestion centrale et les divers modes de centralisation*

Cette identification des causes d'intégration administrative repose à la fois sur la dynamique du processus de centralisation (et de ses divers modes) et sur des principes de séparation des fonctions de gestion centrale, lesquelles reposent à leur tour sur une observation de l'exercice concret de telles fonctions.

---

8. Dans la terminologie française, le terme contrôle (contre-rôle) est habituellement synonyme de vérification. Dans la terminologie anglaise, le terme contrôle est habituellement identifié à direction. Nous avons choisi de retenir le terme vérification pour le contrôle a posteriori, le terme contrôle pour le contrôle a priori et le terme direction pour distinguer le contrôle de régularité et la formulation de règles.

Pour bien situer l'analyse qui va suivre, il est nécessaire de rappeler que nous avons déjà identifié *quatre secteurs* de gestion centrale: *les finances, le personnel, les services domestiques* et *la planification et le développement.* Les deux premiers secteurs ne posent sans doute aucune difficulté puisqu'il s'agit de secteurs traditionnels, de ressources évidentes que l'on retrouve dans toute organisation. On admet encore généralement que l'État, comme toute organisation, doit mettre sur pied quelques services domestiques. Toute la question est de savoir dans ce cas, s'il est préférable de disperser ces services dans les divers ministères ou de les regrouper dans un seul[9]. Il s'agit là d'un problème d'organisation que nous examinerons plus loin. En définitive, la principale objection portera sans doute sur l'inclusion d'un secteur de planification et de développement dans ce groupe de fonctions de gestion interne centrale. À notre avis, ce secteur doit être inclus parce que les données de planification et d'aménagement sont un intrant aussi important que les données financières et le personnel. Bien plus, même en l'absence d'interventions spécifiques d'aménagement (ex.: celle de l'ODEQ), les programmes et les plans de développement et d'aménagement justifieraient à eux seuls une coordination centrale avec les autres *moyens.* Enfin, comme la planification et l'aménagement sont d'abord, dans notre système, des activités qui conditionnent le fonctionnement de l'appareil administratif, le contenu de gestion interne est suffisant pour classer ce secteur aux côtés de celui des finances[10] et de la fonction publique.

Cela dit, l'existence de quatre modes généraux de centralisation, qui correspondent en fait à des fonctions de gestion centrale, lesquelles peuvent être exercées soit à l'intérieur de chaque secteur, soit pour l'ensemble des secteurs (voir le tableau XVI), n'est guère contestée.

Ces quatre modes, ces étapes de centralisation, sont: (a) *la législation de la réglementation,* (b) *le contrôle,* (c) *le service direct* et (d) *la vérification.* Normalement, chacun de ces modes constitue une phase assez bien définie dans un processus de centralisation, dans un secteur déterminé. Il

9. Nous ne voulons pas dire par là que la décision de *faire* ou de *faire faire* est réglée et que tous les services domestiques sont justifiés. Nous prenons seulement pour acquis qu'il doit forcément y avoir quelques services domestiques.
10. On pourra tout d'abord arguer qu'il n'y a pas intérêt à distinguer les finances de la planification et de l'aménagement du territoire. Nous ne croyons pas cependant qu'un même ministère puisse à la fois préparer des plans, prévoir et être gardien des disponibilités financières courantes. De plus, il est désirable que l'organisme central de direction qui aura la responsabilité de la préparation des programmes soit distinct de l'organisme qui portera un jugement à partir de la conjoncture. En effet, le ministère des Finances devra apprécier les programmes préparés par les autres ministères en collaboration avec le ministère du Développement, selon les critères fournis par la conjoncture et les disponibilités financières à court terme (les programmes contenant déjà leur taux d'actualisation et leur indice de rentabilité), et faire part de ses recommandations au Comité de gestion qui se prononcera sur le choix des programmes à développer et sur leur importance relative.

TABLEAU XVI

Les modes de centralisation et les fonctions de gestion centrale*

MODES	(1) *Législation et réglementation*	(2) *Contrôle*	(3) *Service direct*	(4) *Vérification*
FONCTIONS	*DIRECTION*	*CONTRÔLE* (a priori)	*SERVICE*	*VÉRIFICATION* (a posteriori)
TYPES	(a) IMPÉRATIVE (b) PERMISSIVE	(a) D'OPPORTUNITÉ (b) DE RÉGULARITÉ	(a) MONOPOLISTIQUE (b) CONCURRENTIEL	(a) DE RÉGULARITÉ (b) ANALYTIQUE
COMPOSANTES	détermination d'objectifs, de plans et de programmes formulation de projets, de politiques, de stratégies, de normes et de procédures (catégories d'actes, de biens, de sommes d'argent, etc., et cheminement de décisions et d'amendements) définition de sanctions	approbation de législation et réglementation de politique, de stratégie, de normes et de procédures, de plans, de programmes et d'amendements décisions d'opportunité ou de régularité dans des cas individuels	prestation de services techniques, professionnels ou administratifs, ou gestion de biens	enquête et inspection analyse
ACTIVITÉS CARACTÉRISTIQUES	recherche, inventaire. analyse et synthèse délibération consultation diffusion d'information	enregistrement et certification de régularité autorisation, refus, approbation, renvoi, revision et modification directives établissement d'agents déconcentrés (principalement pour les contrôles de régularité**)	conseils aux clients maintien d'inventaires négociation avec des tiers à titre de mandataire évaluation des besoins et préparation de programmes avec les clients	quitus recommandations poursuites préparation de programmes d'inspection

* Rappelons que ces fonctions et modes de centralisation s'appliquent en principe aux quatre secteurs de la gestion centrale : les finances, la fonction publique, les services domestiques, le développement et l'aménagement.

** Ce mécanisme est aussi utilisé par les services domestiques monopolistiques impliqués dans la gestion courante. On peut penser à cet égard que l'on a sans doute quelque peu exagéré « l'implication quotidienne » des conseillers juridiques en les subordonnant au ministère de la Justice. Il est symptomatique que par ailleurs les directeurs du personnel ne relèvent pas du ministère de la Fonction publique.

s'agit bien sûr d'une séquence logique (on légifère, on contrôle, puis on rend le service directement en enfin on vérifie), ce qui n'est pas nécessairement vrai en pratique[11].

Or, il est remarquable que ces quatre modes de centralisation correspondent également aux quatre fonctions qui composent généralement la gestion centrale, c'est-à-dire la direction (la législation, la réglementation), le contrôle, le service et la vérification (voir le tableau XVI). Tout le problème consiste à déterminer d'abord si pour chaque secteur on doit développer centralement les quatre fonctions ou seulement quelques-unes, deuxièmement, s'il y a des règles d'organisation propres à l'exercice de ces fonctions et enfin, s'il y a des règles concernant l'exercice de ces fonctions par un même organisme.

À la première question, il ne semble pas y avoir de réponse très claire. Longtemps au Québec, la législation et la réglementation ont été négligées dans certains secteurs (ex.: en matière de personnel)[12]. Par ailleurs, on semble avoir pris pour acquis que la vérification devait surtout porter sur la gestion financière. Quant aux services domestiques, on a souvent préféré commencer par les rendre plutôt que de les régir[13]. Enfin, c'est bien plus, semble-t-il, l'addition nécessaire d'organismes de direction qui a suscité la création d'un organe central de contrôle que l'application systématique d'un schéma préconçu.

Quoi qu'il en soit, il s'agit là d'une question qui pourrait être analysée en détail avec avantage, mais que nous ne pouvons étudier plus longuement sans déborder le cadre que nous nous sommes fixé.

Quant à la deuxième question, sur la discussion des modes d'organisation, nous aimerions reporter son examen après l'étude fonctionnelle qui doit logiquement la précéder. Par ailleurs, il existe effectivement, nous semble-t-il, des règles concernant la compatibilité de l'exercice de certaines de ces fonctions par un même organisme et plus globalement l'aménagement de ces fonctions entre elles.

---

11. On pourra opter pour les modes (a) (b) et (d) ou pour les modes (a) et (b) ou pour les modes (b) et (d) ou seulement (2) ou (3). On sait que l'OPDQ a cherché à quelques reprises à susciter la coordination interministérielle à partir de son mandat légal, mais ne disposant pas de pouvoirs de contrôles, ces tentatives ont avorté. En fait, la Commission interministérielle de planification a toujours eu une existence précaire. Il n'est pas encore évident que la fonction de planification à court terme puisse être exercée en dehors du cycle budgétaire.
12. La première véritable loi de la fonction publique date des années soixante.
13. Il ne faut pas confondre, en effet, le secteur des «services domestiques» avec la fonction «service direct». On peut rendre un service direct central même dans les autres secteurs tout comme on peut se contenter de régir les services domestiques sans les rendre soi-même.

Ainsi, il s'avère qu'au palier administratif central, la confusion dans un même organisme des activités de direction, de service (et de conseil)[14] avec l'exercice d'une fonction de contrôle d'opportunité, n'est pas désirable. Tout au plus pourra-t-on accepter que les organismes de direction puissent exercer des fonctions de contrôle[15] de régularité (a priori) et puissent prendre certaines décisions d'opportunité de moindre importance. En fait, dans ce dernier cas, on pourra préférer accroître la responsabilité des ministères (des gestionnaires de programmes). De la même façon, nous croyons que les fonctions de contrôle d'opportunité, dans un même organisme, ne doivent pas être associées aux fonctions de service domestique et que les activités de vérification doivent être complètement dissociées des autres.

Dans le passé, ces principes n'ont pas toujours été suivis rigoureusement dans la plupart des administrations publiques y compris celle du Québec. On a pu voir des vérificateurs qui étaient également des contrôleurs (par mesure d'économie, disait-on) et on a surtout observé que des organismes de direction exerçaient également des activités de contrôle d'opportunité. En fait, la création du Conseil du Trésor a suscité un tel remue-ménage à cet égard, que certains fonctionnaires n'ont pu accepter d'être déchargés des activités de contrôle qui étaient les leurs auparavant. Enfin, en constituant des services domestiques sur une base monopolistique, on a établi du même coup des organismes de contrôle puisque leurs règles de régie interne étaient des contrats imposés à leurs clients, les ministères et les organismes.

Or, ces principes n'ont de valeur, bien sûr, que dans la mesure où ils reposent sur des comportements réels et produisent des résultats désirables. Il est évident que les fonctionnaires chevronnés se méfieront d'un organisme de direction et de conseil qui exerce en même temps une fonction de contrôle d'opportunité. Il est en effet répréhensible qu'après avoir fait enquête pour déterminer la meilleure règle ou s'être fait passer pour un conseiller, un organisme profite de sa connaissance détaillée d'une administration pour exercer un contrôle tatillon[16]. Une telle situation encourage la falsification des informations et une méfiance généralisée. La situation inverse où un organisme de contrôle prétend agir comme conseiller est aussi

14. Toutefois, lorsque ce service est monopolistique, on aboutit pratiquement à un contrôle d'opportunité. Il devient alors nécessaire d'exiger de cet organisme une certaine programmation qui, elle, sera soumise à un contrôle d'opportunité (ex.: les travaux publics, la dotation d'effectifs). Le service à la clientèle s'inscrit alors dans un programme déjà approuvé. Ajoutons qu'il y a des services proprement internes qui ne touchent pas la clientèle (ex.: la gestion de la dette). Il n'y a pas alors d'incompatibilité.

15. Ce contrôle de régularité exercé par le contrôleur des finances, ne fait que certifier la disponibilité des fonds et la conformité du projet de dépenses avec le budget.

16. Il est aussi très dangereux de confier à un organisme législatif le rôle d'agent d'exécution puisqu'il peut toujours choisir au moment de l'étude d'un cas particulier soit de modifier une règle existante, soit de faire une nouvelle règle. On aboutit rapidement ainsi à un pouvoir arbitraire et cela mine inévitablement la valeur des règles et de l'organisme.

répréhensible. Comment ne pas penser que les conseils qu'il donne sont fondamentalement des directives? Il n'est pas étonnant non plus que les services domestiques monopolistiques aient été plus préoccupés des règles de contrôle que de la qualité et du coût des services. En effet, ce sont ces règles que l'on critique le plus souvent et l'organisme peut toujours les invoquer pour se décharger de toute responsabilité, même lorsqu'elles ne sont pas en cause. Il est encore évident qu'un «contrôleur-vérificateur» n'a pas le détachement voulu pour exercer cette deuxième fonction ni nécessairement la compétence pour exercer la première puisqu'il y a là deux ordres de préoccupations différents. Enfin, ce n'est pas un hasard si l'on a jugé souhaitable de soumettre les décisions d'opportunité à un comité de ministres plutôt qu'à un seul ministre, étant donné les énormes pressions que doivent subir tous ceux qui doivent prendre de telles décisions à l'égard de leurs pairs.

Bref, nous croyons pouvoir dire que ces principes sont fondés et que l'on devrait généralement tendre à isoler les quatre fonctions de direction, de contrôle, de service domestique et de vérification.

3. *Les principes d'organisation de la gestion centrale*

Dans tous les États modernes, la gestion centrale est ordinairement partagée entre des services ministériels et des organismes autonomes. Le Québec n'échappe pas à cette régle et l'on peut s'interroger sur les motifs qui président à ce choix. Il y a sans doute à l'origine de la création d'organismes autonomes, comme dans le cas des offices en général, le désir de singulariser, d'accroître la «visibilité», soit d'un secteur entier de gestion centrale, soit d'un programme spécifique. Il y aussi le besoin de dégager certaines activités de nature commerciale, industrielle ou financière. L'indépendance nécessaire à la vérification doit forcément s'accompagner d'un statut de grande autonomie[17]. On pourra encore isoler les fonctions de contrôle pour les dissocier des fonctions de direction. L'autonomie fonctionnelle créera également une distance nécessaire entre l'organisme de direction chargé de formuler des règles et l'organisme chargé de fournir un service.

Toutefois, on peut penser que même si les organismes administratifs centraux sont soumis aux mêmes principes d'organisation que ceux qui s'appliquent aux autres organismes autonomes, ils sont suffisamment particuliers pour justifier un statut particulier. Plus précisément, le caractère cen-

---

17. En fait, la vérification centrale implique par définition que l'organisme devra relever de l'Assemblée plutôt que du gouvernement. Pourtant, tel n'est pas le cas pour la Commission de la fonction publique, sans doute parce que cette Commission n'exerce pas uniquement une fonction de vérification. Il est évident que cet organisme ne fut pas le fruit d'une analyse fonctionnelle systématique, pas plus que dans les pays d'où il fut tiré (l'Angleterre, les États-Unis, le Canada).

tral de la responsabilité consolide généralement le besoin d'une liaison plus étroite avec le pouvoir politique, c'est-à-dire soit le Conseil des ministres, soit l'Assemblée nationale[18].

Ainsi, la fonction de vérification et de surveillance, lorsqu'elle est exercée centralement, justifie une plus large autonomie que celle qui est attribuée aux mêmes activités exercées à l'intérieur des ministères pour les fins limitées de ces ministères[19], et c'est l'Assemblée nationale qui exerce les principaux contrôles à l'égard du protecteur du citoyen et du vérificateur général.

Par ailleurs, les organismes administratifs centraux exerçant des fonctions de direction et de contrôle a priori (d'opportunité et même de régularité) devront forcément avoir un accès privilégié au Conseil des ministres puisqu'ils ont pour vocation d'établir une politique générale relativement aux intrants, qui vont conditionner tous les programmes ministériels. Plus spécifiquement, lorsque l'on juge nécessaire de constituer un organisme central de contrôle[20] pour coordonner divers organismes centraux de direction (ex.: le Conseil du Trésor ou le Comité de gestion), il est évident que cet organisme central de contrôle, même lorsqu'il jouit d'une identité spécifique, ne peut être véritablement autonome. Au contraire, il doit être encore plus intégré que les autres offices[21].

Enfin, les services domestiques exerçant une fonction de «gestion économique» (commerciale, financière ou industrielle) ou encore une fonction de «gestion non économique» pourraient théoriquement recevoir le statut d'office ou de société. Il apparaît toutefois que parce qu'il s'agit d'organismes centraux, il est pratiquement impensable d'accorder à de tels services une autonomie plus large que celle d'une société déléguée ou d'un office possédant un fonds renouvelable. Il s'agit là de limites extrêmes. Bien plus, même si on leur accordait le statut de société déléguée, la direction de l'organisme ne pourrait être confiée qu'à des fonctionnaires permanents. En pratique, on observe que certains de ces services, lorsqu'ils sont monopolistiques, n'ont aucune autonomie[22].

---

18. Pour cette raison, nous ne pouvons endosser cette conception qui veut que l'on puisse dépolitiser la gestion centrale (ex.: la Commission de la fonction publique), à l'encontre du désir du pouvoir politique lui-même de régulariser sa propre gestion.
19. Il est à noter que même lorsqu'il s'agit d'une fonction intraministérielle, il est normal que la surveillance et l'inspection soient confiées à un service distinct.
20. L'organisme de contrôle se différencie de l'organisme de direction en ne réglementant pas lui-même un secteur d'activités, mais en approuvant la réglementation des organismes de direction et certaines décisions stratégiques de la gestion courante.
21. Cette intégration accrue est caractérisée notamment par l'absence de certains droits (tel celui de la négociation collective) pour le personnel administratif qui est également tenu au secret professionnel.
22. Exemple: les services de travaux publics et de l'approvisionnement. La Commission administrative du régime de retraite créée le 22 décembre 1973, illustre également la très faible autonomie que l'on peut accorder à ce qui pourrait être une société déléguée centrale.

Nous avons cru que toutes ces particularités justifiaient notre distinction entre *offices centraux* et *offices sectoriels*. C'est pourquoi nous avons suggéré d'attribuer aux premiers une appellation propre, celle de bureau.

4. *Les conséquences de l'intégration au palier administratif*

Certaines de ces conséquences ont été mentionnées précédemment alors que nous analysions les causes de l'autonomie fonctionnelle. Rappelons que pour les gestionnaires ministériels de programme, l'existence des organismes centraux constitue un facteur de lourdeur administrative et une restriction importante de leur marge d'autorité. En fait, lorsque nous examinons les limites imposées sur le pouvoir de dépenser par les règles du Conseil du Trésor (arrêté en conseil n° 1041 et suivants) et que nous considérons que la détermination même des objectifs doit être approuvée par cet organisme, il devient clair que les sous-chefs sont en fait subordonnés hiérarchiquement au Conseil du Trésor, non seulement dans le choix des fins mais également dans celui des moyens. Nous connaissons plusieurs cas où l'autorisation du sous-ministre a été annulée par une décision subséquente du Conseil du Trésor. Les gestionnaires des programmes sectoriels ont beau jeu pour critiquer cette situation qui décourage les initiatives et crée une inadéquation entre la responsabilité et l'autorité.

Cependant, nous imaginons difficilement qu'il puisse en aller autrement sur le plan des principes. Le Conseil du Trésor (ou le Comité de gestion) est un comité du Conseil des ministres. Les sous-chefs vivent en somme la même expérience que les ministres qui sont également soumis à la solidarité ministérielle et qui voient souvent leurs opinions mises en minorité au Conseil des ministres. Ces contraintes doivent se retrouver dans l'application des politiques, pour que la cohérence dépasse le simple stade des intentions[23]. Il y a cependant avantage à ce que les contrôles et services centraux ne soient pas tatillons et rigides au point que la lenteur des tractations entraîne une perte générale d'efficacité. Bien plus, il est difficilement acceptable que toutes les décisions administratives de quelque importance soient obligatoirement prises par un organisme central. En d'autres termes, le diagnostic, pour être valable, doit tenir compte du fait qu'il y a différents types de contrôle, différents types de direction et différents modes de prestation de services. Nous ne sommes pas en mesure actuellement de faire une telle évaluation. Il convient d'abord de prendre connaissance des organismes centraux de l'administration québécoise, de leurs fonctions et de leurs règles de fonc-

23. Nous faisons grâce au lecteur des argumentations traditionnelles où l'on oppose le besoin d'une latitude plus grande pour les gestionnaires de programmes à leur manque de réalisme et de responsabilité financière. La contrainte du fonds consolidé et de la solidarité ministérielle donne à cette querelle l'allure d'un faux problème.

tionnement. Pour ce faire, nous aurons recours à la typologie déjà suggérée et effectuerons un premier classement provisoire.

5. *Classement provisoire des organismes administratifs centraux de l'administration québécoise*

Le classement qui apparaît au tableau XVII est forcément provisoire. Nous avons tenté d'identifier le plus parfaitement possible les organismes et les services ministériels qui exercent des fonctions de gestion centrale[24]. Toutefois, certains obstacles ne nous ont pas permis d'établir un classement plus satisfaisant. En premier lieu, les dispositions législatives sont habituellement très générales, alors que les réglementations et directives ne sont pas consolidées[25]. En fait, l'ignorance quasi générale des gestionnaires sur les diverses règles actuellement en vigueur ne peut qu'engendrer des conflits d'interprétation, une certaine confusion et même une usurpation des rôles. En second lieu, le partage des responsabilités entre l'organisme de contrôle et certains organismes de direction et de services domestiques comporte certaines zones grises. Ainsi, il n'est pas encore établi si le ministère de la Fonction publique exercera une fonction de direction ou une fonction de conseil (ou les deux) en matière d'organisation administrative et de perfectionnement[26]. Par ailleurs, le Conseil du Trésor ne monopolise pas tous les contrôles. Certains contrôles de régularité sont laissés à des organismes de direction et à des organismes de services domestiques monopolistiques. L'aménagement des relations entre le Conseil du Trésor et certains services domestiques monopolistiques n'ayant pas été complètement explicité, il ar-

24. Nous n'avons pas retenu une catégorie d'organismes centraux de *conseil*, bien qu'à première vue de tels organismes existent effectivement (ex.: le Conseil économique du Canada et l'ancien COEQ). Nous croyons, en effet, que dans un régime parlementaire, les organismes centraux de conseil, organismes représentatifs, autonomes, appartiennent davantage aux institutions politiques qu'aux institutions administratives. Cela est illustré par le fait que ces organismes font fréquemment l'objet de controverse lorsqu'ils prennent position sur des problèmes d'actualité (ce qui, en pratique, est de plus en plus rare, et pour cause). Le seul fait d'être un organisme central de conseil a pour effet de donner aux avis une dimension très importante dans l'opinion publique. On peut facilement avoir l'impression que, ce faisant, l'organisme de conseil est pratiquement l'égal du Conseil des ministres. On admettra que les divergences de vue entre un organisme consultatif sectoriel et un ministère sont moins significatives que celles qui peuvent se produire entre un organisme consultatif central et le Conseil des ministres. Nous n'avons pas non plus reconnu l'existence d'organismes centraux de *mission* selon le modèle français. Nous concevons facilement qu'un organisme de direction puisse envoyer des individus en mission. Nous ne croyons pas qu'il y ait avantage à développer parallèlement à une structure existante des organismes de mission essentiellement. Un jour ou l'autre, les organismes de mission doivent être intégrés. En pratique, l'autonomie ne peut être que réduite.

25. Le Conseil du Trésor effectue actuellement une telle consolidation pour les fins de sa régie interne.

26. Une directive du Conseil du Trésor, du 21 juin 1972, paraît avoir tranché la question en intégrant les plans d'organisation et les plans d'effectifs à la programmation budgétaire.

Tableau XVII

Classement provisoire des organismes administratifs centraux ministères et bureaux

	ORGANISMES AUTONOMES	ORGANISMES MINISTÉRIELS
1 *Organismes de contrôle et organismes de direction* (conseils)	Commission de la fonction publique (recrutement, sélection, classification, arbitrage entre employés)	Conseil du Trésor Contrôleur (disponibilités, avant-paiement) Ministère du Revenu (impôts) Ministère de la Fonction publique (relations de travail, fonction publique, perfectionnement) Ministère des Travaux publics et de l'Approvisionnement (expropriation)
2 *Organismes de services (domestiques)*	Office de planification et de développement Office de la langue française* Bureau de la statistique Conservateur des archives nationales Bureau de l'éditeur officiel Office du film Société de cartographie**	Ministère de la Fonction publique (organisation administrative, planification des effectifs) Ministère des Finances (paie-maître) (centre de traitement électronique des données) (régime de retraite de la fonction publique) Ministère des Travaux publics et de l'Approvisionnement (location, construction, acquisition, location, aménagement, gestion des immeubles, approvisionnement ou achats, postes, messageries) Ministère des Communications (téléphonie, transmission des données, traduction, polycopie, audio-visuel) Ministère de la Justice (contentieux) Ministère des Terres et Forêts (domaine territorial, arpentage, cartographie) Ministère des Transports (service aérien)
3 *Organismes de vérification*	Ombudsman Vérificateur général	

* Il semble que le gouvernement au pouvoir désire accentuer la vocation externe de l'organisme et il sera sans doute nécessaire de le classer parmi les offices sectoriels et non plus les bureaux.

** Organisme dont la loi n'a pas encore été mise en vigueur.

rive encore que ces organismes soient perçus comme exerçant également des fonctions de contrôle d'opportunité, même s'il s'agit généralement de décisions de moindre importance. Enfin, un classement parfaitement satisfaisant impliquerait une connaissance détaillée non seulement des fonctions, mais aussi des activités précises des organismes centraux; la stabilité des règles de gestion centrale et même le règlement de certains conflits, ce à quoi nous ne pouvons évidemment prétendre.

Afin de dissiper certains malentendus et tout en convenant du caractère arbitraire de toute catégorisation, nous avons procédé au classement suivant:

(a) parmi les services ministériels et les organismes autonomes de *services domestiques,* les activités qui sont commandées par une demande directe des clients ou les activités qui dépendent directement d'une politique établie par un autre organisme (donc un rôle d'application) et qui sont de nature financière, industrielle ou commerciale (ou s'apparentent à des activités semblables dans le secteur privé). La notion de service à des clients demeure évidemment le critère central;
(b) parmi les services ministériels et les organismes autonomes de *direction* et de *contrôle,* les activités qui impliquent la formulation d'une politique générale ou qui impliquent un certain contrôle de régularité et d'opportunité et qui n'ont pas pour but de desservir des clients mais plutôt de les soumettre à une régulation. La notion de direction et le caractère obligatoire des décisions constituent ici le critère central.
(c) Les activités de surveillance ou de vérification sont suffisamment explicites pour qu'il ne soit pas nécessaire d'y revenir ici.

Malgré ses lacunes[27], attribuables en partie à l'imprécision des textes législatifs[28], cette nomenclature permet certaines observations sur l'organisation administrative centrale actuelle:

En premier lieu, nous remarquons que la dispersion des activités des services domestiques, dans un grand nombre de ministères et selon le principe de la plus grande affinité des fonctions, présente le grave inconvénient

27. Par exemple, le ministère des Affaires municipales ne participe pas à la régie interne. Il n'en va pas exactement de même dans le cas du ministère de la Justice et des Affaires intergouvernementales, quoique dans ces deux derniers cas, il s'agisse d'une participation modeste et souvent un peu trop floue, due au caractère d'abord externe de leur mission.

28. La loi constitutive de l'Office du film, de la Société de cartographie (loi non en vigueur actuellement), du Bureau de l'éditeur officiel, de l'Office de la langue française et du Conservateur des archives, laisse entrevoir que ces organismes pourraient avoir également une vocation externe. La Société de cartographie devait être substituée au service de cartographie du MTF. Jusqu'à ce jour, il n'a pas été donné suite à cette législation. Par ailleurs, les situations cocasses sont nombreuses. Il semble qu'Air Canada peut faire concurrence au service central aérien, que le ministère des Travaux publics et de l'Approvisionnement exproprie suivant la loi du ministère de la Voirie (maintenant, ministère des Transports), alors que le ministère de l'Agriculture exproprie suivant la loi du ministère des Travaux publics et de l'Approvisionnement.

d'avoir des ministères qui subsistent en grande partie grâce à une mission de régie interne, laquelle pourrait parfois être abandonnée avec avantage au secteur privé, et celui de créer une confusion entre la vocation externe et la vocation interne de l'organisme.

En second lieu, nous pouvons noter qu'il y aurait avantage à mieux identifier les quatre secteurs fondamentaux de la gestion centrale : les finances et le revenu, la fonction publique, les services, le développement et l'aménagement. Cela impliquerait certains regroupements sur lesquels nous reviendrons au cours du chapitre III.

Enfin, apparaît le besoin de distinguer davantage les activités de contrôle, des activités de services monopolistiques et des activités de direction. Nous y reviendrons également au cours du chapitre III.

6. *Les fonctions et la compétence des organismes centraux d'après les lois constitutives* [29]

Les lois constitutives des organismes centraux permettent généralement de déterminer la vocation de contrôle, de direction, de service ou de vérification des organismes.

1. *Les organismes centraux ministériels de contrôle et de direction* [30]

Le Conseil du Trésor

Le Conseil du Trésor *approuve* les plans d'organisation et d'effectifs, *détermine* les conditions de travail du personnel [31] et il *est chargé* de l'élaboration de la politique administrative de la fonction publique. Le Conseil du Trésor doit aussi soumettre au Conseil exécutif un *projet de prévisions budgétaires*. Enfin, le Conseil du Trésor peut *adopter* des règlements concernant le système de comptabilité du gouvernement, l'émission des mandats de paiement et les comptes à rendre sur les deniers publics.

---

29. Nous avons fait la recension de divers arrêtés en conseil (nos 1041, 1042, 1043, 2384, 3515) ainsi que de diverses directives. Malheureusement, nous ne pouvons prétendre que l'inventaire est exhaustif (le Conseil du Trésor s'emploie actuellement à le compléter) ni qu'il sera parfaitement à jour au moment de la parution de cet ouvrage.

30. Dans notre esprit, il ne peut y avoir qu'un organe central de contrôle d'opportunité. Toutefois, nous avons regroupé le Conseil du Trésor avec d'autres organismes de direction, parce que ceux-ci peuvent exercer des activités de contrôle de régularité a priori, ou des activités de gestion très intimement associées aux activités de direction et inassimilables à de véritables activités de service domestique. Enfin, certaines décisions d'opportunité peuvent aussi être déléguées à ces organismes.

31. Une unité de « coordination de la politique du personnel », sous la direction d'un secrétaire adjoint, a été instituée en 1973, afin de relier les secteurs de la fonction publique, de l'éducation et des affaires sociales.

Les contrôles exercés par le Conseil du Trésor sont aussi nombreux que variés. Nous les avons regroupés en trois secteurs — finances, fonction publique, services (domestiques) —, bien que nous soyons conscient que cette catégorisation ne soit pas parfaitement opératoire à l'heure actuelle. La loi de l'administration financière et les divers arrêtés en conseil qui l'ont suivie n'ont pu éliminer toutes les zones grises; il y a encore place pour certains conflits d'interprétation. Le meilleur exemple est sans doute celui du secteur de la planification et de l'aménagement régional qui n'a pas encore fait l'objet d'une systématisation très poussée[32]. Cette situation est fort compréhensible si l'on songe que le Conseil du Trésor a été créé après plusieurs autres organismes administratifs centraux et que toute définition de sa compétence entraîne automatiquement une définition de la compétence du Conseil (plénier) des ministres[33], des ministères, de leurs organismes autonomes et des autres organismes administratifs centraux. Or, il est clair, à cet égard, que des ajustements seront encore nécessaires dans un proche avenir et que notre texte pourra rapidement être dépassé. C'est donc avec une certaine réserve que nous présentons l'énumération des pouvoirs du Conseil du Trésor, lesquels sont forcément subordonnés aux pouvoirs du Conseil des ministres et sont limités par la compétence des ministères.

a) *Les finances*

Le Conseil des ministres doit au départ faire l'allocation générale des ressources financières. Depuis 2 ans déjà, cette allocation se fait selon la classification fonctionnelle des programmes. Le Conseil du Trésor est chargé de présenter chaque année au Conseil des ministres, les prévisions budgétaires selon cette classification et de faire les analyses requises à cette fin. Une fois le budget accepté, le Conseil du Trésor est habilité à autoriser en cours d'année les virements de crédits à l'intérieur des programmes d'un élément à l'autre. Ce contrôle sur la répartition des ressources n'épuise pas la compétence du Conseil du Trésor sur la gestion financière. En effet, il revient à ce dernier de déterminer: les règles de comptabilité que doit suivre le contrôleur (et ses agents déconcentrés dans les ministères); les règles relatives à l'émission de mandats de paiement, à la préparation des comptes publics, à la perception et à l'administration des deniers publics, à la gestion des comptes bancaires, à l'acquisition et à l'aliénation de certains biens, aux

32. La création d'un Comité spécial des affaires économiques au Conseil des ministres et l'emprise du financement du gouvernement fédéral sur les activités d'aménagement ont sans doute constitué des facteurs déterminants sur ce point.

33. Or, il est prévu que le Conseil (plénier) des ministres peut toujours se réserver certains contrôles et limiter la compétence du Conseil du Trésor qui est en fait un de ses comités. Cette situation crée une certaine incertitude puisque le règlement peut modifier une loi et que les règlements peuvent se succéder rapidement. Les juristes pourront sans doute s'étonner d'un tel procédé qui va à l'encontre des règles de la délégation des pouvoirs.

engagements de prestations de services et à l'octroi ou à la promesse de subventions.

Enfin, ce pouvoir réglementaire est suivi d'un contrôle d'*opportunité* sur les dépenses courantes, lequel est lui-même précédé d'un contrôle de *régularité* par le contrôleur[34]. Étant donné que ces dépenses courantes prennent nécessairement la forme d'engagements (de contrats[35]) ou de subventions[36] à l'endroit de maisons privées, le contrôle du Conseil du Trésor sur ces matières est en fait un contrôle exhaustif. Toutefois, comme dans beaucoup d'organisations, il s'agit d'un contrôle étagé ou sur la base de «fourchettes[37]», la compétence des ministères et organismes autonomes sectoriels étant limitée par un contrôle réparti entre le Conseil des ministres, le Conseil du Trésor et parfois même un ministère de direction centrale. Ces «fourchettes» seront également susceptibles de varier selon la valeur, les types d'activité exercée, la durée des contrats et des subventions. Divers arrêtés en conseil ont effectivement précisé dans ce sens la compétence du Conseil du Trésor.

contrats de services professionnels, techniques, commerciaux

Le Conseil des ministres doit autoriser tous les contrats de services dont la valeur est supérieure à 1 million de dollars. Le Conseil du Trésor doit autoriser tous les contrats d'engagement d'ingénieurs et d'architectes, de location de véhicules et de services d'entretien dont la valeur se situe entre $25 000 et 1 million de dollars: tous les contrats de louage de matériel dont la valeur se situe entre $15 000 et 1 million de dollars; tous les contrats de publicité dont la valeur se situe entre $10 000 et 1 million de dollars; *tous les autres contrats* dont la valeur est supérieure à $5 000 (tout supplément y compris) ou dont la durée est de 3 ans ou plus. En conséquence, la compétence des ministères va également varier; par exemple, ils pourront, sans autre autorisation, accorder un contrat de publicité dont la valeur est inférieure à $10 000.

subventions

Le Conseil des ministres doit autoriser tous les octrois ou promesses de subventions de plus de 1 million de dollars. Le Conseil du Trésor doit

34. Le contrôleur doit assurer au Conseil du Trésor que le projet de dépenses est conforme aux crédits votés, que la demande est faite régulièrement et qu'il existe une disponibilité de sommes nécessaires. Le Conseil du Trésor peut, pour diverses autres raisons, autoriser, suspendre ou refuser l'émission d'un mandat de paiement.
35. Ces contrats peuvent porter à la fois sur des meubles et immeubles ou sur des services.
36. En effet, le paiement du traitement des fonctionnaires et de divers crédits statutaires se fait de façon automatique. Par ailleurs, les prêts et avances, notamment à des entreprises publiques, sont approuvés par le Conseil des ministres.
37. Comme dans tous les cas de contrôle étagé, certains peuvent chercher à éviter les contrôles en fractionnant les contrats, en multipliant les petites dépenses.

autoriser ces octrois ou promesses de subventions si le montant de celles-ci se situe entre $25 000 et 1 million de dollars. Le Conseil doit également recevoir un rapport financier annuel de tout organisme subventionné et qu'il n'a pas exempté de cette obligation.

emprunts

Le Conseil des ministres autorise le ministre des Finances à faire les emprunts requis et à constituer les fonds d'amortissement.

enquête

Le Conseil des ministres et le Conseil du Trésor peuvent demander au vérificateur d'enquêter et de faire un rapport dans toute matière relevant de la compétence de ce dernier.

b) *Les services (domestiques)*

Nous avons regroupé sous cette rubrique divers contrôles de nature financière, qui portent sur l'acquisition, la location et la construction d'immeubles, l'achat de divers biens matériels, et qui, à ce titre, doivent également faire partie du secteur des services domestiques. Nous préférons faire ressortir cette dimension, d'une part, parce que ce secteur a déjà été centralisé au ministère des Travaux publics et de l'Approvisionnement et, d'autre part, parce que contrairement à la plupart des contrats de services (professionnels, techniques, etc.) et aux subventions, il s'agit ici de dépenses destinées à assurer le fonctionnement normal des services et non à mettre en application un programme spécifique d'activités[38].

Comme dans le cas des contrats de services professionnels techniques, etc., il faut ici aussi faire état de la compétence des ministères, du Conseil du Trésor et du Conseil des ministres.

acquisition d'immeubles

Le Conseil des ministres doit approuver toute acquisition d'immeuble (de gré à gré ou par expropriation) dont la valeur est supérieure à 1 million de dollars. Le Conseil du Trésor doit autoriser toute acquisition d'immeuble dont la valeur se situe entre $50 000 et 1 million de dollars, de même que tout supplément. De plus, c'est le ministre des Travaux publics et de l'ap-

38. Il apparaît qu'actuellement la réglementation tente d'effectuer une distinction, par exemple, entre l'achat des articles de papeterie ou des machines à écrire par un ministère et l'achat d'une œuvre d'art par le même ministère pour le compte d'un musée, ou l'achat de pierres concassées par le ministère des Transports. La frontière est assez difficile à tracer. Elle coïncide avec celle que nous avons cherché à établir entre l'administration interne et la production spécifique des sociétés. Les ministères devraient pouvoir acquérir les biens nécessaires à leur production spécifique dans la mesure où elle est différente des autres.

provisionnement qui doit conduire les négociations sauf s'il s'agit de parcelles de territoire[39] acquises pour le ministère des Terres et Forêts, de l'Agriculture ou des Transports, et, dans ce cas, le Conseil des ministres doit donner son approbation. En conséquence, les ministères peuvent généralement acquérir sans autre autorisation tout immeuble d'une valeur inférieure à $50 000.

location d'immeubles

Le Conseil des ministres doit autoriser tous les baux d'une valeur supérieure à 1 million de dollars. Le Conseil du Trésor doit autoriser tous les baux d'immeubles destinés à l'habitation de fonctionnaires et employés du gouvernement. Il doit aussi autoriser tous les baux dont la valeur est supérieure à $15 000 par an ou d'une durée de plus de 3 ans. Le ministre des Travaux publics et de l'Approvisionnement peut faire des baux, de moins de $15 000 et de moins de 3 ans. Enfin, les ministres peuvent faire des baux d'une valeur inférieure à $5 000 et d'une durée de moins de 3 ans.

construction d'immeubles

Le Conseil des ministres doit autoriser tous les contrats de construction d'une valeur de plus de 5 millions de dollars. Le Conseil du Trésor doit autoriser les contrats de construction dont la valeur se situe entre $25 000 et $150 000 lorsqu'il n'y a pas eu 2 soumissions publiques (appel d'offres) ou entre $150 000 et 5 millions de dollars dans le cas contraire. C'est le ministre des Travaux publics qui est compétent pour engager les architectes et les ingénieurs en vue de la construction, de la réparation ou de la transformation des édifices. Les ministères peuvent sans autre autorisation s'engager dans des contrats de construction lorsque la valeur de ceux-ci est inférieure à $25 000 (y compris les suppléments) ou lorsqu'elle se situe entre $25 000 et $150 000 (et que le supplément est inférieur à $10 000 ou 10 %) et qu'ils ont obtenu 2 soumissions publiques, ou lorsqu'elle se situe entre 150 000 et 1 million de dollars (y compris un supplément inférieur à $25 000)[40]. Ils peuvent encore prévoir un embellissement de l'édifice à condition que celui-ci ne coûte pas plus de 1 % du coût total. Tout embellissement d'une valeur supérieure devra être approuvé par le Conseil du Trésor.

---

39. On se rend compte à quel point la gestion domaniale est laissée dans un état délabré, alors que l'on associe sous le vocable d'immeuble (juridiquement correct mais administrativement différent) le territoire et l'édifice.
40. Il existe une disposition spéciale pour les travaux de « revêtement bitumineux » du ministère des Transports (Voirie). Il est entendu que l'autorisation du Conseil du Trésor ne fait pas disparaître l'obligation de procéder par appel d'offres ni de justifier le choix d'un soumissionnaire qui, à première vue, n'est pas financièrement le plus avantageux.

contrats d'achat

Le Conseil des ministres doit autoriser tout contrat d'achat d'une valeur supérieure à 1 million de dollars. Le Conseil du Trésor doit autoriser tout contrat d'achat fait par le service des achats dont la valeur se situe entre $5 000 et $25 000 lorsque le service n'a pu obtenir 3 soumissions publiques conformes, ou dont la valeur se situe entre $25 000 et $50 000 et que le service n'a pu obtenir 2 soumissions publiques conformes, et tout contrat d'achat dont la valeur se situe entre $50 000 et 1 million de dollars.

Par ailleurs, le directeur du service des achats effectue sans autre autorisation tous les achats dont la valeur se situe entre $100 et $5 000. Enfin, certains ministères peuvent faire certains achats spécifiques, même s'ils sont supérieurs à $100, sans passer par le service des achats (ex.: la pierre concassée achetée par le ministère des Transports, les œuvres d'art acquises par le ministère des Affaires culturelles, les denrées périssables, etc.), mais ils doivent produire des certificats attestant la régularité de leurs transactions.

c) *La fonction publique*

Le Conseil des ministres doit approuver certains éléments de la classification du personnel de la fonction publique. Il revient cependant au Conseil du Trésor d'approuver la presque totalité de cette classification. Les ministères font le classement de leurs employés. Le Conseil du Trésor approuve les plans d'organisation et les plans d'effectifs (en intégrant ces derniers à la programmation budgétaire) des ministères. Le Conseil des ministres nomme les sous-ministres, les sous-ministres adjoints et le personnel directeur des organismes autonomes sur la recommandation du Premier ministre. Le Conseil du Trésor nomme sur proposition tout le personnel permanent de la fonction publique, alors que les ministres nomment les employés occasionnels. Enfin, le Conseil du Trésor doit accorder les mandats aux fins des négociations collectives avec les syndicats de la fonction publique.

Le ministère des Finances (comptabilité)

Ce ministère prépare et applique les normes concernant la façon de tenir les livres. Il prépare également les comptes publics[41]. Le Conseil du Trésor doit adopter les règlements à cet effet.

---

41. La préparation des comptes publics devrait normalement relever du vérificateur. Notons au passage qu'il est arrivé que le Conseil du Trésor prenne l'initiative de préparer lui-même certaines règles (ex.: les dépenses de capital).

Le ministère des Finances (opérations bancaires, paie-maître[42])

Tous les chèques du gouvernement passent par ce service et y sont signés après avoir été émis par les divers ministères. Les mandats de paiement parviennent à ce service après que le contrôleur ait certifié que les disponibilités existent. Le directeur des opérations bancaires connaît donc tous les déboursés du gouvernement ; il en est de même des recettes quotidiennes, ce qui lui permet d'équilibrer les déboursés et les recettes dans les 7 banques avec lesquelles il traite par des emprunts ou des placements à court terme.

Le ministère des Finances (service de la gestion de la dette)

Le gouvernement garantissant outre le remboursement de ses propres emprunts, ceux des secteurs parapublic et décentralisé ainsi qu'il est inscrit dans les lois constitutives des organismes concernés (les CEGEPS, les hôpitaux, les sociétés et les offices, etc.), a institué, sous la tutelle administrative du sous-ministre adjoint au ministre des Finances, un service de gestion de la dette. Les sommes allouées pour en acquitter les intérêts vont au budget, mais ne sont pas votées annuellement puisqu'elles sont en général prises à même le fonds consolidé du revenu[43]. Ce service, à cause de la responsabilité générale qui incombe au gouvernement en cette matière, supervise en quelque sorte l'ouverture des soumissions pour la vente d'obligations, en s'occupant, par exemple, de l'intérêt, de l'échéance, de l'acte de fiducie, de l'acte notarié, etc. Cette supervision s'étend même au domaine municipal.

Le ministère des Finances (contrôleur)

Le contrôleur des finances a le droit de prendre connaissance des dossiers concernant les engagements financiers du gouvernement et tout fonctionnaire doit fournir les rapports ou explications demandés. Il doit *tenir la comptabilité* gouvernementale et *veiller à ce que les engagements financiers* n'excèdent pas les crédits alloués et leurs soient conformes. En principe, le contrôleur contrôle tout ce qui sort du fonds consolidé. Son certificat est nécessaire à l'émission de tout mandat de paiement.

Le ministère du Revenu (impôts)

Ce ministère a la direction de la perception de la presque totalité des impôts de l'État.

42. Ces activités sont liées de façon tellement étroite au contrôle des dépenses, qu'il serait erroné de vouloir les ranger parmi les activités de service domestique.
43. Exception faite pour le ministère de l'Éducation.

Le ministère de la Fonction publique (relations de travail, perfectionnement)

Tout salarié a le droit d'appartenir à une association de salariés de son choix. Du côté gouvernemental, le ministère est responsable de la *négociation* des conventions collectives. Les mandats de négociation sont cependant accordés par le Conseil du Trésor[44]. Le ministère doit également formuler une politique générale en ce qui concerne le perfectionnement des fonctionnaires.

Le ministère des Travaux publics et de l'Approvisionnement (expropriation[45])

Le ministère des Travaux publics et de l'Approvisionnement a des pouvoirs d'*expropriation* (expropriation d'immeubles ou de terrains) pour construire des bâtiments hospitaliers ou éducatifs. L'arrêté en conseil n° 3515 précise d'ailleurs que toute expropriation doit être faite, au nom du gouvernement, par ce ministère, sauf en ce qui concerne la voirie, l'agriculture et les terres et forêts.

D'après nous, le ministère des Affaires intergouvernementales, le ministère des Affaires municipales et même le ministère de la Justice (quoique de façon moins prononcée) ne doivent pas figurer dans cette nomenclature, car ils ont d'abord une vocation externe et n'exercent pas véritablement une fonction de gestion interne. Il est remarquable, soit dit en passant, que le ministère des Affaires municipales n'ait jamais réussi à développer des mécanismes de coordination comparables à ceux du ministère des Affaires intergouvernementales (relations fédérales-provinciales et relations internationales)[46]. Il est permis de penser que si tel avait été le cas, la prise en charge par l'État provincial de responsabilités municipales aurait suivi un schéma plus cohérent.

---

44. Au cours des négociations de 1972, le ministère de la Fonction publique assumait la coordination générale. Après avoir décidé de confier cette coordination à un service du Conseil du Trésor et de constituer 3 unités: au ministère de la Fonction publique, au ministère de l'Éducation et à celui des Affaires sociales, le service fut démembré en 1974.

45. Nous sommes d'avis que l'expropriation ne peut être considérée au même titre que la construction ou l'entretien des immeubles et l'achat de gré à gré. À cet égard, nous croyons que le gouvernement doit développer une politique et qu'un ministère doit en être chargé. Plus précisément, la gestion du domaine territorial de l'État, qui implique le pouvoir d'expropriation, devrait être réorganisée. Nous attribuons ce rôle au ministère des Travaux publics et de l'Approvisionnement à cause de la législation actuelle, mais il serait peut-être plus opportun de le confier à un organisme d'aménagement du territoire.

46. Le ministre des Affaires intergouvernementales *coordonne* toutes les activités du gouvernement à l'extérieur du Québec. *Il veille sur toutes* les relations du Québec avec l'extérieur, ainsi que sur toutes les négociations externes. Une décision ministérielle du 16 novembre 1966, signée par Daniel Johnson, précise les compétences de ce ministère. Le Premier ministre demande:

« 1. qu'aucun ministre ne participe à une réunion avec des ministres d'un autre gouvernement sans avoir prévenu au préalable le ministre des Affaires fédérales-provinciales;

2. *Les organismes centraux autonomes de direction et de contrôle*[47]

L'Office de planification et de développement[48]

L'Office doit obtenir des ministères et des organismes les renseignements concernant leur politique; il doit *coordonner* les recherches, les études, les enquêtes et les inventaires, servir d'agent de liaison entre les ministères et les organismes dans la mise en œuvre des plans intéressant plusieurs ministères ou organismes, lesquels lui sont indiqués par le lieutenant-gouverneur en conseil.

L'Office de planification et de développement doit *assumer la direction* et *l'exécution* de tout plan, programme ou projet de développement économique et social dont la réalisation lui est confiée par le lieutenant-gouverneur en conseil.

La Commission de la fonction publique

La Commission de la fonction publique doit vérifier au moment du recrutement l'aptitude des candidats à la fonction publique, assurer la régularité du déroulement de la carrière des fonctionnaires (mutations, promotions), *mettre au point* la classification, *se prononcer* en matière disciplinaire (destitution dans certains cas)[49]; la Commission de la fonction publique doit aussi *enquêter* et *faire rapport* sur le fonctionnement de la loi de la fonction publique[50]. Les fonctionnaires doivent ouvrir leurs dossiers et leurs bureaux à ladite commission.

---

2. qu'aucun fonctionnaire ne participe à une réunion avec des fonctionnaires d'un autre gouvernement sans y avoir été autorisé par écrit par le ministre des Affaires fédérales-provinciales;
3. que rapport de toute réunion de ce genre soit fait sans délai au ministre des Affaires fédérales-provinciales;
4. que tout ministre ou fonctionnaire fasse parvenir sans délai au ministre des Affaires fédérales-provinciales copie de toute correspondance intervenue avec un officier d'un autre gouvernement ou d'un organisme international. Cette pratique n'a jamais été remise en cause depuis, mais elle serait aujourd'hui désuète. Toutefois, depuis un an, il existe un comité interministériel de coordination des relations fédérales-provinciales auquel participent divers fonctionnaires des organismes centraux.»

47. Il ne nous paraît pas souhaitable que des organismes autonomes puissent exercer des fonctions de contrôle d'opportunité a priori.
48. Le fait que l'OPDQ relève maintenant d'un comité de 5 ministres, du moins informellement, réduit sans doute son autonomie, ce qui est d'ailleurs tout à fait normal. Il ne faudrait pas cependant que l'on développe parallèlement au Conseil du Trésor (ou Comité de gestion) un autre organisme de contrôle d'opportunité.
49. Toutefois, une directive du 12 juillet 1972 établit une procédure d'audition des plaintes pour le personnel non syndiqué (CT 65044). Cette directive établit une procédure entièrement interne aux ministères et n'établit aucun objet spécifique de ces plaintes.
50. Il s'agit là d'une fonction de vérification qui sied mal à un organisme de direction. D'ailleurs à notre connaissance, une telle vérification n'a jamais eu lieu.

3. *Les organismes centraux domestiques ou de service autonome*

L'Office de la langue française

L'Office de la langue française doit *veiller* à la correction et à l'enrichissement de la langue parlée et écrite. Le lieutenant-gouverneur peut, par règlement, *prescrire* les mesures à prendre pour que tous les organismes coopèrent au travail de l'Office de la langue française. Dans les faits, il n'y a jamais eu de tels règlements, ce qui permet aux ministères et aux organismes de ne coopérer que dans la mesure où il le désirent, c'est-à-dire très peu.

Le Bureau de la statistique

Le Bureau de la statistique doit *recueillir* et *publier* des données statistiques sur toute matière de juridiction provinciale. Il doit aussi faire de la recherche statistique. Il revient au ministre de décider quels renseignements seront recueillis ; toute personne est tenue de répondre. Il n'y a aucun texte ou réglementation approuvée par le lieutenant-gouverneur en conseil qui précise les compétences du Bureau de la statistique. Il existerait cependant une entente *bona fide* avec Statistique-Canada.

Le conservateur des archives nationales

Le conservateur des archives nationales *a la garde* des documents gouvernementaux qui ne servent plus à l'administration courante. Aucun règlement, ni aucun texte n'apporte d'autres précisions.

Le Bureau de l'éditeur officiel du Québec

L'éditeur officiel du Québec *imprime* et *publie* ou *fait publier* et imprimer pour le gouvernement, les lois, *la Gazette officielle,* certains documents et certaines annonces. Des normes ont été acceptées dernièrement par le Conseil du Trésor. Elles sont devenues officielles récemment. Ces normes concernent toutes les publications.

L'Office du film

L'Office du film *coordonne, dirige* et *contrôle* le travail cinématographique effectué à des fins autres que des fins éducatives par les ministères et organismes du gouvernement. Le mot « éducatif » n'ayant jamais été défini, il y a une certaine confusion quant à la compétence respective de l'OFQ et de l'ORTQ. La procédure n° 11 du Conseil du Trésor, d'octobre 1963, précise le rôle de coordination de l'Office du film pour la production, la diffusion et l'achat de matériel photographique et cinématographique. De plus, il est indiqué que les demandes de crédits budgétaires concernant tout ce qui a trait à la photographie et au cinéma, doivent obtenir l'approbation de l'Office du film. Il semble que l'on n'a pas toujours respecté cette règle.

La Société de cartographie

La Société de cartographie devrait normalement être considérée comme un organisme de cette catégorie. Cependant, l'ambiguïté de la loi constitutive ne facilite pas l'interprétation des fonctions de la Société de cartographie en termes de service. En fait, cette société n'a jamais été créée et c'est le service de cartographie du ministère des Terres et Forêts qui continue d'effectuer les travaux pour les ministères.

4. *Les organismes centraux ministériels de services domestiques*

Le ministère de la Fonction publique (organisation administrative et effectifs)

Le ministre de la Fonction publique doit *élaborer* et *proposer* au gouvernement des mesures visant à accroître l'efficacité de la fonction publique; il doit aussi *coordonner* l'éxécution de ces mesures[51]. Pour ce, il doit obtenir tous les renseignements disponibles nécessaires, faire des recommandations sur la réorganisation des structures gouvernementales et préparer des plans prévoyant les effectifs requis, leur répartition et leur utilisation[52].

Le ministère des Finances (régime de retraite des fonctionnaires)

La pension de tout fonctionnaire retraité est payée par le ministère des Finances. Administrativement, un fonctionnaire retraité relève du contrôleur du régime de retraite[53].

Le ministère des Finances (centre de traitement électronique des données)

Ce service ministériel dépendant du sous-ministre adjoint à l'administration s'occupe essentiellement de la préparation technique de l'émission des chèques et des bordereaux de dépôt. Ce centre constitue aussi une banque de traitement des données pour le ministère des Finances et pour quelques autres ministères. Cependant, plusieurs ministères ont organisé ou organisent actuellement leur propre centre. Le dernier en date étant celui du ministère des Affaires sociales. Un comité consultatif conseille le Conseil du Trésor à cet égard.

---

51. Nous avons déjà indiqué que les mandats de négociation doivent être accordés par le Conseil du Trésor.
52. Les plans d'organisation et d'effectifs doivent être approuvés par le Conseil du Trésor.
53. Depuis le 22 décembre 1973 (projet de loi numéro 4) la Commission administrative du régime de retraite a été substituée au contrôleur. Cette commission regroupe les régimes des enseignants, des employés des établissements publics de santé et de services sociaux, des employés du gouvernement ainsi que des employés de certaines entreprises publiques.

Le ministère des Communications (téléphonie et transmission des données, traduction, polycopie, publicité)

Le ministère des Communications doit *élaborer* une politique des communications et la mettre en œuvre. Dans le cadre de la compétence du Québec, il en surveille l'expansion ; il obtient des ministères et organismes gouvernementaux les renseignements concernant leurs projets en cette matière et il établit des services de communications pour l'ensemble du réseau gouvernemental. Il est chargé des travaux de traduction et de polycopie, ainsi que de la transmission des données. La compétence de la direction générale des communications gouvernementales a été précisée récemment. Parallèlement, il a été établi que tous les ministères auront une direction de l'information ce qui limite le rôle du ministère des Communications à celui de conseil.

Le ministère de la Justice (contentieux)

Le ministère de la Justice veille à ce que les affaires publiques soient administrées selon la loi. Il assume la *surveillance* de toutes les matières qui concernent l'administration de la justice dans la province, ainsi que la direction de l'organisation judiciaire et la surveillance des officiers de justice et des conservateurs des hypothèques. La compétence de ce ministère, face aux organismes autonomes, devrait être précisée bientôt. Pour l'instant, l'article 24 de l'arrêté en conseil n° 1041 de mars 1971 prévoit que *l'engagement des services d'avocats ou de notaires* doit être approuvé par le ministère de la Justice[54]. D'après *les Statuts du Québec de 1965* (chapitre 14), les conseillers juridiques des ministères et organismes désignés (aucun à ce jour) font partie du personnel du ministère de la Justice.

Le ministère des Transports (service central aérien)

Établi en 1960, ce service du ministère des Transports a remplacé les services de transport aérien organisés dans divers ministères de l'administration provinciale. Chaque nouveau ministre des Transports transmet ses directives à ses collègues quant à l'utilisation et au fonctionnement du service. Signalons, cependant, qu'une récente directive du Conseil du Trésor confie également à Air Canada l'exclusivité du transport aérien. Il y aurait donc deux transporteurs exclusifs.

54. Tout dépassement de terme doit être autorisé par le Conseil du Trésor.

Le ministère des Terres et Forêts (domaine territorial, arpentage, cartographie[55])

L'autorité du ministère des Terres et Forêts semble fermement établie par un article de la loi qui le constitue, article stipulant que les *biens* faisant partie du *domaine public* relèvent du *contrôle direct* de ce ministère. On a logiquement regroupé autour de cette responsabilité les services d'arpentage et de cartographie. Cependant, selon une étude entreprise il y a quelques années pour le compte du ministère, cette autorité ne s'applique guère, pour diverses raisons: par exemple, la notion du «domaine public» n'est pas claire et, de plus, plusieurs autorités administratives ont, par la loi, des possibilités d'intervention à ce niveau. Puisqu'il n'existe pas de législation générale, différents ministères et organismes du gouvernement ont eu tendance à considérer la juridiction des Terres et Forêts *que sur les terres d'exploitation forestière* et *sur les terrains vacants.* En fait, l'arrêté en conseil n° 3515 confirme la compétence du ministère sur les seules acquisitions de concessions forestières et de droits de coupe[56]. Conséquemment, nous croyons qu'il serait désirable d'établir un service central chargé d'administrer le domaine public de l'État.

Le ministère des Travaux publics et de l'Approvisionnement (engagement d'architectes, acquisition d'immeubles, approvisionnements)

Le ministère des Travaux publics et de l'Approvisionnement est investi de toutes les propriétés immobilières acquises pour l'usage des ouvrages et édifices publics. Il est également responsable de l'acquisition, de la construction, de la location, de la vente et de l'entretien des édifices publics. L'arrêté en conseil n° 1042 de mars 1971 précise aussi que tous les ministères doivent confier au ministère des Travaux publics et de l'Approvisionnement, l'*engagement* des architectes et des ingénieurs, la *préparation des plans et devis* pour les travaux à effectuer, l'*acquisition* ou le *remplacement* des meubles et garnitures de bureaux (l'aménagement). Pour exécuter ces tâches, ce ministère procède généralement par «soumissions publiques». Depuis que le service des achats lui a été rattaché, ce ministère a également la *direction* et la *surveillance* de tous les achats. Il loue le matériel requis et s'occupe des abonnements aux revues et journaux. Le directeur des achats a compétence sur tous les achats de plus de $100.

55. Le ministère est également responsable des relevés géodésiques. Nous croyons, cependant, qu'il ne s'agit pas là d'un service domestique. Il n'en va pas exactement de même pour la cartographie et l'arpentage, car une fraction importante est destinée aux ministères. Malheureusement, la liaison entre ces trois activités est telle qu'il serait finalement fort peu désirable de les dissocier.

56. Le même arrêté en conseil confirme la compétence du ministère des Transports quant à l'acquisition de routes, et celle du ministère de l'Agriculture quant à l'acquisition de terres dans des zones agricoles.

5. *Les organismes centraux autonomes de vérification et de surveillance*

Le protecteur du citoyen

Le protecteur du citoyen *enquête* à la demande d'un citoyen quand il a des raisons de croire que le titulaire d'un poste administratif, dans l'exercice de ses fonctions, a lésé cette personne. Il peut aussi enquêter de sa propre initiative. Le protecteur adresse des recommandations au chef d'un ministère et il peut requérir d'être informé des mesures envisagées.

Le vérificateur général

Le vérificateur général *doit vérifier* les comptes relatifs au fonds consolidé du revenu. Il a le droit de prendre connaissance des dossiers de tous les ministères et organismes dont il est chargé par la loi, de vérifier les comptes. Quand l'obligation n'est pas explicite, il n'y a aucun critère spécifique. Dans le cas de la Société de développement de la Baie James, par exemple, le vérificateur a appris par un arrêté en conseil qu'il ne vérifiait pas les comptes de cet organisme.

7. *La formulation législative de la compétence des organismes centraux à l'égard des ministères et organismes autonomes sectoriels*

Cette question a été soulevée à maintes reprises lors de l'analyse des organismes autonomes. En effet, même si la compétence des organismes centraux est généralement assurée à l'égard des ministères, il n'en va pas de même à l'égard des organismes autonomes. En effet, nous avons dû nous interroger fréquemment sur l'application de tel contrôle, sur la soumission à telle vérification ou à telle direction, sur la prestation de tel service domestique à tel ou tel organisme.

Ces hésitations sont attribuables à l'imprécision et au silence des législations des organismes centraux et des lois constitutives des organismes autonomes. Nous avons fait l'inventaire des diverses dispositions des «lois centrales» et l'on peut aisément constater la variété de ces dernières en prenant connaissance du tableau suivant:

TABLEAU XVIII

Les dispositions affirmant la compétence des organismes centraux

«à tous les organismes du gouvernement» (l'OFL, le BS, l'OPDQ, la CFPQ, le CAN, le MFP, le BEOQ, le ministère des Finances, le ministère du Revenu)	«aux organismes désignés par le lieutenant-gouverneur en conseil» (la SA, l'OFQ, le ministère de la Justice)

TABLEAU XVIII (*Suite*)

« aux organismes désignés par le lieutenant-gouverneur en conseil et dont il nomme les membres » (le Conseil du Trésor)	« aux organismes, institués par une loi provinciale et dont le lieutenant-gouverneur en conseil nomme les membres » (le ministère des Travaux publics et de l'Approvisionnement)
« aux organismes dont les membres sont nommés par le lieutenant-gouverneur en conseil ou un ministre, à tout organisme dont les employés sont nommés ou rémunérés selon la loi de la fonction publique, à tout organisme dont plus de la moitié des ressources provient du fonds consolidé » (le ministère des Communications)	« aux organismes tirant quelque ressource du fonds consolidé » (le vérificateur général) « aux organismes désignés par le lieutenant-gouverneur en conseil et dont les dépenses sont payées à même un crédit voté ou incluses dans les prévisions budgétaires » (le contrôleur des finances)
« aux organismes dont l'énumération suit ou énumération des exceptions » (le régime de retraite de la fonction publique, la loi de la fonction publique, le Code du travail)	« aux organismes ayant la personnalité et l'autonomie de gestion » (le protecteur du citoyen)

Nous avons le sentiment que la variété des formulations comporte plus d'inconvénients que d'avantages. À force de vouloir s'adapter à chaque situation particulière, on « atomise » les règles, on ne peut plus dégager de statuts propres aux divers types d'organisme. Il y aurait lieu, à notre avis, d'adopter quelques principes directeurs à cet égard :

D'une part il faudrait stipuler dans un article de la loi de l'organisme central les types d'organisme visé (selon leur appellation générique : comités, conseils, offices, sociétés publiques autonomes ou déléguées, organismes sectoriels et organismes centraux de direction, de contrôle de service, de vérification), c'est-à-dire les organismes auxquels on désire que cette loi s'applique et les modalités particulières d'application de cette loi selon ces types d'organisme. Il ne nous semble pas nécessaire ni utile de chercher à déterminer dans la loi centrale le critère ou l'ensemble des critères qui vont conditionner l'application de la loi. L'énumération qui a précédé nous a fait constater que nécessairement les formules utilisées sont faibles et boiteuses parce que l'on tente de trop embrasser en refusant de distinguer des différences importantes entre les divers types d'organisme.

D'autre part, lors de la création d'un nouvel organisme autonome, le législateur, dans la loi constitutive, pourrait soit inscrire les seules dérogations aux lois centrales, soit stipuler tous les contrôles et services centraux (monopolistiques) qui s'appliquent. Dans le second cas, l'omission d'un contrôle ou service dans le texte de loi sera interprétée comme donnant lieu à leur non-application.

Nous croyons la première formule plus convenable, même si elle peut être politiquement plus embarrassante. Il devrait toutefois être plus facile, dorénavant, de justifier la non-application des règles générales puisque celles-ci tiendraient compte de la variété des types d'organisme et des normes déjà explicitées de leur fonctionnement particulier.

En résumé, dans une loi générale, on doit décider si tel contrôle ou tel service s'applique ou non à tel type d'organisme (régies, conseils, tribunaux, etc.). On pourra stipuler, par exemple, que «le contrôle ou le service s'applique aux conseils, aux offices, aux régies mais non aux sociétés». En somme, on doit raisonner en tenant compte des catégories d'organisme et non en considérant chaque organisme en particulier. Par ailleurs, dans une loi particulière constituant un organisme autonome, on stipulerait que «cet organisme ne sera pas soumis à tel contrôle ou service central». Par conséquent, on conserve une certaine souplesse mais on l'acquiert, cela est normal, en justifiant devant l'Assemblée une dérogation aux règles générales applicables aux divers types d'organisme[57].

8. *Les éléments descriptifs et dynamiques des organismes centraux autonomes — les bureaux*[58]

Reprenons la grille d'analyse dont nous nous sommes servis pour étudier les organismes autonomes sectoriels. Nous avons jugé bon de présenter à la suite ces deux types d'élément étant donné que le modèle est déjà mieux connu. Nous avons déjà identifié les organismes centraux autonomes ou bureaux suivants: l'Office de la langue française (OLF), le service des achats (SA), le Bureau de l'éditeur officiel du Québec (BEOQ), la Société de cartographie (SC, organisme n'ayant pas d'existence légale à ce jour), le conservateur des archives nationales (CAN), l'Office du film du Québec (OFQ), le Bureau de la statistique du Québec (BSQ), qui sont tous des *organismes de services domestiques;* la Commission de la fonction publique (CFP), l'Office de planification et de développement du Québec (OPDQ), qui sont des organismes de *direction,* et le Conseil du Trésor (CT) qui est considéré comme un organisme autonome à cause de son existence légale spécifique, mais qui est en fait l'organisme le plus concentré; enfin, le protecteur du citoyen (PC) et le vérificateur général (VG), qui sont des *organismes de vérification.* Nous avons cru bon de maintenir le regroupement

57. Ces considérations devraient s'appliquer également aux organismes centraux, puisque apparemment, il n'est pas évident pour tous que les organismes centraux doivent être soumis à tous les autres contrôles centraux.
58. Malheureusement, toutes sortes d'organismes, même des services ministériels, reçoivent actuellement cette appellation.

des organismes de *direction* et de *contrôle* pour les raisons que nous avons explicitées antérieurement. Donc un total de 12 organismes distincts. Précisons encore que cette caractérisation tient à la fonction dominante de l'organisme et qu'il en va de même non seulement des organismes autonomes mais aussi des ministères. En d'autres termes, il est possible, par exemple, que le même organisme ayant une fonction dominante de direction exerce également des activités de service, ne serait-ce que pour pouvoir assurer pleinement sa fonction de direction. Généralement, les organismes autonomes sont unifonctionnels. La principale exception est sans doute celle de la Commission de la fonction publique, qui est chargée d'une activité de type judiciaire et d'une fonction de vérification, ce qui constitue une confusion non désirable.

Notons, enfin, que nous nous contenterons dans cette section de présenter les données factuelles et de formuler nos commentaires à la suite de chaque rubrique. Nous ferons nos suggestions de réforme au chapitre III.

A — *Les éléments descriptifs*

1. *Date de création*

Tous les organismes de direction ont été créés après 1960. Un seul organisme domestique a été créé avant cette date (le SA). Les 2 organismes de vérification ont été créés après 1960.

Commentaires

* On ne peut s'empêcher de penser que la prolifération d'organismes autonomes sectoriels et le développement d'organismes centraux devaient conduire à des conflits inévitables entre ces diverses entités.

2. *Ministères de tutelle*

Tous les organismes de direction et de contrôle font partie, par leur ministère de tutelle, de la mission gouvernementale. Quant aux organismes domestiques, 3 d'entre eux (l'OLF, le CAN, l'OFQ) font partie de la mission éducative, sociale et culturelle et 4 d'entre eux (le BSQ, le SA, le BEOQ, la SC) de la mission économique. Les 2 organismes de vérification font partie de la mission gouvernementale.

Commentaires

* Nous proposons un réaménagement des structures visant à regrouper tous les organismes centraux à l'intérieur de la mission gouvernementale.

3. *Instrument légal de création*

Les organismes de direction et de contrôle ont été créés pour 2 d'entre eux (la CFPQ et le CT) par une loi générale et pour un d'entre eux par une loi, spéciale. Quant aux organismes domestiques, 4 d'entre eux (l'OLF, l'OFQ, le CAN, le BEOQ) ont été créés par une loi générale et 3 d'entre eux (le SA, la SC, le BSQ) par une loi spéciale. Enfin, l'un des organismes de vérification (le VG) a été créé par une loi générale et l'autre par une loi spéciale (le PC).

Commentaires

* À notre avis, les organismes centraux de direction et de vérification devraient tous être créés par une loi générale. Les organismes domestiques n'exerçant pas d'activités de nature commerciale, financière ou industrielle, pourraient être créés par arrêté en conseil et ceux qui exercent de telles fonctions devraient être créés par une loi spéciale.

4. *Compétence territoriale et durée légale*

La compétence territoriale de la totalité des organismes des 3 catégories est forcément provinciale et leur durée est évidemment indéterminée.

5. *Fonction*

Si l'on veut respecter la trilogie classique des pouvoirs, on peut sans doute considérer que 2 organismes de direction et de contrôle exercent des fonctions réglementaires: la CFPQ et le CT. La même Commission de la fonction publique exerce en plus une fonction de type judiciaire, mais qui est pratiquement sui generis, la fonction disciplinaire. Les 2 autres organismes de cette catégorie exercent une fonction administrative tout comme la CFPQ et le CT. Les organismes domestiques n'exercent qu'une fonction administrative. Quant au PC, il exerce une fonction de type judiciaire et le VG, une fonction administrative.

Commentaires

* Tout organisme central de direction devrait disposer d'un pouvoir réglementaire applicable à la fonction publique. Les organismes domestiques monopolistiques centraux devraient posséder un pouvoir de réglementation interne.

6. *Nombre total de membres*

1 membre: 6 organismes de services domestiques (le CAN, le BSQ, le SA, le BEOQ, l'OFQ, l'OLF)
2 à 5 membres: 2 organismes de direction et de contrôle (la CFPQ, le CT) et 1 organisme de services domestiques (la SC)
6 membres: 1 organisme de direction (l'OPDQ)

Commentaires

* Généralement, la direction d'un organisme central domestique, de di-

rection et de vérification devrait reposer sur un individu[59]. La direction collégiale semble s'imposer toutefois dans le cas d'un organisme unique de contrôle d'opportunité.

7. *Organisation exécutive*

un président: 1 organisme de direction (l'OPDQ)
2 organismes de vérification (le VG, le PC)
aucune stipulation: 7 organismes domestiques
2 organismes de direction (le CT, la CFPQ, mais il semble que tous les membres soient concernés)

Commentaires
* Lorsque la direction n'est pas collégiale, il n'est évidemment pas nécessaire de prévoir l'organisation exécutive. Il conviendrait toutefois de préciser si les directeurs des bureaux ont rang de sous-chef ou non.

8. *Participation des membres*

plein temps: 2 organismes de direction (la CFPQ, le CT)
4 organismes domestiques (le CAN, le BEOQ, le BSQ, le SA)
2 organismes de vérification (le VG, le PC)
aucune stipulation: 1 organisme de direction (l'OPDQ, mais en pratique les membres participent à plein temps, puisqu'il s'agit de fonctionnaires)
2 organismes domestiques (l'OLF, l'OFQ)

Commentaires
* On imagine mal que la direction d'un organisme central ne soit pas constituée d'un personnel permanent. En fait, on conçoit aussi difficilement qu'il n'y ait pas à ce niveau une participation directe de groupes représentatifs et même d'experts extérieurs au gouvernement et à la fonction publique[60].

9. *Statut juridique*

Un seul organisme de direction (l'OPDQ) a un statut juridique de corporation. Aucun organisme de services domestiques n'a un tel statut; il en est de même du PC et du VG.

---

59. C'est une façon indirecte de dire que la Commission de la fonction publique ne devrait pas être collégiale (il y a actuellement 3 commissaires). Cependant, une telle modification ne serait pas désirable dans ce cas particulier.
60. Même la création d'un organisme consultatif permanent soulève à ce niveau de graves dangers de conflits d'intérêts. Il est clair que pour ces organismes les exigences à cet égard devraient être particulièrement rigoureuses.

Commentaires
* On peut sans doute incorporer des organismes centraux de services domestiques et leur donner le statut de bureau ou même exceptionnellement celui de société déléguée.

B — *Les éléments dynamiques*

1. *Les contrôles gouvernementaux et administratifs centraux*

1.1 *Contrôles sur l'administration technique*

Le lieutenant-gouverneur approuve les règlements du CT, de la CFPQ et de l'OPDQ. Le CT et la CFPQ doivent publier ces règlements dans *la Gazette officielle*. Il n'y a aucune stipulation à cet égard pour les autres organismes. Par ailleurs, nous avons déjà pris connaissance du fait que le CT devait également approuver de nombreuses décisions provenant non seulement des ministères mais également des organismes administratifs centraux. Il est inutile de reprendre ici cette nomenclature; rappelons seulement quelques exemples: les plans d'organisation, les plans d'effectifs, les nominations, les budgets, les engagements (certains engagements), les mandats de négociation collective, les achats (certains achats), etc. Il est en fait chargé de la politique administrative.

Commentaires
* En conséquence, il est évident que l'on ne peut placer le CT sur le même pied que les autres organismes centraux. Dirigé par un comité de ministres, il est normal qu'il soit hiérarchiquement supérieur. En fait, toute la question est de savoir comment formaliser ces relations. Le dernier chapitre sera précisément consacré à ce problème.

1.2 *Contrôles sur l'administration générale*

la nomination, le terme d'office, la révocation, le traitement et la retraite du personnel directeur

Le lieutenant-gouverneur nomme le personnel directeur de la CFPQ, de l'OPDQ, du CT, de l'OLF, du SA, du CAN et du BEQ. Le personnel directeur du BSQ et de l'OFQ est nommé selon la loi de la fonction publique. Cependant, c'est l'Assemblée nationale qui nomme le PC et le VG.

Commentaires
* Il est évidemment nécessaire que le personnel directeur des organismes de vérification relève de l'Assemblée nationale. Par ailleurs, il serait sans doute désirable que le personnel directeur de tous les services domestiques soit nommé selon la loi de la fonction publique. On se demande pour quelle raison seuls l'OFQ et le BSQ sont soumis à cette loi. Nous ferions une ex-

ception pour la CFPQ dans la mesure où cet organisme devrait subsister après un réaménagement[61].

Le terme d'office du personnel directeur de l'OPDQ, du CT (forcément), de l'OLF, du BS, du SA, du CAN, de l'OFQ et du BEOQ est indéterminé ; alors que, le terme d'office du PC est de 5 à 9 ans et celui du VG de 10 ans.

Commentaires

* Il nous semble que seuls les termes d'office des organismes de vérification devraient être déterminés et être d'une durée de 10 ans. Il ne peut en aller autrement dans le cas du Conseil du Trésor puisqu'il s'agit de ministres et dans le cas d'autres organismes puisque le personnel directeur devrait être composé de fonctionnaires.

Le lieutenant-gouverneur possède le pouvoir de révoquer le personnel directeur de tous les organismes à l'exception de celui des organismes de vérification qui relèvent de l'Assemblée nationale. Cependant, dans le cas de la CFPQ, le gouvernement doit obtenir l'accord de l'Assemblée. C'est également le lieutenant-gouverneur qui fixe le traitement du personnel directeur de tous les organismes à l'exception du PC et du VG ; cette responsabilité échoit à l'Assemblée[62]. Le régime de retraite de la fonction publique s'applique, semble-t-il, au personnel directeur de tous les organismes à l'exception des ministres qui dirigent le CT. Les vacances sont comblées par l'autorité qui a fait les nominations.

Commentaires

* Nous ne voyons rien à changer à la situation présente.

le rapport annuel

Seul le PC, le VG et la CFOQ doivent, selon la loi, soumettre un rapport annuel à l'Assemblée. Par ailleurs, le ministre de tutelle est généralement responsable de l'administration générale des organismes de service domestique.

Commentaires

* À notre avis, les organismes de service domestique devraient tous soumettre un rapport annuel, au moins de façon intégrée avec celui du ministère de tutelle. Il devrait en aller de même des organismes de direction,

---

61. On pourrait concevoir que cet organisme ne conserve que sa responsabilité à l'égard du recrutement de certaines catégories de fonctionnaires et de la surveillance générale de la fonction publique. L'histoire du patronage est telle dans les pays occidentaux qu'il serait difficile pour un gouvernement de ne pas conférer un statut particulier à l'organisme chargé d'exercer ces fonctions. Selon nous, l'exercice d'une fonction de surveillance exige que les commissaires soient nommés, ou au moins révoqués, seulement avec l'accord de l'Assemblée.
62. Le traitement des directeurs du BSQ, de l'OFQ et du BEOQ est déterminé selon les normes en vigueur dans la fonction publique. Il n'y a aucune stipulation pour l'OLF.

d'ailleurs l'OPDQ a déjà soumis un tel rapport. Il est certain, par ailleurs, qu'en regroupant des services domestiques, on obtiendrait une fusion beaucoup plus marquée de cette fraction de l'activité gouvernementale.

1.3 *Contrôles sur l'administration interne*

la nomination, le traitement, la retraite du personnel administratif

Le personnel administratif de tous les organismes centraux fait partie de la fonction publique à l'exception de celui du protecteur du citoyen. Par contre, tous, sans exception, participent au régime de retraite de la fonction publique[63].

Commentaires

* Nous comprenons difficilement cette exception. D'autre part, il est normal que les fonctionnaires du CT et de la CFPQ (telle qu'elle existe actuellement) ne fassent pas partie du régime de négociations collectives.

la gestion financière

L'assemblée vote les crédits de tous les organismes centraux, toutefois le livre des crédits de 1973 et 1974 n'identifie pas de façon explicite l'OLF, le SA et l'OFQ.

Commentaires

* Il nous semble que même dans un contexte de budget-programme, les organismes autonomes centraux devraient tous être identifiés. Il y aurait lieu cependant d'examiner la possibilité de doter certains services domestiques d'une fonds renouvelable lorsque ces derniers produisent des revenus, ou même de constituer en sociétés déléguées des organismes dont les opérations sont nettement commerciales ou industrielles[64].

Le contrôle de la *régularité* des dépenses par le contrôleur et le contrôle des *engagements* selon les règles du Conseil du Trésor s'appliquent à tous les organismes y compris celui-ci qui, en somme, s'autocontrôle. Le vérificateur général en interprétant notamment l'article 77 de la loi du vérificateur est habilité à vérifier les comptes de tous les organismes centraux.

Commentaires

* On accpete difficilement qu'il y ait autocontrôle et autovérification. La mise sur pied d'un organisme spécifique pour cette seule fin sans doute exagérée. Il y aurait avantage à ce que ces 2 organismes se confient mutuellement cette tâche spécifique, bien qu'un comité de ministres, à première vue, devrait pouvoir exercer la surveillance nécessaire[65].

---

63. Certains considèrent que les organismes de vérification (donc le vérificateur général) ne devraient pas être soumis à la loi de la fonction publique. Nous ne voyons pas de raison pouvant justifier cette exclusion.
64. Il y a une stipulation à l'effet que le CAN doit remettre son surplus au fonds consolidé.
65. Effectivement la loi de l'administration prévoit (article 82) qu'un fonctionnaire du Conseil du Trésor vérifiera les comptes du vérificateur.

les services domestiques

Les organismes centraux font également appel aux services domestiques des achats, des travaux publics (immeubles) et de l'information[66].

Commentaires

* Il ne saurait en aller autrement[67].

la régie interne

Le lieutenant-gouverneur est habituellement désigné comme responsable de la régie interne de ces divers organismes, à l'exception des organismes de vérification. Cependant, la législation concernant la plupart des services domestiques est muette.

Commentaires

* Il nous semble qu'il y aurait lieu de stipuler que les règlements de régie interne des organismes centraux (à l'exception des organismes de vérification) devraient être approuvés par le Conseil du Trésor (ou le Comité de gestion).

Bref, il est clair que les organismes centraux sont généralement intégrés. Les seules exceptions véritables concernent les comissaires de la fonction publique, l'exclusion du régime syndical des fonctionnaires de certains de ces organismes, l'absence de contrôle de la régie interne des organismes de vérification. Toutefois, nous devons encore nous interroger sur le contrôle de l'administration technique. En effet, nous avons pratiquement fait abstraction de cette question étant donné qu'elle est très intimement liée à la réorganisation administrative que nous étudierons au chapitre suivant.

2. *Le contrôle parlementaire, le contrôle judiciaire et le contrôle de l'opinion publique*

Nous avons pu constater que les parlementaires et la presse accordaient une importance relativement grande aux organismes centraux[68] (voir les tableaux XI à XIV). Toutefois ces débats parlementaires et articles de journaux n'ont sans doute pas permis aux observateurs de saisir le fonctionnement général de l'appareil administratif, le sujet prête difficilement à vulgarisation. Un débat de fonds sur cette question devrait susciter des échanges assez vifs, notamment sur la latitude et le sens des responsabilités des gestionnaires de

66. L'OIPQ ayant été aboli théoriquement, chaque organisme peut développer son propre service d'information.
67. On imagine aisément que certains de ces services pourraient parfois avoir tendance à négocier avec l'organisme qui les contrôle.
68. Les bureaux arrivent au troisième rang derrière les sociétés et les offices sectoriels (certains établissements publics y compris).

programmes et la cohérence administrative. Quant au contrôle judiciaire, il est douteux qu'il puisse s'exercer de façon significative sur les organismes administratifs centraux car, sauf pour les bureaux de service, la liaison avec le Conseil des ministres est telle, qu'il équivaudrait à la revision des pouvoirs du gouvernement.

9. *Conclusion*

L'intégration au palier administratif est justifiée par des motifs liés à l'efficacité et à la responsabilité administrative. De façon plus particulière, il serait opportun de centraliser le contrôle, la direction et la vérification de la gestion des diverses ressources, et de regrouper certains services domestiques.

Il est en effet nécessaire qu'un gouvernement responsable puisse avoir la maîtrise de la politique administrative et s'assurer de la conformité entre les objectifs des législations sectorielles et leur application courante.

Cependant, il n'échappe à personne que la centralisation, par définition, peut être à l'origine d'une lourdeur de fonctionnement et d'une certaine stérilisation de l'initiative et de l'innovation. Nous avons toutefois indiqué que l'on pouvait pallier ces inconvénients principalement en aménageant les relations entre les organismes centraux. Nous avons observé à cet égard que la solution adoptée dans plusieurs États consiste à distinguer les fonctions de contrôle, de direction, de services domestiques et de vérification.

Par ailleurs, il est apparu qu'à l'heure actuelle, au Québec, les fonctions de direction et de services domestiques sont nombreuses et dispersées dans plusieurs ministères et organismes. Seule la fonction de contrôle d'opportunité semble être concentrée de façon presque complète au Conseil du Trésor. Quant à la fonction de vérification, elle est répartie entre 2 organismes. Le chapitre III aura pour objet de proposer un réaménagement de cette organisation.

CHAPITRE III

RÉFORME DE L'ORGANISATION ADMINISTRATIVE CENTRALE

Ce chapitre sera consacré à une proposition de réforme de l'organisation des organismes administratifs centraux. Nous tenterons à cette occasion d'éviter les pièges habituels qui consistent à privilégier l'objet de la réforme tout en négligeant de faire état des autres éléments, qui eux demeurent stables, ou encore à verser dans la généralisation au point de perdre de vue les objets mêmes qui sont soumis au changement.

Il est intéressant de signaler que les travaux menés parallèlement par le Conseil du Trésor dans le domaine de la programmation budgétaire ont conduit à des résultats à peu près semblables à ceux de notre étude, du moins en ce qui concerne l'identification des grands secteurs de gestion centrale et même de leurs éléments constitutifs (les éléments de programmes) selon la terminologie de la classification des programmes. Dans un premier temps, nous proposerons de donner à ce regroupement fonctionnel des programmes un prolongement organisationnel. Dans un deuxième temps, nous expliciterons le plus précisément possible la répartition des activités et des responsabilités entre ces divers organismes centraux à l'intérieur du processus décisionnel global.

1. *Organisation administrative de la gestion centrale*

La figure 6 établit la liaison avec les propositions du chapitre premier concernant l'organisation d'un des comités du Conseil des ministres, le Comité de gestion[1]. Ce comité est relié aux 4 secteurs de la gestion adminis-

1. Rappelons que nous proposons de changer le nom de l'actuel Conseil du Trésor afin de bien affirmer que sa compétence ne se limite pas à des question strictement financières.

trative centrale: les finances[2], la fonction publique[3], les services (domestiques)[4] et le développement et l'aménagement[5].

La figure 6 précise également les fonctions (F) ou programmes et les activités ou éléments de programmes qui les composent. Cette liste, sans être exhaustive, et sans correspondre exactement à la classification actuelle, tient compte des principales activités effectivement exercées. Nous tenterons d'ailleurs de justifier certains des différences qui apparaissent.

Notre première proposition de réforme a pour objet la création d'un ministère et l'identification d'un secteur du «développement et de l'aménagement». Ce secteur devrait recevoir une identité propre beaucoup plus significative que celle qui lui est accordée actuellement par l'OPDQ, lequel serait évidemment absorbé par le nouveau ministère. Il y aurait sûrement avantage à regrouper les activités d'analyse économique à long et à moyen terme, les activités de planification, de développement[6] et d'aménagement physique du territoire, de même que les services connexes de gestion domaniale de l'État et de statistiques officielles. Il serait encore opportun de faire en sorte que les travaux préparatoires de programmation budgétaire en collaboration avec les ministères ne soient plus effectués par le Comité de gestion (Conseil du Trésor), mais par un organisme distinct. Il y a ici le choix entre le ministère des Finances et le ministère du Développement et de l'Aménagement dont nous proposons la création[7]. Le premier apparaît trop identifié (et c'est son rôle) aux activités de contrôle et aux restrictions financières, sans compter qu'il devrait revenir à ce ministère de défendre devant le Conseil des ministres la saine orthodoxie financière et les contraintes de

---

2. La classification actuelle préfère utiliser le terme «administration financière». Le terme «finances» nous paraît plus approprié étant donné les tâches concernées.
3. De même, nous préférons le terme «fonction publique» à celui d'administration du personnel ne serait-ce que parce que le programme comprend les études d'organisation de la fonction publique.
4. Nous préférons le terme «services» à celui de «services de soutien» et même à celui de «services domestiques».
5. La classification actuelle parle de «statistiques, planification et coordination». Il nous semble que le développement et l'aménagement feraient ressortir des objectifs sans avoir l'inconvénient de parler de planification, un sujet toujours controversé.
6. Nous limiterions le rôle de ce ministère à la stricte coordination. L'exécution de plans régionaux de développement, parallèlement aux structures ministérielles, ne nous paraît pas désirable.
7. Il y a quelques années, l'OPDQ s'est chargé non seulement de mettre au point la classification fonctionnelle des programmes, mais encore de «vendre l'idée» aux ministères. (Voir Y. Tremblay et A. Gélinas, *l'Activité gouvernementale*, COEQ, 1966. A. Gélinas, *le Budget programme, Étude comparative*, OPDQ, 1968). Le conseil du Trésor devait par la suite absorber l'équipe de l'OPDQ. Or, d'après nous, l'aide technique à la revision périodique des programmes exigerait un groupe-conseil central différent de celui qui exerce le contrôle. Évidemment, la rareté des experts en la matière et la variété des conceptions, tout comme le coût du dédoublement, militent au contraire dans le sens d'une consolidation des unités spécialisées. Toutefois, si l'on admet que l'exercice de la fonction de conseil est incompatible avec l'exercice par le même organisme d'une fonction de contrôle, nous devons aussi accepter la séparation des unités, laquelle ne devrait pas entraîner un coût exorbitant.

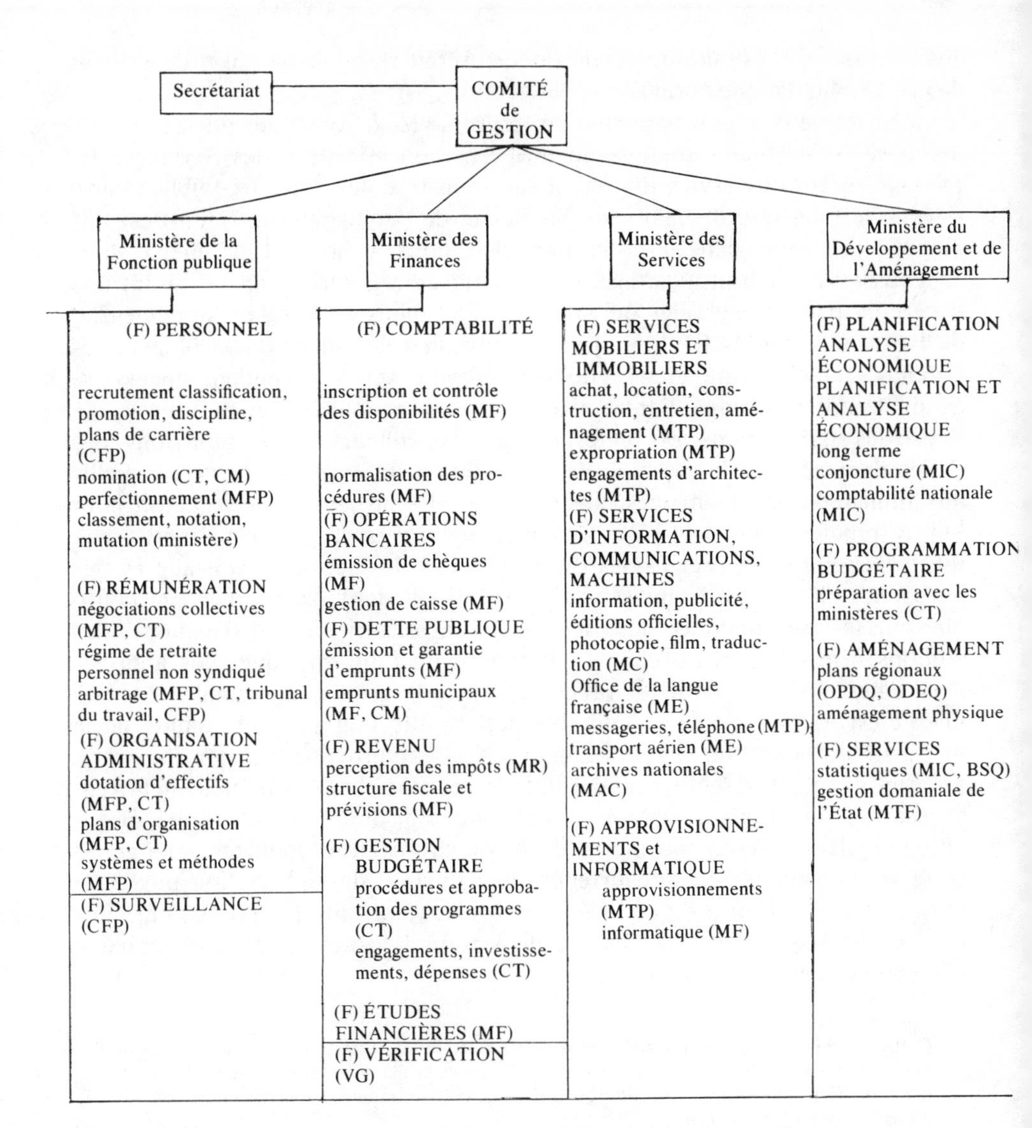

Figure 6. Proposition de réorganisation des organismes de gestion administrative centrale.

conjoncture. Le Comité de gestion demeurerait responsable du processus et de la consolidation des prévisions budgétaires.

Notre deuxième proposition de réforme vise à constituer un secteur des services (domestiques), qui serait dirigé par un ministère des Services. Le passage récent du service des achats au ministère des Travaux publics (ainsi devenu le ministère des Travaux publics et de l'Approvisionnement) est une étape importante dans la direction que nous venons d'indiquer. Nous croyons qu'il y aurait avantage à compléter ce regroupement en faisant une exception pour les services qui sont reliés au ministère du développement et de l'Aménagement[8]. Il y aurait sans doute lieu de conserver la plupart des bureaux actuels. Une étude plus approfondie serait cependant nécessaire avant de doter certains d'entre eux d'un fonds renouvelable, puisque le volume des transactions est déterminant. Par ailleurs, nous pourrions dès maintenant adopter le principe de l'imputation du coût des services rendus aux ministères et organismes clients. Une réforme plus radicale aurait pour but de rendre certains services concurrentiels, c'est-à-dire de permettre aux divers ministères et organismes ds se procurer des services, soit auprès des bureaux, soit auprès de maisons privées. Il est douteux qu'une telle politique puisse être appliquée dans le cas des messageries et du téléphone, des éditions officielles, des archives nationales, de l'informatique, des approvisionnements, des statistiques officielles et de la gestion domaniale[9]. À vrai dire, c'est lorsque l'on tente de s'en défaire que l'on se rend compte de la nécessité de conserver divers bureaux. Nous ne croyons pas non plus qu'il y aurait avantage à rendre concurrentiels certains services actuellement rendus par les directions ministérielles (ex.: l'organisation administrative, la dotation d'effectifs, etc.), du moins il conviendrait que le ministère chargé de cette responsabilité (en l'occurrence, le ministère de la Fonction publique) puisse être en mesure de colliger tous les travaux faits pour le compte des divers ministères et organismes. La dispersion des énergies dans ce domaine est remarquable.

---

8. Cette exception ne porte que sur la gestion du domaine de l'État. D'après nous, elle ne devrait pas comprendre la cartographie, l'arpentage et la géodésie qui peuvent être réunis et qui font partie du secteur «gestion du cadre socio-économique», tout en étant gérés par le ministère des Terres et Forêts.

9. Le bureau, parce qu'il est central ou étatique, offre des économies d'échelles, une continuité de service, un caractère confidentiel que ne peuvent en principe procurer des maisons privées. Il est à remarquer qu'une telle politique de concurrence a été appliquée dans le cas du transport aérien. Enfin, signalons que la «normalisation et la spécification» dont fait état *le Livre des crédits de 1973 et 1974*, ne nous paraît pas être un véritable service domestique. Il s'agit d'un élément de programme du ministère de l'Industrie et Commerce. Par ailleurs, il y aurait lieu de dissocier la gestion du domaine public de l'État, de la gestion des terres qui, elle, est à bon droit située dans le cadre socio-économique (et qui peut demeurer au ministère des Terres et Forêts). Enfin, il conviendrait de laisser le contentieux du gouvernement au ministère de la Justice, car il ne s'agit pas d'un service de même nature, et surtout, parce que le ministère de la Justice est déjà un «ministère horizontal», un ministère de coordination.

En troisième lieu, nous proposons de regrouper le ministère des Finances et celui du Revenu. Nous ne voyons pas de raison majeure pouvant justifier leur actuelle dissociation. Bien sûr, des motifs politiques (l'avantage de pouvoir associer un anglophone à la gestion financière de l'État) est une considération valable, mais une adaptation de ce principe pour les francophones ne semble pas avoir beaucoup de poids auprès du gouvernement fédéral et dans les autres provinces qui prélèvent leurs propres impôts.

Quatrièmement, nous devons réaffirmer le besoin d'un ministère de la Fonction publique. Certains, à la suite d'un démarrage malheureux, ont conclu, trop rapidement à notre avis, à l'avantage qui pourrait découler de l'absorption de ce ministère par le Conseil du Trésor. Plusieurs n'ont pas compris que certains contrôles (notamment la dotation d'effectifs et les plans d'organisation) devraient forcément être exercés de façon définitive par le Conseil du Trésor, car ils ne prenaient de sens que s'ils étaient intégrés à un processus plus global (principalement la programmation budgétaire). Tout cela ne rend pas moins nécessaire la constitution au sein du ministère d'un service pouvant agir à titre de conseiller auprès des diverses unités administratives. Il est clair, par ailleurs, que l'on devrait transférer les activités de la Commission de la fonction publique au ministère de la Fonction publique, à l'exception de l'arbitrage en matière disciplinaire[10], et de la surveillance générale de la fonction publique[11]. Cette proposition se justifie par le besoin d'assurer une direction cohérente de l'administration de la fonction publique. Le champ d'activités et les intérêts concernés sont suffisamment importants (il s'agit des ressources humaines en somme) pour que l'on accorde une voie d'accès distincte et spécifique au Comité de gestion.

Bref, nous estimons que la programmation budgétaire, parce qu'elle met l'accent sur l'intégration des objectifs et des activités[12], peut aisément servir de trame à l'organisation administrative et que dans le cas de la gestion administrative centrale, son prolongement normal est l'établissement de 4 ministères distincts, les ministères des Finances, de la Fonction publique, des Services, du Développement et de l'Aménagement. Par ailleurs, nous ne voyons pas le besoin de modifier substantiellement le statut des bureaux existants ni la répartition actuelle des activités entre les services et les bureaux, sauf en ce qui concerne le service des achats qui pourrait avec avantage devenir un Burau des achats et être doté d'un fonds renouvelable.

---

10. La Commission de la fonction publique devrait conserver cette responsabilité à moins que l'on crée une Chambre de justice administrative.
11. Cette surveillance, une fonction de vérification, devrait demeurer la responsabilité de la Commission de la fonction publique, car il est nécessaire que cette fonction soit exercée par un organisme autonome.
12. Voir *le Système du budget par programmes et son utilisation au gouvernement du Québec*, gouvernement du Québec, Conseil du Trésor, avril 1972.

Enfin, nous devons sans doute faire état de l'organisation du Comité de gestion qui devrait coiffer ces 4 ministères. Il nous semble que les sous-ministres appartenant à ces ministères devraient faire partie du Comité de gestion à titre de secrétaires adjoints afin de pouvoir assister leur ministre respectif. Il serait évidemment dommage que le secrétariat du Comité de gestion en vienne à se couper des ministères de direction alors qu'il doit faciliter leur coordination et imprimer une cohérence d'ensemble, ou encore qu'il en vienne à doubler complètement le travail d'expertise qui doit nécessairement se trouver dans ces ministères. Cela dit, il faut quand même se résoudre à des frictions entre l'organisme de contrôle et les organismes de direction et ceux-ci devront inévitablement accepter des compromis et même des revers[13]. Il va sans dire que le bon fonctionnement du Comité de gestion repose largement sur la qualité de son président, de son secrétariat et de son personnel d'analyse. Le personnel d'analyse doit éviter de se comporter en «super sous-chefs». Il doit fonder son jugement sur des considérations intersectorielles et sur des normes de qualité qu'inévitablement sa position centrale lui permet de développer.

2. *Répartition des activités et des décisions stratégiques entre l'organisme de contrôle (Conseil du Trésor ou Comité de gestion) les ministères centraux de direction et les ministères sectoriels*

Les 4 ministères centraux de direction (Finances, Fonction publique, Services, Développement et Aménagement) peuvent, avons-nous vu, exercer divers types d'activité: la préparation de la législation et de la réglementation de leurs secteurs respectifs, la prestation de conseils et avis aux divers ministères, la gestion proprement dite de certains services et l'exercice de certains contrôles de régularité et même parfois d'opportunité dans des matières d'importance secondaire. Nous avons souligné que dans ce dernier cas, on devrait s'interroger sur la possibilité d'accroître la responsabilité des ministères sectoriels au lieu de maintenir un état de centralisation, afin d'éviter le plus possible les conflits de rôles.

Cette répartition, sans être idéale, a au moins le mérite de clarifier certaines zones grises et de donner une image globale des activités de gestion centrale. Les activités et décisions sont généralement schématisées et réparties en 3 colonnes, toutefois, lorsque des organismes autres que le ministère de direction ou le Comité de gestion seront chargés de l'exercice de certaines activités, nous les ferons ressortir en les isolant dans un cadre spécifique.

---

13. La position des sous-ministres des ministères de direction sera à cet égard toujours difficile car ils devront faire accepter par leurs subordonnés des reculs par rapport aux propositions initiales, principalement en ce qui concerne les projets de règlements.

Répartition des activités et décisions stratégiques entre l'organisme de contrôle, les organismes de direction et les ministères sectoriels

I — FONCTION PUBLIQUE

(A) Ministère ou organismes de *direction* ou de *surveillance (contrôle de régularité)*	(B) Ministères ou organismes *sectoriels*	(C) Ministère ou organismes *de contrôle d'opportunité*
Ministère de la Fonction publique ou Commission de la fonction publique (CFP[14])	Ministère de...	*Comité de gestion ou Conseil des ministres (CM)*
(A.1) Recrutement et promotion à des postes permanents autres que ceux d'administrateurs, cadres et adjoints; autorisation de la tenue de concours, publicité, *vérification de la composition des jurys, émission de la liste d'éligibilité* (maintien de listes permanentes).	(B. 1) Demande d'ouverture de concours, description des tâches, constitution de jurys, tenue concours, sélection classement, nomination[15]. Recrutement, sélection, nomination des occasionnels et des contractuels (C.1)	(C.1) Approbation de l'engagement de contractuels lorsque la valeur du contrat est de $ 5000 et plus.
(A.2) Recrutement et promotion à des postes d'administrateurs, cadres et adjoints. Publicité, tenue de concours, constitution de jurys. Émission de liste d'éligibilité. Vérification de conformité avec le plan d'organisation. Classement. Suggestion de mesures destinées à faciliter la mobilité des cadres (mutation) et administrateurs. Gestion du personnel au moyen de l'informatique.	(B.2) Demande d'ouverture de concours, description des tâches. Nomination des membres directeurs des offices et conseils qui n'ont pas le statut de fonctionnaires.	(C.2) Nomination des administrateurs, cadres et adjoints. Nomination des fonctionnaires et ouvriers des organismes autonomes soumis à la loi de la fonction publique. CM Nomination des sous-ministres et adjoints, et des membres directeurs des organismes autonomes autres que ceux indiqués en (B.2).

14. À notre avis, on pourrait aisément transférer les responsabilités attribuées actuellement à la Commission de la fonction publique au ministère de la Fonction publique. Ce geste serait politiquement délicat puisque l'opposition y verrait un retour au patronage. Pourtant ce serait la seule façon de permettre à la Commission de la fonction publique d'exercer véritablement son rôle de surveillance (a posteriori) et de tribunal administratif pour les employés non syndiqués. Il est certain que l'organisme central de direction et de contrôle de régularité qu'il soit commission ou ministère, sera fréquemment tenu responsable de décisions impopulaires et qu'il servira en ce sens d'échappatoire pour les ministères manquant de courage.

15. A et B décrivent une situation de fait plutôt que la réalité juridique. Le recrutement universel au mérite par un organisme central connaît des accommodements, en pratique, pour les emplois inférieurs. On invoque à juste titre l'efficacité. Toutefois, surtout par rapport aux fonctions ministérielles, on pourrait exiger une vérification plus approfondie des candidatures et un projet plus scrupuleux du classement des candidats. Il nous semble, cependant, que l'on pourrait activer ce processus si l'on faisait un meilleur usage de l'informatique et si l'on procédait de temps à autre par échantillonnage. Enfin, il ne fait aucun doute, à notre avis, que la gestion des cadres doit être centralisée comme elle l'est actuellement.

(A.3)	(B.3)	(C.3)
Mise au point de la classification générale et de ses règles[16]. Mise au point des règles de notation. Mise au point des règles de recrutement, sélection, promotion, rétrogradation, suspension, destitution.	Attribution du grade. Notation. Mesures disciplinaires (rétrogradation, suspension, destitution). Avancement. Mutation interne et accords interministériels (sauf pour les cadres supérieurs et adjoints).	Approbation de la classification et de ses règles. Approbation des règles de recrutement, sélection, notation promotion, rétrogradation, suspension, destitution, directives.
CFP ou Chambre de justice administrative. — Arbitrage des cas de destitution et de classement pour le personnel non syndiqué.		CM — Approbation de la classification des postes de cadres supérieurs et du personnel des cabinets ministériels.
(A.4) Agent-conseil dans la préparation des plans d'effectifs et réception des plans. Agent-conseil dans la préparation des plans d'organisation et réception des plans[17]. Énoncé des principes généraux d'organisation. Agent-conseil dans la préparation des systèmes, méthodes et procédures. Détermination des systèmes interministériels.	(B.4) Préparation des plans d'effectifs. Préparation des plans d'organisation (seuls les niveaux supérieurs font l'objet d'une approbation). Préparation et application des systèmes, méthodes et procédures ministériels.	(C.4) Approbation des plans d'effectifs (à l'intérieur de la programmation budgétaire). Approbation des plans d'organisation (niveaux supérieurs) et des principes généraux d'organisation (à l'intérieur de la programmation budgétaire). Approbation des systèmes interministériels.
(A.5) Inventaire des besoins de perfectionnement. Préparation de programmes interministériels de perfectionnement en collaboration avec les institutions spécialisées[18].	(B.5) Préparation et exécution de programmes ministériels de perfectionnement.	(C.5) Approbation des programmes interministériels et ministériels, et répartition des sommes entre les programmes interministériels et ministériels. Approbation de la politique générale et des normes.

16. Depuis les récentes conventions collectives, il est difficile d'affirmer que le passage de la classification de la CFP au MFP aurait pour effet de rendre celle-ci négociable contrairement, aux stipulations de la loi. En fait, les syndicats sont «consultés» à propos de cette classification. (Voir l'intéressante synthèse sur les principes de classification, *la Classification du personnel de la fonction publique,* document d'information, gouvernement du Québec, Commission de la fonction publique, mars 1972.)
17. Le MFP pourrait agir à titre d'agent-conseil à la demande des ministères. Toutefois, ce dernier devrait forcément recevoir copie de tout plan d'effectifs et d'organisation (en même temps que le Conseil du Trésor).
18. Nous ne croyons pas qu'il y aurait avantage à ce que le MFP produise lui-même des activités de perfectionnement. Il devrait plutôt créer une école spécialisée. Il y a déjà l'ENAP dont les responsabilités pourraient être accrues.

<table>
<tr><td>Évaluation des programmes généraux et spéciaux de perfectionnement.
Formulation d'une politique générale et de normes.</td><td></td><td></td></tr>
<tr><td>(A.6)
Préparation des dossiers de rémunération et bénéfices[19].
Gestion du régime de retraite[20].

Négociations avec les syndicats de la fonction publique.
Réception des informations sur les négociations des sociétés.

Arbitrage des griefs des employés syndiqués
CFP[21]: Vérification de l'application des règles de la fonction publique. Rapport à l'Assemblée nationale.</td><td>(B.6)
Ministère de l'Éducation: Préparation des dossiers de rémunération des enseignants (établissements publics) et négociations.
Ministère des Affaires sociales: Préparation des dossiers de rémunération du personnel hospitalier et négociations.
Mise à la retraite selon les règles établies.
Application des négociations collectives.</td><td>(C.6)
Approbation des offres patronales et détermination des mandats aux fins de négociations collectives.
Coordination des négociations de la fonction publique, du personnel enseignant et du personnel hospitalier.
Coordination des avantages des régimes de retraite.
CM: Détermination du traitement et du régime du retraite des sous-ministres adjoints et du personnel directeur des organismes autonomes.</td></tr>
</table>

II — FINANCES

(A) Ministère ou organismes de *direction* ou de *surveillance*. *(contrôle de régularité)* *Ministère des Finances ou miministère du Développement et de l'Aménagement* (MDA) ou *Vérificateur* (VG).	(B) Ministères ou organismes autonomes *sectoriels*	(C) Ministère ou organismes *de contrôle d'opportunité*
	Ministère de...	*Comité de gestion* ou *Conseil des ministres (CM)*

19. Il a existé pendant quelques mois une direction au Conseil du Trésor (secrétaire adjoint) chargée d'élaborer la politique gouvernementale en matière de traitement à la fois pour le secteur de la fonction publique, celui de l'éducation et des affaires sociales.
20. En 1974, le Conseil du Trésor met sur pied un service chargé d'élaborer la politique gouvernementale en matière de négociations collectives avec les employés de la fonction publique et des établissements publics de santé et de service social et avec les enseignants. Après quelques mois d'existence ce service sous la direction d'un secrétaire adjoint fut démantelé. De sorte que les ministères des Affaires sociales, de l'Éducation et de la Fonction publique sont devenus responsables des négociations collectives chacun dans leur secteur.
21. La nouvelle Commission administrative du régime de retraite créée le 22 décembre 1973 regroupe les régimes de retraite des employés du gouvernement (fonction publique), des enseignants et des employés des divers établissements publics de santé, de services sociaux et de certaines entreprises publiques. Les avantages qui découlent de la « transférabilité » entre ces divers régimes ont sans doute milité en faveur de ce regroupement. Le Comité de gestion aurait pu voir à l'uniformisation des règles sans aller jusqu'à la fusion de la gestion qui est imposable puisqu'il appert que tous les régimes ne sont pas capitalisés.

(A.1) MDA — Agent-conseil des ministères dans la préparation des programmes.	(B.1) Préparation des prévisions budgétaires et transmission au CT. Approbation des prix des sociétés monopolistiques d'un seul produit et dépôt de directives publiques à l'Assemblée nationale ainsi que sur les charges sociales des sociétés.	(C.1) CM — Allocation générale des ressources financières selon la classification des programmes[22]. Autorisation des virements de crédits entre missions et domaines. Regroupement et analyse des prévisions budgétaires. Autorisation des virements de crédits entre secteurs et programmes[23]. Approbation des programmes d'investissement et des plans financiers de sociétés.
(A.2) Préparation des règles relatives à la comptabilité à la préparation des comptes publics, à l'émission des mandats de paiement, à la perception et à l'administration des deniers publics, à la gestion des comptes bancaires, aux emprunts à la gestion de la dette. Contrôleur — Contrôle de la régularité des demandes de paiement de la conformité aux crédits, de la disponibilité des sommes nécessaires.	(B.2	(C.2 Approbation des règles indiquées en (A.2). Détermination des règles relatives au contrôle des engagements de subventions.
(A.3) Émission des chèques et gestion de caisse.	(B.3) Demandes de paiement et signature des personnes autorisées.	(C.3) Émission de mandats de paiement et refus ou suspension de cette émission. CM[24] — Autorisation de mandats spéciaux entre les sessions de l'Assemblée.

22. Il y aurait lieu sans doute, comme au gouvernement fédéral, de confier cette tâche d'abord au Comité des priorités. Il s'agit de déterminer la masse globale des revenus et dépenses.
23. Actuellement, le contrôle du CT s'étend aux éléments de programmes. Dans un proche avenir, il nous semble que les ministères devraient pouvoir eux-mêmes modifier les éléments de programme sur avis du CT.
24. Il s'agit de dépenses urgentes non prévues dans les crédits votés.

(A)	(B)	(C)
(A.4) Normalisation de certains types de dépenses (hôtellerie, transport, etc.).	(B.4) (contrats de service) Engagements dont la durée est inférieure à 3 ans. Engagements dont la valeur est inférieure[25] à $ 100 000. Subventions (octrois et promesses) dont la valeur et inférieure à $ 100 000.	(C.4) Autorisation de tout engagement dont la durée est de 3 ans ou plus. Autorisation de tout engagement dont la valeur est supérieure à $ 100 000. Autorisation des subventions (octrois et promesses) dont la valeur est supérieure à $ 100 000. CM [Autorisations des engagements et subventions dont la valeur est supérieure à un million.] Approbation des normes indiquées en (A.4) et directives de décisions.
(A.5) Gestion de la dette, des fonds d'amortissement et de l'émission des obligations.	(B.5) Présentation pour les sociétés des besoins d'emprunts.	(C.5) Coordination des emprunts des établissements publics, des municipalités et des sociétés. CM [Autorisation des emprunts et de l'attribution de la garantie, y compris ceux des sociétés. Autorisation de la création de filiales des sociétés.]
(A.6) Perception et administration des taxes et impôts, et réception des droits indiqués en (B.5).	(B.6) Perception de droit spéciaux et versement au fonds consolidé.	(C.6) CM [Détermination des taxes, impôts en droits spéciaux.]
(A.7) Analyse de la structure fiscale, prévisions et autres analyses financières, notamment des bilans des sociétés. Attribution des avances et prêts aux sociétés.	(B.7) Présentation pour le compte des sociétés des besoins de financement par le fonds consolidé.	(C.7) CM [Autorisation des dotations de capital, avances et prêts aux sociétés, et prise de participation financière de l'État.] Autorisation de certains engagements des sociétés (ex.: engagements de plus de 10 ans, engageant 30% de l'actif, portant sur l'exportation de biens stratégiques).

25. On peut se demander s'il n'y aurait pas lieu d'obliger l'appel d'offres pour les services professionnels, techniques et commerciaux, bien que cela soit contraire aux mœurs politiques et à la pratique de certains professionnels. Encore faudrait-il que les contrats soient d'une valeur importante (ex.: $ 50 000 et davantage).

(A.8)	(B.8)	(C.8)
VG — Vérification des comptes de tous les organismes et préparation des comptes publics.		CM CG — Demande d'enquête et d'inspection au vérificateur général.

III — SERVICES

A) Ministère ou organismes de *direction* (contrôle de régularité)	(B) Ministères ou organismes *sectoriels*	(C) Ministère ou organismes de *contrôle d'opportunité*
Ministère des services ou...	Ministère de...	*Comité de gestion ou Conseil des ministres (CM)*
(A.1) Établissement d'un programme triannuel de logement des bureaux de fonctionnaires et employés. Maintien d'un inventaire permanent des édifices qui sont loués ou propriété de l'État et destinés ou non au logement des bureaux.	(B.1) Acquisition, location construction de tout immeuble autre que de logement des bureaux d'une valeur inférieure à $30 000. Tout bail devant être d'une durée inférieure à 3 ans. Avec 2 soumissions conformes: acquisition, location, construction, réparation de tout immeuble dont la valeur se situe entre $30 000 et $150 000.	(C.1) CM — Autorisation de toute acquisition, location, réparation et construction d'ensemble d'une valeur de plus de 5 millions de dollars. Autorisation de toute acquisition, location, réparation et construction d'immeuble d'une valeur de $150 000 à 5 millions de dollars et tout supplément. Approbation du programme (A.1) Autorisation de tout bail de plus de 3 ans. Autorisation de tout embellissement représentant plus de 1 % de la valeur. Autorisation de toute aliénation d'immeuble d'une valeur de plus de $30 000.
(A.2) Standardisation des ameublements, inventaire et entretien. Normalisation des services d'entretien. Approbation des contrats d'entretient dont la valeur se situe entre $20000 et $100000 et dont la durée est inférieure à 3 ans.	(B.2) Contrats d'entretien dont la durée est de moins de 3 ans et dont la valeur est inférieure à $20 000.	(C.2) Approbation des normes et standards indiqués en (A.2). Approbation des contrats d'entretien d'une valeur de plus de $10 000 ou dont la durée est plus de 3 ans. Détermination des règles concernant les procédures d'appel d'offres (soumissions) et approbation par le Conseil des ministres.

(A.3)	(B.3)	(C.3)
Bureau des achats: Établissement de la liste des biens achetés par le bureau. Tenue des comptes des ministères et organismes. Maintien d'un inventaire[26]. Négociations avec les fournisseurs pour les achats d'une valeur inférieure à $ 5000. Appels d'offres pour tout achat d'une valeur supérieure à $5 000 et inférieur à $ 100000.	Ouverture d'un compte au Bureau des achats pour les biens apparaissant sur la liste. Achat de biens n'apparaissant pas sur la liste et certificats spéciaux. Tout achat lié à la production spécifique d'un ministère selon la procédure des appels d'offre[27]. Tenue d'un inventaire.	Approbation de la liste des biens soumis au Bureau des achats, détermination des exclusions[28] et détermination des procédures spéciales. Autorisation de tout achat dont la valeur se situe entre $ 100 000 et un million de dollars. Autorisation de tout achat d'une valeur supérieure à $5 000 lorsque les soumissions ou appels d'offres ne sont pas conformes et que la plus basse soumissions n'a pas été retenue.
(A.4)	(B.4.)	(C.4)
Centre de traitement des données: Préparation d'un programme d'acquisition et de modernisation des appareils informatiques.	Gestion des programmes et appareils ministériels.	Approbation des programmes indiqués en (A.3) et des acquisitions d'appareils.
(A.5)	(B.5)	(C.5)
Préparation des règles concernant l'utilisation et le fonctionnement des services de messagerie, de téléphone, de transport aérien, de photocopie, de production de films, d'information, de publicité, de traduction, d'éditions officielles et d'archives nationales. Élaboration d'une échelle de prix des divers services soumis à la concurrence privée.	Possibilité de recourir à des maisons privées pour les services de photocopie, de production de films, de publicité et d'information, de traduction, selon les règles relatives aux contrats de services et les directives du CT concernant l'utilisation des services.	Approbation des règles indiquées en (A.4), des échelles de prix et des règles d'imputation, directives.

26. Ce qui implique des inspections périodiques dans les divers entrepôts.
27. Il existe déjà actuellement des cas exceptionnels semblables (ex.: l'achat de pierres concassées par le ministère des Transports, d'œuvres d'art par le ministère des Affaires culturelles). Il y aurait lieu sans doute de systématiser cette recherche des achats d'administration technique et de les exclure de la liste.
28. *Ibid.*

IV — DÉVELOPPEMENT ET AMÉNAGEMENT

(A) Ministère ou organismes *de direction* *(contrôle de régularité)* *Ministère du Développement et de l'Aménagement*[29].	(B) Ministères ou organismes *sectoriels* Ministère de...	(C) Ministère ou organismes *de contrôle d'opportunité* *Comité de gestion ou Conseil des ministre (CM)*
(A.1) Analyse économique à long terme, étude de la conjoncture, comptabilité nationale.	(B.1) Analyse socio-économique sectorielle.	(C. 1) Réception des avis et conseils indiqués en (A.1).
(A.2) Agent-conseil auprès des ministères dans la préparation de la programmation budgétaire et particulièrement en ce qui a trait aux plans régionaux.	(B.2) (Voir Finances)	(C.2) (Voir Finances)
(A.3) Préparation en collaboration avec les ministères des plans régionaux et nationaux de développement.	(B.3) Analyse et détermination des tranches régionales sectorielles.	(C.3) Approbation des plans régionaux (et nationaux) de développement, les tranches étant intégrées à la programmation budgétaire.
(A.4) Préparation en collaboration avec les ministères des plans d'aménagement physique nationaux (et régionaux).	(B.4) Analyse et participation à la préparation des plans d'aménagement physique (règlement sectoriel).	(C.4) Approbation des plans d'aménagement physique nationaux et régionaux, et directives. CM: Approbation et réglementation.
(A.5) Maintien d'un inventaire de toutes les parcelles de terre faisant partie du domaine privé ou public de l'État.	(B.5) Acquisition et aliénation de parcelles de terre d'une valeur inférieure à $ 5 000 et certification.	(C.5) Autorisation de toute acquisition et aliénation d'une parcelle de terre dont la valeur est supérieure à $ 5000 et inférieure à 1 million. CM: Toute acquisition ou aliénation d'une valeur supérieure à un million.
(A.6) Cueillette des statistiques de base et formulation de règles sur le caractère confidentiel à maintenir.	(B.6) Cueillette de données et inventaires permanents sur les activités sectorielles.	(C.6) Approbation d'une série de statistiques de base, des règles indiquées en (A.6) et des directives.
Dans chaque secteur		Pour l'ensemble des secteurs
Responsabilité générale de la direction d'une politique de gestion.	Responsabilité générale à l'égard de la politique sectorielle.	Responsabilité générale à l'égard de la politique administrative.

29. Il existe actuellement un comité ministériel spécifique responsable des diverses activités de l'OPDQ.

Cette proposition de réforme est somme toute peu radicale. Les suggestions les plus novatrices concernent sans doute *l'organisation* de la gestion centrale, c'est-à-dire l'identification de 4 ministères de direction (ce qui implique la création d'un ministère du Développement et de l'Aménagement et d'un ministère des Services), la constitution d'un Bureau des achats, le remplacement du Conseil du Trésor par un Comité de gestion et la clarification des compétences respectives des activités de contrôle de direction et de service. Par ailleurs, nous ne voyons pas l'avantage qu'il y aurait à modifier la décontrentration actuelle de certains organismes centraux comme celle des agents du contrôleur, du service des achats et de la gestion de l'entretien des immeubles. Cependant, il serait peut-être désirable que les directeurs du personnel deviennent les agents du ministère de la Fonction publique afin de freiner la rotation qui est aujourd'hui passablement élevée. Enfin nous ne voyons pas l'utilité de modifier le statut d'organisme autonome des principaux bureaux actuels qui exercent soit des activités de service domestique, soit des activités de vérification.

Par ailleurs, nous n'avons pas non plus suggéré de modifications substantielles en ce qui concerne les règles spécifiques de contrôle. L'augmentation de «certaines fourchettes» est liée davantage à l'inflation qu'à tout autre facteur et elle n'est sensible qu'en ce qui touche les contrats de services professionnels, techniques, etc.

Il ne fait aucun doute que nous avons dû revenir à des propositions beaucoup plus conservatrices que les propositions auxquelles nous conduisait une analyse portant sur la décentralisation fonctionnelle.

On pourrait être tenté d'imputer ce résultat quelque peu décevant à un manque d'imagination dans la recherche des accommodements et «gadgets» administratifs qui permettraient de sortir de l'impasse.

Or, à cet égard, il n'est sûrement pas suffisant de répéter, comme on le fait très souvent, les raisons qui devraient favoriser la décentralisation: les tractations diverses et très nombreuses qu'occasionne la centralisation dans toute organisation de grande dimension ou encore les tracasseries et les lenteurs de tout processus politique. Le second phénomène nous paraît inévitable et pas nécessairement péjoratif, alors que le premier a été surmonté dans plusieurs administrations privées et publiques. Le recours à des modes de traitement informatique des données peut assurément faciliter la gestion des activités à grand volume[30].

---

30. Il est également clair qu'une délégation accrue aux ministères de certains organismes centraux de direction et de service pourrait accélérer le fonctionnement de l'ensemble de l'appareil administratif. On ne saurait pousser trop loin cette délégation, cependant, car très vite il n'y aurait plus qu'un organisme central de contrôle qui exercerait en plus des fonctions de direction et de conseil.

Il est sans doute plus judicieux d'invoquer les avantages qui découlent d'un cadre qui permet l'innovation, qui facilite la rapidité de la prise de décision et de l'exécution, et qui entraîne une responsabilité plus individualisée. Malheureusement, le problème est mal posé si l'on ne tient pas compte également des avantages de la centralisation que nous avons déjà énumérés. Or ces derniers avantages paraissent *en pratique* déterminants.

En effet, comment obtenir des économies d'échelles pour certains services et faire abstraction de leur caractère monopolistique pour d'autres, sans les centraliser (ex.: le service des achats)? Comment atteindre une utilisation aussi rationnelle que possible des locaux sans faire la centralisation de l'acquisition, de la location et de l'etrentien? Comment favoriser une gestion domaniale des terres de l'État sans faire la centralisation des acquisitions et des aliénations? Comment favoriser l'accessibilité la plus grande possible à la fonction publique et assurer un déroulement normal des carrières sans effectuer la centralisation du recrutement et sans garantir par un organisme central la régularité du processus de sélection et de promotion? Comment répartir les dépenses selon les priorités d'un gouvernement collégial et les contrôler selon les exigences du moment[31]? Comment ne pas craindre que sans aucune restriction sur les contrats de services professionnels, techniques ou commerciaux certains ministères (certains ministres) en viennent à créer une bureaucratie parallèle qui ne ferait que doubler le coût de la fonction publique? Comment s'assurer que ces programmes prioritaires reçoivent les effectifs requis, que les autres ne se développent pas indûment et que l'organisation demeure cohérente, sans établir un contrôle central des plans d'effectifs et des plans d'organisation[32]? Comment s'assurer que pour le même emploi les fonctionnaires reçoivent le même traitement, sans opérer la centralisation des négociations collectives? Comment faire en sorte que l'aménagement des diverses régions soit cohérent, sans coordonner centralement les plans, etc. Enfin, il est certain que jamais la vérification (a posteriori) ne pourra remplacer le contrôle (a priori), car l'erreur commise peut être irréparable[33].

---

31. Il ne faut jamais oublier qu'il peut exister un écart de plus d'une année entre le moment où la prévision budgétaire a lieu et le moment où la dépense est faite. Ne pouvant déléguer à l'administration la responsabilité de déterminer *ce qui est politiquement important*, le Conseil des ministres (ou l'un de ses comités) doit forcément viser toutes les décisions. En pratique, la revision des décisions devrait être exceptionnelle.
32. Il est symptomatique que le gouvernement fédéral ait dû rétablir un contrôle sur les «effectifs» 2 ans après l'avoir aboli. (Voir D. Gow, *The Progress of Budgetary Reform in the Government of Canada*, étude spéciale n° 17, Ottawa, Economic Council of Canada, 1973.)
33. C'est peut-être finalement l'argument de fond pour justifier le contrôle d'opportunité des dépenses courantes alors que l'on sait parfaitement que déjà il y a eu approbation des allocations budgétaires et qu'il y a eu contrôle a priori des disponibilités. Encore faudrait-il que l'organisme central ne revise les propositions des ministères qu'à partir de considérations intersectorielles, de conjonctures et de motifs très sérieux. Il serait trop facile de substituer un pouvoir discrétionnaire à un autre.

En d'autres termes, les avantages de la délégation rencontrent très tôt les avantages de la centralisation même s'il est très difficile de les évaluer en termes monétaires et que ce point de jonction ne peut être fixé avec une grande précision. La principale relaxation[34] devrait donc venir, d'une part du côté des services domestiques qui ne sont pas par nature monopolistiques et dont le coût, de toutes façons, devrait être imputé aux ministères clients[35], et d'autre part de l'adoption de méthodes de gestion qui garantissent le traitement le plus rapide de l'information ou encore le service dans des délais raisonnables[36].

34. On suggère parfois que la solution réside dans l'assouplissement des règles. Personnellement, nous ne comprenons pas vraiment ce que l'on veut dire par là. Par définition, une règle établit une démarcation, une ligne de conduite. Plus elle devient imprécise, moins elle a sa raison d'être.
35. En fait, on devrait examiner très rigoureusement tous les services domestiques qui prétendent être monopolistiques et apprécier les conséquences de leur transformation en services concurrentiels.
36. À cet égard, il faut admettre que les gestionnaires de programmes minimisent volontiers le temps qu'il prendraient à accomplir les mêmes opérations, au même coût et avec la même qualité. Par contre, les gestionnaires des services centraux éprouvent parfois de la difficulté à établir des systèmes de gestion appropriés à de grands volumes de transactions.

CONCLUSION

LA GESTION CENTRALE ET LES ORGANISMES AUTONOMES

L'examen des modèles d'articulation entre les organismes centraux et les organismes autonomes: le sommaire des propositions de réforme contenues dans cette étude; la présentation de modèles de loi constitutive selon les différents organismes autonomes sont les éléments de synthèse qui nous permettront de conclure en rétablissant la liaison entre la gestion centrale et les organismes autonomes.

1. *Les modèles d'articulation des organismes centraux et autonomes*

Dans la première partie, nous avons suggéré que l'on pouvait opter en théorie soit pour un système de contrôle exercé directement sur les organismes autonomes par les organismes centraux, soit pour un système de contrôle central exercé indirectement sur les organismes autonomes par le truchement des ministères et plus particulièrement des ministres.

Nous avons pu constater que l'administration québécoise a opté en pratique pour le premier système de contrôle. Le ministère de tutelle est pratiquement dépourvu de pouvoirs formels de tutelle importants. Il dépose le rapport annuel des organismes autonomes à l'Assemblée nationale et y pilote les projets de loi qui les concernent. Pour le reste, le lieutenant-gouverneur en conseil, le ministre des Finances et les organismes administratifs centraux ont un accès direct aux organismes autonomes. Cependant, de façon officieuse, le ministre dépendant de ses relations avec la direction de « ses organismes autonomes» peut exercer diverses pressions qui sont fatalement illégitimes puisqu'elles n'ont pas de support légal. Il s'ensuit une intégration qui peut être très poussée à l'occasion mais qui ne tient pas nécessairement compte des impératifs de la coordination ministérielle, laquelle est aléatoire et peut facilement donner lieu à une fuite des responsabilités.

Par contre, il n'est pas évident que la solution consiste à adopter le second système de contrôle qui aurait pour effet de substituer entièrement le ministère de tutelle au Conseil des ministres et aux organismes administratifs centraux. En effet, rappelons en premier lieu que l'autonomie des régies, conseils, tribunaux, offices et sociétés (dans une large mesure) ne doit pas être une autonomie *d'administration générale*. Tous ces organismes doivent à leur façon être responsables devant l'Assemblée nationale. À cet égard, nous aurions plutôt tendance à accroître davantage le rôle du ministre de tutelle, notamment en lui accordant le pouvoir d'approuver et même de formuler la réglementation devant être appliquée par les régies, en lui permettant de nommer certains membres des offices ainsi que les membres de conseils, en lui accordant le pouvoir de donner des directives publiques de politique générale aux sociétés. Un arrêté en conseil pourrait par la suite obliger les ministres concernés à informer de ces décisions les divers comités du Conseil des ministres. En somme, nous croyons qu'il y a lieu d'affirmer la responsabilité sectorielle du ministère dans la loi constitutive.

Deuxièmement, *l'autonomie d'administration technique* qui est au cœur même de l'autonomie fonctionnelle n'engage pas, sauf dans le cas des sociétés, les contrôles administratifs centraux. En d'autres termes, il y a sûrement lieu d'affirmer cette autonomie spécifique, mais comme elle ne met pas en cause les organismes administratifs centraux ni le Conseil des ministres, il n'est pas nécessaire de modifier substantiellement la situation actuelle. Cela dit, nous avons cru bon de suggérer malgré tout une diffusion accrue des avis des conseils, une intervention du ministre de tutelle en appel d'une décision stratégique d'une régie. Toutefois, il ne fait aucun doute que la priorité devrait aller à une reformulation de la loi de l'administration financière qui assurerait une meilleure articulation du régime financier des deux types de société que nous distinguons (les sociétés autonomes et les sociétés déléguées) en fonction de leur objectif de rentabilité. À cette occasion, le ministre de tutelle pourrait se voir attribuer le pouvoir de fixer ou d'approuver les prix des sociétés déléguées.

Enfin, on pourrait encore donner une assise légale aux pouvoirs des ministres de tutelle en vertu desquels ils approuvent les plans d'organisation et d'effectifs, ainsi que les budgets des conseils, des offices et des régies, et les règlements *d'administration interne* des offices, des régies, des sociétés et des tribunaux. Les premières approbations ne pourraient pas, évidemment, être définitives puisque le Comité de gestion devrait encore se prononcer sur ce point. Il serait cependant plus impérieux encore de faire en sorte que dorénavant toutes les exceptions à l'application des contrôles administratifs centraux soient rendues explicites dans les lois constitutives des organismes autonomes.

Bref, la solution que nous préconisons se situe sans doute entre les deux modèles. Elle corrige légèrement le premier modèle en s'inspirant du second.

2. *Sommaire des propositions de réforme*

1. Les causes de création des organismes autonomes sont diverses et ne s'appliquent pas à tous les types d'organisme. Les causes permanentes (par opposition aux causes circonstancielles) tiennent d'abord à la nature de la fonction exercée, aux conditions particulières d'exercice des diverses fonctions (judiciaire, consultative, etc.) et aux exigences d'une administration démocratique. Il y aurait lieu de s'assurer lors de l'examen de tout projet de création d'un nouvel organisme autonome, que les promoteurs ont bien démontré l'existence de causes permanentes d'autonomie fonctionnelle et en ont compris la portée.

2. Nous avons proposé l'adoption d'une terminologie uniforme pour les divers types d'organisme autonome de façon à faire ressortir leur fonction dominante, à éviter l'exercice par le même organisme de fonctions incompatibles. À cet effet, un grand nombre de corrections mineures pourrait être apporté aux législations actuelles. Le tableau XIX présente la nomenclature complète des divers organismes autonomes telle que nous l'avons explicitée au cours de notre étude.

3. Nous avons observé que dans l'ensemble, la législation actuelle répondait globalement aux règles générales d'autonomie spécifiques à chaque type d'organisme. Toutefois, l'absence de mécanisme visant à assurer la diffusion des avis, des conseils, l'organisation imprécise des tribunaux administratifs, la formalisation déficiente des pouvoirs ministériels à l'égard des régies et le manque de clarté dans la définition des objectifs de rentabilité des sociétés constituent assurément des lacunes qui appellent des corrections. Il est certain que le diagnostic que nous avons posé à partir des dispositions légales aurait pu être éclairé par un examen des relations officieuses. Toutefois, on peut considérer que si les règles sont justes et réalistes, il conviendrait que les comportements s'ajustent à ces règles.

4. L'intégration politique et administrative de l'administration publique est réalisée par des organismes centraux et des processus de contrôle, de direction, de vérification et de services.

5. Dans l'administration publique québécoise ces 2 types d'intégration sont réalisés avec des succès variables et comportent, à notre avis, certaines lacunes qu'il y aurait avantage à combler.

6. En ce qui concerne *l'intégration politique,* c'est-à-dire l'intégration réalisée par le Conseil des ministres et par le Premier ministre, nous suggérons d'alléger le travail du Conseil plénier et de favoriser une meilleure coordination intersectorielle en constituant 5 comités du Conseil des ministres. Nous proposons la création de 3 comités sectoriels (*affaires économiques*, affaires sociales et affaires institutionnelles), et d'un Comité des priorités. Précisons toutefois que, dans notre esprit, les comités sectoriels sont

TABLEAU XIX

Fonction dominante — Appellation générique et sous-types d'organisme

FONCTION	APPELATION GÉNÉRIQUE	SOUS-TYPES
consultative	conseil (politique, externe, permanent) commission consultative (technique, externe, permanente *)	comité consultatif spécial de... (temporaire, externe) commission consultative interministérielle... (permanente, interministérielle) groupe de travail... (temporaire intraministériel)
judiciaire	tribunal administratif	
de régulation économique et technique	régie	
de « gestion économique » (industrielle, financière, commerciale)	société	les sociétés autonomes (rentabilité illimitée) les société déléguées (rentabilité limitée) les sociétés d'économie mixte
de « gestion non économique »	office	les offices sectoriels les établissements publics les bureaux (pour les organismes centraux de service domestique, de vérification et de surveillance)
d'examen, d'enquête, d'inspection, de conciliation, d'arbitrage, de vérification et de surveillance (sectorielle)	commission	les commissions d'examen les commissions d'enquête les commissions d'inspection les commissions de conciliation les commissions d'arbitrage les commissions de vérification et de surveillance (sectorielle)
de gestion centrale	bureaux ** (voir office)	les bureaux de service domestique, les bureaux de vérification et de surveillance (centrale)

* Il n'est malheureusement pas possible d'éviter cette multiplicité d'appellations. On a le choix, pour tenir compte de la diversité des caractéristiques, de multiplier soit les noms, soit les qualificatifs. Nous avons opté pour la première solution.

** Nous croyons que l'appellation complète devrait permettre de ne pas confondre les bureaux de service avec les bureaux de vérification (ex. : le Bureau du vérificateur général).

d'abord des comités «législatifs» (étude des projets de loi et de réglementation) et «d'arbitrage intersectoriel» (définition des juridictions). Le Comité des priorités est chargé de coordonner les 3 précédents comités et d'établir une programmation à moyen terme. Le Comité de gestion est chargé de divers contrôles d'opportunité et des décisions de politique administrative.

7. C'est évidemment *l'intégration administrative* qui a retenu davantage notre attention. Nous croyons que les fonctions administratives centrales se subdivisent en 4 catégories: les fonctions de *contrôle*, de *direction*, de *service* et de *vérification*. Nous n'avoins pas traité en détail de la fonction de vérification qui dans notre système politique doit relever de l'Assemblée nationale.

8. Nous proposons, suivant en cela la pratique établie déjà par la création du Conseil du Trésor, que l'on dissocie généralement la fonction de contrôle d'opportunité de la fonction de direction et la fonction de service domestique des autres fonctions. La fonction de vérification doit naturellement être isolée.

9. Nous suggérons que l'organisation centrale repose sur 4 ministères exerçant une fonction de direction — les ministères de la *Fonction publique*, des *Finances*, des *Services* et du *Développement et de l'Aménagement*. Ces 4 ministères seraient coiffés par le Comité de gestion qui exercerait presque en exclusivité la fonction de contrôle d'opportunité. Les ministres de ce comité seraient les ministres des 4 ministères mentionnés, plus celui des Affaires municipales et celui des Affaires intergouvernementales, tandis que les sous-ministres des 4 premiers ministères agiraient comme secrétaires adjoints. Nous suggérons enfin que la fonction de service domestique monopolistique soit assumée par des directions ministérielles et que la fonction de service domestique concurrentielle soit confiée à des bureaux dotés éventuellement d'un fonds renouvelable et pouvant imputer ses coûts aux ministères et aux organismes. La fonction de vérification et de surveillance devrait être exercée par un bureau relevant de l'Assemblée nationale.

10. Il nous est apparu que l'assise légale des organismes centraux, particulièrement celle des organismes de service, était très fragile.

Nous suggérons que dorénavant chaque fonction centrale de direction donne lieu à une législation spécifique et la fonction de service à une réglementation interne.

Ces législations spécifiques devraient préciser par référence à la typologie des organismes autonomes (conseils, régies, tribunaux, offices, sociétés déléguées, sociétés autonomes, bureaux) ceux qui échapperont à l'application des règles. De la même façon chaque loi constitutive d'organisme autonome devrait mentionner les contrôles, services, directions ou vérifications dont l'organisme en question sera exempté.

Il serait sans doute opportun également de reconsidérer la loi de l'administration financière et celle de la fonction publique afin, dans le premier cas, de préciser à nouveau le régime financier des sociétés et, dans le second cas, le régime du personnel des conseils, régies et offices.

11. Nous avons proposé une répartition des responsabilités entre le Comité de gestion, les ministères de direction et les ministères sectoriels. Il nous est apparu très difficile d'accroître substantiellement la marge de manœuvre des ministères et organismes sans mettre en péril la maîtrise du pouvoir politique sur la gestion courante.

3. *Les modèles de loi constitutive*

Nous proposons enfin des modèles de loi constitutive pour chacun des types d'organisme autonome. Ces modèles pourraient servir à la préparation des nouveaux projets de loi visant à créer de tels organismes. Ces modèles ne peuvent contenir toutes les dispositiosn susceptibles de s'appliquer à tel ou tel cas particulier. Toutefois, ils fournissent un cadre général caractéristique qu'il y aurait avantage à étendre à tous les organismes appartenant au même type.

I — LE CONSEIL

(organisme consultatif permanent externe)

	Projet de loi...
	Loi du Conseil de... SA MAJESTÉ, de l'avis et du consentement de l'Assemblée nationale du Québec, décrète ce qui suit:
1. *IDENTIFICATION DE L'ORGANISME(ET INSTRUMENT JURIDIQUE DE CRÉATION)* * interprétation	1. Un organisme d'étude et de consultation, ci-après appelé «le conseil», est institué sous le nom de Conseil (ou Commission consultative) de..., en français, et en anglais, de...
2. *COMPÉTENCE TERRITORIALE SIÈGE DU SECRÉTARIAT, LIEU DE RÉUNION*	2. Le Conseil a son siège social dans le territoire de... Le Conseil peut tenir ses séances à tout endroit de la province.
3. *FONCTIONS ET POUVOIRS DE L'ORGANISME —*	3. Le Conseil doit donner son avis au ministre de... sur toute question que

* L'astérisque indique qu'il n'a pas été jugé nécessaire d'inscrire une stipulation expresse sur le sujet en question.

ADMINISTRATION TECHNIQUE (ET CONTRÔLE GOUVERNEMENTAL)
* durée de l'organisme

celui-ci soumet relativement aux sujets qui relèvent de la compétence du ministre de... Il peut aussi entreprendre l'étude de toute question qui relève du domaine de... et effectuer ou faire effectuer les recherches qu'il juge utiles ou nécessaires. Le Conseil peut recevoir et entendre les requêtes et suggestions des individus et des groupes sur toute question visée au présent article.

4. Le Conseil doit saisir le ministre de tout problème ou de toute question qu'il juge de nature à nécessiter une étude ou une action de la part du ministère.

5. Le Conseil doit communiquer au ministre les constatations qu'il a faites et les conclusions auxquelles il arrive et lui faire les recommandations qu'il juge appropriées.

6. Le ministre est tenu de rendre publiques les études du Conseil qu'il a lui-même demandées. Il peut autoriser la publication de tout autre rapport qu'il juge dans l'intérêt public de dévoiler.

4. *ADMINISTRATION GÉNÉRALE (COMPOSITION DU CONSEIL) ET CONTRÔLE GOUVERNEMENTAL*

a) *Personnel directeur*
— nomination des membres
— nombre de membres
— qualité des membres
* — privilèges et obligations des membres
— terme d'office
— vacances au conseil
— rémunération des membres
* — participation des membres
— révocation des membres

7. Le Conseil se compose de 15 membres, nommés par le ministre de... (ou par le lieutenant-gouverneur en conseil)

a) un président et un vice-président élus annuellement par les membres; ils seront toutefois nommés pour les 2 premières années suivant la création du Conseil;

b) 10 personnes recommandées par les groupes les plus représentatifs dont 4 sont nommées pour un terme de 4 ans, 4 pour un terme de 3 ans et 2 pour un terme de 2 ans;

c) 5 personnes choisies pour leur compétence dans le domaine de... dont 2 sont nommées pour un terme de 4 ans, 2 pour un terme de 3 ans et 1 pour un terme de 2 ans.

Le ministre, le sous-ministre ou leurs représentants peuvent être invités à participer aux délibérations du Conseil dans le but d'informer les membres du Conseil.

8. Les membres du Conseil demeurent en fonction nonobstant l'expiration de leur mandat, jusqu'à ce qu'ils soient nommés de nouveau ou remplacés. La charge d'un membre du Conseil devient vacante s'il s'absente de plus de 4 séances consécutives. Toute vacance survenant au cours de la durée du mandat d'un membre du Conseil est comblée en suivant le mode de nomination du membre à remplacer, et pour le reste du mandat de la personne à remplacer.

9. Les membres du Conseil sont indemnisés de ce qu'il leur en coûte pour assister aux séances du Conseil et reçoivent une allocation de présence fixée selon les règles établies par le Comité de gestion.

b) *Organisation exécutive du conseil*
- présidence, vice-présidence
- quorum
- déconcentration

10. Le président dirige les activités du Conseil et en coordonne les travaux; il assure la liaison entre le Conseil et le ministre. Il présente au ministre du budget du conseil pour approbation. Le quorum est la moitié des membres nommés. En cas d'égalité des voix, le président a une voix prépondérante. Il revient au président de s'assurer que les sujets de recherche n'ont pas déjà fait l'objet d'une étude satisfaisante par le ministère.

11. En cas d'incapacité d'agir du président, celui-ci est remplacé par le vice-président.

c) Rapport annuel (et contrôle gouvernemental et parlementaire)	12. Chaque année, le Conseil remet un rapport d'activités au ministre qui le dépose à l'Assemblée nationale avec le rapport du ministre.
5. *ADMINISTRATION INTERNE (ET CONTRÔLE GOUVERNEMENTAL)* — règlements de régie interne — fréquence des réunions	13. Le Conseil peut adopter des règlements pour sa régie interne. Ces règlements doivent être approuvés par le ministre. 14. Le Conseil doit se réunir au moins six fois durant l'année.
a) *Personnel administratif* — nomination — statut — rémunération — retraite	15. Le secrétaire et les autres employés du Conseil sont nommés, rémunérés suivant la loi de la fonction publique et ils participent au régime général de retraite des fonctionnaires.
b) *Financement (gestion financière)* — approbation des budgets — approbation des dépenses — vérification — crédits parlementaires	16. Le ministre approuve et présente au Comité de gestion les prévisions budgétaires du Conseil. Les crédits sont votés annuellement par l'Assemblée nationale. Le vérificateur général vérifie les comptes du Conseil.
6. *AUTRES CONTRÔLES ADMINISTRATIFS CENTRAUX (MINISTÈRE DES SERVICES)* — travaux publics et approvisionnements — impressions publiques — Bureau des achats — domaine territorial (OPDQ) — etc.	17. Le Conseil pour les fins de l'exercice des autres contrôles et services administratifs centraux, est assimilé au ministère auquel il est rattaché sauf en ce qui concerne...
7. *MINISTRE RESPONSABLE*	18. Le ministre de... est chargé de l'exécution de la présente loi.
8. *SANCTION*	19. La présente loi entre en vigueur le jour de sa sanction.

II — LE TRIBUNAL ADMINISTRATIF

	Projet de loi... Loi du tribunal... SA MAJESTÉ, de l'avis et du consentement de l'Assemblée nationale

1. *IDENTIFICATION DE L'ORGANISME (ET INSTRUMENT JURIDIQUE DE CRÉATION)*
* interprétation

du Québec, décrète ce qui suit:

1. Un organisme judiciaire, ci-après désigné «le tribunal», est institué sous le nom de tribunal de..., en français, et en anglais, de...

2. *COMPÉTENCE TERRITORIALE SIÈGE DU GREFFE, LIEU DE RÉUNION*

2. La compétence du tribunal s'étend à tout le territoire du Québec. Le tribunal peut siéger n'importe quel jour juridique de l'année en tout endroit du Québec (—ou — dans les districts judiciaires de...)

3. *JURIDICTION OU COMPÉTENCE* RATIONE MATERIAE *ET POUVOIRS DE L'ORGANISME — ADMINISTRATION TECHNIQUE*
* durée de l'organisme

3. Le tribunal a juridiction pour connaître et disposer de façon finale et exclusivement à tout autre tribunal:
a)...
b)...
c)...

4. Aucun des recours extraordinaires prévus aux articles 834 à 850 au Code de procédure civile ne peut être exercé, ni injonction accordée contre le tribunal ou ses membres agissant en leur qualité officielle, 2 juges de la cour d'appel peuvent, sur requête, annuler sommairement tout bref et toute ordonnance ou injonction délivrée ou accordée à l'encontre de l'alinéa précédent.

5. Le tribunal siégeant en appel peut confirmer, modifier ou infirmer toute décision qui lui est soumise et rendre la décision qui; à son jugement, aurait dû être rendue en premier lieu. Tout jugement peut être porté devant la cour provinciale pour homologation.

6. Le tribunal ainsi que chacun de ses membres sont investis des pouvoirs des commissaires enquêteurs nommés en vertu de la loi des commissaires d'enquête. (S. R. 1964, c. 11)

a) *Instruction de la cause, audition, droits des parties et publication des décisions*

7. La cause est instruite devant le tribunal par une requête écrite. Le tribunal a tous les pouvoirs nécessaires à l'exercice de sa juridiction. Il doit motiver sa décision. Il statue quant aux dépens.

8. Les séances du tribunal sont publiques. Toutefois, il peut ordonner le huis clos s'il l'estime nécessaire dans l'intérêt de l'ordre public.

9. Lors de l'enquête et de l'audition, chacune des parties peut interroger les témoins et exposer ses arguments oralement ou par écrit. Toute personne qui témoigne devant le tribunal a les mêmes privilèges et les mêmes immunités qu'un témoin devant la cour supérieure et les articles 307 et 310 du Code de procédure civile s'y appliquent *mutatis mutandis*.

10. Tout jugement rendu par le tribunal et certifié authentique par la signature du président du tribunal est publié dans *la Gazette officielle du Québec*. Cette publication comporte un exposé sommaire des faits, l'endroit, la date de l'audition et du jugement, la nature du jugement. Elle comporte également le nom des parties sauf lorsqu'il apparaît opportun de préserver leur anonymat.

b) *Règles de procédure*

11. Les règles de procédures préparées par le tribunal sont soumises au ministre de... (ministre responsable) et au ministre de la Justice qui les soumet au Conseil de la Justice pour avis.

4. *ADMINISTRATION GÉNÉRALE (COMPOSITION DE L'ORGANISME)*

a) *Personnel directeur*
— nomination des membres
— nombre de membres

12. Le tribunal de... est composé de 3 membres, juges de la cour provinciale. Le lieutenant-gouverneur en conseil, après avis du Conseil de la Justice, transmis par le ministre de la Justice nomme les membres du tribunal pour 10 ans.

— qualité des membres
— privilèges et obligations des membres
— terme d'office
— vacances et destitution
— rémunération des membres
— participation des membres
— révocation des membres

13. Les membres demeurent en fonctions jusqu'à ce qu'ils soient nommés de nouveau ou remplacés à l'expiration de leur terme. Ils sont révocables avant l'expiration du terme par une requête approuvée par la majorité de l'Assemblée, à la suite d'une enquête conduite par 2 juges de la cour du Banc de la reine. Un membre du tribunal en situation de conflits d'intérêts doit se récuser.

14. Le lieutenant-gouverneur fixe la rémunération des membres du tribunal conformément à la loi régissant les traitement, pension et allocations des juges de la cour provinciale. Il fixe également par règlement les tarifs et autres frais de cour.

b) *Organisation exécutive de l'organisme*

15. Les membres du tribunal sont soumis à la surveillance et à la direction du président du tribunal en ce qui regarde la distribution des causes, la tenue des séances et généralement toute matière d'administration qui les concerne.

Au cas d'incapacité d'agir du président, il est remplacé par le membre du tribunal qu'il désigne, ou s'il est incapable de le faire, par le membre désigné par le lieutenant-gouverneur en conseil.

c) *Rapport annuel (contrôle gouvernemental et parlementaire)*

16. Chaque année, le tribunal remet un rapport d'activités au ministre qui le dépose à l'Assemblée nationale avec le rapport du ministère.

17. Lorsqu'il siège en appel, le tribunal est composé de 3 juges.

5. *ADMINISTRATION INTERNE (ET CONTRÔLE GOUVERNEMENTAL)*

a) *Personnel administratif*
— nomination
— statut
— rémunération
— retraite

18. Le greffier ainsi que les autres employés du tribunal sont nommés et rémunérés selon la loi de la fonction publique. Ils participent au régime général de retraite des fonctionnaires.

b) *Financement, gestion financière (et contrôles)*
— approbation des budgets
— approbation des dépenses
— vérification
— crédits parlementaires

19. Les crédits requis par le tribunal sont votés annuellement à cette fin par l'Assemblée nationale. Le vérificateur général vérifie les comptes du tribunal.

6. *AUTRES CONTRÔLES ADMINISTRATIFS CENTRAUX (MINISTÈRE DES SERVICES)*
— travaux publics et approvisionnements
— impressions publiques
— Bureau des achats
— domaine territorial (OPDQ)
— etc.

20. Le tribunal, pour les fins de l'exercice des autres contrôles et services administratifs centraux est assimilé au ministère auquel il est rattaché, sauf en ce qui concerne...

7. *MINISTRE RESPONSABLE*

21. Le ministre de... est chargé de l'exécution de cette loi.

8. *SANCTION*

22. La présente loi entre en vigueur le jour de sa sanction.

III — LA RÉGIE

Projet de loi...
Loi de la régie de...
SA MAJESTÉ, de l'avis et du consentement de l'Assemblée nationale du Québec, décrète ce qui suit:

1. *IDENTIFICATION DE L'ORGANISME (ET INSTRUMENT JURIDIQUE DE CRÉATION)*
* interprétation

1. Un organisme de régulation (économique et technique) ci-après appelé «la régie», est institué sous le nom de régie de..., en français, et en anglais, de...

2. *COMPÉTENCE TERRITORIALE, SIÈGE DU SECRÉTARIAT, LIEU DE RÉUNION*

2. La régie a son siège social dans le territoire de...
La régie peut tenir ses séances à tout endroit de la province.

3. *FONCTIONS ET POUVOIRS DE L'ORGANISME — ADMINISTRATION TECHNIQUE (ET CONTRÔLE GOUVERNEMENTAL)*
* durée de l'organisme

3. La régie a pour fonctions:
a) d'exercer une activité de régulation économique et technique dans le secteur du...
b) plus spécifiquement de réglementer...

c) de surveiller l'application de la présente loi;
d) de faire enquête et d'entendre toute contestation...

4. Dans le cadre de la présente loi, la régie peut faire des règlements concernant:
a) la sécurité, etc.;
b) les catégories de personnes soumises à la présente loi, etc.;
c) ...

a) *Le pouvoir réglementaire*

5. La régie doit donner un avis public de 3 semaines dans un quotidien anglais et français de son intention de présenter les règlements ou de les modifier. Cet avis doit indiquer l'heure, la date et l'endroit de la tenue d'une séance où toute partie intéressée pourra faire connaître son opinion sur les règlements. La régie, dès la publication de cet avis, doit fournir copie du projet de règlement ou d'amendement à toute personne qui en fait la demande.

6. Suivant cette séance, la régie peut décider de retirer son projet ou de la modifier. Tout projet qui est maintenu doit être déposé par le ministre à l'Assemblée nationale dans la semaine qui suit la tenue de la séance.
Le ministre approuve le règlement à l'expiration d'un délai de 30 jours après le dépôt et en l'absence d'un vote négatif de l'Assemblée. Les règlements ainsi approuvés reçoivent la sanction du lieutenant-gouverneur et entrent en vigueur le jour de leur publication dans la *Gazette officielle*.

7. Le ministre peut également aux mêmes fins ou pour faciliter généralement l'application de la présente loi, soit demander à la régie de préparer

certains règlements, soit les faire lui-même après consultation de la régie et demander à celle-ci de tenir les audiences publiques nécessaires. Il doit également déposer ces règlements devant l'Assemblée et les soumettre au vote négatif de l'Assemblée durant 30 jours. Ces règlements entrent en vigueur le jour de leur publication dans la *Gazette officielle*.

b) *L'enquête et l'inspection*

8. La régie, tout régisseur désigné par le président et toute personne spécialement autorisée à cette fin par la régie, peut faire les enquêtes et inspections requises.

9. Les articles... de la loi des commissions d'enquête s'appliquent *mutatis mutandis* à toutes les enquêtes tenues en vertu des articles 8 et 10. Dans le cas où ces enquêtes sont tenues par une personne autre que les régisseurs, celle-ci doit prêter serment.

c) *La décision de régulation*

10. La régie peut, de sa propre initiative ou sur requête d'une partie intéressée, après enquête, modifier:

a) un prix...
b) un taux...
c) un tarif...
d) un contrat...
e) une obligation exigée d'une entreprise.

11. Le ministre, sur appel d'une partie intéressée peut, après enquête et audition, suspendre ou annuler une décision de la régie concernant les décisions prises par la régie suivant l'alinéa a) ou b), c), d), e) du paragraphe 10.

12. La régie dans les matières de sa compétence et dans les limites de ses pouvoirs, décide de toute question qui lui est soumise et peut émettre toute

ordonnance qu'elle juge appropriée, et adjuger, à sa discrétion, sur les frais et dépenses des enquêtes qu'elle conduit, de l'instruction des instances qui lui sont soumises, de l'exécution des ordonnances. *Les décisions de la régie sur les questions de fait de sa compétence sont finales et sans appel.*

13. La régie a compétence notamment pour entendre toute contestation relative:

a) aux contrats entre les parties intéressées;
b) aux conditions et pratiques de fonctionnement;
c) à la qualité du service offert par l'entreprise.

La régie peut réviser sa décision à la suite d'une nouvelle enquête et audition.

14. La régie a compétence notamment pour ordonner:

a) le respect de conditions de sécurité;
b) l'amélioration et le développement du service;
c) la modification d'un contrat de service;
d) l'utilisation de l'équipement;
e) la remise d'un rapport annuel;
f) faire l'inventaire des biens de toute entreprise.

15. Aucune entreprise ne peut:

a) commencer ses opérations;
b) emprunter, céder ou vendre une partie du capital-actions ou de l'actif;
c) conclure un accord avec une entreprise ou un gouvernement étranger;
d) cesser ses opérations;

sans avoir obtenu l'autorisation préalable de la régie.

4. *ADMINISTRATION GÉNÉRALE ET CONTRÔLE GOUVERNEMENTAL*

a) *Composition de l'organisme*
Personnel directeur
— nomination des membres
— nombre de membres
* — qualité des membres
— privilèges et obligations des membres
— terme d'office des membres
— vacances
— rémunération
— participation des membres
* — absence de poursuites contre les régisseurs et employés en raison d'actes officiels accomplis de bonne foi

16. Les décisions de la régie deviennent exécutoires à compter de la date fixée dans l'ordonnance ou de l'arrêté ministériel.

17. Il y a appel à la cour du Banc de la reine (ou Chambre de justice administrative de la cour provinciale) sur toute question de droit ou de compétence de la régie.

18. Le lieutenant-gouverneur nomme et le Comité de gestion fixe le traitement et les allocations des régisseurs. Le président a un terme d'office de 10 ans, le vice-président a un terme d'office de 7 ans et l'autre membre un terme d'office de 5 ans. Ils ne sont révocables que pour cause avant l'expiration de leur terme d'office.

19. Les régisseurs doivent s'occuper exclusivement du travail de la régie et avoir leur domicile au Québec.

20. Il n'est permis à aucun régisseur ou employé de la régie, sous peine de déchéance de charge, d'avoir un intérêt quelconque, direct ou indirect, dans une entreprise visée par le p... de l'article...
Toutefois, cette déchéance n'a pas lieu si un tel intérêt lui échoit par succession ou donation pourvu qu'il y renonce ou en dispose avec toute la diligence possible. Dès son entrée en fonction le régisseur doit déclarer des intérêts qu'il possède et inscrire cette déclaration dans le registre tenu à cette fin au secrétariat général du gouvernement.

21. Sauf dans le cas du président, toute vacance survenant au cours de la durée d'un mandat est comblée pour la durée non écoulée du terme du membre à remplacer. Les régisseurs demeurent en fonction jusqu'à

ce qu'ils soient nommés de nouveau ou remplacés à l'expiration de leur terme.

b) *Organisation exécutive de l'organisme*
— président
— quorum
— authenticité des documents

22. Les régisseurs décident à la majorité des voix : s'il y a égalité, le président a voix prépondérante. Le quorum est de 2 membres.

Le vice-président exerce les pouvoirs du président en cas d'absence ou d'incapacité d'agir de ce dernier ou de vacance de sa charge.

Le président a rang de sous-chef et est responsable de la direction de l'organisme et de son administration. Sa signature ou celle du secrétaire certifient l'authenticité des documents de régie.

c) *Rapport annuel (et contrôle gouvernemental et parlementaire)*
— rapport annuel
— dépôt à l'Assemblée nationale

23. Chaque année, la régie doit remettre au ministre un rapport annuel de ses activités. Le ministre dépose ce rapport devant l'Assemblée dans les 30 jours qui suivent la réception de ce rapport.

5. *ADMINISTRATION INTERNE (ET CONTRÔLE GOUVERNEMENTAL)*

24. Le ministre approuve le règlement de régie interne préparé par la régie. Il peut également exiger de la régie qu'elle prépare un tel règlement déterminant notamment les procédures d'enquête et d'audition, les délibérations relatives à l'adoption de ses règlements faits en vertu de cette loi, les tarifs et droits exigés des parties.

25. La régie fait mensuellement rapport de ses activités au ministre. Ce rapport doit indiquer le nombre d'inspections, d'enquêtes, d'auditions et d'ordonnances, le nom des parties en cause, la décision rendue et ses motifs.

a) *Transmission des dossiers d'appel*

26. Lorsque l'une des parties signifie à la régie son intention d'en appeler au ministre, le dossier complet de l'affaire doit lui être transmis sur le champ.

b) *Financement, gestion financière*
— approbation des budgets
— approbation des dépenses
— vérification
— crédits parlementaires

27. Les prévisions budgétaires de la régie sont approuvées et présentées par le ministre au Comité de gestion. Les crédits sont votés annuellement par l'Assemblée nationale. Le vérificateur général vérifie annuellement la régularité des comptes de la régie.

c) *Personnel administratif*
— nomination
— rémunération
— retraite

28. Le secrétaire et les autres employés de la régie sont soumis à la loi de la fonction publique et participent au régime de retraite de la fonction publique.

6. *AUTRES CONTRÔLES ADMINISTRATIFS CENTRAUX (MINISTÈRE DES SERVICES)*
— travaux publics et approvisionnements
— impressions publiques
— Bureau des achats
— domaine territorial (OPDQ)
— etc.

29. La régie, pour les fins de l'exercice des autres contrôles centraux, est assimilée au ministère auquel elle est rattachée sauf en ce qui concerne...

7. *INFRACTIONS*

30. Les infractions commises à l'encontre de la présente, font l'objet de poursuites sommaires.

8. *MINISTRE RESPONSABLE*

31. Le ministre... est chargé de l'exécution de la présente loi.

9. *SANCTION*

32. La présente loi entre en vigueur le jour de sa sanction.

IV — LA SOCIÉTÉ AUTONOME

Projet de loi...
Loi de la Société de...

SA MAJESTÉ, de l'avis et du consentement de l'Assemblée nationale du Québec, décrète ce qui suit:

1. *IDENTIFICATION DE L'ORGANISME (ET INSTRUMENT JURIDIQUE DE CRÉATION)*
* interprétation

1. Un organisme de gestion commerciale (et/ou industrielle ou financière) ci-après appelé «la société», est institué sous le nom de Société auto-

nome de..., en français, et en anglais, de...

2. *COMPÉTENCE TERRITORIALE, SIÈGE SOCIAL, LIEU DE RÉUNION*

2. Le siège social de la société est situé à... ou dans le territoire environnant. La société peut tenir ses séances à tout endroit du Québec.

3. *OBJETS, POUVOIRS, ADMINISTRATION TECHNIQUE (ET CONTRÔLE GOUVERNEMENTAL)*
*durée de l'organisme

3. La société a pour objet:
a) de produire... ou
b) de prêter... ou
c) de faire le commerce de...

4. La société est une corporation au sens du Code civil et elle est investie des pouvoirs généraux d'une telle corporation et des pouvoirs particuliers que la présente loi lui confie.

5. La société autorisée par le lieutenant-gouverneur en conseil peut créer des filiales.

6. La société est une société autonome, ses biens font partie du domaine public, mais l'exécution de ses obligations peut être poursuivie sur ces biens.

a) *Financement, gestion financière*
— engagements
— investissements

7. La société est soumise à l'impôt sur le revenu des entreprises œuvrant dans le même secteur d'activités et selon des modalités déterminées par le lieutenant-gouverneur en conseil. La société conserve son surplus.

8. L'approbation du Comité de gestion est requise: pour tout contrat ou engagement impliquant une entente inter-gouvernementale; ou lorsque la valeur du contrat représente 30% de l'actif; ou lorsque la durée est de plus de 10 ans; ou lorsque le contrat concerne l'exportation de produits stratégiques.

9. Le ministre approuve la détermination des tarifs, échelles de prix, classes de cotisations, échelles de taux d'intérêt, catégories de prestations et indemnités de l'entreprise

lorsqu'elle est monopolistique et n'offre qu'un seul produit.

10. Le lieutenant-gouverneur approuve tous les emprunts des sociétés et accorde la garantie de la province. Il autorise les avances, prêts et dotation de capital à la société.

11. Le Comité de gestion doit approuver le programme triannuel d'investissement et le plan de financement de la société.

4. *ADMINISTRATION GÉNÉRALE (ET CONTRÔLE GOUVERNEMENTAL)*

a) *Composition de l'organisme et personnel directeur*
— nomination des membres
— nombre de membres
— qualité des membres
— privilèges et obligations des membres
— terme d'office
— vacances au conseil
— rémunération des membres
— participation des membres
— révocation des membres

12. Les affaires de la société sont administrées par un conseil d'administration composé de 9 membres choisis pour leur compétence et nommés par le lieutenant-gouverneur en conseil:
a) un président-directeur général et 2 (ou un) vice-présidents pour des termes d'office respectifs de 10 et 5 ans:
b) 2 membres dont le terme d'office est de 4 ans;
c) 2 membres dont le terme d'office est de 3 ans;
d) 2 membres dont le terme d'office est de 2 ans.

Le président et le (ou les) vice-président (s) doivent s'occuper exclusivement du travail de la société et des devoirs de leurs charges.

13. Le Comité de gestion fixe le traitement ou, s'il y a lieu, les bonifications, les allocations ou les honoraires du président, du vice-président et des autres membres du conseil d'administration.

14. Nul ne peut occuper la charge d'administrateur s'il n'est domicilié au Québec (mais la qualité d'actionnaire n'est pas reprise si l'on a créé un fonds social).

15. Chacun des membres du conseil d'administration demeure en fonction après l'expiration de son mandat

jusqu'à ce qu'il soit remplacé ou nommé de nouveau.

16. Sauf dans le cas du président, toute vacance survenant au cours de la durée d'un mandat est comblée pour la durée non écoulée du terme du membre à remplacer.

17. Les membres du conseil d'administration ne sont révocables que pour cause avant l'expiration de leur terme d'office.

18. Aucun membre du conseil d'administration ne peut sous peine de déchéance de sa charge, avoir un intérêt direct ou indirect dans une entreprise mettant en conflit son intérêt personnel et celui de la société. Toutefois, cette déchéance n'a pas lieu si un tel intérêt lui échoit par succession ou par donation pourvu qu'il y renonce ou en dispose avec toute la diligence possible. Dès son entrée en fonction tout membre du conseil d'administration doit déclarer les intérêts qu'il possède et inscrire cette déclaration dans le registre tenu à cette fin au secrétariat général du gouvernement.

b) *Organisation exécutive de l'organisme*
— comité exécutif
— président-directeur général

19. Le président-directeur général* préside les séances du comité exécutif composé des membres permanents du conseil d'administration et d'un autre membre choisi par le conseil d'administration parmi ses autres membres. Au cours de ces séances, le président-directeur général exerce un vote prépondérant.

20. Le conseil d'administration se prononce notamment sur la nomination des cadres, les programmes de production et de développement, les

* Il pourra arriver que, dans les entreprises de grande taille, il y ait avantage à dissocier le poste de président de la société de celui de directeur général ou encore le poste de président du conseil d'administration de celui de président de la société.

rapports avec le gouvernement, la politique financière, les relations de travail et le perfectionnement, la politique de recherche, l'acquisition d'autres entreprises ainsi que sur toute autre matière définie par les règlements généraux.

c) *Directives ministérielles*
— directives de politique générale
— informations de la société

21. Le ministre peut donner des directives de *politique générale* à la société. Il doit déposer ces directives devant l'Assemblée, notamment lorsqu'elles ont pour effet d'augmenter les charges sociales de la société et dans tous les cas où elles modifient les décisions relatives aux matières énumérées à l'article 9.

22. Le ministre peut requérir de la société toute information nécessaire à l'exercice de sa responsabilité ministérielle et à l'amélioration de la politique gouvernementale dans le secteur d'activités concerné.

d) *Rapport annuel et vérification*

23. La société doit transmettre annuellement au ministre qui le dépose devant l'Assemblée dans le mois qui suit sa réception, un rapport d'activités et un bilan.

24. Le vérificateur général vérifie annullement la régularité des comptes de la société et périodiquement il effectue une vérification de la gestion financière.

5. *ADMINISTRATION INTERNE (ET CONTRÔLE GOUVERNEMENTAL)*
*— quorum
*— fréquence des séances du conseil

25. Le ministre reçoit les règlements généraux (ou de régie interne) qui répartissent notamment les pouvoirs entre le conseil d'administration, le comité exécutif et le président-directeur général.

a) *Personnel administratif*
— nomination
— rémunération
* — retraite

26. Les cadres et les autres employés de la société sont nommés par le conseil d'administration qui détermine leur rémunération et bénéfices.

6. *AUTRES CONTRÔLES ADMINISTRATIFS CENTRAUX (MINISTÈRE DES SERVICES)* — travaux publics et approvisionnements — impressions publiques — Bureau des achats — domaine territorial (OPDQ) — etc.	27. La société n'est pas soumise aux divers autres contrôles et services administratifs centraux. Toutefois, elle peut profiter des services domestiques en payant elle-même le coût à même ses revenus.
7. *MINISTÈRE RESPONSABLE*	28. Le ministre de... est chargé de l'exécution de la présente loi.
8. *SANCTION*	29. La présente loi entre en vigueur le jour de sa sanction.

V — L'OFFICE

	Projet de loi... Loi de l'Office de... (ou loi générale de...) SA MAJESTÉ, de l'avis et du consentement de l'Assemblée nationale du Québec, décrète ce qui suit:
1. *IDENTIFICATION DE L'ORGANISME (ET INSTRUMENT DE CRÉATION JURIDIQUE)* *— interprétation	1. Un organisme de gestion ci-après appelé « l'office » est institué sous le nom d'Office de..., en français, et en anglais, de...
2. *COMPÉTENCE TERRITORIALE, SIÈGE SOCIAL* *— lieu de réunion	2. L'office est situé a... ou dans le territoire environnant.
3. *FONCTIONS ET POUVOIRS DE L'ORGANISME — ADMINISTRATION TECHNIQUE (ET CONTRÔLE GOUVERNEMENTAL)* *—durée de l'organisme *— pouvoirs d'enquête	3. L'office a pour fonctions de: a) administrer... b) gérer... c) ...
a) *Décisions finales*	4. L'office peut décider de façon finale en ce qui concerne: a)... b)... c)...
4. *ADMINISTRATION GÉNÉRALE (ET CONTRÔLE GOUVERNEMENTAL)*	5. Le ministre doit soumettre toute réglementation à un vote négatif de l'Assemblée durant une période de 30

jours. La réglementation sanctionnée par le lieutenant-gouverneur entre en vigueur le jour de sa publication dans *la Gazette officielle*.

a) *Composition de l'organisme et Personnel directeur*
— nomination des membres
— nombre de membres
— qualité des membres
— privilèges et obligations des membres
— terme d'office
— vacances à la direction
— rémunération des membres
— participation des membres
— révocation des membres

6. L'office est dirigé par un président (ou président ou vice-président) nommé pour un terme de cinq ans par un arrêté en conseil. Le ministre peut également nommer au plus... autres membres pour des termes de 3 et 2 ans sur la recommandation des groupes intéressés (ou des ministères concernés). Le Comité de gestion en conseil fixe le traitement et s'il y a lieu, les allocations des membres de l'office. Le président (et le vice-président) doit s'occuper exclusivement des tâches de l'office.

7. Chacun des membres de l'office demeure en fonction après l'expiration de son mandat jusqu'à ce qu'il soit remplacé ou nommé de nouveau.

8. Sauf dans le cas du président, toute vacance survenant au cours de la durée d'un mandat est comblée pour la durée non écoulée du terme du membre à remplacer.

9. Les membres permanents de l'office ne sont révocables que selon les dispositions de l'article 61 de la loi de la fonction publique.

10. Aucun membre de l'office ne peut, sous peine de déchéance de sa charge, avoir un intérêt direct ou indirect dans une entreprise mettant en conflit son intérêt personnel et celui de l'office. Dès son entrée en fonction le régisseur doit déclarer les intérêts qu'il possède et inscrire cette déclaration dans le registre tenu à cette fin au secrétariat général du gouvernement.

b) *Organisation exécutive de l'organisme*

11. Le président de l'office est chargé de la direction de l'office et a rang de sous-chef. Le vice-président le remplace en cas d'absence.

c) *Rapport annuel*

12. Chaque année l'office remet un rapport d'activités au ministre qui le dépose devant l'Assemblée avec le rapport du ministère.

5. *ADMINISTRATION INTERNE (ET CONTRÔLE GOUVERNEMENTAL)*
 *— quorum
 *— fréquence des réunions, etc.

13. Le ministre, par arrêté ministériel, détermine les compétences respectives du président et du vice-président ainsi que les règles de délégation de signature, la fréquence des réunions et toute autre matière de régie interne.

a) *Personnel administratif*
— nomination
— rémunération
— retraite

14. Les employés de l'office sont nommés et rémunérés selon la loi de la fonction publique. Ils participent au régime de retraite de la fonction publique.

b) *Financement, gestion financière*
— approbation des budgets
— approbation des dépenses
— vérification
— crédits parlementaires

15. Les crédits de l'office sont votés annuellement par l'Assemblée. Le ministre approuve les prévisions budgétaires de l'office et les présente au Comité de gestion. Le vérificateur général vérifie les comptes de l'office.

6. *AUTRES CONTRÔLES ADMINISTRATIFS CENTRAUX (MINISTÈRE DES SERVICES)*
— travaux publics et approvisionnements
— impressions publiques
— Bureau des achats
— domaine territorial (OCDQ)
— etc.

16. Pour les fins de l'exercice des autres contrôles administratifs centraux, l'office est assimilé au ministère auquel il est rattaché, sauf en ce qui concerne...

7. *MINISTRE RESPONSABLE*

17. Le ministre de... est chargé de l'exécution de la présente loi.

8. *SANCTION*

18. La présente loi entre en vigueur le jour de sa sanction.

BIBLIOGRAPHIE

1. *La décentralisation fonctionnelle*

FELSER, J.W., « Approaches to the understanding of decentralization », *Journal of Politics,* 1965.

GIEBINKI, J. C., « Centralization and decentralization in decision-making », *Economics of Planning,* 1963.

LANGROD, G., « Contribution à l'étude de la terminologie administrative », *Revue internationale de science administrative,* 1953.

MACMAHON, A., « Delegation and autonomy », *Indian Institute of Public Administration,* Londres, 1961.

REZADAR, R., « The concept of centralization and decentralization — an analysis », *Revue internationale de science administrative,* 1961.

TSIROPINAS, D., *Aspects des problèmes de la centralisation et de l'autonomie administrative,* Paris, Librairie générale de droit et de jurisprudence, 1966.

WALLACE, S., *Federal departmentalization: a critique of the theories of organization,* New York, Columbia University Press, 1941.

2. *Les tribunaux administratifs*

a) *les tribunaux*

BEAULIEU, M. L., « la Commission des relations ouvrières est-elle un tribunal administratif? », *Revue du barreau,* n° 10.

CHIFFINS, « Administrative tribunals in U.S. and Ontario », *Canadian Bar Journal,* 1961.

LASKIN, B., « Provincial administrative tribunals and judicial power — the exaggeration of section 96 », *Revue du barreau canadien,* 1963.

MINISTÈRE DE LA JUSTICE, *les Tribunaux administratifs au Québec,* Québec, 1970.

PÉPIN, G., *les Tribunaux administratifs et la constitution,* Montréal, Les Presses de l'Université de Montréal, 1969.

REID, R.F., « Administrative tribunals under review in Ontario », *Canadian Bar Journal,* 1958.

b) *le contrôle judiciaire de l'administration*

BARBE, R., *Droit administratif canadien et québécois,* Ottawa, Les Presses de l'Université d'Ottawa, 1969.

BRUN, H. et G. TREMBLAY, *Droit public fondamental,* Québec, Les Presses de l'Université Laval, 1972.

DAVIS, V.C., *Administrative law,* Saint-Paul, 1951.

DE SMITH, S. A., *Judicial of administrative action,* Londres, Stevens, 1959.

DESFORGES, Y., « La compétence juridictionnelle du conseil d'État et des tribunaux administratifs », *Revue internationale de science administrative,* 1961-1962.

DUSSAULT, R., *le Contrôle judiciaire de l'administration au Québec,* Les Presses de l'Université Laval, 1970.

GARNER, J. F., *Administrative Law*, Londres, Butterworth, 1963.
GÉLINAS, A., « Judicial control of administrative action in Great Britain and Canada », *Public Law*, 1963.
GRIFFITH, J. H. G., *Principles of administrative Law*, 2e éd., Londres, Pitman, 1957.
HEWART, L., *The New Despotism*, Londres, Benn, 1929.
LAUBADÈRE, A. DE, *Traité élémentaire de droit administratif*, 5e éd., Paris, 1970.
RIVERO, J., *Droit administratif*, Paris, Dalloz, 1970.
ROBSON, W. A., *Justice and administrative law*, Londres, Stevens, 1951.
ROWATT, D. C., *The Ombudsman*, Toronto, Carswell, 1965.
— « Recent developments in Ombudsman ship », *Administration publique du Canada*, 1961.
U. S. SENATE COMMITTEE OF THE JUDICIARY, *Selected reports of the administrative conferences of the United States*, Sub-Committee on administrative practice and procedure of the Committee of the Judiciary, 88e congrès, n° 24, 1963.
WADE, H. W. R., *Administrative Law*, Oxford, Clarendon Press, 1961.
WALINE, M., *Traité de droit administratif*, Paris, Sirey, 1970.
WILLIS, J., « The administrator as a judge », dans Hodgetts et Corbett, *Canadian public administration*, Toronto, Macmillan, 1960.
WRAITH, R. E. et P. G. HUTCHISON, *Administrative tribunals*, Londres, G. Allen and Unwin, 1973

3. *Les régies*

a) *les régies*

CURRIE, A. W., « The Board of Transport Commissioners », dans Hodgetts et Corbett, *Canadian public administration*, Toronto, Macmillan, 1960.
DOERN, B., *The concept of regulation and regulatory reform*, Toronto, Institut d'administration publique du Canada, 25e congrès annuel, septembre 1973.
JACKSON, A.B., « The determination of the fair return of public utilities », *Administration publique du Canada*, 1964.
KOHLMEIER, L. M., *The regulators*, New York, Harper and Row, 1969.
LANDIS, J. M., *Report on regulatory agencies to the President-elect*, Sub-committee on Administrative Practice and Procedure to Committee of Judiciary of U. S. Senate, 86e congrès, 2e session, V. G. Printing Office, décembre 1960.
PARK, R.E., *The role of analysis in regulatory decision making*, Lexington, DC Health, 1974.
ROSENBLUTH, G., « Canadian anti-combines legislation », *Canadian Journal Economics and Political Science*, 1960.
ROWATT, D. C., *Basic issues in Public Administration*, Toronto, Macmillan, 1961.
SHEPHERD, W. G. et T. G. GIES, *Utility regulation*, New York, Random House, 1967.
UNIVERSITY MCGILL, *Eleven lectures on administrative Boards and Commissions*, Montréal, Wilson et Lafleur, 1961.
WILLIS, J., *Canadian Boards at Work*, Toronto, Macmillan, 1942.
WRIGHT, A. R., « An examination of the role of the Board of Transport Commissioners for Canada as a regulatory tribunal », *Administration publique du Canada*, 1964.

b) *la régulation*

BONBRIGHT, J. C., *Principles of public utility rates*, New York, Columbia University Press, 1961.
BOUCHER, P., *le Pouvoir réglementaire au Québec*, thèse de maîtrise, Québec, Université Laval, 1969.
BURGAND, M., « Crise de l'économie réglementaire », *la Revue administrative*, 1963.
COTTER, C. P., *Government and private entreprise*, New York, Holt, Rinehart and Winston, 1960.
DIMOCK, M. E., *Business and Government*, New York, Holt, Rinehart and Winston, 1961.
DRIEGER, E., « Public administration and Legislation », *Administration publique du Canada*, 1959.
— « Subordinate legislation in Canada », *Revue du barreau canadien*, 1960.
ERICKSON, D. H., *Amstrong's fight for F. M. Broadcasting: One man vs Big Business and Bureaucracy*, Alabama, University of Alabama Press, 1973.

GARFIELD, J. P. et W. F. LOVESOY, *Public utility economics*, Englewood Cliffs, Prentice-Hall, 1964.
KERSELL, J. E., *Parliamentary supervision of delegated legislation*, Londres, Stevens, 1960.
KRISLOW, *The politics of regulation*, Boston, Houghton-Mifflin, 1964.
SHEPHERD, W. G. et T. G. GIES, *Utility regulation*, New York, Random House, 1967.
WILCOX, C., *Public policies toward business*, Chicago, Irwin, 1955.

4. *Les organismes centraux*

a) *les organismes*

AQUINO, T.d', *The Prime Minister's Office — Catalyst or Cabal?*, Montréal, congrès de l'Association canadienne de science politique, colloque United Kingdom Canada, 1973.
DRAPER, J. H. P., *Creation of the property services agency as a departmental agency within the department of the environment*, Montréal, congrès de l'Association canadienne de science politique, colloque United Kingdom Canada, 1973.
FLECK, J.D., « Restructuring the Ontario Government », *Administration publique du Canada*, 1973.
GARANT, P., *la Fonction publique canadienne et québécoise*, Québec, Les Presses de l'Université Laval, 1973.
GOUVERNEMENT DE L'ONTARIO, *Committee on Government productivity*, Toronto, Queen's Printer, 1973.
HAMELIN, J. et L. BEAUDOIN, « les Cabinets provinciaux 1867-1967 », *Recherches sociographiques*, 1968.
HICKS, M., « The Treasury Board and its clients: five years of change and administration reform », *Administration publique du Canada*, 1973.
JOHNSON, A. W., *The Treasury Board of Canada and the Machinery of Government of the 1970's Ottawa*, Conseil canadien de recherche en sciences sociales, « Collection canadienne de réimpression en sciences sociales », n° 1.
— « Management theory and cabinet government », *Administration publique du Canada*, 1971.
LALONDE, M., « The changing role of the Prime Minister's office », *Administration publique du Canada*, 1971.
LEE, J. M., *Central capability and established practice — The changing character of the machine of British Cabinet Government*, Montréal, congrès de l'Association canadienne de science politique, colloque United Kingdom Canada, 1973.
ROBERTSON, G., « The changing role of the Privy Council Office », *Administration publique du Canada*, 1971.
SCHINDELER, F., « The organization and function of the Executive branch of Government in Ontario », *Administration publique du Canada*, 1966.
WARD, N., « The changing role of the Privy Council and Prime Minister office: a commentary », *Administration publique du Canada*, 1972.

b) *la gestion centrale*

BALLS, H., « Common Services in Government », *Administration publique du Canada*, 1974.
GÉLINAS, A., *le Budget programme — étude comparative*, Office de planification du Québec, 1968.
GOW, D., *The progress of Budgetary reform in the Government of Canada*, étude spéciale n° 17, Ottawa, Economic Council of Canada, 1973.
HODGETTS, J. E., *The biography of an institution. The civil service Commission of Canada 1908-1967*, Montréal, McGill, University Press, 1973.
LA COMMISSION DE LA FONCTION PUBLIQUE, *la Classification du personnel de la fonction publique*, document d'information, Québec, 1972.
LE CONSEIL DU TRÉSOR, *le Système de budget par programmes et son utilisation au gouvernement du Québec*, Québec, 1972.
NOVICK, D., *Program budgetery — Program analysis and the Federal budget*, Holt, Rinehart and Winston, 1969.
— *Current Practice in Program Budgeting (PPBS) Analysis Case Studies Covering Government and Business*, New York, Crane, Russak, 1973.

5. *Les entreprises publiques*

a) les entreprises publiques

ADMINISTRATIVE STAFF COLLEGE (HENLEY), *The accountability of public corporation,* Henley, R. Flint Co., 1965.
ASHLEY, C. A. et R. G. SNAILS, *Canadian Crown Corporations,* Toronto, Macmillan, 1965.
BARBE, R., « Régime fiscal des entreprises publiques du Canada », dans R. Barbe, *Droit administratif canadien et québécois,* Ottawa, Les Presses de l'Université d'Ottawa, 1969.
BEAUCHET, P., *Propriété publique et planification,* Paris, Éditions Cujas, 1962.
BRIDGES, L., « les Rapports entre le gouvernement et les sociétés de l'État », *Administration publique du Canada,* vol. 3, 1964.
C. E. E. P., *les Entreprises publiques dans la communauté économique européenne,* Paris, Dunod, 1967.
DANIEL, G. H., « Public accountability of nationalized industries », *British Public Administration,* 1960.
DELION, A. G., *le Statut des entreprises publiques,* Paris, Berger-Levrault, 1963.
FABRE, F., *les Sociétés d'économie mixte et leur contrôle,* Paris, Berger-Levrault, 1964.
FOSTER, C. D., *Politics, finance and the role of economics,* Londres, Allen and Unwin, 1971.
GAGNON, R., *la Théorie de l'entreprise publique,* Montréal, Hydro-Québec, 1963.
GODCHOT, J. E., *les Sociétés d'économie mixte et l'aménagement du territoire,* Paris, Berger-Levrault, 1958.
HANSON, A. H., *le Secteur public dans une économie en voie de développement,* Paris, P.U.F., « Tiers-Monde », 1961.
— *Parliament and Public Ownership* Londres, Cassel, 1961.
HODGETTS, J. E., « The Public Corporation in Canada », dans Hodgetts et Corbett, *Canadian Public Administration,* Toronto, Macmillan, 1960.
IRVINE, A. C., « The delegation of authority to Crown corporations », *Administration publique du Canada,* 1971.
LECUYER, G., *le Contrôle de l'État sur les entreprises nationalisées,* Paris, Librairie générale de droit et jurisprudence, 1961.
MARTIN-PANNETIER, A., *Éléments d'analyse comparative des établissements publics en droit français et anglais,* Paris, Librairie générale de droit et jurisprudence, 1966.
MUSOLF, L. D., *Public Ownership and Accountability: The Canadian Experience,* Boston, Harvard University Press, 1959.
ROBSON, W. A., *Nationalized Industries and Public Ownership,* Londres, Allen and Unwin, 1960
SEIDMAN, H., « The government corporation, organization and control », *Public Administration Review,* 1954.
SOTO, J. DE, *Grands services publics et entreprises nationales,* Paris, Éditions Montchrestin, 1971.
TIVEY, *The nationalized industries since 1960,* Londres, Allen and Unwin, 1973.

b) *la nationalisation et la gestion des entreprises publiques*

BARRY, E., *Nationalization in British politics,* Londres, Clarke Irwin, 1965.
BOITEUX *et al., le Fonctionnement des entreprises nationalisées en France,* Paris, Dalloz, 1956.
DU PONT, P., *l'État industriel,* Paris, Sirey, 1961.
EDWARDS, R., « The influence of nationalized industries », *Public administration,* 1961.
EINAUDI, M., E. ROSSI et M. BYE, *Nationalization in France and Italy,* New York, Cornell University Press, 1955.
GUIBERT, R., *Service public et productivité,* Paris, Sedes, 1964.
IMMARIGEON, H., *la Responsabilité extracontractuelle de la couronne au Canada,* Montréal, Wilson et Lafleur, 1965.
JULLIOT DE LA MORANDIÈRE, L. et M. BYE, *les Nationalisations en France et à l'étranger,* Paris, Librairie du Recueil Sirey, 1948.
MAILLET, P., *le Secteur public en France,* Paris, P.U.F., « Q.S.J. n° 1131 », 1964.
MAILLET-CHASSAGNE, P., *l'Influence des nationalisations sur la gestion des entreprises publiques,* Paris, Sedes, 1956.

FRANÇOIS-MARSAL, F., *le Dépérissement des entreprises publiques,* Paris, Calman-Lévy, 1973.
MENDÈS-FRANCE, P., *la Science économique et l'action,* Paris, Julliard, 1954.
MINISTÈRE DES FINANCES, *États financiers des entreprises du gouvernement du Québec,* Québec, 1973.
SHEPHERD, W. G., *Economic performance under public ownership,* Boston, Yale University Press, 1965.
VENTENAT, M., *l'Expérience des nationalisations,* Paris, Librairie de Medicis, 1947.

6. *Les conseils*

a) *les conseils*

BROWN, D. S., « Public advisory boards as an instrument of Government », *Public Administration Review* », 1955.
CHAPMAN, L. B., *The role of Commissions in policy making,* Londres, Allen and Unwin, 1973.
LALIBERTÉ, J., *la Participation des étudiants aux comités consultatifs du ministère de l'Éducation,* Québec, thèse de maîtrise, Université Laval, 1968.
POLITICAL ECONOMIC PLANNING, *Advisory Committees in British Government,* 1960.
WEBER, Y., *l'Administration consultative,* Paris, Librairie générale de droit et de jurisprudence, 1968.
WHEARE, K. C., *Government by committees,* Londres, Clarendon Press, 1955.

b) *la consultation*

DION, L., *Société et politique : la vie des groupes,* Québec, Les Presses de l'Université Laval, 1971.
Économie et humanisme, *Participation, mythe ou réalité,* 1965.
ERHMANN, H. W., « Les groupes d'intérêt et la bureaucratie dans les démocraties occidentales », *Revue française de science politique,* 1961.

7. *Les commissions d'arbitrage, d'enquête*

BOLSTED, W. G., « Conclusion on Commissions », *Administration publique du Canada,* 1962.
COURTNEY, J. C., *Canadian royal commissions of inquiry, 1946-1962,* thèse de doctorat, Duke University, 1964.
MITCHELL, H., « To commission or not to commission », *Administration publique du Canada,* 1962.
NEWMANN, M., « Commission as an administrative or quasi-judicial body », *Administration publique du Canada,* 1962.

8. *Divers*

BACCIGALUPO, A., *le Personnel de direction dans l'administration publique québécoise,* Montréal, congrès de l'Association de science politique, colloque United Kingdom Canada, 1973.
BARKER, E., *The development of public services in Western Europe 1860-1930,* Oxford, Oxford University Press, 1964.
CONSEIL D'EXPANSION ÉCONOMIQUE, *Répertoire de l'ICAF — répertoire des entreprises canadiennes-françaises,* Montréal, La Prospérité, 1973.
GÉLINAS, A., « Trois modes d'approches à la détermination de l'opportunité de la décentralisation de l'organisation politique principalement dans un système fédéral », *Administration publique du Canada,* 1966.
— *les Parlementaires et l'administration au Québec,* Québec, Les Presses de l'université Laval, 1969.
LAJOIE, A., *les Structures administratives régionales,* Montréal, Les Presses de l'Université de Montréal, 1968.
MALLORY, J. R., *The structure of Canadian government,* Toronto, Macmillan, 1971.
MEISTER, A., *Socialisme et autogestion,* Paris, Seuil, 1964.
MEYNAUD, J. et J. LÉVEILLÉ, *la Régionalisation municipale au Québec,* Montréal, Nouvelle Frontière, 1973.
PRESTHUS, R., *Elite accomodation in Canadian politics,* Toronto, Macmillan, 1973.

REEDY, G. E., *The twilight of the Presidency*, New York, New American Library, 1971.
THAYER, F. C., « Regional administration the failure of traditional theory, in the United States and Canada », *Administration publique du Canada*, 1972.
WHITE, K. K., *Understanding the company organization chart*, New York, A. M. A. Research Study, 1956, n° 56.

Achevé d'imprimer
en octobre 1976